넘치는 복음, 낮춤과 섬김

어떻게 세상의 소금으로 살 것인가?

넘치는 복음, 낮춤과 섬김

초판 1쇄 인쇄 2023년 11월 1일
초판 1쇄 발행 2023년 11월 10일

지 은 이 ⏐ 김완섭
펴 낸 이 ⏐ 오복희

펴 낸 곳 ⏐ 도서출판 개혁과회복
등록번호 ⏐ 제2018-000044호
등록일자 ⏐ 2018년 4월 12일
주   소 ⏐ 서울특별시 송파구 마천로 100 C동 402호(오금동)
편 집 부 ⏐ 010-6214-1361
관 리 부 ⏐ 010-8339-1192
팩   스 ⏐ 02-3402-1112
이 메 일 ⏐ newvisionk@hanmail.net

디 자 인 ⏐ 참디자인

ISBN 979-11-89787-47-9 〔03230〕

J·M·D·C·훈련

넘치는 복음, 낮춤과 섬김

김완섭 지음

어떻게 세상의 소금으로 살 것인가?

도서출판
개혁과회복

머리말

　기독교인이란 기본적으로 다른 사람들을 위해 사는 사람들이다. 그런데 이런 개념은 이미 살고 있는 상황의 의미를 전혀 다르게 만드는 것과 같다. 똑같은 삶의 방식이지만 어떤 의식을 가지느냐에 따라 완전히 달라진다. 예컨대 인쇄업을 하는 사람이 있다고 하자. 보통 우리는 돈을 위해 일을 한다. 경영자는 사업을 통해 이윤을 추구하고 직원들은 월급을 받아 가족을 살리기 위해 일한다. 그런데 삶을 위한 일을 함으로써 세상과 이웃들에게 크고 많은 영향력을 끼치게 되는데 사람들은 이것을 거의 생각하지 않는다.

　인쇄는 종이에 글자나 사진이 찍히게 만드는 작업인데 이 일과 연관된 사람들이나 일들이 굉장히 많다. 우선 인쇄기계공장의 종사자들을 먹여 살린다. 기계회사와 관련된 연구자와 개발자, 철광석을 생산하는 광산과 관련된 산업과 종사자들, 제철회사와 직원들, 각종 부품들을 만드는 부품회사들도 직간접적으로 연결되어 있다. 제지회사도 운영되게 만든다. 펄프를 수입하여 각종 종류와 질의 종이를 생산하는 공장과 직원들도 살린다. 국내로만 한정해서 그렇지, 해외 원목채취나 펄프 재료를 생산하는 외국의 사업자나 직원들뿐 아니라 그것을 운반하는 선박회사와 부두노동자들,

5

항해사나 선장 등 뱃사람들도 인쇄업이 있으므로 다들 먹고 사는 것이다.

　인쇄업과 관련해서 생명을 유지하는 사람들은 정말 엄청나게 많은데, 가장 직접적인 영향을 끼치게 되는 사람들로는 출판사를 쉽게 떠올릴 수 있다. 인쇄소가 없다면 출판사는 존재할 수가 없다. 출판과 관련해서는 서점 사람들도 당연히 직접 연결되어 있다. 또 각종 학교도 출판 인쇄업과 너무나도 깊게 연관되어 있다. 각 학교의 교사들이나 교수들도 책이 없이는 가르치는 일 자체가 이루어질 수가 없다. 작가들도 마찬가지이다. 인쇄업이 없으면 작가들이 어떻게 살 수 있단 말인가? 인쇄업은 각종 신문도 만들어낸다. 신문과 관련되지 않은 사람은 아무도 없다. 인쇄업과 관련된 또 다른 일은 컴퓨터 관련업들이다. 직접 컴퓨터를 생산하는 사람들도 그렇지만 프로그램을 개발하는 사람들, 컴퓨터 자료들을 전송하는 통신업도 반드시 필요하다. 이렇게 본다면 인쇄업과 아무 관련이 없는 사람은 거의 없다. 모두가 인쇄업에 종사하는 사람들 덕을 톡톡히 보고 있는 셈이다.

　인쇄업을 예로 들었지만, 어디 인쇄업뿐이겠는가? 우리가 어떤 일에 종사하고 있든지 간에 우리는 그 일들을 통해서 다른 사람들의 삶에 깊숙이 관련되어 있는 사람들이다. 그렇다면 우리는 사실상 다른 사람들을 위해서 살고 있는 사람들이다. 물론 우리는 우리의 생계를 위하여 살고 있다. 그런데 동시에 우리는 누군지 알 수 없는 수많은 사람들은 위하여 살고 있는 것이다. 누군가가 자기 일에 종사하면서 밤을 새워 일한다고 하자. 그러면 그 사람은 자기를 위함과 동시에 다른 사람들을 위해서 밤을 새는 것이다. 그러니까 이 세상의 모든 사람들은 전부 타인을 위하여 살고 있는 사람들인 것이다. 다만 이것을 의식하지 못하고 있을 뿐이다. 우리는 다른 사람들이 없이는 살 수 없는 사람들이다. 곧 인생이란 서로를 도와야 살 수 있는 존재들인 것이다. 그리스도인들조차 여기에서 예외가 될 수는 없다.

그렇다. 이것을 우리의 믿음과 관련하여 생각해보자. 성경에 하나님께서 네 이웃을 네 자신과 같이 사랑하라고 하시기 전에 이미 우리는 이웃사랑을 인생 전체를 사용하여 행하고 있는 것이다. 왜냐하면 우리의 노력으로 말미암아 다른 사람들에게 큰 유익을 끼치고 있기 때문이다. 수많은 노력과 인내와 열정을 가지고 자기 일에 몰두하고 있고 그 일에 충실하고 있는 사람이라면 그는 이웃사랑을 실천하고 있는 사람인 것이다. 놀랍지 않은가? 이미 자기 자신과 같이 이웃을 사랑하고 있는데 그런 위대한 사실을 눈치조차 채지 못하고 있다는 것이!!! 이미 타인을 위해 살고 있으면서도 그 사실을 전혀 깨닫지 못하고 있다면 빨리 깨우쳐야 한다. 이웃을 사랑한다는 것은 단지 시각만 바꾸면 가능해지는 일이다. 왜냐하면 우리가 열심히 하는 일이 바로 이웃을 사랑하는 일이 될 수 있기 때문이다. 그리고 그 일의 종류만 살짝 바꾸면 진정으로 우리의 이웃을 돕는 일이 되기 때문이다.

예를 들어 인쇄소에서 열심히 일하는 시간의 불과 몇 퍼센트의 시간을 할애하여 이웃에게 직접 도움이 되는 일을 한다면 우리는 이웃을 진정으로 사랑한다는 말을 들을 수 있을 것이다. 우리는 어차피 어떤 종류의 일을 하고 있다. 그런데 그 중 일부를 근처의 이웃에게 직접적으로 도움이 되는 일을 하는 것일 뿐이다. 누구나 타인을 위해 이미 일을 하고 있는데 그 일에 약간의 변화를 주는 것일 뿐인 것이다. 우리들 중 누구도 자기 혼자만을 위해 일하는 사람은 없다. 이 사실만 깨달아도 우리는 충분히 이웃사랑을 실천할 수 있다.

예수님은 모든 사람들을 위해 죽으셨다. 그런데 모든 사람들은 모든 사람들을 위해 살고 있다. 사람들은 그렇게 모든 사람들을 위해 살다가 죽는다. 그렇다면 모든 사람들은 모든 사람들을 위해 죽는 것과 같은 것이다. 무슨 이야기를 하려는 것인가? 이웃사랑을 실천하려면 세상을 넓게 볼 수 있어야 한다는 말이다. 곧 예수님의 시각으로 세상과 사람들을 볼 수 있어야 한다는 말이다. 기독교신앙의 가장 큰 걸림돌은 자기중심적 관점이다. 자기중심적 관점에 사로잡히면 사람을 살리는 능력이 있어도 자기를 벗어날 수 없다. 그런 신앙은 절대로 성장할 수 없다. 이제 그리스도인의 섬김의 개념을 바꾸어보자. 이웃사랑이라고 해서 내가 살고 있는 바로 옆의 이웃만 생각하지 말고 이미 우리의 삶 자체가 타인을 위해 살고 있다는 생각을 가지고 이웃을 바라본다면 충분한 이웃사랑의 삶을 누릴 수 있게 될 것이다. 그것이 예수님의 사랑이 아니겠는가?

이 책은 그리스도인의 삶의 방식을 바꾸기 위해 집필되었다. 교회생활을 바꾸자는 이야기가 아니라 일상생활의 삶의 패턴을 바꾸자는 이야기이다. 기독교 신앙인으로서의 특정한 행동패턴이 있다. 우리들 자신은 잘 못 느끼겠지만 오늘날 세상이 우리를 보는 눈초리는 부정적인 경우가 훨씬 더 많다. 왜 그렇겠는가? 물론 영적인 부분에 걸려서 그럴 수도 있다. 하지만 그렇더라도 우리는 그리스도인에 대한 편견을 바꾸어야 한다. 그것은 우리의 삶의 패턴을 바꿈으로써만 가능하다. 한마디로 말해서 삶의 패턴을 섬김의 패턴으로 바꾸어야 한다. 서두에 이야기했듯이 우리는 모든 다른 사람들과 마찬가지로 누군가를 섬기고 있다. 그 섬김의 대상과 섬김의 방향을 조금만 바꾸면 누구나 그리스도의 섬김으로 이웃을 섬길 수 있다. 그리스도인은 누군가의 도움을 필요로 하는 모든 사람들을 섬기는 사람들이다. 그리고 개념을 바꾸면 그렇게 될 수 있다. 이 책이 그 길을 안내할 것이다.

우리는 그리스도인의 이웃사랑, 나눔과 섬김에 대해서 너무나도 큰 오해를 하고 있다. 특정한 사람을 돕거나 특별한 일을 하는 것이 섬김의 본래적 의미는 아니다. 왜냐하면 우리는 우리의 섬김을 통하여 이웃과 세상을 회복시키는 사람들이기 때문이다. 세상을 바꿀 수 있는 것은 그리스도인의 비움과 나눔, 그리고 낮춤과 섬김이 유일한 통로이다. 그것이 그리스도의 길을 따라가는 길이기 때문이다. 그렇다고 많이 나누고 많은 사람들을 섬기는 일 그 자체로 세상을 바꿀 수 있는 것은 아니다. 다른 종교나 단체에서도 그런 일을 얼마든지 할 수 있기 때문이다. 우리는 예수님과의 관계 속에서 그리스도의 십자가 섬김을 우리의 것으로 만들어서 나누고 섬길 때에, 곧 오로지 그리스도의 이름으로 하나님의 뜻이 이루어지는 섬김을 행할 때에 이웃과 세상을 바꿀 수 있게 된다. 교회에 불신자들을 초청하는 것으로 세상을 바꿀 수는 없다. 낮춤과 섬김의 본질과 목적과 방향과 방식을 배우지 않으면 우리를 통하여 이루어질 일은 미미할 수밖에 없을 것이다. 낮춤과 섬김 자체가 복음이다. 복음은 복음대로 살라고 주셨다. 그래서 결론은 우리가 복음인 것이다.

이 책은 J·M·D·C (예수마음 제자만) 훈련의 여섯 번째 과목으로 저술되었다. 그 중 이웃과의 관계회복의 세 번째 책이다. 첫 번째 책은 『보이는 복음, 이웃사랑』(2021, 기독교신앙회복연구소)이고, 두 번째 책은 『복음의 통로, 비움과 나눔』(2021, 기독교신앙회복연구소)이며, 이 책 『넘치는 복음, 낮춤과 섬김』이 마지막 저술이다. 현재 교회에 하나님을 사랑하는 데에 대한 내용들은 너무 풍성한데 그리스도인의 이웃사랑의 개념이 너무 협소해서 하나님 사랑이 거의 반쪽짜리밖에 되지 못하고 있는 실정에서 참된 이웃사랑의 실체인 낮춤과 섬김의 길을 제시하고자 이 책이 기획되었다. 이웃사랑에 대한 이 세 권의 책을 차근차근 정독한다면 한국교회에서 너무나도 부족한 그리스도인의 삶의 방식을 배우고 실천하는 데 큰 유익을 얻을 수 있을 것으로 확신한다.

동시에 이 책은 우리의 신앙의식을 온전히 성경적으로 확립시키기 위해 출간되었다. JMDC 훈련의 목적 자체가 신앙의식의 변화를 통한 기독교개혁이기 때문에 거기에 꼭 맞는 훈련교재로서의 요건도 갖추었다는 말이다. 신앙의식을 초대교회 수준으로 끌어올리는 것이 기독교의 유일한 해법이다. 그것은 한 마디로 '변화'이다. 너무 쉬운가? 문제는 결코 변화되지 않으려고 한다는 것이다. 특히 목회자는 변화되지 않으려고 힘쓰고 애쓰는 것처럼 보인다.

그러나 JMDC 훈련에 진심으로 동참한다면 충분히 변화될 수 있다. 조건이 있다. 일단 자기 생각을 내려놓아야 한다. 자기 생각은 고정관념이다. 고정관념은 마귀이다. 그것을 버리지 않으면 변화는 없다. 물론 훈련에 참여하지 않더라도 이 책을 낮은 자세로 정독한다면 충분히 변화가 일어날 것이다. 자기변화를 위하여 이 책을 읽을 것을 권해드린다.

차 례

제3부 그리스도인의 섬김

제4부 섬김의 삶을 위하여

제1부

·

그리스도인의
낮춤

제1장
왜 낮춤이어야 하는가?

그리스도인에게 있어서 가장 필요한 덕목이라면 무엇이 있겠는가? 단지 그리스도인에게 국한된 것은 아니지만 그것은 바로 낮춤일 것이다. 낮춤이나 겸손이나 동일한 뜻을 가지고 있지만 기독교 복음 안에서는 겸손에 그치는 것이 아니라 낮춤이 있어야 모든 것이 성립될 것이다. 단순히 마음가짐이나 태도를 낮추는 것을 겸손이라고 한다면, 복음 안에서는 스스로의 존재 자체를 생각하지 않는 낮춤을 말하는 것이기 때문이다. 아무튼 이 낮춤이라는 자세는 기독교 복음에서는 가장 핵심적이고 필수적인 요소라고 생각된다.

세상에서나 교회에서나 모든 문제를 일으키는 주범은 낮춤을 잃어버린 데에서 생겨난다. 왜냐하면 모든 사람들이 전부 높아지려고 하기 때문이다. 높아지기 위해서 온갖 노력을 다 기울이는 것이 일반적인 세상의 이치이다. 낮아지기 위해서 모든 노력을 기울이는 사람이 어디에 있겠는가? 교회에서도 신앙이 아니라 종교가 되면 계속 높아지기 위해서 달려가게 마련이다. 세상의 이치가 높아지려는 데 있다면 믿음의 이치는 낮춤에 있어야 한다. 왜냐하면 믿음이란 스스로가 무엇을 하는 것이 아니라 하나님께서 나를 통하여 무엇인가를 하시도록 하는 자세이기 때문이다.

여기 기독교 신앙의 핵심과 본질을 잃어버리고 세상의 가치를 그대로 쫓아가다가 낮춤을 잃어버린 대표적인 사람들이 있다. 그들은 바리새인들이다. 기독교 신앙의 가장 대표적인 특성이 낮춤인데 오히려 높아짐을 택하였다가 예수님으로부터 저주를 받았던 사람들이 그들이다. 그들은 겉으로 볼 때 신앙이 좋은 사람들이었다. 백성들을 가르치는 사람들이었고 유대인의 삶의 기준을 제시하였으며 많은 백성들로부터 존경을 받는 사람들이었다. 그런데 이들의 또 다른 특성이 바로 낮춤이 아니라 높아짐에 있었던 것이다. 예수님은 이들을 너무나도 적나라하게 질책하셨다. 바리새인들과 서기관들이 모세의 자리에 앉았다는 것이었다.

"서기관들과 바리새인들이 모세의 자리에 앉았으니 그러므로 무엇이든지 그들이 말하는 바는 행하고 지키되 그들이 하는 행위는 본받지 말라"(마 23:2~3上)

그런데 오늘날 많은 목회자들이 바로 바리새인화 되었다는 사실을 아는가? 바리새인들의 가장 큰 특징은 자기들이 중심이라는 것이다. 물론 율법을 현실에 적용하는 면에서는 그들은 오히려 바람직한 모습들을 보여주고 있었다. 그들에게 실천이 없었던 것도 아니다. 그럼에도 불구하고 예수님은 이들을 심하게 비판하셨다. 그들의 겉으로 보이는 행함이 문제가 아니었다. 예수님은 오히려 그들이 말하는 것은 본받고 행하는 바는 본받지 말라고 강하게 말씀하신다. 행함이란 행함 자체가 문제가 아니라 어떤 마음인가가 훨씬 더 중요한 것이다. 행함은 행함인데 자기들을 드러내려는 행함이었기 때문이다. 자기를 낮추지 못하면 이런 함정에 빠지게 되는 것이다.

그들에게 행함이 있음에도 불구하고 예수님은 그들의 행함을 무시하시고 오히려 말만 하는 자들이라고 비판하신다. 오늘날 예수님이 오신다면 목회자들에게 바로 이 점을 들어 강하게 나무라실 것이다. 많은 단체 등을 통하여 나눔과 섬김의 모습들을 빈번하게 보고 있지만 대개 자기 공적 쌓기에 불과한 경우가 얼마나 많은가? 그렇게 참된 나눔을 행한다고 하면서 온갖 욕심은 다 부리고 주도권을 다투는 모습을 보면 겉으로만 행함이고 마음으로는 전혀 행함이 아닌 것이 분명하다. 그래서 예수님은 저들은 말로만 행한다고 말씀하시는 것이다.

"그들은 말만 하고 행하지 아니하며 또 무거운 짐을 묶어 사람의 어깨에 지우되 자기는 이것을 한 손가락으로도 움직이려 하지 아니하며"(마 23:3下 ~4)

그리고 그렇게 된 원인을 낮춤이 없기 때문이라고 하시는 것이다. 물론 직접적으로 낮춤이 없기 때문이라고 하지는 않으셨지만 그 반대로 스스로를 높이기 때문이라는 말씀으로 대체하신 것이다. 행함은 행함인데 행함이 아닌 것은 무엇인가? 공로요 자랑이요 명예요 권력이요 인정이요 지배를 위한 행함은 오히려 지옥행이 되어 버린다는 말씀이다. 위선이 어디에서 나오는가? 낮추지 못하는 데에서 나올 수밖에 없다. 인간은 욕심이 있기 때문에 낮추지 못하면 자연스럽게 그렇게 되어 버리는 것이다.

> "그들의 모든 행위를 사람에게 보이고자 하나니 곧 그 경문 띠를 넓게 하며 옷 술을 길게 하고 잔치의 윗자리와 회당의 높은 자리와 시장에서 문안 받는 것과 사람에게 랍비라 칭함을 받는 것을 좋아하느니라"(마 23:5~7)

그래서 하나님은 성도가 낮아질 때까지 기다리신다. 하나님은 낮아질 때까지 기다리시고 고난을 허락하신다. 낮추지 않으면 깨닫지 못하기 때문이다. 낮춤이 얼마나 중요했든지 하나님은 이스라엘을 낮추시기 위하여 40년의 광야생활을 허락하셨다. 그리고 얼마나 낮추었는지를 시험하시기 위함이라고 하셨다. 하나님은 우리 마음을 시험하시기 위해, 곧 얼마나 낮추었는지를 아시기 위해 고난도 허락하시고 끝까지 기다리신다는 것이다. 그러니까 하나님께서 만족하실 때까지 낮추지 못하면 하나님은 우리를 사용하실 수가 없는 것이다.

> "네 하나님 여호와께서 이 사십 년 동안에 네게 광야 길을 걷게 하신 것을 기억하라 이는 너를 낮추시며 너를 시험하사 네 마음이 어떠한지 그 명령을 지키는지 지키지 않는지 알려 하심이라"(신 8:2)

그리고 그 시험은 정말로 하나님의 말씀만을 의지하고 사는가를 알아보는 시험이다. 이 시험은 지금도 여전히 유효하다. 그것은 바로 낮춤인 것이다. 오직 하나님의 말씀으로만 살 수 있을 때까지는 하나님은 아무 일도 하지 않으신다. 우리를 통한 하나님의 일하심을 기다린다면 우리는 낮아질 대로 낮아져야 하는 것이다.

"너를 낮추시며 너를 주리게 하시며 또 너도 알지 못하며 네 조상들도 알지 못하던 만나를 네게 먹이신 것은 사람이 떡으로만 사는 것이 아니요 여호와의 입에서 나오는 모든 말씀으로 사는 줄을 네가 알게 하려 하심이니라" (신 8:3)

낮춤이 아니면 그리스도인들은 사실상 아무 일도 할 수가 없다. 무슨 일을 해내고 공적을 쌓은 것 같아도 전부 자기 일을 한 것일 뿐이다. 그러면 우리가 반드시 낮아져야 하는 몇 가지 이유를 구체적으로 설명해보기로 한다.

1. 예수님께서 낮추셨기 때문이다.

가장 먼저 우리의 낮춤의 원형은 예수님의 낮춤이라는 사실이 중요하다. 왜냐하면 예수님의 낮춤은 사람이 낮출 수 있는 한계를 완전히 넘어선 낮춤이었고 예수님의 그 낮춤으로 말미암아 우리가 자유를 얻었기 때문이다. 일찍이 스가랴 선지자는 예수님의 낮춤에 대해서 명확하게 예언해 주었다. 스가랴는 예수님을 왕이라고 칭했다. 그러나 그 왕은 개선장군이 타는 황금 말이 아니라 짐을 싣거나 수레를 메는 나귀를 타실 것인데 그것도 힘이 센 성체 나귀가 아니라 아직 한 번도 무엇을 태우거나 끈 적이 없는 어린 나귀를 타실 것이라고 했다. 그것은 왕으로서의 존재를 부인하는 것과 마찬가지이다.

"시온의 딸아 크게 기뻐할지어다 예루살렘의 딸아 즐거이 부를지어다 보라 네 왕이 네게 임하시나니 그는 공의로우시며 구원을 베푸시며 겸손하여서 나귀를 타시나니 나귀의 작은 것 곧 나귀 새끼니라"(슥 9:9)

하지만 오늘날 기독교인들에게는 이 낮춤이라는 개념이 전혀 다르게 사용되는 것 같다. 예수님의 십자가의 낮춤까지 내려갈 생각이 전혀 없으면서 그냥 말로만 떠벌이고 있기 때문이다. 예수님처럼 내려가지 못하면 기독교의 모든 일은 다 헛것일 수밖에 없다. 왜냐하면 예수님의 낮춤에 근거한 것이 아니라 사람이 적당히 만들어낸, 흉내만 낮춤이기 때문이다. 이 책에서 '낮춤'이라고 표현하는 것은 전부 예수님의 낮춤을 말하는 것이다. 예수님을 믿는다면서 현실과 타협하여 적당히 흉내만 낸다면 하나님은 일하실 수가 없다. 예수님의 죽기까지의 낮춤이 없으므로 기독교가 세상의 비난을 받는 것이다. 이런 낮춤을 빼놓고 제아무리 무슨 말을 하고 무슨 짓을 해도 하나님은 일하지 않으신다. 예수님의 낮춤을 우리 심령 가운데 채우지 않으면 하나님께서 온전히 사용하실 수 없기 때문이다. 낮춤은 그리스도인의 필수적인 덕목이다. 곧 예수님의 낮춤으로까지 내려가지 못하면 그 믿음은 참 믿음이 못되는 것이다.

"사람의 모양으로 나타나사 자기를 낮추시고 죽기까지 복종하셨으니 곧 십자가에 죽으심이라"(빌 2:8)

결국 예수님께서 받으신 영광은 어디에서 나온 것인가? 죽기까지의 낮춤에서 비롯되는 것이다. 다른 말로 하면 예수님조차도 죽기까지 낮춤을 행치 않으셨다면 그런 영광은 나타날 수가 없다는 뜻이다. 예수님조차도 그러신데 우리가 그런 낮춤을 보여주지 못하면서 무슨 영광을 받으려고 한다는 말인가? 부활도 예수님의 낮춤까지 내려가야 이루어지는 것이다. 결국 자기 자신을 죽기까지의 낮춤에 내맡기지 못한다면 예수님과 같은 부활은 입을 수 없다는 말이다.

"그는 만물을 자기에게 복종하게 하실 수 있는 자의 역사로 우리의 낮은 몸을 자기 영광의 몸의 형체와 같이 변하게 하시리라"(빌 3:21)

그렇게 십자가에 죽기까지의 낮춤 이후에 우리는 온유함을 얻을 수 있게 되는 것이다. 단순히 성격이나 기질적인 온유함이 아니라 모든 인간을 전부 포용할 수 있는 예수님과 같은 인식으로 죄인도 품에 안을 수 있다는 것이다. 진리의 문제가 아니라면 그리스도인은 모든 사람을 용서할 수 있는 사람이다. 그것이 어디에서 나오겠는가? 십자가의 낮춤에서부터 비롯되는 것이다. 그러므로 죽기까지의 낮춤을 통하여 예수님의 온유함에 의지할 수 있고 진정한 쉼을 누릴 수 있게 되는 것이다. 그것이 그리스도인이 반드시 낮추어야 하는 가장 우선되는 이유인 것이다.

"나는 마음이 온유하고 겸손하니 나의 멍에를 메고 내게 배우라 그리하면 너희 마음이 쉼을 얻으리니"(마 11:29)

물론 예수님의 낮춤은 우리의 현실 속에서 나타날 수 있어야 한다. 모든 그리스도인이 죽기까지의 낮춤으로 우리의 심령을 채운다고 해도 우리가 항상 죽을 수 있는 것은 물론 아니고 삶 속에서 그 죽기까지의 낮춤이 현실로 드러날 수 있어야 하는 것이다. 예수님은 제자들 앞에 무릎을 꿇으시고 마치 종이나 노예처럼 제자들의 발을 씻기셨다. 생활 속에서 그보다 더 낮추기는 어려울 것이다. 하지만 예수님께서 단지 제자들 앞에서만 자기를 낮추신 것이 아니다. 예수님의 낮추심을 가장 극명하게 느낄 수 있는 장면은 오히려 예수님께서 체포되실 때 나타난다고 할 수 있겠다. 왜냐하면 베드로가 자기도 모르게 칼을 빼들고 휘둘렀을 때 예수님께서 베드로를 나무라신 말씀 속에서 분명하게 드러나기 때문이다.

"너는 내가 내 아버지께 구하여 지금 열두 군단 더 되는 천사를 보내시게 할 수 없는 줄로 아느냐 내가 만일 그렇게 하면 이런 일이 있으리라 한 성경이 어떻게 이루어지겠느냐 하시더라"(마 26:53~54)

자신에게 부여된, 마땅히 사용할 수 있는 권리를 포기하는 것, 이것이 진정한 낮춤이 아니겠는가? 물론 죽음을 조용히 받아들이신 예수님의 낮추심은 그것으로써 모든 설명을 대체할 수 있지만 그런 죽기까지의 낮추심은 바로 당연한 권리까지도 버리시는 낮춤의 결과였다는 말이다. 그렇다면 사도 바울의 자기포기도 분명히 여기에 해당된다. 십자가 낮추심의 현실화라고 할 수 있다는 말이다. 바울은 자기의 권리를 사용하지 않는 이유를 그리스도의 복음에 장애가 없게 하기 위함이라고 설명했다. 우리 그리스도인들은 바로 예수님께서 자기를 낮추실 수 있는 데까지 낮추셨기 때문에 아무 것도 아닌 우리도 예수님의 낮추심을 본받아 우리를 최대한 낮출 수 있어야 할 것이다.

"다른 이들도 너희에게 이런 권리를 가졌거든 하물며 우리일까보냐 그러나 우리가 이 권리를 쓰지 아니하고 범사에 참는 것은 그리스도의 복음에 아무 장애가 없게 하려 함이로다"(고전 9:12)

2. 낮춤이 아니면 구원이 불가능하기 때문이다.

이 세상에서 교만한 상태로 구원받을 수 있는 사람은 없다. 심령이 가난하다는 의미는 가장 낮아진 상태라는 말이다. 스스로 낮출 수 없으므로 하나님께서 낮아진 상태가 될 때까지 기다리시는 것이다. 대부분 거듭남의 체험을 가진 성도들은 심령이 가장 낮아졌을 때에 비로소 하나님께서 역사하시는 경험을 하였을 것이다.

어떤 종류의 원인이든지, 예컨대 건강이든 물질이든 환경이든 인간관계이든 심리적이든 많은 어려움 가운데 어찌할 수 없어서 하나님을 의지할 때에 비로소 하나님께서 믿음을 선물로 주신다. 가장 낮아져서 스스로를 포기할 정도로 낮아질 때까지 하나님은 기다리신다. 왜냐하면 그렇지 못하면 하나님을 전적으로 의지할 수 없기 때문이다.

> "사람들이 너를 낮추거든 너는 교만했노라고 말하라 하나님은 겸손한 자를 구원하시리라"(욥 22:29)

하나님은 심지어 하나님을 모르는 니느웨 도성에서도 왕을 비롯하여 모든 백성들이 자신들의 죄를 회개하고 최대한 낮추었을 때 이방 백성임에도 불구하고 그들을 구원해주셨다. 요나의 하룻길 외침으로 니느웨는 왕으로부터 모든 백성들이 자기를 낮추고 굵은 베옷을 입고 재 위에 앉았다. 심지어 가축들에게까지 금식을 시키고 베옷을 입게 하였다. 그리고 모든 악한 길에서 떠날 것을 서원하였다.

> "왕과 그의 대신들이 조서를 내려 니느웨에 선포하여 이르되 사람이나 짐승이나 소 떼나 양 떼나 아무것도 입에 대지 말지니 곧 먹지도 말 것이요 물도 마시지 말 것이며 사람이든지 짐승이든지 다 굵은 베 옷을 입을 것이요 힘써 하나님께 부르짖을 것이며 각기 악한 길과 손으로 행한 강포에서 떠날 것이라"(욘 3:7~8)

그래서 하나님은 어떻게 결정하셨는가? 그들이 자기를 낮추고 악한 길에서 돌이키는 것을 보시고 재앙을 내리시려는 뜻을 돌이키셨다. 이들은 이스라엘 백성들이 아니었다. 하나님을 믿지 않고 바알이나 아세라 상에게 제사를 지내는 우상을 섬기는 이방나라 사람들이었다. 그럼에도 낮춤의 위력이 얼마나 대단한가? 그러므로 그리스도인의 구원은 아예 처음부터 낮춤이 아니면 성립될 수가 없는 것이다. 구원의 능력은 어디에서 나오는가? 낮춤에서 나온다.

"하나님이 그들이 행한 것 곧 그 악한 길에서 돌이켜 떠난 것을 보시고 하나님이 뜻을 돌이키사 그들에게 내리리라고 말씀하신 재앙을 내리지 아니하시니라"(욘 3:10)

솔로몬이 성전을 건축하고 나서 하나님께서 솔로몬에게 나타나셨다. 가뭄이나 해충이나 전염병이 나라에 돌 때에라도 악한 길에서 돌이켜 스스로 낮추고 기도하면 하나님께서 그들을 구원하실 것이라고 약속하셨다. 성전에서 눈을 떼지 않고 계시다가 백성들이 큰 죄를 지었더라도 자기를 낮추고 기도하면 다 들어주신다는 말씀이다. 낮춤이 생명인 셈이다. 낮춤이 생사를 결정하기 때문이다.

"내 이름으로 일컫는 내 백성이 그들의 악한 길에서 떠나 스스로 낮추고 기도하여 내 얼굴을 찾으면 내가 하늘에서 듣고 그들의 죄를 사하고 그들의 땅을 고칠지라"(대하 7:14)

그리스도인이란 낮춤으로부터 새 생명이 시작된 사람들이다. 그렇다면 그 생명을 유지하기 위해서는 또 역시 낮춤이 지속되어야 하는 것이다. 우리의 구원이 한번 거듭났다고 해서 완전구원이 이루어지는 것은 아니기 때문이다. 사역자이든지 성도이든지 그리스도인의 신앙생활에서 가장 중요한 핵심은 무엇인가? 그것은 낮춤인 것이다. 부흥이든 성공이든 번영이든 낮춤을 훼방한다면 참된 그리스도인은 다 내려놓아야 한다. 낮추지 못하고 높아지고 자랑하게 되면 참된 신앙을 결코 유지할 수 없다. 번영이 낮춤의 걸림돌이 된다면 차라리 망하는 것이 훨씬 유익한 것이다.

> "겸손한 자와 함께 하여 마음을 낮추는 것이 교만한 자와 함께 하여 탈취물
>
> 을 나누는 것보다 나으니라"(잠 16:19)

구원받은 그리스도인으로서 자기를 높이려는 사람들이 있다. 엄밀한 의미에서 그들은 구원을 잃어버렸을지도 모른다. 왜냐하면 하나님과 사람 앞에서 자기를 낮출 때에 비로소 가난한 심령이 되고 거기에 하나님의 천국이 임하는 것인데, 지금 만약에 스스로가 높아져 있다면 하나님께서 오실 수가 없기 때문이다. 그래서 하나님은 사람을 낮추시기 위해 고난이나 역경을 그대로 허락하시는 것이다. 하나님께서 사랑하시는 사람이라면 높은 데 그대로 버려두지 않으시고 반드시 낮아지도록 인도하실 것이다. 낮추지 못한 사람은 하나님과 관계없는 사람이다. 최후의 순간에 영광의 몸으로 부활하게 하시는 사람들도 스스로 낮은 자리에 있는 사람들이

다. 모든 일이 성공적이고 큰 업적을 이룬 사람들은 빨리 다른 것들을 포기하고 자기를 낮출 수 있도록 그 자리에서 내려와야 한다. 실로 우리 그리스도인들은 낮춤이 생명이라는 사실을 깊이 깨달아야 하는 것이다.

> "그는 만물을 자기에게 복종하게 하실 수 있는 자의 역사로 우리의 낮은 몸을 자기 영광의 몸의 형체와 같이 변하게 하시리라"(빌 3:21)

3. 낮춤이 아니면 감사를 드릴 수 없기 때문이다.

그리스도인에게 있어서 가장 필요한 마음가짐은 바로 감사일 것이다. 감사 없는 생활은 신앙일 수가 없다. 그리스도인이란 감사하는 사람들이라고 이름 붙여도 이상하지 않아야 한다. 왜 그토록 감사에 대해서 강조하는가? 헌금에도 각종 감사헌금이 주류를 이루고 있다. 생일을 만나도 합격해도 승진해도 병을 고쳐도 전부 감사헌금을 한다. 옳고 그름을 떠나서, 헌금을 강조하는 것이 아니라 감사를 강조하는 말이다. 감사가 우리의 삶의 중심이 되어야 하는 것이다. 감사 없는 성도는 빨리 고쳐야 한다. 감사가 풍성하게 넘치고 다양하게 이루어지는 삶을 살아야 한다.

그런데 감사를 할 수 있는 조건이 있을 때에만 감사를 한다면 그것은 바른 감사가 아니다. 왜냐하면 우리는 이미 멸망할 죄에서 구원받은 백성들이므로 그 자체가 감사의 필요충분조건이 되기 때문이다. 인간이란 육신을 가지고 있고 혼이 지배하기 때문에 죄악과 욕심 가운데 거할 수밖에 없다. 그것을 무엇이라고 부르든지 간에 우리는 죄악 가운데 놓여있는 존재들이다. 곧 죄의 명령을 따라 사는 사람들이라는 말이다. 그런데 그 죄의 뿌리에서 해방될 수 있도록 예수님의 십자가로 구원하셨으니 그 자체로서 얼마나 감사해야 할지 모를 일인 것이다. 그 누구도 어찌할 수 없는 자유를 주셨는데 감사가 없다면 그는 진실한 그리스도인이 아닌 것이다.

"하나님께 감사하리로다 너희가 본래 죄의 종이더니 너희에게 전하여 준 바 교훈의 본을 마음으로 순종하여 죄로부터 해방되어 의에게 종이 되었느니라"(롬 6:17~18)

하지만 그렇다고 우리가 날마다 진정으로 감사를 드릴 수 있을까? 결코 쉽지 않다. 그런데 그것을 가능하게 만드는 것이 바로 낮춤이다. 감사란 낮춤이 아니면 거의 불가능하다는 사실을 우리는 알고 있다. 예수님도 진리는 어린아이들처럼 낮은 자들에게 드러내어진다고 하셨다. 어린아이들이란 스스로를 낮추지 않아도 낮은 사람들이다. 아예 낮은 자의 의식을 가지고 사는 존재들이다. 낮아지거나 스스로 낮은 자리에 있지 못하면 감사가 이루어질 수 없는 것이다.

"그 때에 예수께서 대답하여 이르시되 천지의 주재이신 아버지여 이것을 지혜롭고 슬기 있는 자들에게는 숨기시고 어린아이들에게는 나타내심을 감사하나이다"(마 11:25)

대개 낮은 자리에 있는 사람들에게서 참된 감사가 나올 때가 많다. 가장 낮은 자리에 있는 사람에게서 가장 깊은 감사가 나오는 것이다. 열 명의 나병환자들이 예수님의 말씀을 따라 제사장에게 가다가 고침 받은 사실을 발견했는데 그 중에 한 사람만 감사하러 예수님께 되돌아왔다. 진정으로 감사할 줄 아는 사람은 평소에는 잘 드러나지 않는다. 나병환자 자체가 세상의 버림받는 존재들이지만 그 비참한 사람들 중에서도 감사하는 사람은 따로 있었던 것이다. 그 사람은 나병환자들 중에서도 이방인이었다. 낮은 사람들 중에서도 더 낮은 사람에게만 감사가 있었던 것이다. 병에서 고침 받아도 그 중에 감사하는 사람만 하나님의 구원에 이를 수 있다. 그리고 진정으로 감사하는 사람에게 구원이 임하게 되는 것이다.

"그 중의 한 사람이 자기가 나은 것을 보고 큰 소리로 하나님께 영광을 돌리며 돌아와 예수의 발 아래에 엎드리어 감사하니 그는 사마리아 사람이라 … 이 이방인 외에는 하나님께 영광을 돌리러 돌아온 자가 없느냐 하시고 그에게 이르시되 일어나 가라 네 믿음이 너를 구원하였느니라 하시더라"
(눅 17:15∼16, 18∼19)

감사가 없으면 찬양도 나올 수 없는데, 그 출발점이 바로 낮춤이다. 감사 없는 찬양이 찬양일 수 없고 낮춤이 없이는 감사가 나올 수 없는 것이다. 기적을 체험하고 죽었다가 살아나도 자기를 낮춘 사람만이 감사하고 찬양할 수 있다. 감사와 찬양은 실질적으로 같은 말이다. 그래서 다윗은 수금으로 감사한다고 표현했던 것이다. 성가대나 찬양단에서 노래할 때 만약에 심령의 감사 없이 찬양을 드리면 그 찬양이 진짜 찬양인가? 하지만 그런 이야기를 하는 경우는 별로 없다. 성가대에서 가장 먼저 가르쳐야 하는 것이 바로 하나님께 진정으로 감사하는 마음이어야 하는 것이다.

"수금으로 여호와께 감사하고 열 줄 비파로 찬송할지어다"(시 33:2)

감사함으로 찬송하고 찬송함으로 감사를 표현하는 것이다. 하나님께서 우리 성도들에게서 원하시는 것이 찬양이 아니던가? 감사가 찬양이고 찬양이 감사이다. 그런데 그 감사를 표현하게 만드는 것이 바로 낮춤인 것이다. 낮춤이 아니면 감사가 나올 수 없다. 그래서 그리스도인은 낮춤이어야 하는 것이다. 교만한 사람은 더 많은 것, 더 좋은 것을 요구하기 때문에 결코 감사가 나올 수 없지만, 자기를 낮추는 사람은 자기에게 주어지는 모든 것이 더없이 감사하게 느껴지는 것이다. 그 사람이 얼마나 자기를 낮추는 사람인가를 알아보려면 얼마나 감사하는가를 보면 알 수 있고, 그 사람이 진심으로 감사하는가 아닌가를 알아보려면 그에게서 찬양이 얼마나 나오는가를 보면 알 수 있다. 노래나 곡조로 드리는 찬양이 아니라 언어와 삶으로 드리는 찬양을 말하는 것이다. 자기를 낮추어야 하는 중요한 목적은 바로 진정한 감사와 찬양을 드릴 수 있기 위해서인 것이다. 감사가 없다면 하나님의 자녀라고 할 수는 없기 때문이다.

"감사함으로 그의 문에 들어가며 찬송함으로 그의 궁정에 들어가서 그에게 감사하며 그의 이름을 송축할지어다"(시 100:4)

4. 낮춤이 아니면 주님을 따를 수 없기 때문이다.

하나님을 따른다는 것은 하나님의 은혜와 동행이 없이는 불가능한 것이다. 하나님의 은혜와 동행은 자신을 낮추거나 낮은 자리에 있는 사람에게만 가능한 일이다. 하나님은 통회하고 마음이 겸손한 사람과 함께하신다고 말씀하셨다. 그렇다면 스스로 의롭다고 생각하거나 다른 사람에게 보이려고 행하는 사람이나 다른 사람들을 지배하려고 하는 사람과는 하나님은 함께하지 않으신다는 말씀이다. 왜냐하면 하나님은 통회하고 겸손한 사람들의 영과 혼을 소생시키실 수 있기 때문이라고 하신다. 곧 하나님께서 은혜를 베푸실 수 있는 사람들이 자기를 낮춘 사람들이기 때문에 함께하신다는 말씀이다. 마음을 낮추지 못하고는 하나님을 결코 따를 수 없는 이유이다.

"지극히 존귀하며 영원히 거하시며 거룩하다 이름하는 이가 이와 같이 말씀하시되 내가 높고 거룩한 곳에 있으며 또한 통회하고 마음이 겸손한 자와 함께 있나니 이는 겸손한 자의 영을 소생시키며 통회하는 자의 마음을 소생시키려 함이라"(사 57:15)

"그러나 더욱 큰 은혜를 주시나니 그러므로 일렀으되 하나님이 교만한 자

를 물리치시고 겸손한 자에게 은혜를 주신다 하였느니라"(약 4:6)

더 나아가 하나님을 따른다는 것은 많은 어려움도 함께 받는다는 말이기 때문에 그 어려움을 이겨낼 수 있는 근거가 있어야 하는데, 겸손하여 스스로를 낮춘 사람들에게 하나님은 기쁨을 더하여주신다는 사실을 알아야 한다. 하나님의 말씀은 높은 자에게는 임하실 수가 없다. 그렇다면 그것은 하나님의 말씀에서 우러나오는참 기쁨을 소유할 수 없다는 말과도 같다. 수많은 기쁨이 가능하지만 현실에서 일어나는 상태에서만 기쁨을 얻으려고 하면 오히려더 큰 실망을 경험하게 될 것이다. 왜냐하면 그런 기쁨은 조건이사라지면 당연히 없어지는 기쁨이기 때문이다. 또한 그런 기쁨을잃어버렸을 때 오는 깊은 절망감은 쉽게 사라지지 않기 때문이다.그리고 그런 헛된 기쁨을 위하여 계속 그 길을 추구하기 때문에 더허망한 몸짓이 될 뿐인 것이다.

"겸손한 자에게 여호와로 말미암아 기쁨이 더하겠고 사람 중 가난한 자가
이스라엘의 거룩하신 이로 말미암아 즐거워하리니"(사 29:19)

이런 모든 것을 떠나서 인간이라는 존재는 낮춤이 없어지면 언제라도 교만해질 수 있다는 사실을 인정해야 할 것이다. 조금이라도 잘 되기 위해 몸부림치지만 성공 뒤에는 반드시 교만이 올 수밖에 없고 더 큰 성공을 위해 달려가는 것이 인간인 것이다. 낮은 자는 높은 자에게 굽신거리지만 자기보다 더 낮은 자에게 교만해지

는 것이 인간이기도 한 것이다. 물론 겸손해 보이는 사람도 많지만 그 속에 자기를 드러내거나 인정받으려는 욕구가 없는 사람은 없다. 사람들은 잘 분별하기 어렵지만 하나님은 모든 것을 다 아신다. 그래서 주 안에서는 조금이라도 교만한 사람은 멸망할 수밖에 없는 것이다. 하나님은 반드시 스스로를 낮춘 사람을 들어 사용하시게 되어 있다.

"사람의 마음의 교만은 멸망의 선봉이요 겸손은 존귀의 길잡이니라"(잠 18:12)

낮춤이 아니면 언제라도 교만해질 수 있다. 사람들은 성공, 번영, 부흥과 같은 외적인 요소 때문에 교만해지기도 하지만 오히려 신앙, 도덕, 은사, 지식 때문에 교만해지기도 한다. 그 중에서도 신앙적인 교만은 치료가 거의 불가능할 정도로 위험하다. 왜냐하면 신앙적인 교만은 하나님께 대한 직접적인 도전이자 반항이 되기 때문이다. 이렇게 되면 겉으로는 주님을 가장 잘 따르는 것 같은데 사실은 가장 큰 훼방거리가 되고 마는 것이다. 그래서 예수님을 따라가는 신앙인들에게 가장 핵심적인 자세는 낮춤인 것이다. 예배이든 찬양이든 낮춤이 아니면 제대로 드릴 수가 없다. 날마다 스스로를 낮추기 위해 애쓰는 사람이 진정한 그리스도인이다. 하나님의 말씀은 자신을 낮추기 위한 도구이기도 한 것이다. 주님을 따르기는커녕 오히려 주님을 따르려는 사람들까지 지옥으로 떨어뜨려버리는 바리새인들을 주님은 책망하셨다. 그들은 자기를 낮추지 못함으로써 주님과는 완전히 멀어져 버렸던 것이다.

> "화 있을진저 외식하는 서기관들과 바리새인들이여 너희는 교인 한 사람을
> 얻기 위하여 바다와 육지를 두루 다니다가 생기면 너희보다 배나 더 지옥
> 자식이 되게 하는도다"(마 23:15)

예수님은 예수님을 따라오려거든 자기를 부인하라고 하셨다. 자기부인이 곧 낮춤이다. 자기가 사라져야 굽어질 수 있는 것이다. 교만이나 욕심이나 자랑이나 공로로 가득 채워져 있다면 절대로 자기를 굽힐 수 없다. 굽히지 못한 상태로 예수님을 따라갈 수는 없다. 자기를 부인하지 못한 사람은 몰라서 자기를 낮추지 못하는 것이 아니다. 알아도 낮출 수가 없다. 숙이고 싶어도 숙여지지 않는다. 그렇게 되면 주님을 절대로 따라갈 수 없다. 따라가더라도 곧 포기할 수밖에 없는 것이다. 그러므로 자기를 낮추는 것이 그리스도인의 출발점이라는 사실을 깊이 인식해야 한다.

> "무리와 제자들을 불러 이르시되 누구든지 나를 따라오려거든 자기를 부인
> 하고 자기 십자가를 지고 나를 따를 것이니라"(막 8:34)

5. 낮추지 않으면 섬김도 불가능하기 때문이다.

그리스도인의 모든 미덕은 하나님과 사람에게 동시에 목적을

두고 있어야 한다. 하나님께만 영광 돌리고 찬양을 드리면 되는 것이 아니다. 하나님께 영광을 돌리고 찬양을 드렸다면 사람에게 증명해보여야 한다. 또는 '주의 이름으로' 사람에게 한 일에 대해서만 하나님은 영광 받으신다. 그런 모든 미덕들은 모두 한 가지에서 시작되는데 그것은 낮춤이다. 물론 그것은 예수님께서 가장 낮은 곳으로 낮추심으로부터 복음이 시작되었기 때문이다. 비움이든 버림이든 낮춤이 아니면 이루어질 수가 없다. 그래서 예수님도 심령이 가난한 사람이 천국에 갈 것이라고 하신 것이다. 지극히 낮아져서 하나님 없이는 살 수 없게 된 절대적 가난의 사람들이 심령이 가난한 사람들이다. 우리가 예수님을 처음 믿을 때가 그렇지 않았던가?

"심령이 가난한 자는 복이 있나니 천국이 그들의 것임이요"(마 5:3)

결국 신앙생활을 잘 하는 사람이란 이 낮춤을 버리지 않고 사는 사람들이다. 하나님 앞에서의 낮춤은 모든 것을 포기한 상태를 말하지만 사람 사이의 낮춤은 어디에서 출발해야 하는가? 사도 바울은 그것을 자기보다 남을 낫에 여기는 데에서 시작된다고 하였다. 자기를 낮추었다고 하면서 다른 사람을 은근히 깔보거나 비교해서 판단한다면 그 사람은 결코 자기를 낮춘 사람이 아닐 것이다. 그런 사람의 겉으로의 낮춤을 하나님께서 모르시겠는가? 오히려 가식적으로 겸손한 척하는 사람에게 더 큰 벌을 내리실 것이다. 하나님 앞에 낮춘 사람은 사람 앞에서도 낮춘 사람이어야 한다. 그것은 자신을 비참하게 보는 것이 아니라 주님의 눈으로 사람을 본다는 것을 의미한다. 교회는 서로를 자기보다 낮게 여기는 사람들의 모임이어야 한다.

> "아무 일에든지 다툼이나 허영으로 하지 말고 오직 겸손한 마음으로 각각
> 자기보다 남을 낫게 여기고"(빌 2:3)

예배나 설교를 통해서 은혜를 받았다면 그 은혜의 종점은 낮춤이 되어야 한다. 은혜를 받았다는데 여전히 다른 사람을 자신보다 낮게 본다면 그것은 은혜를 받은 것이 결코 아니다. 그것은 낮은 자리에서 받은 은혜가 아니라 오히려 신앙적 교만의 자리에서 우월의식을 가지게 만들 뿐인 것이다. 사실상 교회의 직분자들에게서 이런 현상이 가장 빈번하게 나타난다. 교회공동체에서 낮춤의 미덕이 사라진다면 거기에는 분열과 증오와 비난만이 살벌하게 드러나게 될 것이다. 신앙경력이 높아질수록 이 낮춤에 대한 경각심이 커져야 하는 이유인 것이다.

> "젊은 자들아 이와 같이 장로들에게 순종하고 다 서로 겸손으로 허리를 동
> 이라 하나님은 교만한 자를 대적하시되 겸손한 자들에게는 은혜를 주시느
> 니라 그러므로 하나님의 능하신 손 아래에서 겸손하라 때가 되면 너희를
> 높이시리라"(벧전 5:5~6)

낮춤은 교회 안에서뿐만 아니라 인간의 모든 삶 가운데에서 사

람들을 대하는 마음가짐으로 나타나야 한다. 그렇지 않으면 사람들을 섬길 수 없다. 섬기지 못한다면 복음은 결코 복음다워질 수 없고 거짓 복음만 난무하게 되는 것이다. 그리스도인이 낮춤이어야 하는 중대한 요소가 바로 섬김을 위한 것이다. 베푼다는 태도나 동정하는 자세는 섬김도 아니고 나눔도 아니다. 현실적으로 '많이' 나누고 섬기는 데에만 초점을 두고 봉사를 한다면 그것은 하나님께는 아무 의미도 없다. 예수님처럼 죽기까지 낮추지 못한다면 세상은 우리 그리스도인들을 통하여 예수님을 결코 발견할 수 없을 것이다. 우리의 섬김의 목표가 예수 그리스도를 드러내는 것이 아니던가? 사도 바울은 누구에게든지 자기를 낮춤으로써 복음을 값없이 전하려고 했다. 낮춤으로부터 출발하는 섬김이 아니라면 사람들은 거기에서 결코 예수님을 발견할 수 없을 것이고, 그렇게 되면 기껏 온 힘을 다하고도 예수님과 아무 관계없는 사람들이 될 뿐인 것이다.

"내가 너희를 높이려고 나를 낮추어 하나님의 복음을 값없이 너희에게 전함으로 죄를 지었느냐"(고후 11:7)

그리스도께서 왜 이 땅에 내려오셨는가? 세상 모든 사람들을 섬기시기 위해서이다. 왜 3년의 공생애를 사셨는가? 섬김의 방식과 원리를 가르쳐주시기 위해서였다. 왜 마땅히 주어진 권리를 포기하셨는가? 섬김의 마음가짐을 소유하게 하시기 위해서였다. 왜 십자가에서 고통당하시면서 목숨까지 버리셨는가? 섬김의 본질을 깨우치시고 그것을 신앙의 뿌리로 삼게 하시기 위함이었다. 왜 사흘 만에 부활하시고 하늘로 올라가셨는가? 섬김의 종착점을 알려주시기 위해서였다. 이 모든 것을 종합하면 예수님의 낮추심이다. 그것이 우리가 반드시 낮추어야 하는 핵심적인 이유인 것이다. 거꾸로 말한다면 낮춤이 없다면 이 모든 일이 우리에게 일어나지 않는다는 말이다. 그리고 섬김이 그리스도인의 삶의 중심이어야 하는데 낮춤이 없다면 그런 진실한 섬김은 결코 일어나지 않는 것이다.

주 안에서의 섬김은 낮춤이 생명이다. 얼마나 많이 나누고 섬겼느냐가 중요한 것이 결코 아니다. 많이 나누고 온 힘을 다하여 섬기기만 하면 하나님께서 기뻐하시고 하늘의 상을 주실 것이라는 오해를 버려야 한다. 엄격하게 자신을 돌아보아서 하나님 앞과 사람 앞에서 자기를 낮추고 행한 일인가를 냉정하게 분별해야 한다. 그것은 이 책에 일관되게 흐르는 신앙의 흐름이다. 그리스도인은 높은 데로 향하는 것을 굉장히 조심하고 경계해야 하는 사람들이다. 높이는 것은 하나님께서 하시지만 그 때 더욱 조심해야 하는 이유인 것이다.

"주 앞에서 낮추라 그리하면 주께서 너희를 높이시리라"(약 4:10)

제2장

비움이 낮춤이다.

비움이 없는 낮춤은 위선일 뿐이다. 버림이 없는 겸손은 외식일 뿐이다. 사람은 자기를 낮추는 사람을 정확하게 분별할 수 없지만 하나님은 그 사람의 모든 속마음까지 다 알고 계신다. 우리가 추구해야 할 기독교개혁은 속마음의 개혁이어야 하는 이유이다. 얼마나 많은 사역이 진행되고 있는가? 얼마나 많은 선교가 이루어지고 있는가? 대한민국이 미국에 이어서 선교사를 세계 두 번째로 많이 파송한 나라라고 한다. 외적으로 놀라운 일을 감당하고 있는 한국교회이지만 날로 쇠퇴해가고 있다. 복음으로 인하여, 복음의 가치를 지키려고 하다가 외적으로 쇠퇴하는 것처럼 보인다면 너무나도 바람직한 현상이다. 그러나 그것이 아니라 복음의 본질과 핵심을 다 잃어버린 채 겉모습만의 부흥이나 성장을 추구하기 때문에 기독교가 쇠락하고 있는 것이 아닌가? 그런 의미에서 비움으로 인한 낮춤이라는 말은 너무나도 소중한 것이다.

낮춤은 곧 비움이다. 그리스도인에게 있어서 지속적으로 필요한 심령은 비움의 심령이다. 지금 교회의 위기는 어디에서 비롯되었는가? 쌓아놓고 높아지고 유명해지고 인정받고 번영하고 성공하는 것을 쫓아가기 때문이 아닌가? 열정적이고 충성하던 사역자가 왜 성장하고 나서 타락하는가? 쌓은 것을 자기 공로로 알고 그것을 비우지 못하기 때문이 아닌가? 타락이라고 하니까 무슨 성적(性的) 타락이나 돈 문제나 부정선거와 같은 겉으로 나타나는 현상이라고 생각하기 쉽지만 우리들 속에서 어떻게 한 번 성공해보고 부흥해보고 싶은 욕망이 있는 한 모두가 타락한 것이다. 기회만 주어지면 똑같이 해보고 싶은 것이 아닌가? 그것이 바로 비움이 없는 사역자의 고질이 되어버리는 것이다.

1. 예수님의 비우심

예수님의 비우심은 그리스도로서의 비움이었다. 물론 비우심으로써 그리스도가 되셨지만 예수님은 신이셨으므로 그리스도의 비움은 신성의 비움이었던 것이다. 우리는 우리 곁에 와 계신 예수님 이상으로 하나님을 알 수 없다. 그 이상은 이상(異象)으로 우리에게 계시될 뿐이다. 그런데 하나님이신 예수님께서 하나님으로서의 신성을 비우셨다는 말은 하나님의 가장 큰 속성이자 특징을 나타낸다는 말이다. 곧 하나님의 유일성을 명확하게 깨달을 수 있게 하는 말이다. 하지만 그 하나님을 더 깊이 깨달으려고만 한다면 우리는 오히려 하나님을 부인하는 결과가 있을 뿐이다. 왜냐하면 하나님께서 하나님의 신성을 비우신 이유는 바로 그렇게 부르심을 받은 사람들이 그렇게 비우고 살기를 원하시는 것이기 때문이다. 예수님의 비우심은 하나님과 동등 됨을 비우신 것이다. 하나님의 본체를 비우신 것이다. 우리의 비움을 위해서 말이다.

> "그는 근본 하나님의 본체시나 하나님과 동등 됨을 취할 것으로 여기지
> 아니하시고 오히려 자기를 비워 종의 형체를 가지사 사람들과 같이 되셨
> 고"(빌 2:6~7)

그런데 우리의 비움은 예수님의 비우심과는 완전히 다른 비움이라는 것을 알아야 한다. 왜냐하면 예수님의 비움은 신성의 비움이었지만 우리는 우리의 죄성을 비우는 것이기 때문이다. 아이러니한 것은 우리는 우리의 죄성을 비움으로써만 예수님께서 비우신 신성을 깨달아 알 수 있다는 것이다. 그 앎은 단순한 깨달음이 아니라 신성을 버리신 예수님을 뒤따라 갈 수 있게 만드는 깨달음이다. 단지 묵상이나 신비를 통하여 하나님을 깨달아 아는 것만으로는 세상을 변화시킬 수 없기 때문이다.

스스로 포기하심으로써 우리에게 전이된 예수님의 신성은 무슨 신령한 영적 현상으로서가 아니라 섬김이라는 세상 속에서의 삶으로 드러나지 않으면 어쩌면 아무 것도 아닌 것이 될 수도 있다. 각종 은사를 가지고 기적을 일으킨다는 사역자들이 오히려 세상보다 못한 도덕을 보이고 있는 경우를 우리는 얼마나 자주 보아왔던가? 예수님 자신이 신성을 비우시고 우리 곁에 오셨는데 그 신성을 조금 맛볼 수 있는 그것 가지고 죄성을 비우려고 하지 못한다면 그러면 예수님은 왜 믿는다는 말인가? 믿음이란 죄성을 비우는 과정들

이고, 죄성을 비울 때 우리는 세상에 승리할 수 있는 것이다.

"무릇 하나님께로부터 난 자마다 세상을 이기느니라 세상을 이기는 승리는
이것이니 우리의 믿음이니라"(요일 5:4)

그러나 비움은 결코 쉽게 이루어지는 것은 아니다. 예수님의 큰
비우심은 어디까지의 비움이었는가? 십자가에서 여섯 시간 동안
인간이 당할 수 있는 모든 고통과 모욕을 감당하시고 생명까지 버
리시는 비우심이었다. 우리가 예수님의 비우심을 흉내라도 낼 수
없지만 비움이라는 것은 그만큼 어렵다는 말이다. 자기를 비울 때
마다 예수님께서 당하신 고통만큼이나 큰 고통을 당해야 비로소
가능해지는 것이다. 비움은 고통인 것이다.

"예수께서 힘쓰고 애써 더욱 간절히 기도하시니 땀이 땅에 떨어지는 핏방
울 같이 되더라"(눅 22:44)

예수님의 비우심은 신성의 비우심이었으므로 당연히 모든 권한
을 비우심이었다. 예수님의 비우심은 열두 군단뿐 아니라 모든 천
군천사를 다 동원할 수 있는 그 권한까지도 완전히 비우심이었던
것이다. 권한을 사용하지 않는다는 것이 어떤 의미인가? 우리로
말하자면 인간을 둘러싸고 있는 모든 겉껍데기마저도 완전히 벗어
버리신 것을 말한다. 인간이 그 껍데기를 벗어버리면 그 알량한 육
체 덩어리만 남을 뿐이다. 모두들 그 껍데기를 자기 자신으로 착각

하면서 살고 있지만, 예수님은 우리의 껍데기 정도가 아니라 하늘의 모든 권세를 전부 비우신 것이었다. 우리가 예수님의 비우심의 실체를 알고 있어야 우리 자신의 비움이 가능해지는 것이다. 그래야 진짜로 자기를 낮출 수 있게 되는 것이다.

"너는 내가 내 아버지께 구하여 지금 열두 군단 더 되는 천사를 보내시게 할 수 없는 줄로 아느냐 내가 만일 그렇게 하면 이런 일이 있으리라 한 성경이 어떻게 이루어지겠느냐"(마 26:53~54)

그런데 우리가 만약에 우리를 전부 비우게 되면 누군가가 존경하는 것이 아니라 오히려 조롱을 당하고 무시당하고 차별당하고 학대를 받게 된다는 사실을 알아야 한다. 예수님의 비우심은 이것까지도 전부 감당하신 비우심이었던 것이다. 조롱당한다는 것은 지금까지 사람들에게 끼쳤던 모든 영향력까지 전부 다 사라진다는 말이다. 오병이어로 오천 명을 먹이셨고 풍랑 위를 걸으셨고 모든 병자들을 다 고치셨고 귀신들을 내쫓으셨고 심지어 죽은 사람을 살리신 일들도 전부 부정 당한다는 의미인 것이다.

" … 그들이 그의 옷을 나눠 제비 뽑을새 백성은 서서 구경하는데 관리들은 비웃어 이르되 저가 남을 구원하였으니 만일 하나님이 택하신 자 그리스도이면 자신도 구원할지어다 하고"(눅 23:34~35)

예수님의 낮추심은 이렇게 모든 것을 완전하게 비우심으로써 가능해졌던 것이다. 비우심이 있었으므로 낮추심이 가능했다. 그 낮추심은 바로 십자가에서의 죽으심이었던 것이다.

"사람의 모양으로 나타나사 자기를 낮추시고 죽기까지 복종하셨으니 곧 십 자가에 죽으심이라"(빌 2:8)

2. 욕심, 죄를 비워야 낮춘다.

욕심을 비우는 것이 인간의 비움이다. 욕심은 인간의 죄에서 직접적으로 분출되는 현상이다. 아담의 타락 이후로 인간은 순전히 자기중심적으로만 생각하고 행하게 되어 있다. 자신에게 유리한 방향으로만 생각하게 되어 있기 때문이다. 우리의 신앙에서도 가장 큰 근원적인 걸림돌이 바로 자기중심성이다. 자기중심성이 강한 사람일수록 욕심이 크고 신앙은 성장할 수 없게 되어 있다. 이런 인간의 현상을 하나님께서 어떻게 평가하셨는가? 죄악으로 인하여 인간의 생각과 계획이 전부 악할 뿐이라고 하신 것이었다.

"여호와께서 사람의 죄악이 세상에 가득함과 그의 마음으로 생각하는 모든 계획이 항상 악할 뿐임을 보시고"(창 6:5)

죄가 들어오면 욕심이 극대화되고 하나님과 완전히 동떨어져서 인간중심적인 사고방식으로 가득하게 되어 있다. 죄 곧 욕심이 가득 차게 되면 결국 하나님께서도 한탄하시고 근심하시게 되는 것이다. 죄와 욕심이 얼마나 방대한 힘과 능력을 가지고 있는지를 알수 있다. 그래서 하나님은 노아를 준비시키시고 대홍수를 결정하셨던 것이다.

> "땅 위에 사람 지으셨음을 한탄하사 마음에 근심하시고 이르시되 내가 창조한 사람을 내가 지면에서 쓸어버리되 사람으로부터 가축과 기는 것과 공중의 새까지 그리하리니 이는 내가 그것들을 지었음을 한탄함이니라 하시니라"(창 6:6~7)

그런데 결코 사라지지 않는 욕심을 비우라고? 어떻게? 그것이 가능하다는 이야기인가? 자고 나면 저절로 떠오르는 욕심을 어떻게 비운단 말인가? 그날그날 그냥 자신을 쳐서 복종시키려고 애를 쓰고 말씀을 따라 살려고 힘쓰면 되는 것 아닌가? 물론 우리는 그렇게 살아야 한다. 하지만 그렇다면 예수님의 신성의 비우심은 우리와 무슨 관계가 있다는 말인가? 그러면 그 욕심을 그냥 내버려두어야 한다는 말인가? 그것이 자유라는 말인가? 인간이란 근본적으로 변화가 불가능하니까 세상의 변화를 위해서 열심히 살면 되는 것인가?

인간의 욕심을 그대로 인정해야 한다는 사람들도 있지만, 그래서 도덕주의로 사람을 차별해서는 안 된다고 말하기도 하지만, 우리는 욕심을 버릴 수 있는 사람들이다. 물론 모든 시간과 모든 상황에서 전부 그럴 수는 없을 것이다. 그러나 적어도 순간순간 예수님의 십자가로 돌아가면서 가능해지게 될 수는 있다. 그리고 그렇게 될 때에 우리는 올바른 결정을 내릴 수 있게 될 것이다. 결국 신앙의 수준은 결정에 달려있는 것이다. 그렇다면 구체적으로 욕심이란 과연 하나님과의 관계, 이웃과의 관계에서 어떤 영향력을 자랑하고 있는가?

우선 욕심을 버리지 못하면 여호와를 배반하게 된다는 사실을 알아야 한다. 인간의 욕심으로 인하여 한도 없고 끝도 없이 악을 향하여 달려가고 있기 때문에 하나님께서도 인간을 쓸어버리셨던 것이 아닌가? 하나님께서 친히 창조하신 인간을 왜 완전히 멸망시키셔야만 했을까? 죄악이 들어온 이후로 인간이 끊임없이 품었던 욕심이란 결국 하나님을 배반하고 멸시하는 방향으로 끝없이 나갈 수밖에 없는 것이다. 한마디로 욕심에 사로잡히면 하나님께로 돌이킬 가능성이 완전히 사라진다는 말이다. 이미 심판을 받아버렸다는 말이다. 가능성이 사라진 인간은 하나님께서 버리실 수밖에 없는 것이다. 하나님은 노아에게서만 가능성을 발견하셨다. 그러니까 그리스도인이 가장 중점적으로 추구해야 할 의식이 바로 욕심을 버리는 것이다. 누구든지 욕심을 극복하지 못하면 예수님의 제자가 될 수 없다. 욕심을 비워야 진정한 낮춤이 가능해지는 것이다.

"악인은 그의 마음의 욕심을 자랑하며 탐욕을 부리는 자는 여호와를 배반하여 멸시하나이다"(시 10:3)

우리는 우상숭배를 결코 하지 않고 있다고 생각하겠지만, 욕심

자체가 우상숭배라는 사실을 알아야 한다. 우상숭배는 하나님께서 극도로 싫어하시는 일이다. 구약에서 바알과 아세라의 신을 숭배하거나 하나님 이외에 만들어진 신에게 경배하면 그 사람은 반드시 죽이게 되어 있다. 가능성이 사라졌기 때문이다. 하나님은 이미 멸망한 사람들, 곧 가능성이 조금도 남아있지 않은 사람들을 지옥에 보내신다. 기다리지 않으신다. 제멋대로 살도록 내버려두시는 것이 심판이다. 그 사람들이 우상을 숭배하는 사람들이다. 그런데 성경은 욕심, 탐심이 우상숭배라고 한다. 욕심을 극복하지 못하면 하나님 앞에서조차도 낮출 수가 없다. 지금 욕심을 버리지 못하고 있다면 우상숭배하고 있는 것이다. 욕심을 비워야 승리할 수 있다.

> "그러므로 땅에 있는 지체를 죽이라 곧 음란과 부정과 사욕과 악한 정욕과 탐심이니 탐심은 우상숭배니라"(골 3:5)

욕심의 또 다른 현상은 직접적으로 우리 신앙인들을 훼방하는 일로 나타나게 되어 있는데, 그것은 욕심이 말씀을 막아버린다는 것이다. 신앙인들이 성장하거나 변화되거나 열매를 거두는 데 있어서 가장 큰 위협이 되는 것이 바로 욕심인 것이다. 예수님은 그것을 가시떨기라고 표현하고 계신다. 아무리 돌밭이라는 외적인 환경을 이겨내고 성장하더라도 가시떨기에 막히면 더 이상 자라지 못하고 그대로 시들어버린다는 것이다. 그러니까 욕심 때문에 신앙인들이 세상 속에 묻혀버리게 된다는 말씀이다.

"또 어떤 이는 가시떨기에 뿌려진 자니 이들은 말씀을 듣기는 하되 세상의 염려와 재물의 유혹과 기타 욕심이 들어와 말씀을 막아 결실하지 못하게 되는 자요"(막 4:18~19)

말씀은 바로 하나님이다. 우리가 어떻게 예수님과 교제하는가? 어떻게 예수님의 마음을 품고 세상을 살 수 있는가? 바로 말씀을 통해서 교제한다. 말씀을 생명으로 여기는 사람은 예수님을 생명으로 모시는 사람이다. 그런데 그 말씀을 가시떨기가 막아버린다. 그래서 욕심이라는 가시떨기는 하나님과 원수가 되도록 만들어버리는 것이다. 곧 욕심이 바로 마귀라는 말씀이다. 그러니 그 마귀를 버리지 않고 어떻게 우리는 낮출 수 있겠으며, 우리를 낮추지 않고 어떻게 변화될 수 있겠는가?

우리는 욕심의 종에서 벗어나서 의의 종이 되었다는 사실을 알아야 한다. 물론 의의 종이 되었다고 해도 욕심은 여전히 우리를 공격한다. 하나님께서 온 우주를 다스리고 계심에도 이 세상은 마귀가 지배하고 있는 것과 같은 이치이다. 중요한 것은 우리가 의의 종이 되었다는 말은 우리가 이미 욕심을 이기는 사람들이 되었다는 뜻이라는 것이다. 우리는 죄에게서 해방된 사람들이다. 우리는 이제 죄와 욕심의 명령을 따르는 사람들이 아니라 의의 명령에 복종하는 사람들이다.

"하나님께 감사하리로다 너희가 본래 죄의 종이더니 너희에게 전하여 준 바 교훈의 본을 마음으로 순종하여 죄로부터 해방되어 의에게 종이 되었느

니라"(롬 6:17)

그래서 우리는 옛사람을 벗어버리고 새사람을 입은 전혀 새로운 인간이 되었다는 사실을 알아야 한다. 죄와 욕심을 이길 수 있는 길은 심령이 새롭게 되어 하나님의 의와 진리의 거룩함으로 지으심을 다시 입는 것이다. 우리는 새사람으로 옷 입은 사람들이다. 우리는 새로운 피조물이요 거듭난 종족이요 신인류이다. 옛 사람은 욕심을 따라 썩어져가는 사람들이지만 새사람은 오직 하나님의 의를 따라 새로운 삶을 사는 사람들이다. 욕심에 사로잡힌 채 하나님을 따를 수는 없다.

"너희는 유혹의 욕심을 따라 썩어져 가는 구습을 따르는 옛 사람을 벗어버리고 오직 너희의 심령이 새롭게 되어 하나님을 따라 의와 진리의 거룩함으로 지으심을 받은 새사람을 입으라"(엡 4:22~24)

그리고 무엇보다도 우리가 욕심을 비울 수 있는 가장 확실한 근거는 바로 십자가이다. 진정으로 십자가에서 예수님과 함께 못 박힌 사람이라면 그는 자기 욕심을 비울 수 있다. 특히 죄와 욕심은 십자가 아니면 극복할 수 있는 길이 없다. 죄를 버리고 욕심을 비워야 할 때마다 십자가로 돌아와야 한다. 왜냐하면 우리는 이미 그리스도 예수님과 함께 십자가에 우리 욕심을 못 박아버린 사람들이기 때문이다. 우리는 모든 순간에 욕심이 없어야 하는 사람들이다. 그럼에도 불구하고 죄의 뿌리는 사라지지 않고 욕심을 자극하고 있다. 육체를 가진 이상 욕심의 유혹은 사라질 수 없다. 그러나 우리 십자가의 사람들은 이 욕심을 비울 수 있는 사람들이다. 낮춤이 아니면 심지어 구원조차도 불가능하고 그리스도의 섬김을 흉내조차 낼 수 없다. 십자가로 돌아와 욕심을 비움으로써 진정한 낮춤을 익히고 세상을 섬길 수 있게 될 것이다.

"그리스도 예수의 사람들은 육체와 함께 그 정욕과 탐심을 십자가에 못 박았느니라"(갈 5:24)

3. 자랑, 공로를 버려야 낮춘다.

자랑이란 인간관계 속에서 주로 나타나는 현상이다. 물론 하나님 앞에서 자랑할 수도 있다. 이때는 하나님과 친밀한 관계 속에 있는 사람과 하나님을 모르는 사람 사이에 큰 차이가 날 것이다. 하나님을 아는 사람은 하나님과의 친밀한 교제 속에서 일어날 수 있는 대화에 포함될 수 있지만, 하나님을 모르는 사람들은 천지의 주인이신 여호와 하나님께 자기를 드러냄으로써 오히려 하나님의 진노를 살 수도 있는 것이다. 왜냐하면 자랑이란 하나님이 아니라 내가 모든 것을 이루었다는 자기과시가 되기 때문이다.

하나님을 안다는 사람들 중에서 자기자랑은 정말 큰 문제가 아닐 수 없는데, 자기가 모든 것을 이루었다고 생각하고 말함으로써 스스로 하나님과의 관계를 깨버리는 결과가 올 수도 있기 때문이다. 예를 들어 기드온에게 단 삼백 명의 군사만을 주고 미디안을 크게 무찌르게 하신 이유가 무엇인가? 모든 군사들로 미디안을 물리치면 여호와 하나님이 아니라 자기들의 힘과 능력으로 미디안을 친 것으로 자랑하게 되기 때문이라는 것이다. 그리스도인들이 자기자랑을 하게 되는 것을 하나님께서 얼마나 싫어하시는가를 알수 있는 구절이다.

> "여호와께서 기드온에게 이르시되 너를 따르는 백성이 너무 많은즉 내가 그들의 손에 미디안 사람을 넘겨주지 아니하리니 이는 이스라엘이 나를 거슬러 스스로 자랑하기를 내 손이 나를 구원하였다 할까 함이니라"(삿 7:2)

이 기사는 신약의 말씀과 일치한다. 하나님은 자랑할 것이 없는 사람들을 통하여 많은 자랑거리를 가진 사람들을 폐하신다. 왜냐하면 어느 누구도 스스로를 자랑하지 못하게 하시기 위함이다. 하나님께서 인간의 자랑을 얼마나 싫어하시는지를 분명하게 알게 해주는 말씀이다. 인간이 자기를 자랑하는 순간 하나님은 사라져버리게 되는 것이기 때문이다.

> "하나님께서 세상의 천한 것들과 멸시 받는 것들과 없는 것들을 택하사 있는 것들을 폐하려 하시나니 이는 아무 육체도 하나님 앞에서 자랑하지 못하게 하려 하심이라"(고전 1:28~29)

우리가 가진 모든 것은 이 세상을 떠나는 순간부터 내 것이 아니라 남의 것이 되고 만다. 그것은 어느 순간 전부 다 사라져버릴 것들이다. 자기가 가진 재능도 나이가 들면 희미해질 뿐이다. 그러므로 이 세상의 것이나 자기 재능을 자랑하는 자는 전부 허무한 것들을 자랑하는 것이다. 그러면 결국은 수치를 당하게 된다. 어느 기간 동안은 사람에게 높임을 받을지는 모르지만 그런 모든 것들이 사라지면 수치를 당할 뿐이다.

"조각한 신상을 섬기며 허무한 것으로 자랑하는 자는 다 수치를 당할 것이라 너희 신들아 여호와께 경배할지어다"(시 97:7)

심지어 야고보는 인간의 모든 자랑은 전부 허탄한 것들이며 자랑은 다 악한 것이라고 말씀한다. 사람들은 이룩한 것이 많고 자랑할 것이 많은 사람들에게 모여든다. 신앙 안에서도 교회를 크게 부흥시킨 목회자, 유명한 지도자들에게로 모여들지만 많은 경우에 그것이 전부 악한 것이라는 사실을 알아야 한다. 스스로 자랑하지 않았다고 주장할 것인가? 그렇다면 자신에게로 모여드는 것을 막아야 한다. 왜냐하면 모든 자랑은 악한 것이기 때문이다.

"이제도 너희가 허탄한 자랑을 하니 그러한 자랑은 다 악한 것이라"(약 4:16)

모든 자랑은 세상으로부터 오는 것이다. 그들이 누리는 것들 중에서 하나님께로부터 온 것은 하나도 없다. 교회에서 부흥, 성공, 번영, 축복과 같은 말들을 강조한다면 그것은 세상으로부터 온 것들임이 분명하다. 말로는 하나님께서 이루셨다, 하나님께서 축복하셨다고 말하지만 그 내면을 보면 전부 세상으로부터 온 것들을 자랑하는 일들뿐이다. 세상으로부터 온 것을 자랑하면 하나님과는 아무 관계없는 사람이 될 것이다.

> "이는 세상에 있는 모든 것이 육신의 정욕과 안목의 정욕과 이생의 자랑이니 다 아버지께로부터 온 것이 아니요 세상으로부터 온 것이라"(요일 2:16)

인간은 저마다 자신의 장점을 자랑하지만 그 장점은 모두 하나님께로부터 부여된 것들뿐이다. 그렇기 때문에 우리 그리스도인들이 진짜로 자랑할 것은 우리가 하나님을 안다는 것과 그 하나님은 이 땅에 구원을 베푸시는 분이라는 것이어야 하는 것이다. 자기가 가진 재능을 통하여 무엇을 이루었다면 그것은 그 재능을 부여하신 하나님께서 이루신 것이다. 물론 그 재능을 건전하게 사용할 수 있도록 하나님께서 이끄셨기 때문에 가능한 일이다. 재능의 근원도 하나님이시요 그 재능을 세상에 유용하게 사용하도록 하신 분도 하나님이신데 어떻게 스스로를 자랑할 수 있단 말인가?

> "여호와께서 이와 같이 말씀하시되 지혜로운 자는 그의 지혜를 자랑하지 말라 용사는 그의 용맹을 자랑하지 말라 부자는 그의 부함을 자랑하지 말라 자랑하는 자는 이것으로 자랑할지니 곧 명철하여 나를 아는 것과 나 여호와는 사랑과 정의와 공의를 땅에 행하는 자인 줄 깨닫는 것이라 나는 이 일을 기뻐하노라 여호와의 말씀이니라"(렘 9:23~24)

그러므로 자기를 감추고 하나님을 자랑하는 것은 여호와께 대한 진정한 감사요 찬양이 되는 것이다. 우리가 자랑할 것은 여호와의 이름뿐이다. 자기를 자랑하는 사람은 하나님의 영광을 가로채는 사람이라는 사실을 알아야 한다. 예배당에서 찬송 부르는 것이 찬양이 아니라 삶에서 스스로를 자랑하지 말고 하나님을 자랑하는 것이 하나님께서 기뻐하시는 찬양이다. 하나님께 진정한 감사를 드리는 사람이라면 자기를 함부로 자랑하지 못할 것이다.

"어떤 사람은 병거, 어떤 사람은 말을 의지하나 우리는 여호와 우리 하나님의 이름을 자랑하리로다"(시 20:7)

"우리가 종일 하나님을 자랑하였나이다 우리는 하나님의 이름에 영원히 감사하리이다"(시 44:8)

이런 모든 것들을 종합하면 하나님의 구원은 인간의 자랑을 허락하지 않으신다는 것이다. 구원을 받은 사람이라면 자신에게는 자랑할 것이 아무 것도 없다는 사실을 깊이 깨달을 수 있다. 다른 모든 종교에서는 공로로 인하여 구원받는다고 가르치지만 자기 공로를 자랑하면 하나님과는 전혀 관계없는 말장난을 하는 것에 불과하다. 왜 그렇게 하셨는가? 아무도 자기를 자랑하지 못하게 하려 하심인 것이다.

"너희는 그 은혜에 의하여 믿음으로 말미암아 구원을 받았으니 이것은 너

자신을 낮추어야 타인을 인정하게 된다. 자신을 낮추려면 자기 자랑을 내세우지 말아야 한다. 자기를 자랑하게 되면 타인을 인정할 수 없다. 타인을 인정하지 못하면 결코 마음으로 그를 섬길 수 없다. 비울 수 없으면 변화될 수도 없다. 고무풍선에 바람이 꽉 채워져 잔뜩 팽창해 있으면 결코 고개를 숙일 수 없다. 바람이 빠져야 낮출 수 있게 되는데 그 바람이 빠지는 정도에 따라 낮출 수 있는 정도가 결정된다. 그 바람이 무엇인가? 그것이 결국 자기자랑이 아닌가? 예수님으로 가득 채워져서 이웃을 예수님처럼 섬기려고 하면 반드시 낮추어야 하고 낮춤이 일어나려면 자기자랑과 같은 헛된 바람이 빠져야 가능하게 되는 것이다.

4. 지식, 전통을 비워야 낮춘다.

무엇을 남들보다 더 많이 아는 것은 아주 좋은 일이다. 그것을 통틀어서 지식이라고 말한다. 그러나 지식에도 아주 여러 종류가 있다는 사실을 알아야 한다. 삶에서의 체험을 통해 얻은 지식은 그 사람의 내면에 뿌리내리고 의식으로 자리 잡게 함으로써 그 사람의 인격이 된다. 이것을 우리는 체험적 지식이라고 부른다. 믿음 안에서도 이 체험적 지식이 얼마나 소중한지 모른다. 우리의 신앙생활은 결국 그리스도를 아는 지식에서 자라서 주님과 영원한 날까지 함께 하기 위한 과정이 아닌가?

"오직 우리 주 곧 구주 예수 그리스도의 은혜와 그를 아는 지식에서 자라

가라 영광이 이제와 영원한 날까지 그에게 있을지어다"(벧후 3:18)

사도 바울은 이 지식을 가장 소중한 것으로 여기고 스스로가 그 지식 안에서 발견되기 위해서 예수님을 아는 지식 이외의 모든 것을 배설물로 여긴다고 했다. 그리고 그 지식을 위하여 모든 것을 잃어버렸다고 했다. 심지어 그런 모든 것을 해로 여긴다고도 했다. 그리스도를 체험적으로 아는, 곧 그가 경험한 부활하신 예수님과의 만남 이후로는 다른 모든 것들은 그냥 쓰레기로 보였다는 고백이다. 그러므로 우리는 지식에서 자라가야 한다.

"또한 모든 것을 해로 여김은 내 주 그리스도 예수를 아는 지식이 가장 고

상하기 때문이라 내가 그를 위하여 모든 것을 잃어버리고 배설물로 여김은

그리스도를 얻고 그 안에서 발견되려 함이니 내가 가진 의는 율법에서 난

것이 아니요 오직 그리스도를 믿음으로 말미암은 것이니 곧 믿음으로 하나

님께로부터 난 의라"(빌 3:8~9)

하지만 문제는 이 체험적 지식이 아닌 관념적 지식이다. 하나님을 체험적으로 알면 그 아는 것으로 인하여 자신을 낮추게 되지만, 단지 무엇을 많이 아는 것으로 자랑하려고 한다면 그 사람은 하나님을 가르치려는 사람과 다를 바가 없다. 단지 지식이 많아지면 모

든 사람 위에 군림하려는 속성을 드러내게 된다. 세상에서 높은 자, 많이 가진 자, 많이 아는 자, 유명한 자들을 심판하시는 이유가 바로 그것이다. 사람들을 가르치려고 하는 사람은 곧 하나님을 가르치려는 사람과 같은 것이다.

"그러나 하나님께서는 높은 자들을 심판하시나니 누가 능히 하나님께 지식을 가르치겠느냐"(욥 21:22)

그런데 중요한 것은 이런 모든 현상들이 교회 안에서 일어나기 때문에 문제라는 것이다. 사실 세상에서는 무슨 짓을 하든지 하나님과 관계가 없다. 어차피 그들이 하는 모든 일들은 마귀의 속성을 그대로 따라가는 것이기 때문이다. 목적도 목표도 방식도 방향도 마귀를 그대로 닮아있다. 그런데도 세속적이고 인본적인 방법으로 신앙생활을 하려고 한다면 하나님께서 외면하실 것이 틀림이 없다. 그러므로 참된 신앙생활을 하려면 현재 교회에서 행해지고 있는 방식과 반대로만 나가면 거의 틀림없이 주님께서 기뻐하실 것이다.

현재교회뿐만 아니라 과거 예수님 시절의 이스라엘도 마찬가지였다. 예수님은 이런 현상을 적나라하게 표현해 주셨다. 여호와를 아는 지식의 열쇠를 차지하고 자기들도 그 안에 들어가지 않고 거기에 들어가려는 다른 사람들도 가로막고 있다는 것이다. 실체적인 하나님 지식을 가지고 있지도 못하면서 그 안으로 들어가는 길을 막고 있다는 것이다. 성도들의 신앙성장과 변화를 가로막고 있는 사람들이 누군지 아는가? 바로 목회자들이다. 어쩌면 그렇게 닮아 있는가? 결국 예수님은 이렇게 선포하신다. "화 있을진저!!!"

> "화 있을진저 너희 율법교사여 너희가 지식의 열쇠를 가져가서 너희도 들
> 어가지 않고 또 들어가고자 하는 자도 막았느니라 하시니라"(눅 11:52)

자기를 낮추려면 자기의 벌거벗은 모습을 뼈저리게 느껴야 하는데, 자신이 행하고 있는 얄팍한 지식, 그것도 체험적이 아니라 관념적인 지식에 사로잡혀서 자기를 발견할 수 없으니 결코 자기를 낮출 수 없게 된다. 자기를 낮추지 못하면 절대로 살아계신 하나님을 만날 수가 없다. 결국 자신이 알고 있고 지키고 있는 전통 가운데 갇혀버리게 된다. 하나님의 계명이란 곧 하나님의 마음이다. 전통을 지키려고 하나님의 마음을 저버리는 것이 신앙의 가장 큰 함정이다.

> "너희가 하나님의 계명은 버리고 사람의 전통을 지키느니라 또 이르시
> 되 너희가 너희 전통을 지키려고 하나님의 계명을 잘 저버리는도다"(막
> 7:8~9)

물론 전통 자체가 문제는 아니다. 전통이란 하나님의 마음을 담는 그릇이기 때문이다. 전통은 체험적인 하나님 지식을 간수하는 장치이다. 이스라엘은 전통으로 인하여 그들의 정체성을 지킬 수 있었다. 문제는 그 전통을 지키기 위해 지도자들이 그 전통을 구실

삼아 자기들의 권위를 보상받으려고 했다는 점이다. 그렇게 되면 갑자기 체험적인 하나님 지식은 사라지게 된다. 그리고 겉껍데기 지식만 내세우게 된다. 따라서 그들은 오히려 율법을 범하는 자들이 되어버린다. 율법 속에 들어있는 하나님의 마음은 쏙 빼놓게 되기 때문이다. 율법도 한낱 관념적인 지식으로 남겨지게 된 것이다.

"율법을 자랑하는 네가 율법을 범함으로 하나님을 욕되게 하느냐"(롬 2:23)

선지자 예레미야가 예루살렘에 대해서 예언할 때 바로 그 점을 가장 큰 흠으로 지적하였다. 여호와의 길, 하나님의 법을 안다고 하는 자들이 오히려 그 길을 꺾어버리고 마치 선악과를 따먹은 것처럼 사랑의 멍에와 결박을 풀어버렸던 것이다. 차라리 안다고 하지 않았다면 심판은 덜 가해졌을 것이다. 관념적인 지식이 전통이 되어버리니까 자신들도 알지 못하는 사이에 범법자들이 되어버렸던 것이다.

"내가 지도자들에게 가서 그들에게 말하리라 그들은 여호와의 길, 자기 하나님의 법을 안다 하였더니 그들도 일제히 멍에를 꺾고 결박을 끊은지라" (렘 5:5)

결국 예루살렘은 어떻게 될 것인가? 마치 사자가 달려들어 그들을 죽이고 이리떼가 몰려들어 물어뜯어버리며 표범이 나타나 그들을 찢어버린 결과가 되고 말았던 것이다. 무엇 때문인가? 전부 지도자들의 관념적이고 허구적인 지식 때문에 일어난 일이다.

> "그러므로 수풀에서 나오는 사자가 그들을 죽이며 사막의 이리가 그들을 멸하며 표범이 성읍들을 엿본즉 그리로 나오는 자마다 찢기리니 이는 그들의 허물이 많고 반역이 심함이니이다"(렘 5:6)

누구든지 무엇을 안다고 생각한다면 그는 전혀 모르는 사람이다. 모른다고 하면 가르쳐줄 수 있지만 안다고 하니까 가르침도 소용이 없다. 지식보다 전통보다 무엇이 더욱 필요한가? 하나님을 사랑하면 이 모든 것을 극복할 수 있다. 하나님의 사랑은 하나님의 마음이다. 그런데 지식과 전통을 버려야 그것이 가능하다.

> "만일 누구든지 무엇을 아는 줄로 생각하면 아직도 마땅히 알 것을 알지 못하는 것이요 또 누구든지 하나님을 사랑하면 그 사람은 하나님도 알아주시느니라"(고전 8:2~3)

천국이란 어떤 곳인가? 여호와를 아는 지식이 충만한 곳이다. 거기에는 지식도 전통도 다 필요 없다. 오직 하나님의 사랑과 성도의 사랑만이 충만한 곳이다. 내가 알고 있다고 생각한다면 그것을 비워야 한다. 그래야 자기를 낮출 수 있고 그래야 비로소 천국이 임하게 되고 천국백성의 삶의 원리로 세상을 이길 수 있게 되는 것이다.

"내 거룩한 산 모든 곳에서 해 됨도 없고 상함도 없을 것이니 이는 물이 바다를 덮음 같이 여호와를 아는 지식이 세상에 충만할 것임이니라"(사 11:9)

5. 소유를 버려야 낮춘다.

그리스도인에게 있어서 경제는 마치 계륵(鷄肋)과 같아서 버릴수도 없고 버리지 않을 수도 없는 난감한 과제로 다가온다. 경제생활이 그 사람의 신앙의 수준이라고도 할 수 있으므로 분명한 정체성과 단호한 원칙을 세워야 한다. 그리스도인의 신앙을 흔히 기복신앙이니 번영신앙이니 이야기할 때 바로 이 경제 곧 소유의 개념에 대한 오해 때문에 벌어지는 일이라고 할 수 있을 것이다. 그런데 이 소유를 비우지 못하면 결코 자신을 낮출 수가 없다. 자신을 낮출 수가 없으면 우리는 누구라도 예수님을 따를 수가 없게 되어버린다. 다른 모든 조건이 만족스럽더라도 소유에 대한 개념이 바로 세워지지 못한다면 결국은 진리를 따라갈 수 없게 되고 만다.

젊은 부자 관원에게 주님께서 주신 말씀 속에 이 모든 내용이 전부 들어있다. 그는 모범적인 신앙인이었고 어려서부터 모든 율법을 철저하게 지키던 청년이었다. 그는 진정으로 영생의 세계를 알고 싶어 했고 그리로 들어가고 싶어 했다. 하지만 한 가지, 중대한 결격사유 곧 그가 가진 많은 재물이 그 길을 완강하게 가로막고 버티고 있었다. 그것이 주님께서 말씀하신 '한 가지 부족한 것'이었다.

"예수께서 이 말을 들으시고 이르시되 네게 아직도 '한 가지 부족한 것'이 있으니 네게 있는 것을 다 팔아 가난한 자들에게 나눠 주라 그리하면 하늘에서 네게 보화가 있으리라 그리고 와서 나를 따르라 하시니"(눅 18:22)

이 말씀은 특정한 부자 청년에게 하신 말씀이 아니었다. 복음 안에 있는 모든 그리스도인들이 반드시 새겨야 할 귀중한 말씀으로, 소유에서 자유롭지 못하면 진정으로 주님을 따를 수가 없음을 말씀하신 것이다. 스스로를 잘 점검해보라. 소유를 쫓아가는가 아니면 하나님을 따라가는가? 물론 그 중간에서 외줄타기를 하는 것처럼 갈등을 겪을 수 있다. 그럴 때 우리가 소유를 버릴 수 있다면 분명히 하나님과 사람 앞에서 스스로를 낮출 수 있게 되고 하나님의 인정을 받을 수 있게 될 것이다.

"한 사람이 두 주인을 섬기지 못할 것이니 혹 이를 미워하고 저를 사랑하거나 혹 이를 중히 여기고 저를 경히 여김이라 너희가 하나님과 재물을 겸하여 섬기지 못하느니라"(마 6:24)

소유가 많은 사람은 모든 일을 그 소유를 통하여 해결할 수 있다. 남을 도와주는 것도 다른 사람들의 어려운 문제를 해결해주는 것도 곤경에 처한 사람을 살려주는 것도 모두 이 소유로 해결할 수 있다. 물론 그것은 좋은 일이다. 누구라도 그렇게 하고 싶을 것이다. '내가 돈이 좀 있다면 저 사람을 도와줄 수 있을 텐데 …' 하는 생각을 한두 번 해 본 것이 아니지 않은가? 그렇지만 소유가 넉넉지 못하고 생활도 빠듯하게 해결해나가고 있는 사람에게 이런 말을 하는 것은 사치일까? 일반적으로 가난한 사람들에게는 욕심이 없는 것처럼 보인다. 욕심을 부리고 싶어도 뭘 어떻게 할 수 있는 것이 없으니까 그렇게 보일 것이다. 하지만 우리의 속마음은 부자나 가난한 사람이나 모두 마찬가지라는 사실을 알아야 한다. 단지 단위의 차이가 존재할 뿐이다. 그래서 소유를 버리라는 말은 모두에게 해당되는 것이다.

예수님은 자기 형과 유산분쟁으로 인하여 도움을 청하는 사람에게 단호하게 말씀하셨다. 예수님은 누구의 편이 되어 물질 문제를 해결해주시고 잃어버릴지도 모를 재물을 찾을 수 있게 도와주시는 분이 아니다. 오히려 버릴수록 유익이 된다는 취지의 말씀을 하셨다. 결국 그 모든 것이 욕심에서 비롯되었다는 말씀이다. 소유를 비운다는 말은 욕심을 버린다는 말과 상통한다. 소유를 버려야 하는 중대한 이유이기도 하다. 곧 소유를 비울수록 오히려 그런 욕심에서 해방되기가 더 쉬워지고 따라서 자기를 낮출 수 있는 마음가짐을 소유할 수 있게 되는 것이다.

> "그들에게 이르시되 삼가 모든 탐심을 물리치라 사람의 생명이 그 소유의
>
> 넉넉한 데 있지 아니하니라 하시고"(눅 12:15)

모든 소유에는 불의가 포함되어 있다는 사실을 알아야 한다. 나의 소유 속에는 다른 사람의 소유가 포함되어 있기 때문이다. 곧 많이 가진 사람은 다른 사람의 것을 대신 차지하고 있는 것이다.

그렇다면 소유란 원래의 주인에게 돌려주는 행위가 수반되어야 할 것이다. 다른 해석이 나올 수 있겠지만, 원리적으로 모든 소유는 그러한 불의를 포함하고 있으므로 불의의 재물이라고 한 것이고 그 재물을 다른 사람에게 나눔으로써 오히려 자기에게 큰 유익이 된다는 말이다. 그러니까 자기 재물을 어려운 사람들에게 나누어 준다고 해서 특별히 자랑할 것은 없게 되는 것이다. 그럼에도 그런 행위들을 통하여 하나님은 우리에게 복을 주시는 것이다. 이중, 삼중의 감사가 쏟아져야 하는 이유이다.

"내가 너희에게 말하노니 불의의 재물로 친구를 사귀라 그리하면 그 재물이 없어질 때에 그들이 너희를 영주할 처소로 영접하리라"(눅 16:9)

그래서 신앙인이 주님의 이름으로 자기 소유를 팔아 다른 사람들을 섬기는 것은 영원토록 사라지지 않는 보물상자가 되어 영생의 복락과 함께 선물로 주어지게 되는 것이다. 이 원리를 알면 재물을 쌓아놓을 이유가 전혀 없어지는 것이다.

"너희 소유를 팔아 구제하여 낡아지지 아니하는 배낭을 만들라 곧 하늘에 둔 바 다함이 없는 보물이니 거기는 도둑도 가까이 하는 일이 없고 좀도 먹는 일이 없느니라"(눅 12:33)

하지만 사람들은 자기도 모르는 사이에 그 재물이 자기를 보호해 줄 것이라고 착각하게 된다. 그 재물이 다른 사람의 인정과 존경을 받는 길이 될 것이라고 생각하고 다른 사람에게 영향력을 행사할 수 있는 수단으로 삼게 되는 것이다. 그러나 분명히 성경은 그 재물이 오히려 거대한 장애물이 되어 결코 그 누구에게도 도움이 되지 못할 것이라고 가르친다. 심지어 그 재물 때문에 자신을 속량할 수 있는 기회조차도 잃어버리게 되는 것이다. 재물을 많이 쌓아놓을수록 그것을 속량할 수 있는 수단은 사라져버리게 될 뿐이다.

> "자기의 재물을 의지하고 부유함을 자랑하는 자는 아무도 자기의 형제를
> 구원하지 못하며 그를 위한 속전을 하나님께 바치지도 못할 것은 그들의
> 생명을 속량하는 값이 너무 엄청나서 영원히 마련하지 못할 것임이니라"
> (시 49:6~8)

소유를 스스로 비운다는 말은 그래서 자기를 낮추는 일과 일맥상통하게 되는 것이다. 동일한 의미는 아니지만 소유를 많이 가질수록 자기 존재가 아닌 것으로 부풀려지는 것이고 그렇게 되면 결코 자기를 낮출 수가 없게 되는 것이다. 그러나 얼마의 소유이든지 스스로 그것을 비우게 되면 하나님 앞과 사람 앞에 자기를 낮춤으로써 오히려 하나님은 크게 받으시는 결과가 되는 것이다. 소유는 많고 적음의 문제가 아니다. 선한 행위 또는 칭찬받는 행동으로 그치는 것이 아니라 스스로 최선을 다해 비움으로써 하나님 앞에 가장 큰 소유로 다가올 수 있게 되는 것이다.

"그들은 다 그 풍족한 중에서 넣었거니와 이 과부는 그 가난한 중에서 자기의 모든 소유 곧 생활비 전부를 넣었느니라 하시니라"(막 12:44)

우리가 소유를 비우려는 자세를 가지고 있다면 그것은 마치 세상에서 가장 값진 보석을 구입하기 위하여 자기 전 재산을 팔아버리는 사람처럼 가치 있는 삶이 이루어질 것이다. 반대로 생각해보면 소유를 버리지 못한다면 그에게는 그 어떤 보화도 주어지지 않는다는 뜻이다. 그 보화는 자기를 낮춤으로써 우리를 높여주시는 하나님의 크신 은혜를 실감하게 되는 길이기도 하다. 우리가 소유를 비움으로써 참으로 많은 일들이 이 땅과 하늘에서 이루어질 것이다. 단지 자기를 낮추기 위해서일 뿐 아니라 이 땅에 천국이 실현되도록 하는 데에도 필수불가결한 요소가 되는 것이다.

"천국은 마치 밭에 감추인 보화와 같으니 사람이 이를 발견한 후 숨겨 두고 기뻐하며 돌아가서 자기의 소유를 다 팔아 그 밭을 사느니라"(마 13:44)

제3장
채움이 낮춤이다.

주님으로 채워지지 못하면 결코 낮출 수 없다. 왜냐하면 주님으로 채워질 때 이 세상의 것들을 초월할 수 있기 때문이다. 낮춤은 단지 겉모습의 낮춤이나 태도의 낮춤에서 그치는 것이 아니다. 물론 그런 겸손한 자세들은 반드시 필요하다. 하지만 진정한 낮춤이 되려면 그리스도의 낮춤이 되어야 하고 그리스도의 낮춤을 닮아가려면 하나님으로 가득 채워지지 않으면 안 된다. 그리스도께서 십자가의 자리에까지 낮아질 수 있었던 가장 큰 이유는 바로 하나님으로 가득 채워지셨기 때문이다. 예수님은 아버지께서 하지 않으신 일은 아무것도 하지 않으셨고 아버지께서 행하시는 일들을 그대로 행하셨다고 말씀하셨다.

"그러므로 예수께서 그들에게 이르시되 내가 진실로 진실로 너희에게 이르노니 아들이 아버지께서 하시는 일을 보지 않고는 아무 것도 스스로 할 수 없나니 아버지께서 행하시는 그것을 아들도 그와 같이 행하느니라"(요 5:19)

그러면 우리 성도들은 무엇을 채워져야 하겠는가? 이미 『복음의 통로, 비움과 나눔』의 제2장에서 우리는 '비움과 자기 채움'에 관해 살펴본 바가 있다. 비움이란 원래로 돌아가는 것이라고 했고, 그것은 그리스도로 채우고 성령과 말씀으로 채우고 사랑으로 채움으로써 참된 비움을 행할 수 있다고 말하였다. 물론 낮춤이라는 주제에서도 그것은 동일하다. 다만 여기에서는 신령한 것으로 채우는 것이 비움의 방법임을 말하는 것에서 더 나아가 실천적으로 이웃을 섬기는 행동을 실행하기 위해 필요한 요소들을 다시 설명할 것이다.

1. 예수님의 마음으로 채운다.

지금 교회에는 무슨 일이 일어나고 있는 것일까? 넓게 펼쳐서 살펴보지 않으면 우리는 현장 속에 가두어져 있게 될 것이다. 왜 교회에는 성도가 줄어들고 젊은이들을 세상에 빼앗기고 있으며 어린이들은 찾아보기 어려운 상황이 되었는가? 지금 이대로라면 10년 후, 20년 후에 우리 앞에 펼쳐질 상황은 불을 보듯이 뻔한 실정이다. 도대체 왜 이렇게 되었단 말인가? 그럼에도 여전히 지도자들은 수십 년 전과 똑같은 의식으로 성도들을 인도하고 있다. 그 결과가 오늘날의 모습이 아닌가? 그 근본적인 원인은 복음을 빼앗겼기 때문인데 그 말은 복음 안에 들어있는 생명인 예수님의 마음이 쏙 빠져있기 때문인 것이다.

알다시피 복음은 우리의 생명이다. 예수님은 복음을 위하여 자기 목숨을 잃으면 구원하리라고 말씀하셨다. 그런데 복음을 생명으로 여기는 사람들이 사라졌기 때문에 복음은 현재 살아 움직이지 못하고 있는 것이다. 복음은 그만큼 기독교 신앙의 핵심인데 복음에 생명을 거는 사람이 없으니 기독교가 쇠퇴할 수밖에 없는 것이다.

"누구든지 자기 목숨을 구원하고자 하면 잃을 것이요 누구든지 나와 복음을 위하여 자기 목숨을 잃으면 구원하리라"(막 8:35)

그 복음의 핵심은 무엇인가? 그것은 예수님의 마음이다. 복음 속에는 예수님께서 온갖 고통과 모욕과 조롱을 견디셔야 했던 이유 곧 예수님의 마음이 전부 들어있다. 복음은 곧 예수님의 마음인 것이다. 바울은 빌립보교회에 편지하기를 그리스도 예수의 마음을 품으라고 강하게 말한다. 우리가 품어야 할 예수님의 마음이 곧 복음이다. 우리가 복음으로 거듭난 사람들이 아닌가? 그렇다면 우리를 거듭나게 만들어준 복음을 우리 마음속에 채우는 것은 당연한 일이다. 복음으로 마음을 가득 채우면 낮춤은 자연스럽게 일어날 수 있다.

"너희 안에 이 마음을 품으라 곧 그리스도 예수의 마음이니"(빌 2:5)

복음의 근원이신 예수 그리스도는 어떤 분이신가? 근본 하나님의 본체이시다. 그런데 예수님은 하나님과 동등 됨을 취하지 않으신 분이시다. 여기에 낮춤의 생명이 들어있는 것이다. 우리 그리스도인들은 새로운 종족들이다. 신인류의 개념을 적용시킬 수 있다. 이 신인류라는 개념은 누군가의 위에 서서 차별하며 군림하는 존재가 아니다. 그러나 이스라엘은 이런 의식에 사로잡혀 있었다. 예수님은 바로 이런 것을 깨뜨리셨던 것이다.

"그는 근본 하나님의 본체시나 하나님과 동등 됨을 취할 것으로 여기지 아니하시고"(빌 2:6)

우리는 하나님의 자녀들이다. 그러나 하나님의 자녀라는 특권의식이 아니라 예수님처럼 종의 형체를 가지신 것을 따라가는 사람들이다. 근본 하나님이시지만 종의 형체를 가지시고 사람들과 같이 되시는 것이 예수님의 마음의 본질이다. 이런 종의 의식으로 채워지면 우리 자신을 낮추는 일이 가능하게 될 것이다. 복음은 예수님의 마음이고 예수님의 마음은 종의 모습으로 내려오시는 것이다. 만약에 예수님께서 종의 형체를 가지지 않으셨다면 우리의 구원은 전혀 불가능하게 될 것이고, 다른 우상종교들과 조금도 다를 것이 없게 될 것이다.

"오히려 자기를 비워 종의 형체를 가지사 사람들과 같이 되셨고"(빌 2:7)

예수님의 마음으로 채워지면 우리 자신을 낮추지 않으려야 낮추지 않을 수가 없게 된다. 자기낮춤의 최상의 모습이 바로 십자가의 죽으심이었던 것이다. 우리의 마음은 이런 예수님의 마음으로 채워져야 한다. 하지만 사람들은 이런 마음을 채우기는커녕 깨닫지도 느끼지도 못하고 있다. 이스라엘이 왜 멸망했는가? 바로 이 예수님의 마음 곧 하나님의 마음을 잃어버렸기 때문이 아닌가? 교회생활을 아무리 열심히 해보라. 예수님의 마음을 품지 못한다면 그 모든 열심과 희생과 헌신이 아무 소용이 없게 되는 것이다. 단지 낮춤을 위해서만 예수님의 마음을 품어야 하는 것은 아니다.

"사람의 모양으로 나타나사 자기를 낮추시고 죽기까지 복종하셨으니 곧 십자가에 죽으심이라"(빌 2:8)

아무리 어려움을 당하고 고통을 당한다고 할지라도 우리가 소망을 가질 수 있는 이유는 바로 이 예수님의 마음이 우리 속에 넘치기 때문이다. 그 예수님의 마음은 바로 하나님의 사랑이다. 부활하신 예수님께서 하늘로 올라가시고 대신 보내주신 성령님으로 말미암아 우리에게 하나님의 사랑이 충만하게 채워질 수 있는 것이다. 복음이 곧 예수님의 마음이요 그 하나님의 사랑이 우리를 채우고 있는 이상 우리가 품고 있는 소망은 강하게 살아있는 것이다. 우리가 아무리 낮추어도 자존심이 상하지 않고 멸시받지 않는 이유는 바로 그 소망 덕분인 것이다.

"소망이 우리를 부끄럽게 하지 아니함은 우리에게 주신 성령으로 말미암아 하나님의 사랑이 우리 마음에 부은 바 됨이니 우리가 아직 연약할 때에 기

약대로 그리스도께서 경건하지 않은 자를 위하여 죽으셨도다"(롬 5:5～6)

　단지 낮춤만을 위해서는 아니지만 우리가 욕심이 지배하는 이 세상에서 승리하는 비결은 그리스도의 마음으로 우리를 채우는 것이다. 그것이 채워지지 못하면 진정한 낮춤은 불가능하다. 그리스도로 마음이 채워지지 못한다면 우리의 마음에는 두려움으로 가득하게 될 것이다. 왜냐하면 그리스도인의 삶의 원리는 세상을 거슬러 올라가는 것이기 때문이다. 예수님의 마음으로 우리 마음을 채우면 우리는 마치 예수님이나 예수님의 제자들처럼 생각하고 말하고 행동하게 될 것이다. 세상은 우리를 두려움에 떨게 만들기에 충분한 위력을 지녔지만 우리 속에 예수님의 마음으로 채워져 있는 이상 그 어떤 것도 우리를 침범할 수 없다.

"하나님이 우리에게 주신 것은 두려워하는 마음이 아니요 오직 능력과 사
랑과 절제하는 마음이니"(딤후 1:7)

　그리스도의 마음이 우리를 채우고 있다는 사실을 어떻게 알 수 있는가? 성령님이 우리 속에 계신다면 그것이 그리스도의 마음이 우리 속에 임하셨다는 증거인 것이다. 성령 충만에 대한 오해가 많이 있지만 단지 은사적이거나 신비적인 성령 충만으로만 해석해서는 곤란하다. 말씀 속에서 그리스도의 마음을 깨달을 수 있도록 인도하시는 것이 성령님이 계신다는 가장 큰 증거가 될 수 있을 것이다.

"그가 또한 우리에게 인치시고 보증으로 우리 마음에 성령을 주셨느니라"

(고후 1:22)

아무튼 우리는 어떤 경우에도 성령님의 도우심이 있어야 그리스도의 마음으로 채울 수 있다. 우리는 정말로 우리 속에 예수님의 마음으로 채워져 있는지를 늘 생각해야 한다. 대개는 이런 생각조차 하지 못하는 경우가 너무나도 많다. 오로지 자기중심적인 신앙에 사로잡혀있다면 그에게는 그리스도의 마음이 채워질 수 없다. 그리스도의 마음으로 채워지기 위해서 말씀을 읽고 기도하고 예배드리고 교제를 나누고 봉사하고 신앙훈련을 한다는 생각이 늘 마음속에 가득해야 비로소 예수님의 마음으로 채워질 수 있게 될 것이다.

2. 십자가로 채운다.

지금은 십자가가 바로 세워져 있는 것이 아니라 쓰러져있다고 할 수 있는 시대이다. 십자가는 세로 기둥과 가로 기둥으로 구성되어 있다. 흔히들 세로 기둥은 하나님과의 관계, 가로 기둥은 사람과의 관계라고들 말한다. 물론 그것은 상징으로 해석한 것이지만, 예수님의 두 가지 계명과 일치하는 것으로 보인다. 그것이 무엇인가? 하나님 사랑과 이웃사랑이 아닌가?

"예수께서 이르시되 네 마음을 다하고 목숨을 다하고 뜻을 다하여 주 너의 하나님을 사랑하라 하셨으니 이것이 크고 첫째 되는 계명이요 둘째도 그와 같으니 네 이웃을 네 자신 같이 사랑하라 하셨으니 이 두 계명이 온 율법과 선지자의 강령이니라"(마 22:37~40)

그런데 수직으로 세워져 있어야 할 십자가가 쓰러져버리니까 모든 것이 정 반대로 자리매김할 수밖에 없다. 세로 기둥의 맨 꼭대기에 계셔야 할 하나님이 사람들의 수준으로 내려오셨고 대신 꼭대기에는 성공과 번영이 하나님을 대신하게 되었다. 하나님께서 사람들의 수준이 되셨으니 말씀도 교회도 그리스도인들도 전부 그냥 세상 사람이 되어 버렸다. 사람들에게 나눔이요 섬김이요 돌봄이요 사랑이어야 할 수평관계가 권력자, 재력가, 유명인의 수직관계로 바뀌어버렸다. 모든 것이 뒤죽박죽이 되어 버리니까 우리 가슴에 온전한 원래의 십자가가 다 사라져버리게 된 것이다. 하나님과의 관계도 이웃과의 관계도 하나님의 말씀을 따라 이루어지는 것이 아니라 성공과 번영과 권력이라는 새로운 가짜 하나님을 추종하는 죄인 인간으로 바뀌어버렸던 것이다. 따라서 십자가로 우리를 채운다는 것은 하나님의 자리를 차지하고 있던 온갖 우상숭배를 버리는 것이라고 할 수 있다.

예수님을 믿으면 복을 받는다고들 이야기한다. 병을 고치고 문제가 해결되며 사업이 성공하고 잘 살게 된다고 이야기한다. 맞는 말인가? 거기 어디에 고난이라는 말이 들어있는가? 고난도 함께 받는다는 말을 새신자들에게 할 수 있는가? 십자가의 종교가 기독교인데, 복음이란 곧 십자가를 말하는 것인데, 세상 종교와 똑같이 잘 되고 잘 살고 건강하고 성공하는 것만 제시하는 기독교는 진짜 기독교가 맞는가? 그런데 우리 신앙을 십자가로 채우라고?

흔히들 십자가는 사명을 뜻한다고 말한다. 물론 당연히 그런 의미가 들어있다. 하지만 단순하게 사명이라고 한다면 한 가지 의문이 생긴다. 만약에 교회나 선교와 관련된 특정한 일을 하지 않는 사람은, 곧 사명이 뭔지 모르거나 특정한 일을 감당하고 있지 않은 사람, 더 구체적으로 말하면 그냥 직장에 다니는 일반 성도들은 사명이 없는 것인가 하는 의문이다. 그렇다면 그런 사람에게는 자기 십자가는 어떤 것이어야 하겠는가? 자기 사명이 자기 십자가라는 말은 맞는 말이지만 그것은 전체가 아니라 일부 부각되는 면만을 이야기하는 것이다. 모든 그리스도인들에게는 자기 십자가가 따로 있다. 그것을 사명이라고 부르든 그리스도인의 특성이라고 부르든 의미는 동일하다.

그러면 모든 그리스도인들에게 부여되는 자기 십자가의 구체적인 의미는 무엇인가? 가장 먼저 우리가 생각해야 할 것은 그리스도의 남은 고난이 십자가라는 사실이다. 곧 예수님께서 제자들에게 고난을 남겨두셨다는 말씀이다. 그렇다고 예수님의 고난이 충분하지 않았다거나 완전하지 못했다는 말이 전혀 아니다. 예수님의 고난 속에는 우리들이 당해야 할 고난이 포함되어 있었다는 말이다. 곧 십자가로 채운다는 말에는 그리스도의 남겨진 고난을 감당한다는 뜻이 들어있는 것이다. 사도 바울은 이 고난을 자기 육체에 채운다고 선포하였다. 그것은 몸으로 당하는 고난을 말한다. 넓게는 섬김의 행동이라고도 할 수 있다.

"나는 이제 너희를 위하여 받는 괴로움을 기뻐하고 그리스도의 남은 고난을 그의 몸 된 교회를 위하여 내 육체에 채우노라"(골 1:24)

십자가를 진다는 것은 자기를 부인하는 것이다. 곧 다른 모든 것을 버리는 것이다. 버리지 않으면 십자가를 질 수 없다. 십자가를 지고 간다면서 자기의 온갖 소유들을 다 들고 갈 수는 없다. 그런 것들은 오히려 십자가를 지는 데 방해만 될 뿐이다. 십자가를 진다는 말은 천국으로 간다는 말과 통한다. 천국에 가는데 지상에서 누리던 것들을 가지고 갈 수는 없다.

"이에 예수께서 제자들에게 이르시되 누구든지 나를 따라오려거든 자기를 부인하고 자기 십자가를 지고 나를 따를 것이니라"(마 16:24)

그래서 그것은 자기 목숨과도 통하는 말이다. 예수님을 믿는다는 것은 자기 십자가를 진다는 뜻이고 자기 십자가를 진다는 말은 자기 모든 것을 다 버리는 것이며 그것은 곧 주님을 따르기 위해서는 자기 목숨을 잃어버릴 각오가 되어 있어야 한다는 뜻이다. 목숨은 일상의 모든 생활을 의미하고 인생 전체를 건다는 의미이기도 한 것이다. 그런데 십자가를 지기 위하여 자기 목숨조차도 잃어버린다는 진정한 뜻은 오히려 그렇게 함으로써 진정한 목숨을 얻게 된다고 말씀하시는 것이다.

"또 자기 십자가를 지고 나를 따르지 않는 자도 내게 합당하지 아니하니라

자기 목숨을 얻는 자는 잃을 것이요 나를 위하여 자기 목숨을 잃는 자는 얻으리라"(마 10:38~39)

또 십자가를 진다는 것은 다른 사람들에게 팔린다는 뜻이다. 예수님도 가룟 유다에 의해 은 삼십 냥에 팔리셨다. 팔린다는 뜻은 어떻게 해석할 수 있을까? 우리가 십자가를 지기 위해서는 누구에게 팔린다는 말인가? 가룟 유다는 예수님을 제사장들에게 팔아버렸다. 팔린다는 말은 구입한 사람의 뜻대로 할 수 있는 권리가 주어진다는 말이다. 물론 오늘날 노예의 개념은 사라진 지 오래지만 반드시 우리가 알아야 할 것은 우리가 누구의 소유가 되었는가 하는 점이다. 우리는 지금 하나님의 소유가 되었다. 마귀는 우리를 팔아먹었고 하나님은 우리를 구입하셨다는 말이다. 십자가에 매달리신 예수님의 피 값에 팔려버린 우리는 영원토록 하나님의 소유가 되어 영생을 누릴 수 있게 될 것이다. 그렇다면 우리에게 십자가는 고난이 아니라 생명이 되는 것이다.

"너희가 아는 바와 같이 이틀이 지나면 유월절이라 인자가 십자가에 못 박히기 위하여 팔리리라 하시더라"(마 26:2)

그렇게 본다면 십자가는 그리스도의 남은 고난이 아니라 진정한 자랑거리가 된다. 그렇다. 우리가 무엇에 성공하고 사람들에게 많이 알려지고 업적을 남기고 높은 자리에 올라가는 것은 결코 자랑거리가 되면 안 된다. 왜냐하면 그것은 우리로 하여금 십자가에서 오히려 내려오게 만들고 하나님과의 관계를 훼방하는 것이기 때문이다. 우리가 무엇을 자랑하는가? 공로를 자랑하면 안 되고 재능을 자랑해도 안 되고 소유를 자랑해도 안 된다. 그런 것들은 전부 다 썩어 없어져버릴 것들이기 때문이다.

"그러나 내게는 우리 주 예수 그리스도의 십자가 외에 결코 자랑할 것이 없으니 그리스도로 말미암아 세상이 나를 대하여 십자가에 못 박히고 내가 또한 세상을 대하여 그러하니라"(갈 6:14)

중요한 것은 이 십자가는 고난이 아니라 승리의 유일한 통로가 된다는 점이다. 세상을 이기고 싶은가? 그러면 십자가를 져야 한다. 예수님은 모든 죽음 가운데에서도 십자가의 죽으심으로 우리를 대속하셨다. 통치자들은 자기들이 예수님을 구속하고 구경거리로 삼았다고 생각했겠지만 사실은 그와는 반대였다. 오히려 통치자들과 그들의 추종자들이 볼 만한 구경거리였던 것이다. 그들은 오히려 아무것도 할 수 없었다. 거대하고 찬란한 승리를 거둔 것은 권력자들이 아니라 십자가에 매달리신 예수 그리스도였다. 오히려 그들이 인류 역사에 남을 구경거리가 되었던 것이다. 이 모든 것들이 십자가에서 이루어졌다. 오직 십자가로 승리의 길을 갈 수 있는 것이다.

"통치자들과 권세들을 무력화하여 드러내어 구경거리로 삼으시고 십자가로 그들을 이기셨느니라"(골 2:15)

우리는 십자가로 우리를 채워야 한다. 그러면 언제 어떤 상황 아래에서도 우리를 낮출 수 있다. 열두 군단도 더 되는 천군을 일으키실 수 있었지만 그런 모든 것들을 다 뿌리치시고 기꺼이 그들 아래에 무릎을 꿇으신 그리스도의 뒤를 따라 십자가로 우리를 채우고 진정한 낮춤의 길을 갈 수 있어야 할 것이다.

3. 제자의식으로 채운다.

예수님의 제자는 어떤 사람인가? 제자라는 단어는 수없이 반복되는데 정작 그 제자가 뜻하는 진정한 의미에 대해서는 너무나도 희미해져 있는 것이 현실이다. 모든 그리스도인들에게는 세 번의 부르심이 있다. 첫 번째 부르심은 거듭남의 부르심이고 두 번째 부르심은 제자로의 부르심이다. 나머지 한 가지 부르심이 사명으로의 부르심이다. 대개는 이 제자로의 부르심에 대해서는 개념이 약화되어 있다. 두 번째 부르심을 제자로의 부르심이라고 이야기하는 이유는 제자로의 부르심은 그리스도인들에게 공통된 부르심이라는 의미를 전하기 위함이다. 곧 모든 그리스도인들은 예수님의 제자들이라는 말이다.

성경에서는 그리스도인을 아예 제자라고 표현하였다. 사도행전에서는 베드로의 설교를 통하여 '신도'의 수가 삼천이나 더했다는 기록이 나온다(행 2:41). 또 10장에서는 '신자'라는 단어도 나온다(행 10:45). 그러나 그 외의 모든 기록에는 전부 제자들이라고 말하고 있다. '믿는 자'라는 표현도 있지만 그것은 단지 예수님을 믿고 복음을 믿는 사람들이라는 일반적인 의미로 사용된 것이었다. 따라서 예수 그리스도를 믿는 모든 사람들은 전부 제자들인 것이다. 그런데도 제자라는 말보다는 성도, 신자라는 말을 주로 사용하는 것은 제자의 개념을 퇴보시킨 한 요소라고도 이야기할 수 있을 것이다.

"하나님의 말씀이 점점 왕성하여 예루살렘에 있는 제자의 수가 더 심히 많아지고 허다한 제사장의 무리도 이 도에 복종하니라"(행 6:7)

그러면 예수님의 제자가 되는 첫 번째 의식은 무엇이어야 하겠는가? 그것은 제자는 모든 것을 뿌리치고 예수님을 따라가는 사람이라는 것이다. 당연하다고 생각될 것이고 또 수없이 반복되는 말이지만 이것을 문자 그대로 생각하고 고민하는 사람들은 오늘날 거의 발견할 수 없다. 물론 물리적, 시간적으로 의미하는 바와는 많이 다를 것이다. 다만 분명한 것은 제자는 예수님을 최우선순위로 따라가는 사람이라는 점이다. 본문에서 아버지의 장사도 지내지 못하게 하신다는 의미가 아니라 최우선순위를 주님께 두어야 한다는 의미가 더 강하다.

"제자 중에 또 한 사람이 이르되 주여 내가 먼저 가서 내 아버지를 장사하게 허락하옵소서 예수께서 이르시되 죽은 자들이 그들의 죽은 자들을 장사하게 하고 너는 나를 따르라 하시니라"(마 8:21~22)

두 번째로 제자는 오직 주님의 말씀만으로 사는 사람들이다. 제자는 하나님의 말씀 안에 거하는 사람이다. 우리가 진정한 자유를 누리려면 주님의 말씀 안에 있어야 한다. 진리가 세상으로부터, 욕심으로부터 자유롭게 되려면 반드시 하나님의 말씀 안에 거해야 한다. 말씀 안에 거한다는 표현은 너무나도 자주 사용되기 때문에 혼동을 일으키기 쉽지만, 이 말은 묵상이나 통독이나 암송이나 성경쓰기나 아무튼 말씀 프로그램을 열심히 하는 것을 뜻하는 것이 아니다. 이것은 말씀대로 사는 것을 말한다. 말씀대로 실천하고 말씀을 삶에서 체험하며 말씀에 목숨을 거는 의식을 말하는 것이다. 말씀을 자기중심이 아니라 하나님 중심으로 읽고 행하는 것이 참된 제자인 것이다.

"그러므로 예수께서 자기를 믿은 유대인들에게 이르시되 너희가 내 말에 거하면 참으로 내 제자가 되고 진리를 알지니 진리가 너희를 자유롭게 하리라"(요 8:31~32)

말씀에 목숨을 건다는 말은 다른 모든 사람들이 예수님 곁을 떠나도 그 말씀 때문에 떠나지 않는 것을 의미한다. 그렇다면 영생의 말씀과 예수님은 동등하다는 것을 의미한다. 곧 말씀이 바로 예수님인 것이다. 그렇다. 말씀은 곧 하나님이다. 말씀이 예수님이고 생명이고 영원인 것이다. 보이지 않고 만질 수 없는 하나님을 보고 만질 수 있는 길이 바로 말씀인 것이다. 제자는 말씀에 모든 것을 거는 사람들이다.

"예수께서 열두 제자에게 이르시되 너희도 가려느냐 시몬 베드로가 대답하되 주여 영생의 말씀이 주께 있사오니 우리가 누구에게로 가오리이까 우리가 주는 하나님의 거룩하신 자이신 줄 믿고 알았사옵나이다"(요 6:67~69)

세 번째로 제자는 주님의 은혜를 나누는 사람이라는 것이다. 무엇이든지 이웃들에게 나누는 것은 우리의 것이 아니라 전부 하나님의 것이다. 우리의 장점이나 재능도 마찬가지이다. 소유나 섬김만을 뜻하는 것이 결코 아니다. 우리는 의무적으로 이웃들에게 무엇인가를 나누는 사람들이어야 한다. 우리가 무엇을 나눈다고 하여 자랑할 수 없는 이유는 우리가 가진 모든 것이 전부 하나님께로부터 비롯되었기 때문이다. 하나님께서 허락하신 것을 나누지 않고 자기가 가지고 있다면 그 사람은 절대로 제자가 될 수 없다.

"무리를 명하여 잔디 위에 앉히시고 떡 다섯 개와 물고기 두 마리를 가지사 하늘을 우러러 축사하시고 떡을 떼어 제자들에게 주시매 제자들이 무리에게 주니"(마 14:19)

그래서 네 번째로 제자는 어린아이와 같이 자신을 낮추는 사람이다. 낮추지 못하거나 다른 사람보다 높아지려고 한다면 그는 제자로서 살아갈 수가 없다. 어린아이는 자기를 낮추는 것이 아니라 원래 낮은 위치에 있다. 우리도 그렇다. 우리가 높은 사람인데도 불구하고 우리를 낮추는 개념이 아니라 우리는 원래 낮은 사람들이다. 어린아이는 무능하다. 가진 것도 없다. 누구에겐가 의지해야 하는 사람들이다. 우리도 그렇다. 이런 의식을 가지고 있지 못하다면 예수님의 제자가 될 수 없다. 곧 제자의식으로 채워져 있어야 우리를 낮출 수 있다는 말이다.

> "이르시되 진실로 너희에게 이르노니 너희가 돌이켜 어린아이들과 같이 되지 아니하면 결단코 천국에 들어가지 못하리라 그러므로 누구든지 이 어린아이와 같이 자기를 낮추는 사람이 천국에서 큰 자니라"(마 18:3~4)

마지막으로 중요한 개념은 제자는 다른 사람을 제자 삼는 사람이라는 점이다. 현대 기독교인들에게 무엇이 가장 부족하겠는가? 제자의식이 부족한데 그 중에서도 제자는 제자 삼는 사람이라는 의식이 가장 부족하다. 성도는 아예 자신들은 그런 사람이 아니라는 생각을 가지고 있다. 그러나 제자 삼는 것은 목회자나 사역자들에게만 주어지는 의무가 아니다. 대개의 성도들은 자신이 믿고 있는 복음을 다른 사람들에게 설명할 줄 모른다. 그토록 확신을 가지고 믿고 있으면서 자기 확신을 다른 사람들에게 설명할 수 없다면 그것은 온전한 믿음이 아니다. 모든 성도들은 다른 사람들을 제자 삼을 수 있도록 훈련되어야 한다.

> "그러므로 너희는 가서 모든 민족을 제자로 삼아 아버지와 아들과 성령의 이름으로 세례를 베풀고 내가 너희에게 분부한 모든 것을 가르쳐 지키게 하라 볼지어다 내가 세상 끝 날까지 너희와 항상 함께 있으리라 하시니라"(마 28:19~20)

종합적으로 말해서 모든 기독교인들은 제자로서의 의식을 가지고 신앙생활을 할 수 있어야 한다. 다른 사람을 제자 삼으려면 자신이 먼저 제자가 되어야 한다. 예수님의 제자라는 의식을 가지고 훈련되어 나간다면 우리는 자연스럽게 스스로를 낮출 수 있게 될 것이다. 자신을 낮추기 위해 제자가 되어야 한다는 말이 아니라 제자가 되면 저절로 자기를 낮출 수밖에 없게 된다는 말이다. 그리고 그렇게 스스로를 낮추지 못하면 이웃을 섬기는 일도 불가능해질 것이다.

4. 복음의식으로 채운다.

복음으로 채운다는 표현은 가능하겠지만 복음의식으로 채운다는 말은 또 어떤 의미이겠는가? 보통은 복음이라고 하면 믿고 전파하는 것으로 생각할 것이다. 그것은 당연한 일이다. 제자로 부르신 것도 복음을 전하고 제자로 삼아 가르쳐 지키게 하시려는 것이 아닌가? 예수님께서도 복음을 전파하기 위해 이 땅에 오셨다. 그런데 복음의식이란 어떤 개념인가? 한마디로 복음의식은 영혼사랑을 위한 삶의 태도를 말한다. 복음은 무엇인가? 사람은 결코 자기 죄를 해결할 수 없는데 하나님께서 그 사람들을 용서하시기 위해 인간의 모든 죄를 성자 예수님께 담당시키신 것이다. 곧 우리를 살리시기 위해 하나님께서 스스로 목숨을 버리신 것이 복음이다. 그래서 그리스도인은 이 복음을 여러 사람들에게 전파하는 사람들이다.

그러나 여기에서 복음의식이라고 부르는 것은 복음을 전파하는 것을 넘어서 그 복음을 의식으로 소유하고 복음의 원리대로 세상을 사는 것을 뜻한다. 대개 복음을 전파하는 것 곧 전도하는 것만을 복음의 목적으로 생각하기 쉽지만 복음은 복음대로 살라고 주신 것이라는 사실을 알아야 한다. 예수님의 모든 사역은 바로 복음을 삶으로 살라고 친히 보여주신 것이었다. 곧 복음은 그 복음을 소유함으로써 구원을 얻는 일과 다른 사람들도 그 복음을 받아 구원을 얻도록 전파하는 일과 예수님께서 사셨던 그 복음의 원리를 우리의 삶으로 드러내 보여주는 일들을 복합적으로 표함하고 있는 개념인 것이다. 그리고 복음적 삶이란 바로 낮춤과 섬김의 삶인 것이다. 복음의식으로 채워지지 못하면 진정한 낮춤은 일어나기 힘들다.

복음의 주인공이신 예수님은 이 세상에 오신 목적을 세상의 구원이라고 분명하게 말씀하셨다. 물론 모든 인간은 심판의 대상이다. 그러나 그리스도께서 친히 복음이 되심으로써 심판의 대상들이 구원을 얻게 하기 위해 십자가에 달리셨던 것이다. 그렇다면 복음의식이란 우선적으로 사람들을 구원하는 의식이어야 한다. 예수님은 천하 없는 악인도 구원에 이르게 하실 수 있다. 단지 전도하는 것에 그치는 것이 아니라 복음적 삶을 살아야 하는 이유는 우리의 삶 자체가 복음을 사람들에게 보여주기 위함이기 때문인 것이다.

"하나님이 그 아들을 세상에 보내신 것은 세상을 심판하려 하심이 아니요 그로 말미암아 세상이 구원을 받게 하려 하심이라"(요 3:17)

그래서 복음은 삶을 통하여 우리의 사랑을 보여줌으로써 하나님의 사랑을 느낄 수 있게 만드는 것이다. 왜냐하면 우리가 서로 사랑할 때 하나님께서 우리 안에 거하실 수 있기 때문이며, 그것은 곧 하나님의 사랑이 우리 안에 온전하게 성취되는 것을 의미하기 때문이다. 그러니까 복음의식이란 하나님의 사랑이 우리 안에 거하도록 하기 위해서 서로 사랑하는 것이라는 말이다. 사랑은 서로를 높이며 자기를 낮추는 것이다. 서로사랑이라는 복음의식을 소유하지 못한다면 우리는 진정으로 낮출 수 없다. 진정한 낮춤이 아닌 곳에 참된 섬김이 일어날 수 없다.

> "어느 때나 하나님을 본 사람이 없으되 만일 우리가 서로 사랑하면 하나님
> 이 우리 안에 거하시고 그의 사랑이 우리 안에 온전히 이루어지느니라"(요
> 일 4:12)

복음의식이란 사람들로 하여금 구원에 이르도록 하기 위해서 자기 유익보다 타인의 유익을 구하는 일이다. 그것은 모든 사람들을 기쁘게 함으로써 복음의 기쁨을 느낄 수 있도록 하기 위함이다. 그리스도인들이 복음의 의미를 제대로 모르면서 무조건 전도하여 교회에 데려오는 것으로 의무를 다하는 것이라고 생각하는 것은 거의 복음에 동참하는 것이 아니다. 물론 그렇게 하여 교회로 인도하여 서서히 신앙생활을 하게 만들려는 의도는 충분히 알고 있다. 그러나 복음적인 개념을 전혀 보여주지 못한다면 사람들은 복음에 대해서 너무나도 큰 오해를 할 것이 틀림이 없다. 예수님께서 우리

들이 전혀 깨닫지 못하는 상태에서도 우리에게 너무나도 큰 유익을 주시기 위해 십자가에 달리지 않으셨던가? 우리는 다른 사람들에게 유익을 주기 위해 사는 사람들이다.

"나와 같이 모든 일에 모든 사람을 기쁘게 하여 자신의 유익을 구하지 아니하고 많은 사람의 유익을 구하여 그들로 구원을 받게 하라"(고전 10:33)

결국 복음의식으로 채워져 있을 때 하나님은 우리를 이방의 빛으로 삼으시고 구원의 통로가 되게 하신다. 복음의식이란 언어적 복음을 실체적으로 구현하려는 마음이라고 할 수 있다. 복음적 삶을 살지 못하고 있다면 우리가 전하는 복음의 진정성도 달성되지 못할 것이다. 기독교인들이 속이 좁아서 한 번 틀어지면 결코 돌이킬 수 없다는 인식을 이웃들에게 심어주었다면 진정한 복음전파가 이루어질 수 없고, 이루어진다고 해도 비뚤어지거나 모자라는 복음밖에는 전해줄 수가 없다. 그것은 세상의 빛이 아니라 오히려 세상을 암흑 가운데 내버려두는 것과 같게 되는 것이다.

"주께서 이같이 우리에게 명하시되 내가 너를 이방의 빛으로 삼아 너로 땅 끝까지 구원하게 하리라 하셨느니라 하니"(행 13:47)

사도 바울은 디모데에게 편지하기를 사람들로 하여금 구원의 영광에 이르게 하기 위해서 모든 것을 참는다고 했다. 사실은 참을 것도 없을 것이다. 왜냐하면 주 안에서 주님의 일을 이루기 위해서는 참는 것이 당연하기 때문이다. 참는 것이 오히려 자연스러워지지 않으면 우리가 인위적으로 참는 것은 사실상 불가능할 것이다. 우리는 이웃들이 구원을 영원한 영광과 함께 받도록 하기 위해서 모든 것을 참을 수 있어야 한다. 그것은 용서를 의미하는 것이기도 하다.

"그러므로 내가 택함 받은 자들을 위하여 모든 것을 참음은 그들도 그리스도 예수 안에 있는 구원을 영원한 영광과 함께 받게 하려 함이라"(딤후 2:10)

예수님은 우리가 원수를 사랑하고 아무것도 바라지 말고 선대해야 하는 이유에 대해서 하나님의 성품을 제시하고 있다. 우리는 우리가 악하다고 하는 사람들도 하나님은 구원하기를 원하신다는 사실을 잊지 말아야 한다. 우리가 사람들을 선대하고 먼저 기쁘게 만들고 빛의 역할로 다가간다고 하더라도 결코 우리의 공로로 구원받는 것이 아님을 너무나도 잘 알고 있다. 그럼에도 누군가 상을 받거나 칭찬을 받는다면 자칫 하나님의 선하심이 묻혀버리게 될지도 모른다. 우리는 하나님의 자비에 기대는 사람들이다. 복음의식이란 우리 아버지의 자비로우심 같이 우리도 자비로운 사람이 되는 것이다.

"오직 너희는 원수를 사랑하고 선대하며 아무 것도 바라지 말고 꾸어 주라 그리하면 너희 상이 클 것이요 또 지극히 높으신 이의 아들이 되리니 그는

은혜를 모르는 자와 악한 자에게도 인자하시니라 너희 아버지의 자비로우

심 같이 너희도 자비로운 자가 되라"(눅 6:35~36)

결론적으로, 스스로 복음이 되신 예수님을 따라서 우리도 복음이 되지 않으면 안 된다. 복음의식을 갖추게 되면 자연스럽게 스스로를 낮추고 섬기고 배려하고 자비를 베풀며 먼저 기쁨을 주려고 하게 될 것이다. 꼭 언어나 문서로 복음을 전파하지 못하더라도 우리의 삶의 방식을 통하여 살아 움직이는 복음을 전파되도록 할 수 있다. 우리 자신이 복음이 되어야 하는 것이다.

5. 천국의식으로 채운다.

의식이란 마치 자동차의 엔진과 같다. 엔진에 따라 자동차의 종류가 결정된다. 가솔린 엔진, 디젤 엔진, 가스차 엔진, 전기차 엔진이 다 다르며 어떤 엔진을 장착하는가에 따라서 디젤 자동차, 가솔린 자동차, 가스 자동차, 전기자동차가 결정된다. 그리고 그렇게 결정되면 그 자동차는 그 엔진의 시스템에 따라서 움직이게 된다. 신앙의식도 마찬가지이다. 신앙의식이 결정되면 그 신앙의식대로 움직인다. 결국 어떤 신앙인인가 하는 문제는 어떤 신앙의식을 가지고 있는가를 말하는 것이다. 천국의식을 장착한 그리스도인은 천국백성으로서 세상을 승리하면서 살아갈 것이다. 제자의식, 복음의식을 소유하게 되면 제자로서 복음의 원리로 살게 되어 있다. 천국의식이란 결국 천국을 어떻게 해석하는가에 따라서 달라질 것

이다.

천국백성들은 어떤 삶을 살게 될까? 천국은 부족하거나 모자란 것이 없고 아픔이나 슬픔도 없는 곳이다. 아무 문제가 없는 곳이 천국이다. 아마 천국에 간 사람들은 처음에는 몹시 당황할지도 모르겠다. 지상에서도 전혀 낯선 나라에 가면 언어와 풍습과 삶의 방식이 전혀 달라서 적지 않게 놀라는데, 지상과는 완전히 달라진 천국의 환경 속으로 갑작스럽게 올라가면 어찌 당황하지 않겠는가? 아마 놀라서 적응하는 데 적지 않게 시간이 걸릴지도 모르겠다. 그러면 천국에서는 성도들이 어떤 마음가짐을 가지게 될까? 즉 어떤 태도와 방식으로 영생의 삶을 누리게 될까?

이런 이야기를 하는 까닭은 천국백성들의 삶의 원리가 바로 죄악으로 가득 찬 이 세상에서의 성도들의 삶의 원리가 되어야 한다는 말을 하고 싶기 때문이다. 세상 사람들과 성도들의 차이점을 우리는 어디에서 찾아야 하겠는가? 축복? 기복? 번영? 성공? 그런 가치들을 향해 열심히 달려가는 것이 성도들의 삶의 모습인가? 단언컨대 그리스도인은 이 세상에서 고유한 삶의 방식으로 승부를 걸어야 하는 사람들이다. 변화된 삶의 방식이 아니라면 그 어디에서도 예수님의 모습을 보여줄 수 없다. 거듭나서 새 생명을 얻고 주 안에서 예배하고 전도하면서 교회를 부흥시키는 것이 그리스도인의 참 모습인가? 물론 그런 것도 전부 포함되지만, 더욱 근원적인 것은 삶의 방식이 바뀌어야 한다는 것이다.

삶의 방식이라고 하니까 교회에 정기적으로 다니고 술집에 가지 않는 등 삶의 패턴으로 오해할 수도 있겠지만 그런 것이 아니라 삶의 원리를 말하는 것이다. 곧 세상을 대하는 방식이다. 뚜렷한 목적과 방식과 원칙을 복음의 원리로 세워놓지 않으면 이리저리 세상에 휩쓸려 헤맬 수밖에 없게 될 것이다. 그러면 세상과 무엇이 다르단 말인가? 그리스도인의 삶의 원리는 세상의 원리를 정확하게 거슬러가는 것이다. 세상의 흐름을 거슬러 거꾸로 헤엄쳐가야 한다는 말이다. 그렇게 살지 않으면 세상은 교회를 비웃을 것이다. 뭐가 다르단 말인가? 그것은 그냥 기독교라는 종교인으로 살아가는 것에 불과하다. 얼마나 많은 사람들이 복음을 믿는 것이 아니라 기독교를 믿고 있는가?

우리는 천국백성들의 삶의 원리를 배워야 한다. 우선 천국백성들은 천국이 이 땅에 임하기를 기도하는 사람들이다. 예수님도 우리에게 그런 기도를 할 것을 명하셨다. 그 기도는 천국이 이 땅에 임하고 하늘의 목적한 바가 이루어질 것을 간구하는 기도이다. 물론 저 영원한 천국이 그대로 이 땅에 완성되는 것은 결코 아니다. 하지만 우리는 천국백성으로서의 삶의 방식을 이 세상에서 보여주어야 한다. 천국맛보기로서의 삶이 이 세상에서의 그리스도인의 삶이어야 하는 것이다.

"나라가 임하시오며 뜻이 하늘에서 이루어진 것 같이 땅에서도 이루어지이
다"(마 6:10)

그러면 그 천국은 어디에서 어떻게 이루어져야 하는가? 예수님은 하나님의 나라는 어떤 상태로 이 땅에 임하는 것이 아니라 사

람들 관계 속에서 성취된다고 말씀하신다. 내면적인 천국의 성취가 아니라 사람들 속에서 이루어져야 한다는 말씀이다. '너의 안에'라기보다는 '너희 중', '너희 가운데'라는 표현이 더 적합할 것이다. 복음이 사람들 속에서 성취되지 못한다면 그것은 복음이 아니듯이, 천국이 사람들 사이에서 보이지 않는다면 이 땅의 천국은 그 누구도 맛볼 수 없을 것이다. 천국의식이란 사람들 가운데에 천국의 삶의 원리를 보여줄 수 있다는 말이다.

> "바리새인들이 하나님의 나라가 어느 때에 임하나이까 묻거늘 예수께서 대답하여 이르시되 하나님의 나라는 볼 수 있게 임하는 것이 아니요 또 여기 있다 저기 있다고도 못하리니 하나님의 나라는 너희 안에 있느니라"(눅 17:20~21)

조금 다른 의미에서이지만, 천국은 어떤 내면적 상태를 말하는 것은 아니지만 우리 심령 가운데 성령님으로 인한 의와 평강과 희락이 채워져야 비로소 사람들 사이에서 천국이 보이는 것은 사실이다. 천국이 겉으로 드러나는 모습으로 나타나야 하는 것은 틀림이 없지만 그리스도인들의 심령이 성령님으로 채워지지 않으면 결코 겉으로 드러날 수 없기 때문이다. 오늘날 교회가 세상으로부터 비판을 받는 이유가 어디에 있는가? 지나치게 겉으로 드러나는 일의 결과에만 몰두하기 때문이 아닌가? 결과가 아니라 의도, 마음에 모든 초점을 맞추어야 하는데 교회부흥이나 선교의 결과나 규모나 숫자에 매몰되기 때문에 마땅히 계셔야 할 그리스도께서 사라짐으로써 어쩔 수 없이 나타나는 현상인 것이다.

"하나님의 나라는 먹는 것과 마시는 것이 아니요 오직 성령 안에 있는 의와
평강과 희락이라"(롬 14:17)

우리가 착각하기 쉬운 것 중의 하나는 우리가 어떤 도덕이나 행위 때문이 아니라 순전히 하나님의 은혜로 인하여 구원받았다고 해서 세상의 도덕이나 윤리를 무시해도 되는 것은 아니라는 점이다. 비록 그런 세상적 의로 인하여 구원받은 것은 아니지만 하나님의 의는 세상의 의보다 훨씬 거대하다는 사실을 알아야 한다. 천국은 은혜롭고 사랑스럽고 기쁨이 넘치는 곳이지만 그 모든 것들도 세상의 의를 만족시키는 터전 위에 세워져있는 것이다. 비록 겉으로 드러나는 의일지라도 천국백성은 의를 지키는 사람들이다.

"내가 너희에게 이르노니 너희 의가 서기관과 바리새인보다 더 낫지 못하
면 결코 천국에 들어가지 못하리라"(마 5:20)

물론 의에 대한 해석이 다양하겠지만 그 의를 지키기 위해 박해를 받더라도 끝까지 인내하는 사람이 천국백성이다. 세상의 의를 지키는 일은 때로는 몹시 어려운 일이다. 꼭 하나님의 의가 아니라 세상의 의라고 할지라도 그것을 지킬 때에는 반드시 박해가 따라오게 마련이기 때문이다. 천국의식이란 이런 박해까지도 능히 감당하려고 하는 결단을 포함하는 것이다.

"의를 위하여 박해를 받은 자는 복이 있나니 천국이 그들의 것임이라"(마 5:10)

우리는 이 땅의 복을 위해서 사는 사람들이 아니라 저 영원한 하늘에서의 영생을 바라보면서 사는 사람들이다. 일단 이 세상의 성공과 번영을 추구한다면 그는 결코 천국백성이 될 수 없다. 의식이란 배우거나 의무적으로 행하는 것을 뜻하는 것이 아니다. 자연스럽게 우러나는 본능과도 같은 반응을 일으키는 것이고 외부의 작용에 대해 저절로 일어나는 감정적인 반사작용을 뜻하는 것이다. 천국의식이란 오로지 주님만이 생명이고 목적이고 목표일 때 가질 수 있는 특권이다. 뒤를 돌아보는 사람은 천국의식을 가질 수가 없다. 그리고 진심으로 자신을 낮출 수도 없다.

"예수께서 이르시되 손에 쟁기를 잡고 뒤를 돌아보는 자는 하나님의 나라에 합당하지 아니하니라 하시니라"(눅 9:62)

제4장
공감이 낮춤이다.

과거의 이야기지만 어느 책에서 읽은 기억이 난다. 애견과 함께 산책을 하다가, 개가 멀리 달아났을 때 그 개를 다시 불러오는 방법에 대한 이야기였다. 주인이 몇 번 소리치다가 안 돌아오면 무릎을 꿇거나 땅에 엎드리는 등 몸을 최대한 낮추어서 개를 바라보면 개가 돌아온다는 것이었다. 눈높이를 개에게 맞추면 개는 호기심을 가지고 돌아온다는 것이었다. 무슨 말인가 하면 강아지도 공감하는 것처럼 보이면 반응을 한다는 이야기이다. 어느 기업은 '눈높이'라는 상호를 가지고 대성공을 거두기도 했었다. 아이들을 대할 때에도 앉아서 눈높이를 아이들에게 맞추면 공감하기가 훨씬 쉽다. 상담의 기본원리는 공감하고 들어주는 것이다.

우리는 낮춤과 섬김이라는 주제를 가지고 이야기를 진행하고 있다. 섬김이란 단순히 시간을 들여서 몸으로 물질로 누군가를 돕는 정도의 차원은 아니다. 세상에서도 그런 보람된 일을 하는 사람들은 얼마든지 찾아볼 수 있다. 그런 섬김에 없어서는 안 되는 것이 낮춤인데, 낮춤의 목적은 그들과 공감하기 위한 것이다. 공감의 목적은 상대방의 입장에 서서 그들과 한마음이 되어 자기 자신을 사랑하는 것처럼 그들을 사랑하기 위해서인 것이다. 물론 거기에는 그리스도의 사랑이 전제되어야 한다. 그렇지 않으면 자랑이나 자기 의, 공로에 그쳐버릴 것이기 때문이다. 그래서 공감이 낮춤인 것이다.

공감 없는 사랑, 낮춤 없는 섬김이 가능하겠는가? 낮춤은 단순한 겸손이 아니다. 낮춤은 그리스도 앞에서의 우리의 영적 상태이다. 그리스도인들은 항상 그리스도 앞에 서 있는 사람들이다. 이것을 의식하지 못하면 주님과는 계속 멀어질 수도 있다. 예수님은 모든 사람을 대할 때 마치 주님을 대하는 것처럼 하라고 하셨다. 작은 자 하나에게 한 것은 주님께 한 것이고 작은 자 하나에게 하지 않은 것은 주님께 하지 않은 것이다. 그렇다면 우리가 다른 사람 앞에서 자기를 낮추는 것은 바로 주님 앞에서 낮추는 것이다. 그리고 낮춤의 1차 목적은 공감하는 것이다. 하나님도 죄인인 우리 인간들과 공감하심으로써 예수님을 통한 구원을 이루어주셨다.

"임금이 대답하여 이르시되 내가 진실로 너희에게 이르노니 너희가 여기 내 형제 중에 지극히 작은 자 하나에게 한 것이 곧 내게 한 것이니라 하시고 … 이에 임금이 대답하여 이르시되 내가 진실로 너희에게 이르노니 이 지극히 작은 자 하나에게 하지 아니한 것이 곧 내게 하지 아니한 것이니라 하시리니"(마 25:40, 45)

1. 하나님의 공감

하나님께서 우리와 공감하신다고? 하나님은 무서운 분이 아닌가? 하나님은 죄를 용납하지 못하신다. 이것은 분명하다. 죄를 지으면 반드시 갚도록 하시기 때문에 인간을 심판하시는 것이 아닌가? 하지만 하나님은 인간과 교제하시고 공감하기를 원하신다. 인간의 죄가 그것을 가로막고 있을 뿐이다. 그런데 성경에 보면 우리가 이해하기 어려운 구절이 수없이 나온다. 죄를 용납하지 않으시면서도 죄를 용납하시는 것 같이 보일 때가 많다. 최초의 기록은 동생 아벨을 돌로 쳐서 죽인 가인에 대해서이다. 가인이 동생을 죽였을 때 하나님은 가인에게 심판을 내리신다. 차라리 죽는 것이 더 나을지도 모르는 그런 심판이다. 가인이 저주를 받아 무슨 일을 해도 실패만 거듭하게 된다는 말씀이었다.

"땅이 그 입을 벌려 네 손에서부터 네 아우의 피를 받았은즉 네가 땅에서 저주를 받으리니 네가 밭을 갈아도 땅이 다시는 그 효력을 네게 주지 아니할 것이요 너는 땅에서 피하며 유리하는 자가 되리라"(창 4:11~12)

그런데 가인은 자기가 잘못하기는 했지만 도무지 그런 심판을 받아들일 수 없다. 죄인들의 특징이 다른 사람이나 환경을 원망한다는 것이다. 그렇지만 아무리 그렇더라도 자기가 처한 현실에 대한 절망이 그를 사로잡을 수밖에 없다. 그래서 가인은 하나님께 너무 가혹하다고 호소한다. 그리고 자기 역시 타인에 의해 죽임을 당할 것이라고 한탄을 쏟아놓았다.

> "가인이 여호와께 아뢰되 내 죄벌이 지기가 너무 무거우니이다 주께서 오
> 늘 이 지면에서 나를 쫓아내시온즉 내가 주의 낯을 뵈옵지 못하리니 내가
> 땅에서 피하며 유리하는 자가 될지라 무릇 나를 만나는 자마다 나를 죽이
> 겠나이다"(창 4:13~14)

그런데 여기에서 인간에 대한 하나님의 공감이 처음으로 등장한다. 가인이 땅의 저주를 받겠지만 그렇다고 꼭 그대로 멸망하기를 바라시는 것은 아니었다. 가인을 죽이는 자에게 벌을 칠 배나 더할 것이고 가인에게 표를 주어 모든 사람에게서 죽음을 면하게 하겠다고 하셨다. 이 말씀을 어떻게 해석해야 할까? 벌을 내리실 때는 언제이고 죽음에서 보호하실 때는 언제라는 말인가? 혹시 죽음보다도 못한 저주스러운 삶을 가인에게 내리신 것인가? 물론 그런 것은 결코 아니다.

> "여호와께서 그에게 이르시되 그렇지 아니하다 가인을 죽이는 자는 벌을
> 칠 배나 받으리라 하시고 가인에게 표를 주사 그를 만나는 모든 사람에게
> 서 죽임을 면하게 하시니라"(창 4:15)

이 본문의 하나님의 말씀은 여러 가지로 해석할 수 있겠지만, 그런 모든 뜻을 떠나서 우리는 가인에게 대한 여호와의 공감이라는 데에는 별로 반대하는 사람이 없으리라 생각한다. 하나님은 불

행을 당한 사람의 울부짖음에 공감하시고 반응하신다. 가인은 에덴에 죄가 들어온 이후에 최초로 살인을 저지른 사람이다. 그 죄과가 얼마나 컸으면 아예 땅이 가인을 저주할 것이라고 하셨는가? 그럼에도 불구하고 가인의 부르짖음에는 공감하시고 반응을 보이셨다. 무슨 죄를 어떻게 지었는가와 관계없이 하나님은 인간에 대해서 기본적인 긍휼을 보여주신 것이었다.

그 다음에 성경에서 하나님의 공감을 찾아볼 수 있는 것은 사라의 여종인 하갈에 대한 하나님의 공감이었다. 알다시피 아브라함은 분명히 상속받을 아들을 주실 것을 알고 있으면서도 사라의 강권에 못 이겨서 그녀의 몸종 하갈을 받아들인다. 그러나 일이 잘못되어 사라가 하갈을 학대하여 쫓아버리기에 이른다. 하갈이 임신한 몸으로 도망쳐 나가서 고통 속에 있을 때 여호와의 사자가 나타난다. 그리고 아들을 낳으면 이스마엘이라고 하고 주인에게 돌아가 복종하라고 한다. 그러면서 여호와께서 너의 고통을 들으셨다고 말한다. 곧 하갈의 고통에 공감하셨다는 말이다.

"여호와의 사자가 또 그에게 이르되 네가 임신하였은즉 아들을 낳으리니 그 이름을 이스마엘이라 하라 이는 여호와께서 네 고통을 들으셨음이니라"(창 16:11)

그렇다면 하갈은 왜 도망갈 수밖에 없었는가? 하갈이 임신하고 나서 오랫동안 임신하지 못하고 있는 주인 사라를 멸시했기 때문이었다. 사라로서는 기가 찰 노릇이었다. 그런데 하나님은 하갈의 편을 드시는 것 같았다. 하갈의 고통 소리에 귀를 기울이시고 공감하시고 응답하셨다. 하갈이 전혀 잘 한 것이 없지만 하나님은 하갈의 신음소리에 응답하셨던 것이다. 하나님은 그 사람이 어떤 사람인지와는 관계없이 그 사람의 심령의 상태에 관심을 가지신다.

"아브람이 하갈과 동침하였더니 하갈이 임신하매 그가 자기의 임신함을 알고 그의 여주인을 멸시한지라"(창 16:4)

하갈에 대한 하나님의 관심은 이후에 아들 이스마엘을 낳은 이후에까지도 지속된다. 하나님의 말씀대로 하갈은 이스마엘을 잘 키워나가고 있었는데 그만 사라가 임신하여 아들 이삭을 낳은 것이었다. 그런데 형인 서자 이스마엘이 동생인 장자 이삭을 놀리는 것이 사라의 눈에 띄고 말았다. 사라가 아브라함을 재촉하여 또 하갈은 쫓겨났는데 이때 아들 이스마엘과 함께 쫓겨났다. 쫓겨날 때 그들에게는 떡과 물 한 가죽부대만 주어졌을 뿐이었다. 며칠 안 가서 둘 다 죽을 수밖에 없는 상태였던 것이다. 그런데 하나님은 이런 상태에 관심을 가지시고 아이와 하갈의 신음소리를 듣고 반응하셨다. 이 역시 누구의 잘잘못을 떠나서 고통스러운 상황에 하나님은 공감하신다는 사실을 미루어 생각할 수 있다.

"하나님이 그 어린아이의 소리를 들으셨으므로 하나님의 사자가 하늘에서부터 하갈을 불러 이르시되 하갈아 무슨 일이냐 두려워하지 말라 하나님이 저기 있는 아이의 소리를 들으셨나니 일어나 아이를 일으켜 네 손으로 붙

들라 그가 큰 민족을 이루게 하리라 하시니라"(창 21:17~18)

이와 같이 인간의 절망적인 상태에 하나님은 관심을 가지고 계시는데, 이는 예수님에게서도 똑같은 모습으로 나타나고 있다. 예수님은 주로 어떤 사람들과 어울리셨는가? 죄인들, 창녀들, 세리들과 같이 이스라엘의 정상적인 범주에서 벗어나 있는 사람들과 친구가 되셨다. 그래서 바리새인들이 책잡기 위해서 예수님의 제자들에게 따져 물었다. 왜 의인들과는 싸우고 죄인들과는 어울리느냐는 것이었다.

"바리새인들이 보고 그의 제자들에게 이르되 어찌하여 너희 선생은 세리와

죄인들과 함께 잡수시느냐"(마 9:11)

예수님의 대답은 바로 하나님의 마음이었다. 고통당하는 자들과 공감하시는 하나님의 마음은 예수님의 말씀으로써 증명되는 것이었다. 죄는 반드시 심판을 받아야 하지만 그 죄로 말미암아 당하게 되는 인간의 고통 속에 하나님은 계신다는 것이었다. 곧 자신의 모든 것을 비우고 하나님만이 필요한 심령, 비록 죄인의 모습인 것만은 틀림이 없지만, 그래서 하나님께 기도할 용기조차 없는 존재들이지만 그들의 심령은 지극히 가난한 심령이었던 것이다. 하나님께서 고통당하는 자들의 신음소리에 공감하시는 이유는 바로 이것이다. 그렇다면 우리 그리스도인들도 어려움당하고 고통당하는 사람들의 신음소리에 공감할 수 있어야 한다. 그들의 죄를 탓하기

전에 말이다.

"예수께서 들으시고 이르시되 건강한 자에게는 의사가 쓸 데 없고 병든 자
에게라야 쓸 데 있느니라"(마 9:12)

성경에는 하나님의 공감과 관련된 이야기들이 많이 나온다. 하
나님의 공감이 아니라면 우리의 죄를 해결하기 위해 예수님을 내
려 보내실 일도 없으며, 우리가 죄 사함 받고 구원받을 가능성은
제로였을 것이다. 우리가 하나님의 공감으로 인하여 구원받았다면
우리도 고통당하는 사람들의 상황에 공감할 수 있어야 한다. 우리
가 모든 것을 내려놓고 하나님께 고통을 아뢸 때 하나님께서 공감
하시고 응답하신다면 우리도 당연히 어려움당하고 고통당하는 사
람들에 공감하고 함께할 수 있어야 한다. 공감 없이 행하는 구제나
섬김은 사실은 하나님과 별로 관계가 없다. 그리고 공감 없는 낮춤
은 자칫 위선의 결과만을 낳을 뿐이라는 사실도 기억해야 한다. 그
래서 공감이 낮춤이라는 것이다.

2. 예수님의 공감

예수님의 탄생과 십자가 고난은 모두가 하나님의 공감으로 인
하여 일어난 일이었다. 생각해보라. 죄를 용납하실 수 없는 하나님
께서 어떻게 죄인들을 구원하기 위해 성자 예수님으로 인하여 우
리에게 쏟아질 저주를 대신 받게 하셨는가? 단순한 논리대로라면

이것은 말이 되지를 않는 일이다. 죄인은 반드시 심판받고 마귀와 그 추종자들을 위하여 예비해놓으신 지옥에 떨어질 수밖에 없는데 어떻게 그 죄인을 위하여 하나님께서 직접 죽음을 택하셨다는 말인가? 하나님께서 죄인들과 공감하신 것이 아니라면 설명이 불가능하다. 물론 그것은 하나님의 피조물에 대한 창조주의 사랑 때문에 일어난 일이다. 그렇지만 그것이 자녀 된 죄인들과 함께 공감하실 수 있는 유일한 근거인 것이다. 그래서 예수님의 다른 이름은 임마누엘인 것이다. 하나님의 공감은 임마누엘 되시는 예수님과 함께 진행되고 있다는 말씀이다.

"보라 처녀가 잉태하여 아들을 낳을 것이요 그의 이름은 임마누엘이라 하리라 하셨으니 이를 번역한즉 하나님이 우리와 함께 계시다 함이라"(마 1:23)

그러면 하나님의 공감이신 예수님은 어떻게 사람들과 공감하셨는가? 우선 예수님의 모든 사역은 전부 공감으로부터 비롯되었다는 사실을 알아야 한다. 예수님은 여러 가지 질병으로 고통당하는 백성들과 공감하셨다. 인간에게 있어서 질병은 일평생을 끈질기게 괴롭히는 저주와도 같은 것이다. 물론 그렇다. 죄가 들어옴으로써 질병이 발생했다고 보는 것이 성경적이니까. 그러나 질병은 인간이 당할 수 있는 대표적인 고통이다. 일찍이 하나님은 고통으로 부르짖는 사람들에게 공감하시고 응답해주셨다. 그렇다면 예수님께서도 당연히 질병으로 괴로워하는 백성들과 공감하신다. 질병에는 모든 종류의 모자람과 부족함으로 인하여 생기는 모든 육체적, 정신적 질병을 포함한다. 정신적 질병, 동성애 등 비생물학적 질환, 심지어 귀신들림 등 영적 질병까지 전부 포함한다.

"예수께서 나오사 큰 무리를 보시고 불쌍히 여기사 그 중에 있는 병자를 고쳐 주시니라"(마 14:14)

그 다음에 예수님께서 백성들과 공감하신 문제는 배고픔의 문제이다. 배고픔, 곧 가난의 문제는 인류가 존재하는 한 사라질 수가 없다. 인간세계의 시스템 안에서는 가난과 배고픔의 문제는 항상 존재해왔고 앞으로도 그럴 것이다. 가난이 없는 세상은 저 천국밖에는 존재할 수가 없다. 심지어 하나님의 나라 이스라엘서조차도 그랬다. 어떤 정치체제 때문에 그런 것만은 아니다. 물론 그 정치체제로 인하여 빈부격차가 더 벌어질 수는 있다. 어쨌든 그렇기 때문에 가난하고 소외된 사람들에 대한 공감은 예수님으로서는 가장 중요한 공감인 셈이다. 물론 우리 그리스도인도 당연히 감당해야 할 공감이다. 공감을 할 수 있어야 진정 가난한 이웃들을 자기 자신과 같이 사랑할 수 있기 때문이다.

"예수께서 제자들을 불러 이르시되 내가 무리를 불쌍히 여기노라 그들이 나와 함께 있은 지 이미 사흘이매 먹을 것이 없도다 길에서 기진할까 하여 굶겨 보내지 못하겠노라"(마 15:32)

예수님의 공감은 인간의 죽음으로 인한 슬픔의 울부짖음에도 그대로 반응하시는 공감이다. 물론 죽음은 어느 인간이나 결코 피할 수 없는 운명이다. 그러나 그 죽음으로 인하여 일어나는 인간의 고통은 여전히 하나님의 마음을 움직인다. 모든 죽음에 똑같이 공감하시는 것은 아니지만 처절하리만치 절망의 나락 속에서 부르짖는 고통소리에 예수님은 공감하지 않으실 수가 없으신 것이다. 사람 대접을 받지 못하는 과부가 유일한 소망이자 자기 생명보다 더 귀한 외아들을 잃어버렸을 때 어느 누가 그렇게 처절한 울음을 울지 않겠는가? 나인성 과부는 그렇게 잃어버렸던 외아들을 다시 얻을 수 있었다.

"주께서 과부를 보시고 불쌍히 여기사 울지 말라 하시고 가까이 가서 그 관에 손을 대시니 멘 자들이 서는지라 예수께서 이르시되 청년아 내가 네게 말하노니 일어나라 하시매 죽었던 자가 일어나 앉고 말도 하거늘 예수께서 그를 어머니에게 주시니"(눅 7:13~15)

또 예수님은 죄인인 인간에게 근원적인 문제에 대해서 공감을 일으키신다. 그것은 바로 영적 기갈이다. 하나님을 모르는 인간들은 전부 부모 없는 고아들과 같은 존재들이다. 저들은 얼마 가지 못하여 멸망당할 사람들이다. 질병이나 가난이나 죽음으로 인한 처절한 고통소리가 끊이지 않지만 그보다 더 깊은 근원적인 문제는 영적 구원의 문제이다. 자신들의 죄로 인하여 진짜 주인을 잃어버리고 짐승과도 같은 의미 없는 삶을 살아가는 백성들에게 가장 절실한 문제는 가난의 문제도 아니고 질병의 문제도 아니고 저들의 영혼의 문제이다. 다른 문제들은 고치거나 부유해져도 어차피 다시 사라질 것들이지만 영생은 전혀 그렇지 않기 때문이다. 그래서 저들의 부모를 잃은 것 같은 영적 상태에 공감하신 것이다.

"예수께서 나오사 큰 무리를 보시고 그 목자 없는 양 같음으로 인하여 불쌍히 여기사 이에 여러 가지로 가르치시더라"(막 6:34)

그래서 예수님은 복음을 전하여 제자를 삼고 가르치신 모든 것을 지키게 하도록 명하셨던 것이다. 물론 이 지상명령에는 가난한 사람들을 도와주고 병자들을 고쳐주라는 말씀은 없다. 그러나 영적 기갈의 고통에 공감하지 않으면서 육체적인 고통에 공감한다면 그것은 반쪽짜리 공감밖에는 되지 않는다. 반대로 육체적인 고통에는 공감하지 않으면서 영적 기갈의 고통에 공감하는 것도 반쪽짜리이다. 어쨌거나 예수님은 우리가 그렇게 할 때에, 곧 가난한 사람들이나 구원받지 못한 사람들에 공감하는 한은 언제까지나 우리와 함께 하신다. 예수님께서 불쌍히 여기시면서 공감했던 사람들에 대해서 우리도 예수님과 똑같은 공감을 일으켜야 한다. 그래야 예수님처럼 하나님 앞과 사람들 앞에서 우리를 낮출 수 있는 것이다.

"그러므로 너희는 가서 모든 민족을 제자로 삼아 아버지와 아들과 성령의 이름으로 세례를 베풀고 내가 너희에게 분부한 모든 것을 가르쳐 지키게 하라 볼지어다 내가 세상 끝 날까지 너희와 항상 함께 있으리라 하시니라"
(마 28:19~20)

히브리서에서는 바로 이런 공감으로 예수님께서 사람들을 대신하여 심한 통곡과 눈물로 간구의 소원을 올리셨다고 기록하고 있다. 진정한 공감이 없으면서 통곡과 눈물로 간구할 수는 없다. 그리고 그런 간절한 간구가 아니면 하나님께서 깊이 들어주실 수도 없거니와 아예 공감을 함께 일으키실 수도 없는 것이다.

"그는 육체에 계실 때에 자기를 죽음에서 능히 구원하실 이에게 심한 통곡
과 눈물로 간구와 소원을 올렸고 그의 경건하심으로 말미암아 들으심을 얻
었느니라"(히 5:7)

하나님은 하나님의 공감과 예수님의 공감에 우리 모든 그리스도인들도 함께 공감할 것을 원하신다. 그것은 바로 예수님의 낮춤을 의미한다. 공감하지 않고 낮출 수 없으며 낮추지 않고 섬길 수는 없는 것이다. 예수님 당시의 영적 현실은 오늘날의 그것과 유사하다. 우리의 마음이 예수님의 마음으로 채워져 있다면 예수님의 공감이 그대로 우리의 공감이 되어야 할 것이다.

"이르되 우리가 너희를 향하여 피리를 불어도 너희가 춤추지 않고 우리가
슬피 울어도 너희가 가슴을 치지 아니하였다 함과 같도다"(마 11:17)

3. 마음 함께 나누기

때로는 공감이 나눔이나 섬김보다 더 큰 힘을 줄 때가 있다. 물론 공감이란 상대방과 동일한 마음이 되지 않으면 이루어질 수 없다. 이웃이 당한 고난을 내가 당한 것처럼 느끼고 함께 있어주는 일이 공감이다. 가장 자주 인용되는 성경구절은 로마서 12:15 말씀일 것이다. 그리스도인의 공감에 대해서 가장 명료하게 주신 말씀이다. 중요한 점은 교회 공동체나 주변의 어려움 당하는 사람들과 마음을 함께하라는 것이다. 이웃집에서 일어나는 슬픔에는 함께하지 못하면서 다른 먼 곳에까지 가서 함께 우는 것은 본문이 말하는 의미를 벗어난 것이다.

"즐거워하는 자들과 함께 즐거워하고 우는 자들과 함께 울라"(롬 12:15)

이런 시각은 그 다음 절에서도 명확하게 드러나는데, 바울이 로마 교인들에게 그리스도인의 기본적인 삶의 원리에 대해 설명하면서 교회공동체와 그 주변에서 가져야 할 기본자세에 대해 이야기하는 것이기 때문이다. 공감을 다른 말로 하면 마음을 같이하는 것이라고 말할 수 있다. 마음을 같이하게 되면 다른 데 마음을 둘 수가 없다. 더구나 마음을 같이 한다면서 높은 데 마음을 둘 수는 더욱 없는 것이다. 그렇다면 그 공감은 가짜 공감이다. 공감하는 척하는 것에 불과하게 되는 것이다. 그것은 남에게 보이려고 공감하는 바리새인들과 다를 바가 없어지는 것이다. 진정한 공감은 스스로 낮춤으로 나아갈 수밖에 없다. 그리고 그렇게 자기를 낮출 수 있는 사람이라면 남보다 더 아는 체할 수도 없게 되는 것이다.

"서로 마음을 같이하며 높은 데 마음을 두지 말고 도리어 낮은 데 처하며 스스로 지혜 있는 체하지 말라"(롬 12:16)

예수님께서 말씀하신 이야기 중에서는 어떤 사마리아 사람의 이야기가 공감에 대한 가장 명확한 사례가 될 것이다. 한 사람이 강도를 만나 돈을 다 빼앗기고 맞아서 거반 죽을 정도까지의 지경에 이르게 되었다. 그는 길 구석에 쓰러져서 신음하면서 죽어가고 있었다. 그런데 유대인들이 상종조차 하기를 꺼려하는 어떤 사마리아 사람이 지나가다가 그 큰 상처를 입은 사람을 발견하였다. 예수님은 여기에서 그 사마리아 사람의 심중의 변화를 먼저 이야기하셨다. 사마리아 사람은 강도 만난 사람의 형편과 처지에 공감을 일으켰다. 그리고 그 사람을 불쌍하게 여기고 그를 돌보아주기로 결정한다. 공감이 그의 행동을 결정한 것이다.

"어떤 사마리아 사람은 여행하는 중 거기 이르러 그를 보고 불쌍히 여겨 가까이 가서 기름과 포도주를 그 상처에 붓고 싸매고 자기 짐승에 태워 주막으로 데리고 가서 돌보아 주니라"(눅 10:33~34)

하지만 공감을 일으킬 수 없었던 제사장과 레위인은 거의 죽은 그 사람을 보고 피하여 지나갔다. 제사장과 레위인이 왜 피해버렸는지 그 이유에 대해서는 우리가 알 길이 없다. 사실 핵심은 그것이 아니다. 하지만 예수님께서 특별히 제사장과 레위인이라고 못 박으신 말씀에서 우리는 공감과 관련된 여러 사항들을 유추할 수 있을 것이다. 물론 예수님께서 이런 예화를 사용하신 것은 어떤 율법교사의 질문으로부터 비롯된 것이니까 특별히 종교인들을 예로 드신 것일 수 있다. 종교예식에 사로잡히면 공감해야 할 일들에 대해서는 무관심하거나 피해버릴 수도 있음을 말씀하신 것이다. 종교예식이란 바로 그런 공감을 일으킬 수 있도록 하나님의 마음을 알게 하기 위함이라는 것을 거의 깨닫지 못하고 있었던 것이다.

"마침 한 제사장이 그 길로 내려가다가 그를 보고 피하여 지나가고 또 이와 같이 한 레위인도 그 곳에 이르러 그를 보고 피하여 지나가되"(눅 10:31~32)

공감이란 예수님의 마음으로 어려움 당하는 사람들과 함께하는 것이다. 곧 그리스도인의 공감은 예수님 대신 사람들과 같이하는 마음이다. "즐거워하는 자들과 함께 즐거워하고 우는 자들과 함께 울라"(롬 12:15)는 말씀은 단지 어렵고 힘든 사람을 동정하여 그들을 돌보라는 말씀이라기보다는 예수님의 마음이 되어서 예수님 대신 그들과 함께 즐거워해야 할 때는 즐거워하고 울 때는 함께 울라는 말씀인 것이다. 인간의 마음속에서 자연적으로 일어나는 어려움 당하는 사람들을 향한 동정을 뛰어넘어 하나님의 공감과 예수님의 공감으로 사람들과 공감하고 자기를 낮추고 진심으로 이웃을 섬기기를 원하시는 것이다.

이 주제와 직결되는 것은 아니지만 팔복의 두 번째 구절인 복 있는 사람은 애통하는 사람이라는 말씀을 보자. 여기에서 애통은 무엇으로 인한 애통이겠는가? 물론 우리는 앞에서 하나님께서 고통당하는 자들에게 공감하시고 응답하신다고 했을 때 그 고통이 어디에서 오는 것인가에 대해서는 따지지 않는다고 했다. 그런데 팔복의 애통이란 단지 슬픔, 눈물을 뜻하는 것만은 아니다. 왜냐하면 이 애통은 자기 죄로 인한 애통을 말하는 것이기 때문이다. 죄 때문에 주어지는 심판이나 고통이 아니라 죄 자체로 인한 애통이라고 보는 것이 합당할 것이다. 예수님은 첫 구절에서 심령이 가난한 자에게 천국이 주어진다고 말씀하셨기 때문이다. 곧 구원과 관련된 애통이라는 것이다.

"애통하는 자는 복이 있나니 그들이 위로를 받을 것임이요"(마 5:4)

아무튼 애통하는 자에게 주어지는 복은 무엇인가? 위로라고 한다. 극심한 슬픔을 당한 사람에게 가장 큰 위로는 무엇인가? 그 어떤 것도 참된 위로를 줄 수 없지만 진심으로 함께 공감하며 함께 운다면 그것은 진짜 위로가 될 수 있을 것이다. 이 위로는 우리가 슬픔당한 그 사람과 같이 되지 않고는 일어날 수 없다. 이것은 이웃과 동일시가 일어나야 진정한 이웃사랑이 된다는 말과 같은 의미이다. 앞서 어떤 사마리아 사람의 이야기를 하신 것도 어떤 율법교사가 예수님을 시험하기 위해 영생에 대한 질문을 함으로써 시작되었으며, 예수님의 대답 가운데 네 이웃을 자기 자신 같이 사랑하라는 말씀을 설명하는 이야기였던 것이다. 결국 공감이 일어나지 않고는 자기를 낮출 수 없으며 자기를 낮추었을 때 참된 섬김이 일어날 수 있다는 결론이면서 이것은 바로 자기 자신과 같이 이웃을 사랑할 때 가장 먼저 일어나야 하는 우리의 신앙의식이라는 말인 것이다.

"네 이웃을 네 자신 같이 사랑하라 하였나이다 예수께서 이르시되 네 대답이 옳도다 이를 행하라 그러면 살리라 하시니 그 사람이 자기를 옳게 보이려고 예수께 여짜오되 그러면 내 이웃이 누구니이까"(눅 10:27下~29)

나눔도 마찬가지이다. 형제의 궁핍함을 보고 공감하지 못하면 거기에는 절대로 예수님의 공감이 일어날 수 없다. 정말이지 그리스도인이 모든 사물을 그냥 무심하게 지나치면 결코 그리스도의 사랑이 존재할 수 없다. 우연히 어떤 사람이나 사건을 보고 공감이 일어나는 것이 아니다. 그것은 세상에서도 얼마든지 일어날 수 있는 일상의 이야기이다. 그리스도인의 일상은 주변을 유심히 살피는 일로부터 시작되어야 한다. 그래야 공감을 일으킬 대상이 생기게 되는 것이고, 그래야 그리스도의 사랑이 우리의 삶을 통하여 세상에 전파될 수 있게 되는 것이다. 우리의 공감은 넘치는 복음으로서의 삶의 출발점이 되는 것이다.

"누가 이 세상의 재물을 가지고 형제의 궁핍함을 보고도 도와 줄 마음을 닫

으면 하나님의 사랑이 어찌 그 속에 거하겠느냐 자녀들아 우리가 말과 혀

로만 사랑하지 말고 행함과 진실함으로 하자"(요일 3:17~18)

4. 용서가 공감이다.

공감하지 못하면 용서할 수 없다. 이 용서는 감정적인 용서를 말한다. 그리스도인은 예수님의 용서로 용서하는 사람이다. 예수님께서 죄인들을 용서하신 그 사랑으로 우리가 용서를 받았다면 우리의 용서도 당연히 예수님의 그 용서에 힘입어서 상대방을 용서해야 하는 것이다. 우리가 진실로 예수님과 함께 십자가에 못 박혔다면 우리는 다른 사람을 틀림없이 용서할 수 있다. 그러나 그렇다고 하여 우리의 감정적인 상처까지 저절로 치유되는 것은 아니다. 그렇다면 온전한 치유가 이루어지는 용서는 무엇인가? 그것이 바로 공감을 함께하면서 상대방을 용서하는 것이다. 예수님의 용서로 용서했는데도 계속해서 감정적인 찌꺼기가 남아있고 그런 감정 때문에 때때로 힘든 순간들이 있다면 공감을 통한 용서가 아니었다는 증거가 될 것이다.

더 나아가서 죄를 용서받고 거듭난 그리스도인이 과연 사람들로부터 상처를 입을 수 있는가에 대해서도 틀림없이 짚고 넘어가야 한다. 왜냐하면 진정으로 십자가에서 예수님과 함께 못 박혀 죽었던 사람이라면 원수조차도 사랑할 수 있어야 하기 때문이다. 사랑이라면 용서가 기본조건이다. 가난해보지 않으면 가난한 사람들과 공감하기 어렵고, 질병에 걸려보지 않으면 질병으로 고통당하

는 사람들과 공감하기 어려우며, 장애를 가져보지 않았다면 장애인들과 함께 공감하기 어렵다.

이것을 넓은 의미에서 보자면 우리 모든 성도들은 모두가 같은 죄를 지은 사람들이다. 죄를 깨닫고 나면 모두가 동일한 아픔을 당한다는 말이다. 그렇다면 우리 모두는 똑같이 예수님의 용서의 주인공들이다. 말하자면 모두가 같은 아픔으로 애통하는 사람들이라는 말이다. 우리들 중에서 어느 누구도 다른 누구보다 더 깨끗하지 않고 어느 누구도 덜 더럽거나 적은 아픔의 주인공들일 수가 없다는 말이다. 모두가 같은 죄와 동일한 아픔을 공유할 수밖에 없는 존재들이다. 이런 점을 생각한다면 우리가 누구와 공감하지 못하겠는가? 전부 같은 뿌리에서 나온 죄인들이라는 말이다. 우리는 형제들과 철저하게 공감할 수 있다.

> "누가 누구에게 불만이 있거든 서로 용납하여 피차 용서하되 주께서 너희
>
> 를 용서하신 것 같이 너희도 그리하고"(골 3:13)

히브리서에서는 예수님께서 우리를 도와주시는 이유 중 하나를 바로 이 공감이라고 표현하고 있다. 공감이라는 단어를 직접적으로 말한 것은 아니지만 예수님은 우리가 당해야 하는 시험과 고난을 모두 경험하심으로써 우리와 공감하실 수 있고 그렇기 때문에 우리 앞에서 낮추시고 우리를 섬기실 수 있다는 말이다. 곧 우리의 모든 진정한 기도에 공감하시고 십자가에 못 박히신 것과 같은 섬김으로 우리를 도와주시는 분이신 것이다. 그리스도와 연합한 사

람이라면 마땅히 형제들의 아픔에 공감하고 자신을 낮추고 그들을 섬길 수 있는 것이다.

사도 바울도 스스로가 경험한 고난과 위로를 다른 성도들에게 그대로 전달할 수 있기를 원했다. 성도들이 받을 고난은 바울이 이미 체험한 고난이기 때문에 그들을 진정으로 위로할 수 있었다는 것이다. 모든 환난은 본질적으로 동일하다. 성도의 수만큼 환난의 종류가 다양할 수는 있지만 그 모든 종류의 환난은 기본적으로는 주 예수께서 당하신 환난의 범주 안에 있는 것이고, 사도 바울 역시 다른 성도들이 당할 환난의 범주 안에서 먼저 경험해본 것일 뿐이다. 그렇다면 우리 그리스도인들은 기본적으로 다른 사람들의 어려움에 공감할 수 있는 사람들이다. 예수님께서 사람들의 고난에 공감하심으로써 스스로를 종의 수준으로 낮추신 것처럼 우리 그리스도인들도 예수님처럼 사람의 고난에 공감하면서 용서하고 우리 스스로를 낮추고 섬길 수 있게 되는 것이다. 공감과 낮춤과 섬김은 모두 일직선상에서 이루어지는 현상들이다.

"우리가 환난 당하는 것도 너희가 위로와 구원을 받게 하려는 것이요 우리가 위로를 받는 것도 너희가 위로를 받게 하려는 것이니 이 위로가 너희 속에 역사하여 우리가 받는 것 같은 고난을 너희도 견디게 하느니라"(고후

1:6)

교회공동체에 국한된 말씀이기는 하지만, 모든 인간이 당하는 고통은 모두 동일하다는 전제에서 출발한다면 우리는 다른 이웃들에게도 공통된 반응을 보일 수 있다. 한 지체의 고통이 모든 지체의 고통이고 한 지체가 영광을 받으면 모든 지체가 함께 영광을 받는다는 것이다. 공감하는 공동체가 아니면 일어나기 힘든 현상이다. 성장환경이나 생활여건이 전혀 다른 사람들이지만 우리가 동일한 고통을 느낄 수 있어야 하는 것은 우리가 하나님의 자녀들이기 때문이다. 자녀란 부모를 닮게 되어 있다. 우리는 하나님을 닮은 사람들이다. 현실적으로는 예수 그리스도를 닮은 사람들이다. 하나님은 결코 씻을 수 없는 죄로 가로막힌 사람들을 위해 십자가에 못 박혀 죽으셨다. 물론 모든 인류에게 그대로 적용되는 것은 아니다. 회개하고 죄 사함 받고 거듭난 사람들에게 국한된다. 우리는 우리의 이웃 중에서 누가 구원받을 백성인지 전혀 모른다. 그러므로 우리는 그리스도의 용서로 사람들을 용서할 수 있어야 하는 것이다.

"만일 한 지체가 고통을 받으면 모든 지체가 함께 고통을 받고 한 지체가 영광을 얻으면 모든 지체가 함께 즐거워하느니라"(고전 12:26)

사실 우리는 불신자들로 인하여 상처받는 일은 별로 없다. 대부분은 교회 공동체 안에서 부딪침이 일어날 때 서로가 상처를 받는 일이 다반사이다. 따라서 교회 안에서 같은 형제 사이에 일어나는 부딪침에 대해서 서로가 상처를 받지 않고, 상처가 생기더라도 서로 공감하면서 용서하는 것이 그리스도인의 가장 기본적이고 본질적인 정체성이라는 사실을 늘 기억해야 한다. 물론 불신 이웃들로부터 그런 일을 당한다면 하나님의 용서를 생각하고 용서할 수 있어야 할 것이다. 그 용서의 조건이 바로 서로 불쌍히 여기는 것이다. 예수님의 공감도 이 '불쌍히 여김'으로부터 출발하였다. 누군가를 용서한다면 그와 공감이 일어나야 할 것이고 먼저 주의 용서로 용서했더라도 그와 공감하려고 애써야 할 것이다.

"서로 친절하게 하며 불쌍히 여기며 서로 용서하기를 하나님이 그리스도 안에서 너희를 용서하심과 같이 하라"(엡 4:32)

용서로 인하여 일어나는 모든 일들은 어떤 결과를 가져오겠는가? 용서가 공감이고 공감이 낮춤을 가져옴으로써 섬김이 일어나고 그 섬김이 예수님의 섬김으로 연결될 때 그것은 우리의 형제들과 이웃들에게 엄청난 비밀을 깨닫게 하기에 충분해진다. 우리의 구원도 용서도 전부 그리스도의 비밀을 깨닫게 만드는 놀라운 통로가 될 것이다. 우리의 공감이 용서가 되고 불쌍히 여김이 되며 낮춤을 통하여 그리스도의 섬김이 일어나게 하는 일이 모든 사람들에게 그리스도의 비밀을 깨닫게 만드는 소중한 수단이 될 것이다.

"이는 그들로 마음에 위안을 받고 사랑 안에서 연합하여 확실한 이해의 모든 풍성함과 하나님의 비밀인 그리스도를 깨닫게 하려 함이니 그 안에는 지혜와 지식의 모든 보화가 감추어져 있느니라"(골 2:2~3)

우리는 상대방을 용서하기 전에 먼저 공감하려고 해야 한다. 물론 무엇을 만들어내기 위해서 공감하라는 것이 아니다. 공감은 그 자체로도 충분히 훌륭한 덕목이다. 다른 가치와 연결되지 않아도 그리스도 안에서는 우리가 반드시 갖추어야 할 필수적인 영적 열매이다. 비움이나 낮춤이나 나눔이나 섬김이나 또는 전도를 위해서나 그런 일들의 한가운데에 공감이 차지하고 있지 못하다면 어쩌면 단지 사람에게 보이려고 하는 행위에 그쳐버릴 수도 있다. 그런 의미에서 공감은 마음으로부터 이웃을 자기 자신과 같이 사랑할 수 있는 기본적인 통로가 되는 것이다. 낮춤에 대해서 살펴보면서 공감을 언급하지 않을 수 없는 이유이다. 그리고 용서야말로 진정한 공감임을 또한 살펴보았다. 그리스도의 십자가에 힘입어서 이런 영적 열매들을 소중하게 소유하는 그리스도인들이 되기를 소원한다.

제2부

•

낯춤과
섬김에
관하여

제5장
낮춤 없이 섬김 없다.

그리스도인들의 삶에 있어서 가장 많은 오해를 불러일으키는 것은 무엇일까? 놀랍게도 그것은 섬김에 대해서일 것이다. 우리는 이 책에서 주로 세상 속에서의 이웃들에 대한 섬김을 주제로 이야기하고 있지만 그것은 교회 안에서의 섬김에도 그대로 적용된다. 일단 교회 안에서의 섬김에 대해서 먼저 살펴보자. 우리가 일반적으로 믿음이 좋다고 이야기할 때 그것은 많은 경우에 섬김, 봉사, 헌신을 기준으로 이야기할 때가 많다. 교회생활에 최선을 다하고 거의 모든 종교예식에 열심인 사람이 대개 교회의 중직을 맡게 되고 믿음이 좋다는 말을 듣게 된다. 물론 그것은 정상적인 이야기이고 그것 자체가 틀렸다는 말은 아니다. 하지만 교회가 그런 신앙생활을 장려하고 있고 반대로 세상 속에서의 섬김에 대해서는 별로 중요하지 않게 생각하는 추세가 그대로 굳어짐으로써 기독교신앙은 단지 교회생활에 국한되는 결과를 가져온 것만큼은 틀림이 없는 이야기일 것이다.

모든 것이 일 중심, 성과 중심으로 흘렀다. 일이나 성과, 결과는 물론 반드시 필요하고 중요하다. 그러나 그 일을 시작한 동기나 성과를 가져오게 된 방식을 먼저 점검하지 않는다면 거기에는 예수님의 마음이 들어갈 틈이 사라지게 되고 결국 겉으로 드러나는 행위에만 초점을 맞추게 되어 있는 것이다. 그것이 무엇인가? 낮춤 없는 섬김이 되어 버리는 것이다. 교회에서는 이 낮춤 곧 하나님의 마음을 가슴 속에 품으면서 시작되어야 하는 섬김을 거의 강조하지 않았고, 그러다가 보니까 교회 안에서의 모든 것이 전부 결과에 대한 칭찬이나 상급으로 주어짐으로써 행위 자체에 모든 가치를 투영하는 모습으로까지 비쳐지게 되었다.

예수님은 바리새인들에 대해서 어떤 점을 가장 비판하셨는가? 하나님을 의식하지 않고 사람들만 의식함으로써 모든 신앙행위가 단지 교회 안에서의 종교행위에 갇혀버렸음을 지적하신 것이 아닌가? 신앙생활이란 사람이 아니라 하나님을 의식하면서 모든 삶을 결정하는 것이다. 낮춤과 섬김은 물론 모두 사람들을 향한 마음과 행위이지만, 그 이전에 우리가 하나님 앞에서 행하는 것이라는 사실을 깊이 인식해야 한다. 낮춤과 섬김에 진실한 신앙이 들어있지 않다면 우리의 낮춤과 섬김은 대단하면 대단할수록 오히려 하나님으로부터 멀어져가는 길일뿐임을 알아야 한다.

"그들의 모든 행위를 사람에게 보이고자 하나니 곧 그 경문 띠를 넓게 하며 옷 술을 길게 하고 잔치의 윗자리와 회당의 높은 자리와 시장에서 문안 받는 것과 사람에게 랍비라 칭함을 받는 것을 좋아하느니라 그러나 너희는 랍비라 칭함을 받지 말라 너희 선생은 하나요 너희는 다 형제니라"(마

1. 낮춤과 섬김은 영적 의술이다.

누구나 병든 사람에 대해서는 측은한 마음을 가진다. 예수님은 세리와 죄인들을 병든 자로 표현하셨다. 그리고 예수님 자신은 의사라고 말씀하셨다. 이 말씀은 '스스로 의인'이라고 생각하던 바리새인들과 종교지도자들이 아니라 어찌할 수 없는 상황에 빠져있는 '스스로 죄인'들을 향하신 말씀이었다. 그리고 그것은 심령에 관한 말씀이며 영적인 문제를 다루신 말씀이었다. 그러나 우리는 예수님께서 무엇에 초점을 맞추셨는지에 대해서 심각하게 생각해보아야 한다. 왜냐하면 아무리 그렇더라도 실제로 죄를 지은 사람들과 민족반역자에 해당되는 세리들을 친구로 여기시고 그들과 자주 접촉하시면서 수시로 식사 자리를 함께하신다는 것은 일반적인 시각에서 보더라도 이해하기 어렵기 때문이다.

"바리새인들이 보고 그의 제자들에게 이르되 어찌하여 너희 선생은 세리와 죄인들과 함께 잡수시느냐 예수께서 들으시고 이르시되 건강한 자에게는 의사가 쓸 데 없고 병든 자에게라야 쓸 데 있느니라"(마 9:11~12)

그 당시 사람들에게서 존경받던 바리새인들이나 율법교사들, 제사장이나 서기관들 등과 자주 교류하시고 그들을 중심으로 이스라엘의 종교를 지도해나가셔야 할 것 같은데 오히려 예수님은 그들을 비판하시거나 저주까지 하시면서 굳이 세리나 죄인들과 함께 어울리셨다는 것은 분명한 이유가 필요한 이야기일 것이다. 우리는 여기에서 예수님의 시각을 알 수가 있는데 예수님은 사람들의 심령을 보신다는 것이다. 누가복음에서는 예수님께서 의인이 아니라 죄인을 불러 회개시키기 위해 그렇게 하신다고 분명하게 말씀하신다. 그렇다면 의인이란 회개할 가능성이 없는 사람들이고 죄인들이란 회개할 가능성이 높은 사람이라는 뜻이다. 그것은 예수님께서는 사람들의 심령을 가장 우선적으로 고려하신다는 의미이다.

"바리새인과 그들의 서기관들이 그 제자들을 비방하여 이르되 너희가 어찌하여 세리와 죄인과 함께 먹고 마시느냐 예수께서 대답하여 이르시되 건강한 자에게는 의사가 쓸 데 없고 병든 자에게라야 쓸 데 있나니 내가 의인을 부르러 온 것이 아니요 죄인을 불러 회개시키러 왔노라"(눅 5:30~32)

예수님은 산상수훈을 말씀하시면서 가장 먼저 심령이 가난한 사람을 언급하셨다. 누가복음에서는 그냥 가난한 사람이라고만 말씀하셨지만 그 사람들은 바로 예수님의 제자들이었다. 그러니까 누가복음에서도 물질적으로 가난한 사람들이 하나님의 나라를 소유한다는 말씀이 아니라 제자들 곧 심령이 가난한 사람이라는 뜻과 동일한 깃이다. 아무튼 심령이 가난한 사람들에게 가장 큰 복이 임하는데 그 복은 천국이라는 말이다. 얼마나 놀라운 복이 심령의 가난을 통해서 들어가는가? 그러니까 세리와 죄인들 중에 이 심령이 가난한 사람들이 많이 포함되어 있고 서기관 등 자칭 의인들에게는 이런 심령이 없다는 말이다.

"심령이 가난한 자는 복이 있나니 천국이 그들의 것임이요"(마 5:3)

"예수께서 눈을 들어 제자들을 보시고 이르시되 너희 가난한 자는 복이 있나니 하나님의 나라가 너희 것임이요"(눅 6:20)

예수님의 시각의 기준은 심령이다. 이것은 굉장히 중요한 말씀이다. 우리들도 우리의 모든 결정과 행동의 기준을 심령에 두어야한다. 그 어떤 대단한 일도 심령에 초점을 두지 못한다면 모든 것은 실패이다. 가장 의롭고 믿음 좋은 바리새인들이지만 그들의 심령이 가난하지 못하다면 그들은 구원에 이를 수 없다. 우리들도 물론 예수님을 영접할 때 심령이 가난한 상태였다. 그렇지 않았다면 진정한 거듭남은 없었을 것이다. 그때에도 예수님은 우리에게서 무엇을 발견하셨는가? 가난한 심령을 발견하셨을 것이다. 가난한 심령은 곧 통회하는 마음이다. 상한 심령이다. 사람이 이런 심령이 되기까지 하나님은 기다리신다. 그리고 세리와 죄인들은 여기에 가장 가까운 사람들일 것이다.

"하나님께서 구하시는 제사는 상한 심령이라 하나님이여 상하고 통회하는 마음을 주께서 멸시하지 아니하시리이다"(시 51:17)

오늘 우리도 이 심령의 가난을 가장 기본적인 기준으로 삼아야 한다. 물론 우리는 지금 낮춤과 섬김에 대해서 생각해보고 있다. 섬김은 어떤 행위를 중심으로 설명되는 것이 옳다. 그러나 그 행위는 심령의 가난에 초점을 맞출 수 있어야 비로소 의미를 찾게 된다. 예수님은 세리와 죄인들을 병든 자라고 표현하셨다. 병든 자에게서는 무엇을 찾을 수 있는가? 그들의 연약함과 부족함이 보일 것이다. 우리는 육체의 연약함을 보지만 예수님은 심령의 연약함을 보신다. 우리는 다른 사람들을 섬길 때에 그들에게서 무엇을 찾아야 하는가? 단지 가난이나 육체의 부족함이 아니라 심령의 가난을 먼저 찾아야 한다. 물론 그들 중에는 전혀 가난하지 않은 사람들도 있을 것이다. 부자들보다 더 악한 사람도 있을 수 있다. 심령의 가난은 우리로서는 분별하기가 쉽지 않지만 일단 초점은 심령이어야 한다.

지금 섬김을 실행할 때의 기본적인 자세가 낮춤이라는 이야기를 하고 있다. 낮춤은 우리들이 갖추어야 할 섬김의 기본조건이다. 그럼에도 우리가 섬겨야 할 사람들의 심령을 보아야 하는 이유는 예수님의 그것과 동일하다. 우리는 그들의 심령을 보고 섬기는 사람들이다. 그들의 심령을 예수님의 시각으로 볼 수 없다면 우리의 낮춤은 그 의미를 많이 잃어버리게 될 것이다. 가난한 심령을 의식하지 않는 낮춤은 그 초점과 목적이 흐려지기 쉽다. 우리는 그들의 육체와 환경을 돌보는 섬김의 주인공들이어야 하지만 그 섬김은 그들의 가난한 심령을 생각하면서 낮추는 것이어야 한다. 예수님은 그래서 세리와 죄인들과 같은 범법자들이나 반역자와도 같은 사람들과 어울리셨던 것이다. 그들은 회개의 가능성이 높은, 심령이 가난한 사람들이었기 때문이다. 그래서 예수님은 목숨을 버리실 정도까지의 낮춤으로 모든 인류를 섬길 수 있었던 것이다.

우리들의 낮춤은 마치 환자들을 돌보는 의사와도 같은 낮춤이어야 한다. 의사의 낮춤은 환자가 겪는 아픔과 어려움, 정신적인 절박함까지 전부 고려해야 진정한 의사로서의 자세라고 할 수 있을 것이다. 예수님은 영적 의사로서뿐 아니라 전인격적인 의사로서 오셨다. 그래서 예수님은 사람의 연약한 것을 친히 담당하시고 병을 짊어지셨다고 하셨다. 우리의 낮춤도 마치 예수님처럼 연약한 심령들을 생각하면서 그들의 그 연약함을 짊어지기 위한 것이어야 한다. 예수님은 심령의 연약함을 담당하기 위해서 오셨던 것이다. 우리도 그렇다.

"이는 선지자 이사야를 통하여 하신 말씀에 우리의 연약한 것을 친히 담당하시고 병을 짊어지셨도다 함을 이루려 하심이더라"(마 8:17)

우리의 시각은 어려운 이웃의 심령을 보는 것이다. 단지 물질과 도움의 손길만이 아니다. 심령을 들여다보지 못한 낮춤은 '자기의'에 그칠 가능성까지 있다. 예수님처럼 영적 의사의 시각으로 우리를 낮추지 못하면 우리의 섬김은 공로가 될 뿐이다. 우리의 심령을 기준으로 하는 낮춤은 우리 자신만의 힘으로 되는 것은 아니다. 우리는 성령님의 사역을 조심스럽게 들여다보아야 한다. 성령님은 우리가 어떻게 기도해야 할지를 모를 때 말할 수 없는 탄식으로 우리를 위해 친히 기도하신다. 말할 수 없는 탄식이란 연약한 사람의 심령과 함께하신다는 말이다. 아니 그보다 무엇이 연약하고 무엇이 필요한지도 모를 때 성령님께서 그런 모든 것을 다 아시고 그 사람을 위하여 간절하게 기도하신다는 말이다. 우리의 낮춤이 사람들의 심령에 초점을 맞추되 그들보다 오히려 더욱 그 필요성을 느끼면서 섬길 수 있어야 한다는 말이다.

> "이와 같이 성령도 우리의 연약함을 도우시나니 우리는 마땅히 기도할 바를 알지 못하나 오직 성령이 말할 수 없는 탄식으로 우리를 위하여 친히 간구하시느니라"(롬 8:26)

결코 쉽지 않은 일이지만 우리의 지향점은 바로 성령님의 탄식으로 사람들의 연약함과 함께 한다는 마음이어야 한다. 예수님처럼 영적 의사의 시각과 성령님의 말할 수 없는 탄식의 마음으로 우리를 낮출 수 있어야 한다. 그렇게 낮출 때 아무리 작은 섬김이라도 하늘에서는 엄청난 기쁨이 되는 것이다. 예수님께서 찾으시는 가난한 심령과 성령님께서 탄식으로 기도하시듯이 이웃을 위하여 간구하는 자세로의 낮춤이 바로 우리를 그리스도의 낮춤과 섬김으로 이끌어주시는 것이다.

2. 섬김보다 낮춤이 먼저다.

예수님은 앞의 말씀에 이어서 호세아 선지자의 말씀을 인용하신다. 긍휼 없는 제사, 곧 사람을 불쌍히 여기는 마음이 없으면서 교회에서 드리는 예배에만 초점을 맞추는 것을 하나님은 원하지 않으신다는 뜻이다. 그렇다고 해서 하나님께서 제사를 원하지 않으시는 것은 아니다. 제사는 하나님께서 이스라엘 백성들에게 율법으로 주신 명령이다. 그렇다면 하나님의 명령인 제사에 최우선을 두어야 하는 것 아니겠는가? 하지만 하나님께서 제사를 명하신 목적은 단지 하나님을 예배하는 것에만 있는 것은 결코 아니다. 제사는 공동체로 드리는 것이기 때문이다. 곧 제사는 죄를 지은 백성들이 하나님을 제대로 만나기 위한 조건이다. 개인의 죄이든 공동체의 죄이든 하나님과의 화목을 위한 예식이라는 말이다. 그런데 하나님께서 제사를 원하지 않으신다고 하신 말씀은 제사의 원래 목적과 의미를 제대로 알고 드리라는 말씀이다.

> "너희는 가서 내가 긍휼을 원하고 제사를 원하지 아니하노라(호 6:6) 하신 뜻이 무엇인지 배우라 나는 의인을 부르러 온 것이 아니요 죄인을 부르러 왔노라 하시니라"(마 9:13)

하나님께서 호세아를 통하여 선포하셨던 이 말씀은 호세아만 말했던 것이 아니다. 사무엘이 하나님께 순종하지 않았던 사울 왕에게 선포한 말씀도 이와 유사했고, 다윗의 시편을 통해서도 같은 말씀을 주셨다. 물론 접근하는 방향은 조금 다르지만 겉으로 드러나는 행위보다는 그 내면의 동기를 훨씬 중요하게 여기신다는 점은 동일하다.

"사무엘이 이르되 여호와께서 번제와 다른 제사를 그의 목소리를 청종하는 것을 좋아하심 같이 좋아하시겠나이까 순종이 제사보다 낫고 듣는 것이 숫양의 기름보다 나으니"(삼상 15:22)

"주께서 내 귀를 통하여 내게 들려주시기를 제사와 예물을 기뻐하지 아니하시며 번제와 속죄제를 요구하지 아니하신다 하신지라"(시 40:6)

그리고 우리가 알아야 할 것은 제사는 물론 기본적으로는 하나님을 기쁘시게 하는 인간의 행위이지만, 또 다른 측면에서는 제사는 제사장이 사람을 위하여 드리는 행위라는 사실이다. 인간이 죄를 지었기 때문에 제사가 존재하는 것이라면 기본적으로 인간을 향한 마음가짐이 우선되어야 할 것이다. 인간에 대해서는 그 어떤 마음도 없이 오직 하나님만을 위하여 제사를 드릴 수 있는가? 하나님은 그런 제사를 원치 않으신다.

"대제사장마다 사람 가운데서 택한 자이므로 하나님께 속한 일에 사람을 위하여 예물과 속죄하는 제사를 드리게 하나니"(히 5:1)

신약시대에 와서는 그 개념이 더욱 확대되었다. 그렇다고 구약에서 주신 말씀의 궤를 벗어나는 것은 결코 아니다. 우리의 삶 속에서 펼쳐져야 하는 신약시대에서 진정한 제사란 형제와 이웃을 그리스도의 마음으로 섬기는 것이다. 그래서 섬김은 하나님께서 기뻐하시는 제사이다. 제사를 드리지 말라고 말씀하신 하나님은 형제와 이웃을 낮춤과 섬김으로 도움을 줄 때에 오히려 그것을 제사로 받으신다. 낮춤과 섬김을 제사와 연결할 수 있는 기본적인 말씀이다. 그리고 하나님께 드리는 예배나 헌금도 결국 형제나 이웃과의 관계가 살아나지 못하면 그 의미가 희미해질 수밖에 없게 된다는 뜻이기도 하다.

"오직 선을 행함과 서로 나누어 주기를 잊지 말라 하나님은 이 같은 제사를 기뻐하시느니라"(히 13:16)

앞의 호세아의 선포를 낮춤과 섬김에도 그대로 적용해보자. 주님께서는 오늘날 앞의 마태복음 9:13의 말씀을 바꾸어서 다음과 같이 말씀하지 않으시겠는가? 〈너희는 가서 내가 '낮춤'을 원하고 '섬김'을 원하지 아니하노라 하신 뜻이 무엇인지 배우라.〉 물론 섬김을 원하지 않으시는 것이 아니다. 낮춤 없는 섬김을 결코 받아들이지 않으시겠다는 뜻이다. 이것은 시간적인 순서를 말하는 것이 아니라 우리 마음속에 갖추고 있어야 할 마음가짐을 말하는 것이다. 호세아의 말씀을 성경에 기록된 그대로 살펴본다면 이것은 더욱 명확해진다. 번제보다 하나님을 아는 것을 원하신다는 말씀이다. 하나님을 아는 것이 무엇인가? 그것은 하나님의 마음이다. 본문의 원래 의미와는 다소 차이가 나지만, 하나님은 하나님의 마음으로 형제와 이웃을 섬길 것을 원하신다. 그 하나님의 마음은 바로 낮춤이다. 낮춤을 전제로 하고서 진정한 섬김이 성립되는 것이다.

"나는 인애를 원하고 제사를 원하지 아니하며 번제보다 하나님을 아는 것
을 원하노라"(호 6:6)

예수님은 이런 모든 말씀들을 종합하여 예물의 진정한 의미를
가르쳐주신다. 예물보다 제사보다 형제와 화해하는 일이 우선이라
는 말씀이다. 예물을 드리지 말라는 말씀이 아니다. 예물을 드리
려면 먼저 그 마음가짐을 더 살펴야 한다는 말씀이다. 여기 화목하
라는 말씀은 여러 가지로 해석될 여지가 많다. 물론 서로 싸우거나
원수처럼 지내는 경우에 가장 먼저 적용할 수 있을 것이다. 아무
튼 형제와 싸워서 상처가 크거나 원망이 가득한 상태로 온전한 제
사가 가능하겠는가? 그러므로 먼저 화해할 수 있어야 한다는 것이
다. 그리고 가난하고 힘들어하는 사람들에 대한 긍휼이나 공감하
는 마음이 없다면 그것도 제사를 드리기에 합당한 마음가짐은 결
코 아니다. 그러므로 낮춤과 섬김은 올바른 제사를 드리기 위한 전
제조건과도 같은 것이다.

"그러므로 예물을 제단에 드리려다가 거기서 네 형제에게 원망들을 만한
일이 있는 것이 생각나거든 예물을 제단 앞에 두고 먼저 가서 형제와 화목
하고 그 후에 와서 예물을 드리라"(마 5:23~24)

하나님과 예수님의 모든 말씀과 섭리의 근원에는 죽음에 이르
기까지 베푸시는 사랑이 깊이 들어있다. 그 사랑 때문에 대홍수를
일으키기도 하셨고 심판하기도 하셨으며 애굽을 탈출하게도 하셨

고 왕국을 허락하기도 하셨다. 숱한 선지자들을 통하여 그 하나님의 마음, 하나님의 사랑을 깨닫게 하셨지만 결국은 하나님 사랑의 결정체인 예수님의 십자가를 허락하셨다. 하나님의 사랑, 하나님의 마음으로부터 출발한 것이 기독교 신앙이라면 우리 그리스도인들에게 가장 먼저 우선되어야 하는 것은 무엇이겠는가? 그것은 예수님의 사랑, 예수님의 마음이다. 그것이 복음의 기본이 되는 것이며 우리 가슴을 꽉 채워야 하는 조건인 것이다.

예배도 기도도 찬양도 전부 예수님의 마음으로부터 출발해야 한다. 물론 당연히 섬김도 낮춤이라는 그리스도의 마음에서 출발해야 한다. 지나치게 겉으로 드러나는 행위를 강조하고 칭찬하는 모습들 때문에 오늘날 복음은 그 빛이 흐려지게 되었다. 우선적으로 예수님의 마음으로 우리 심령을 가득 채우는 일에 모든 초점을 맞추어야 한다. 어떻게 하면 나를 먼저 낮출 수 있을까를 위해 날마다 간구하는 그리스도인들이 되기를 바란다. 낮춤 없이 겉으로 드러나는 섬김에만 초점을 맞추는 어리석음을 버려야 할 것이다.

3. 낮춤 없는 섬김은 외식(外飾)이다.

대개의 신앙인들은 어떤 종류이든지 나눔이나 섬김 자체를 굉장히 소중하게 생각한다. 물론 교회의 전체적인 분위기가 그렇게 흘러왔다. 인간의 속성상 그럴 수밖에 없는 측면도 있지만, 결과나 열매에 너무 집중되어 있다. 섬김에도 그 심중의 의도나 목적이나 마음가짐에 따라 너무나도 다양한 모습이 포함될 수 있는데, 여기에서 내면의 의도와는 관계없이 섬김이라는 행위 그 자체를 지나치게 미화하고 있는 것이다. 교회도 성공적이고 대형화되고 무엇인가 큰일을 이루었을 때 많은 사람들이 거기에 큰 관심을 나타내고 칭송하고 본을 받고자 하는 모습들로 넘쳐나고 있다. 매스컴에서도 그럴 경우에 지대한 관심을 가지고 보도하고 있다.

물론 당연한 반응일 수 있다. 실패하고 망했는데 방송에서 보도하지는 않을 것이다. 하지만 바로 그런 것이 세속이고 인간의 죄성이라는 사실을 우리 그리스도인들은 깊이 깨닫고 있어야 한다. 무엇이든지 모으고 쌓고 커지고 높아지고 성공하고 번영하려는 것은 세상의 속성이다. 교회와 신앙인들이 이런 데에 초점을 맞추고 있는 것이 현실적인 기독교의 모습이고 그렇기 때문에 교회와 세상이 구분되지 않고 비난받는다는 사실을 알아야 한다. 성공이나 번영을 버리라는 말이 아니다. 핵심과 본질이 무엇인가를 알지 못하고 성공과 번영을 추구하는 것이 잘못이라는 말이다.

예수님은 이런 세속의 모습을 가감 없이 보여주는, 아니 오히려 자기 의도를 숨기고 사람들에게 인정을 받으려는 바리새인들을 여지없이 나무라셨다. 바리새인들은 종교적인 의무를 다하는 것처럼 보이면서도 그 종교의식의 근원이 되어야 할 가난한 심령을 버렸던 것이다. 종교적 의무를 다해야 하지만 근원이 뒷받침되지 못하면 오히려 멸망의 단초가 될 뿐이다. 차라리 육신의 죄를 짓고 있는 세리와 죄인들이 하나님의 마음에 더 가깝다.

"화 있을진저 외식하는 서기관들과 바리새인들이여 너희가 박하와 회향과

근채의 십일조는 드리되 율법의 더 중한 바 정의와 긍휼과 믿음은 버렸도

다 그러나 이것도 행하고 저것도 버리지 말아야 할지니라"(마 23:23)

낮춤과 섬김에 가장 필요한 것은 예수님의 마음이다. 제자들의 발을 씻기신 예수님의 마음을 가지지 못한 채 섬김의 행위에 초점을 맞춘다면 우리는 바리새인들과 전혀 다를 것이 없다. 섬김의 행위에는 자신도 모르게 의로움이 포함된다. 사랑이 포함되고 희생이 포함되어 있다고 생각한다. 사람들은 무의식적으로 섬김을 그렇게 판단한다. 섬기는 당사자라고 해서 다를 바가 없다. 행함에 초점을 맞추는 한 그 속에는 자기 의가 들어있고 인정욕구, 지배욕구가 들어있다. 자랑과 교만이 얼마든지 포함될 수 있다. 그래서 낮춤 없는 섬김은 외식이라고 하는 것이다. 예수님은 그런 속마음을 탐욕과 방탕이라고 하셨다. 의로움으로 포장하고 있기 때문에 탐욕과 방탕인 것이다.

"화 있을진저 외식하는 서기관들과 바리새인들이여 잔과 대접의 겉은 깨끗

이 하되 그 안에는 탐욕과 방탕으로 가득하게 하는도다 눈 먼 바리새인이

여 너는 먼저 안을 깨끗이 하라 그리하면 겉도 깨끗하리라"(마 23:25~26)

예수님은 이런 바리새인들의 모습을 더 직설적인 표현으로 나무라신다. 죽은 사람의 뼈와 모든 더러운 것이 가득하다고 하셨다. 겉으로는 깔끔하다. 신앙도 좋고 나눔과 섬김 활동도 열심히 한다. 교회의 모든 예식을 잘 행하고 지킨다. 교회 안에서는 아주 믿음

좋고 모범적인 성도이다. 그런데 그 속에는 다른 사람에게 옳게 보이려는 생각으로 가득 채워져 있다. 이것이 대개의 신앙인들의 진짜 모습이 아닌가? 예배드리러 올 때는 누구나 가면을 쓰고 온다는 우스갯소리도 있지 않은가? 낮춤과 섬김도 동일한 잣대를 들이밀 수 있다. 예수님의 낮춤을 받아들이고 우리 심령을 그렇게 낮추지 못한다면 어쩌면 우리가 겉으로 행하는 섬김의 행위는 아무 소용이 없을 뿐만 아니라 오히려 하나님을 배반하고 하나님의 영광을 가로채는 멸망의 길이 될 수도 있음을 알아야 한다.

> "화 있을진저 외식하는 서기관들과 바리새인들이여 회칠한 무덤 같으니 겉
> 으로는 아름답게 보이나 그 안에는 죽은 사람의 뼈와 모든 더러운 것이 가
> 득하도다 이와 같이 너희도 겉으로는 사람에게 옳게 보이되 안으로는 외식
> 과 불법이 가득하도다"(마 23:27~28)

바리새인들 중에 구원받은 사람이 있었던가? 적어도 성경에는 그런 기록이 없다. 사도 바울이 바리새인들 중에서 구원받은 대표적인 사람일 것이다. 사도 바울은 외식을 버렸기 때문이다. 바울의 심령은 가난한 심령이었다. 바리새인이라도 이런 심령 상태가 된다면 구원이 가능하다. 그런데 바리새인들은 외식하는 생활을 아주 자연스럽고 당연하게 여겼다. 특히 종교적 외식에 사로잡히면 거의 치료가 불가능하게 되어버린다.

> "오호라 나는 곤고한 사람이로다 이 사망의 몸에서 누가 나를 건져내랴"(롬

7:24)

사도 바울이 스스로를 사망의 몸이라고 고백한 이유는 명백하다. 그는 날마다 자기의 죄와 싸우는 사람이었던 것이다. 낮춤이 이루어지려면 자신과의 싸움을 날마다 지속해야 한다. 그 싸움은 자기를 낮추려는 신앙적 의지와 본능적으로 올라오는 자기 욕심과의 부딪침이다. 외식하고 싶은 마음 곧 사람들의 인정을 받으려는 마음과 예수님의 마음 곧 자기를 버리고 주님께 영광을 돌리려는 마음의 갈등이 날마다 일어난다. 그러면서 차츰 하나님의 사람으로 변화되어 가는 것이다. 하지만 이런 원리 자체를 모르고 있고 알려고도 하지 않는다면 그 싸움에는 번번이 실패하고 결국 외식하는 신앙생활을 하게 되는 것이다.

"내 속사람으로는 하나님의 법을 즐거워하되 내 지체 속에서 한 다른 법이
내 마음의 법과 싸워 내 지체 속에 있는 죄의 법으로 나를 사로잡는 것을
보는도다"(롬 7:22~23)

그런 영적 원리를 전혀 깨닫지 못할 뿐만 아니라 상상도 하지 않았던 바리새인들은 여전히 모든 섬김과 나눔을 외식하는 사람으로서 행할 뿐이었다. 바리새인들이 의롭지 않은 것이 아니고 백성들의 존경과 모범이 되기에 충분했지만 그들은 단지 사람들에게서 영광을 받으려고 했던 외식의 사람들이었던 것이다. 사람들에게 칭찬을 받고 영광을 받으면 자기 상을 이미 받아버린 것이기 때문

에 그들은 천국으로 들어갈 만한 상을 소유하지 못한 것이다. 오늘날 기독교 신앙 속에는 이런 요소들이 너무나도 많이 포함되어 있다. 문제는 그런 것을 거의 의식하지 못하고 있고 받아들이려고 하지도 않는다는 것이다. 참된 섬김이 하늘의 상으로 주어져야 함에도 불구하고 오히려 외식적인 섬김이 멸망의 단초가 되어 버린 것이다. 이 말은 결코 과장된 것이 아니라는 사실을 알아야 할 것이다.

"그러므로 구제할 때에 외식하는 자가 사람에게서 영광을 받으려고 회당과 거리에서 하는 것 같이 너희 앞에 나팔을 불지 말라 진실로 너희에게 이르노니 그들은 자기 상을 이미 받았느니라"(마 6:2)

예수님은 외식하는 죄의 무거움을 잘 설명하신다. 주인의 뜻과는 관계없이 자기 마음대로 하나님께서 허락하신 소유나 재능을 낭비하는 자에게 외식하는 자가 받을 벌을 주신다는 말씀이다. 우리는 너무 우리 신앙의 본질을 잃어버린 것에 너무 무감각하다. 본질을 잃어버리고 겉껍데기만을 지향한다면 그것은 지옥으로 떨어질 뿐이다. 낮춤 없는 섬김이 외식이라면 그것은 심각한 문제이다. 낮춤 없는 섬김은 자기 의를 드러내는 것일 수밖에 없기 때문이다. 섬김이 본질이 아니라 낮춤이 본질이라는 사실을 가슴 깊이 새기고 있어야 한다. 먼저는 낮춤이 우리 마음속에 채워져야 한다. 그리고 거기에서부터 출발하여 섬김의 행위와 삶으로 연결되는 것이 하나님께서 원하시는 우리의 모습인 것이다.

"엄히 때리고 외식하는 자가 받는 벌에 처하리니 거기서 슬피 울며 이를 갈리라"(마 24:51)

4. 낮춤이 곧 섬김이다.

사람들은 어린아이를 보면 저절로 무릎을 꿇는다. 눈높이를 아이에게 맞추기 위해서이다. 아이들 입장에서는 그 낮춤이 곧 섬김이다. 아무것도 하지 않더라도 자신들과 같은 눈높이로 내려와서 자기들의 수준에 맞는 언어로 아이들의 시각에 공감하면서 눈을 마주친다면 그것만으로도 아이들의 마음은 저절로 열릴 것이다. 그것이 기본적인 낮춤의 자세이다. 원리상 예수님께서 이 땅에 내려오신 것도 똑같이 해석할 수 있다. 물론 어린아이 앞에서 자세를 낮추는 것과 예수님께서 인간으로 내려오신 것을 어찌 같은 잣대로 판단할 수 있겠는가만, 우리의 낮춤의 기본원리를 설명하기 위해서 이야기하는 것이다. 하나님은 인간과의 눈높이를 맞추기 위해서 예수님을 보내셨지만, 그 낮춤은 인간의 근원적인 죄의 수준으로 낮추신 것이기 때문에 그리스도인의 낮춤이 여기에서부터 비롯되어야 하는 것임을 설명하려는 것이다.

그런 면에서 보자면 예수님의 낮춤은 그냥 낮춤이 아니라 동시에 섬김이었다. 예수님께서는 낮춤이 섬김이요 섬김이 낮춤이었던 것이다. 예수님은 인간이 되기까지 낮추신 것 자체가 엄청난 섬김이었다. 아마 십자가 사역을 감당하지 않으셨다고 하더라도 인간이 되신 것 자체가 인간세상에서는 결코 찾을 수 없는 최상의 섬김이었다는 말이다. 물론 예수님의 섬김의 효력이 인간에게 적용되기 위해서는 반드시 십자가의 죽으심을 통하셔야만 했다. 예수님의 복종이 바로 또 다른 의미에서는 낮춤과 섬김이었던 것이다. 그것은 낮춤과 섬김의 완성이라고 할 수 있을 것이다.

> "오히려 자기를 비워 종의 형체를 가지사 사람들과 같이 되셨고 사람의 모양으로 나타나사 자기를 낮추시고 죽기까지 복종하셨으니 곧 십자가에 죽으심이라"(빌 2:7~8)

그렇다면 우리 그리스도인들의 낮춤과 섬김은 어때야 하겠는가? 대략적인 그림이 나오지 않는가? 세상에서는 어린아이를 위해 자세를 낮추는 원리로 무엇인가를 행할 때 찬사를 보내지만 그리스도인들은 그 행위 자체에 지나치게 초점을 맞추어서는 안 된다. 세상은 원래 겉으로 드러나는 성과나 업적에만 모든 초점을 맞추고 그리로 달려가는 것이기 때문이다. 만약에 그런 섬김이 본질이라면 하나님은 굳이 예수님을 마구간에 태어나게 하실 필요가 없었을 것이다. 오히려 로마 황실이나 이스라엘의 왕으로 태어나게 하셨을 것이다. 예수님께서 예루살렘에 입성하실 때에도 높은 말 위에 올라앉아 개선장군으로 들어가셨어야만 했다. 그러나 성경은 이미 어린 나귀를 타고 오실 것을 예언했다. 그런데도 이스라엘은 승리지의 모습을 기대하고 있었던 것이다.

> "시온의 딸아 크게 기뻐할지어다 예루살렘의 딸아 즐거이 부를지어다 보라

네 왕이 네게 임하시나니 그는 공의로우시며 구원을 베푸시며 겸손하여서 나귀를 타시나니 나귀의 작은 것 곧 나귀 새끼니라"(슥 9:9)

역사는 반복되어도 사람들의 속성은 결코 바뀌지 않는다. 분명히 성경에 구원자가 어린 나귀를 타고 오실 것을 예언했음에도 불구하고 여전히 백성들은 개선장군이나 화려한 왕을 꿈꾸고 있었다. 나사렛에서 선한 이가 날 리가 없다는 것이었다. 자기들이 변화될 것은 생각하지도 않으면서 섬김이든 봉사이든 나눔이든 겉으로 공로를 드러내려고 했던 것이다. 오늘날 예수님을 그리스도로 믿고 생명으로 섬긴다는 그리스도인들도 대부분 이런 외적인 공로를 자랑하려고 한다. 예수님께서 오지 않으셨다면 굳이 그런 식의 생각을 할 필요조차 없을 것이다. 세상은 원래 그런 모습을 향하여 달려가는 곳이기 때문이다. 그러나 예수님께서 오셔서 낮춤과 섬김의 본을 너무나도 명확하게 보여주셨음에도 불구하고 사람들은 여전히 자기 자랑을 일삼고 있다. 그럴 듯한 명분으로 포장하고서 말이다. 예수님을 제대로 믿는 사람이라면 그 어떤 낮춤이나 섬김도 자랑거리로 삼을 수 없다. 예수님께는 낮춤이 곧 섬김이고 낮춤 없는 섬김도 없으며 섬김 없는 낮춤도 없다.

야고보서는 행함을 강조하는 서신이고 행함 없는 믿음을 나무라는 내용으로 되어 있다. 곧 삶으로 믿음을 증명하라는 것과 같은 의미일 것이다. 비록 행함을 강조하는 내용이지만 그렇다고 행함에 모든 초점을 맞추는 서신은 아니다. 만약에 그렇다면 낮춤 없는 섬김을 칭송하는 것과 무엇이 다르겠는가? 자칫 잘못하면 외식하는 성도들만 잔뜩 길러낼 수도 있는 방향이 될 것이다. 그러나 야고보는 믿음과 행함은 일치하는 것이라고 강조함으로써 참된 믿음의 본질을 잘 깨우쳐주었다. 진짜 믿음이 있다면 그는 반드시 행하게 되어 있다. 그리고 아무리 큰 희생으로 행하더라도 거기에 믿음이 없다면 그것은 행함이 아니다. 오히려 외식이다. 낮춤과 섬김이 바로 그것이다. 낮춤 없는 섬김은 일어날 수 없으며 섬김 없는 낮춤도 위선일 수밖에 없는 것이다.

> "네가 보거니와 믿음이 그의 행함과 함께 일하고 행함으로 믿음이 온전하
> 게 되었느니라"(약 2:22)

예수님은 높아지려면 자기를 낮추라고 하셨다. 섬기는 자가 큰 자라는 말씀이다. 그러나 이 말씀은 높아지기 위해서 낮추라는 말씀이 아니다. 하나님께는 섬기는 자가 큰 자이고 자기를 낮추는 자가 높은 자이다. 크게 만들고 높이시는 분은 하나님이시다. 어쩌면 사람들 앞에서는 무시당할 수 있다. 외면당하고 조롱당할 수도 있다. 자기를 낮춘다는 말은 무슨 뜻인가? 섬기는 자라는 뜻과 동일하다. 적어도 주 안에서는 그래야 한다. 정말 참 그리스도인은 낮춤과 섬김이 동일한 의미를 가진다. 낮춤 없는 섬김은 어떻게 발전하겠는가? 자기자랑과 세상 욕심으로 표출된다. 섬김 없는 낮춤은 어떻게 발전하겠는가? 아무런 능력도 발휘할 수 없는 관념적, 추상적 신앙으로 나아간다. 그래서 오늘날 기독교 신앙이 세상 욕심과 관념적 신앙으로 자리매김하게 되었던 것이다.

"너희 중에 큰 자는 너희를 섬기는 자가 되어야 하리라 누구든지 자기를 높이는 자는 낮아지고 누구든지 자기를 낮추는 자는 높아지리라"(마 23:11~12)

낮춤과 섬김은 어떤 목표를 가지고 있어야 하겠는가? 사실은 목표라는 것은 있을 수 없다. 오직 예수님만 목적이기 때문이다. 사람들은 겉으로 드러나는 일에만 정신을 집중시키기 쉽다. 이스라엘 백성들이 꼭 그랬다. 율법 속에 숨어있는 하나님의 마음 같은 것에는 조금도 관심이 없었다. 오직 종교적인 율법을 강조하여 겉으로 나타나는 법을 지키기만 하면서 온전한 신앙인이라고 여기고 있었다. 예수님의 삶 가운데 중요한 부분은 이런 종교의식을 깨뜨리시는 것이었다. 바리새인들이 이런 의식으로 말미암아 외식하는 자가 된 것이었기 때문이다. 예를 들어 율법에는 살인하지 말라는 명령이 분명하게 기록되어 있었다. 그래서 사람들은 실제로 살인만 하지 않으면 아무 죄도 없다고 생각했었다. 하지만 예수님은 그 율법 속에 들어있는 하나님의 마음을 가르쳐주셨다. 그것은 서로 용서하고 사랑하라는 말씀이었다. 그래서 형제에게 분을 품거나 형제에게 욕설을 퍼붓는 것도 하나님은 싫어하신다고 말씀하셨던 것이다.

"옛 사람에게 말한 바 살인하지 말라 누구든지 살인하면 심판을 받게 되리라 하였다는 것을 너희가 들었으나 나는 너희에게 이르노니 형제에게 노하는 자마다 심판을 받게 되고 형제를 대하여 라가라 하는 자는 공회에

잡혀가게 되고 미련한 놈이라 하는 자는 지옥 불에 들어가게 되리라"(마 5:21~22)

다투기도 하고 싸우기도 하는 것이 인간세상이고 그것은 믿음 안에서도 크게 다르지는 않을 것인데, 그럼에도 불구하고 믿음 안에 있는 사람들은 형제나 이웃을 미워하거나 그들 앞에서 자기를 높이거나 자랑하는 것을 금하고 있는 것이다. 그래서 사도 요한은 형제를 미워하는 죄와 살인하는 죄를 같은 죄로 보았던 것이다. 거꾸로 생각하면 낮춤과 섬김에도 이런 원리를 적용할 수 있다. 미움과 살인을 같은 죄로 본다는 것은 모든 일은 사랑이 근원이 되어야 함을 가르치는 말씀인데, 그것은 낮춤과 섬김에는 더더욱 그런 원리가 적용되어야 한다는 말씀이다. 낮춤 없는, 곧 사랑 없는 섬김은 죄악이고 섬김 없는 낮춤 곧 실제로 행하지 않는 사랑은 거짓이라는 말씀이다. 낮춤이 섬김이고 섬김이 낮춤이다.

"그 형제를 미워하는 자마다 살인하는 자니 살인하는 자마다 영생이 그 속에 거하지 아니하는 것을 너희가 아는 바라"(요일 3:15)

제6장
낮춤과 섬김은 세상의 소금이다.

그리스도인의 본질은 축복과 성공이 아니라 낮춤과 섬김이다. 이런 신앙의식만 제대로 세워져도 교회가 세상에서 비난받는 일은 거의 사라질 것이다. 안타깝게도 이런 개념의식은 거의 사라져 버렸고 혹시 이런 의식이 남아있다고 해도 변질된 의식 곧 교회 안에서의 역할이나 자기중심적인 사고 안에 갇혀버렸다. 이웃사랑의 출발점은 이웃의 심령과 지금 당하고 있는 상황에 대한 공감이어야 한다. 그것이 아니라면 그 어디에서도 예수님의 사랑이 지상에 결코 펼쳐질 수 없다. 낮춤과 섬김은 바로 예수님의 사랑의 통로로서 뿐만 아니라 그 사랑이 넘치도록 흘러나가게 하는 거의 유일한 수단이다. 그것은 바로 소금처럼 세상 속에 녹아들 때에만 가능하게 되는 복음이다.

소금이 맛을 내는 것처럼 낮춤과 섬김은 진정한 본래적 의미의 천국을 보여준다. 세상에서도 섬김은 얼마든지 찾아볼 수 있다. 기독교에만 섬김이 있다면 섬김의 행위만으로도 엄청난 영향력을 행사할 수 있겠지만, 다른 종교에서 오히려 기독교보다 더 놀라운 섬김의 예가 많다. 섬김 자체만으로 무슨 대결을 하려고 한다면 그것은 아무런 의미도 없고 소금과도 전혀 연관성이 없다. 기독교의 섬김은 그리스도의 낮춤이 근본원리가 되어야 하고 그것이 우리가 전하는 복음이기 때문에 세상의 소금과 같다는 말이다. 우리는 그리스도의 이름으로 낮추고 섬기는 것이다. 그것이 아니라면 결과적으로 우리의 섬김은 단지 우리 자신을 위한 일 밖에는 될 수가 없는 것이다.

> "또 무엇을 하든지 말에나 일에나 다 주 예수의 이름으로 하고 그를 힘입어
> 하나님 아버지께 감사하라"(골 3:17)

그리스도인의 모든 섬김은 오직 우리를 통하여 하나님께 영광을 돌려드리기 위한 것이다. 그것은 낮춤으로부터 비롯되는 참된 섬김만이 가능하게 한다. 세상은 우리가 선행을 해도 악행을 한다고 비방하기 쉽다. 그런 인식을 바꾸어서 그리스도인으로서의 우리의 진심을 보여줌으로써 오히려 하나님께 영광이 되게 할 수 있다. 이방인들이 하나님께 영광을 돌리게 할 수 있는 것은 하나님의 임재와 섬김뿐이다. 우리가 찬양을 하거나 예배를 드리거나 성경을 읽거나 기도를 한다고 세상이 하나님께 영광을 돌리지는 않는다. 우리가 참된 낮춤과 섬김을 감당할 때에 그들은 우리에게서 예수님을 발견하고 영광을 돌릴 수 있게 될 것이다. 그것이 낮춤과 섬김의 소금으로서의 기능인 것이다.

"너희가 이방인 중에서 행실을 선하게 가져 너희를 악행한다고 비방하는 자들로 하여금 너희 선한 일을 보고 오시는 날에 하나님께 영광을 돌리게 하려 함이라"(벧전 2:12)

1. 낮춤과 섬김은 우리를 성결케 한다.

알다시피 하나님은 이스라엘 백성들을 구별하여 하나님의 소유로 삼으셨다. 겉으로 볼 때에는 모두가 같은 사람이지만 하나님은 분명하게 이스라엘만을 구별하여 거룩하게 하시고 하나님의 거룩하심을 따라 살라고 하신 것이었다. 그런 원리로 인하여 하나님은 하나님께서 받으실 모든 것들을 구별하여 거룩하게 하라고 명하신 것이었다. 백성들의 첫아들이나 짐승의 첫 새끼를 구별하셨고(출 13:12), 이스라엘 백성들 중에서도 레위인을 구별하여 거룩한 예식을 섬기라고 하셨으며(민 8:14), 여리고성을 무너뜨린 후에는 은금이나 동철 기구들도 구별하셨다(수 6:19). 세상 사람과 하나님의 나라 백성들 사이에는 분명한 경계가 있었고 차이점이 분명하였다.

"너희는 나에게 거룩할지어다 이는 나 여호와가 거룩하고 내가 또 너희를 나의 소유로 삼으려고 너희를 만민 중에서 구별하였음이니라"(레 20:26)

오늘날 현대 그리스도인들에게 하나님은 무엇을 구별하라고 하시겠는가? 누구나 마찬가지이지만 자신과 관계없는 것에는 무관심한 것이 인지상정이다. 하나님을 믿지 않는 세상 사람들이 그리스도인들과 별 차이가 없다면 사람들은 하나님에 대해서 거의 관심을 가지지 않을 것이다. 특히 예수님께서 인간의 모든 죄를 담당하시면서 율법의 겉으로 드러나는 구별의 표식이 사라진 오늘날에는 무엇으로 구별해야 하겠는가? 곧 우리의 무엇이 세상을 그리스도께 관심을 가질 수 있도록 하겠는가 말이다. 현대 그리스도인들에게 있어서 과연 무엇이 우리를 거룩하게 만들겠는가? 물론 예배와 기도와 찬양과 말씀과 교회생활이 세상 사람들과 구별해주는 특징인 것은 틀림이 없다. 그러나 사람들은 그런 종교적인 특징들을 보고 자신들과의 차이점을 발견하는 것이 아니라 우리들이 어떻게 사는가를 보고 스스로 우리를 구별할 것이다. 왜냐하면 다른 종교에도 예배와 기도와 다른 종교적 특징들은 얼마든지 찾을 수 있기 때문이다. 결국 우리는 낮춤과 섬김으로 세상과 우리를 구별할 수 있는 것이다.

이제까지 기독교인들은 교회생활을 가지고 세상과 구별하려고 해왔다. 때때로 술과 담배를 하지 않는 것이나 다른 사람을 구원하기 위하여 기도하는 것이나 흔히 찾아볼 수 없는 기적적인 병 고침이나 기도응답 같은 것으로 세상과 우리를 구별하려고 해왔다는 말이다. 물론 그런 점들도 분명한 표지가 될 수 있다. 그리고 그런 특징이 우리 그리스도인들을 세상과 구별하는 것도 틀림이 없다. 그러나 거기에서 머물러버린다면 기독교는 다른 종교와 별로 다를 것이 없어져 버린다. 다른 종교에서도 그런 표지는 많이 찾아볼 수 있기 때문이다. 기독교는 종교와 종교의 대립선상에 서 있는 종교가 아니다. 기독교는 하나님께서 사람이 되시고 그분이 십자가의 고난을 감당하심으로써 우리에게 근원적으로 존재할 수밖에 없는 죄의 문제를 해결한 종교이다. 그래서 종교가 아니라 진리라고 하는 것이다. 사람이 신이 되는 것이 아니라 신이 사람이 되시는 유일한 신앙이기 때문이다.

그렇다면 그것이 과연 무엇이겠는가? 앞에서도 살펴보았듯이 그것은 그리스도의 낮춤과 섬김이다. 그리스도의 낮춤과 섬김을 우리가 그대로 한다는 말이 아니라 그리스도의 낮춤과 섬김을 드러내기 위해서 우리도 그 뒤를 따라 사람들 앞에서 낮추고 섬긴다는 말이다. 율법에서는 하나님께 드리는 제물 중에서 반드시 소금을 쳐야 하는 것이 있었다. 적어도 소제와 번제를 드릴 때에는 반드시 소금을 쳐서 드리도록 규정하였다. 물론 소금은 맛을 내게 하고 변하지 않으며 부패하지 않게 하는 특징이 있으므로 하나님은 제물을 순수하게 보존한다는 목적으로 소금을 치게 하셨다. 곧 똑같은 곡식가루나 육류라고 하더라도 거룩하게 구별된 제물만 드릴 수 있도록 하셨던 것이다.

"네 모든 소제물에 소금을 치라 네 하나님의 언약의 소금을 네 소제에 빼지 못할지니 네 모든 예물에 소금을 드릴지니라"(레 2:13)

"나 여호와 앞에 받들어다가 제사장은 그 위에 소금을 쳐서 나 여호와께 번제로 드릴 것이며"(겔 43:24)

또한 향을 만들 때에도 반드시 소금을 치라고 하셨는데 이것은 성결하게 한다는 의미이다. 낮춤과 섬김으로 세상에 향기를 내더라도 구별된 향기라야 한다. 의미 없는 섬김은 없지만 그 중에서도 하나님 앞에서 구별한 섬김은 어떤 것인가? 거듭 말하지만 가난한 심령을 생각하시는 예수님의 낮춤이 본이 되지 않으면 그것은 성결한 섬김은 아니다. 왜냐하면 모든 섬김에는 자기자랑이나 공로가 들어있기 때문이다. 성결한 섬김이란 곧 자기 공로가 전혀 들어있지 않는 섬김, 오직 그리스도만 드러내는 섬김인 것이다. 똑같은 향기라도 우리는 그리스도의 향기여야 하는 것이다.

"그것으로 향을 만들되 향 만드는 법대로 만들고 그것에 소금을 쳐서 성결하게 하고"(출 30:35)

우리가 자주 사용하는 개념은 아니지만 우리의 섬김은 세상이 썩지 않도록 만드는 기능과 함께 세상을 고치는 기능을 한다는 사실을 우리는 분명하게 인식해야 한다. 세상은 원래 썩는 곳이다. 그래서 사도 바울도 이 세상의 모든 성공은 전부 썩을 것이라고 말한 바가 있다. 우리가 낮춤과 섬김을 행하는 것은 썩지 않을 것을 얻기 위함이다. 모든 것이 썩어져가는 세상에서 썩지 않을 것이란 바로 우리의 낮춤과 섬김인 것이다. 그것이 우리를 성결하게 만드는 것이다. 그리스도인들이 세상과 똑같은 것을 추구하고 세상의 원리를 그대로 따라간다면 세상은 조금도 정화되지 않는다. 부정과 부패와 편법과 숫자와 힘에 의한 해결방식을 그대로 따라간다면 세상은 급속도로 썩어져갈 것이고 더욱 혼란스러워가기만 할 것이다. 그래서 우리가 세상욕심을 따라가지 않고 진정한 낮춤과 섬김을 행한다면 우리는 틀림없이 성결케 된 존재들이다.

"이기기를 다투는 자마다 모든 일에 절제하나니 그들은 썩을 승리자의 관을 얻고자 하되 우리는 썩지 아니할 것을 얻고자 하노라"(고전 9:25)

단지 부패를 막는 정도를 넘어서 세상을 고치는 기능에 대해서 생각해보자. 물론 썩는 것을 막는 것 이상의 생명력이 가능해야 한다. 기독교에 낮춤과 섬김이 진정으로 일어난다면 그것으로써 세상을 고칠 수 있다. 우리 영혼은 무생물이 아니라 영생하는 생명체이기 때문이다. 죽었던 사람도 살리시는 하나님이다. 예수님은 나인성 과부의 아들이 죽어 장례를 나가려고 할 때 그를 일으켜 세우셨다. 엘리사는 죽은 물에 소금을 던짐으로써 생생하게 살아있는 물로 고친 전례가 있다. 여리고 성읍의 물이 나빠서 토산이 익지 못하고 떨어진다는 말을 듣고 그 물에 소금을 던져 식물이 열매를 튼실하게 맺도록 만들었던 것이다. 물론 모든 썩은 물에 소금을 뿌리라는 말이 아니라 이것이 오늘 우리에게 영적 교훈을 준다는 말이다. 낮춤과 섬김은 세상이 썩지 않도록 만들어주는 동시에 썩은 것을 고치는 기능을 한다는 말이다.

"엘리사가 물 근원으로 나아가서 소금을 그 가운데에 던지며 이르되 여호와의 말씀이 내가 이 물을 고쳤으니 이로부터 다시는 죽음이나 열매 맺지 못함이 없을지니라 하셨느니라 하니 그 물이 엘리사가 한 말과 같이 고쳐

저서 오늘에 이르렀더라"(왕하 2:21~22)

진정한 낮춤과 섬김은 여호와께서 구별하신 그리스도인들만의 특징적 삶이 되어야 한다. 왜냐하면 그리스도의 고난을 뒤따르는 낮춤과 섬김은 세상이 보여주지 못하는 기독교인만의 고유한 삶의 방식이며 사실은 낮춤과 섬김이 바로 복음이기 때문이다. 예수님께서 보여주신 삶의 방식과 십자가 희생이 복음이라면 우리의 낮춤과 섬김도 예수님의 십자가 고난에 해당되는 것이다. 하나님께서 우리를 구별하여 거룩하게 만드시고 그리스도로 머리 삼은 교회를 구성하여 공동체로서 살게 하신 목적은 바로 그 교회가 복음이 되라는 말씀이었다. 우리를 성결하게 구별하셨다면 우리의 삶도 성결하게 구별되어야 한다.

2. 낮춤과 섬김의 의미는 영원하다.

성경에는 소금언약이라는 말이 나온다. 소금언약이란 영원히 변치 않을 언약을 의미한다. 특별히 제사장들과 그의 가족들에게 먹을 것으로 허락하신 제물들은 영원히 그들에게 속한 것이라는 의미에서 소금언약이라고 명하셨다. 왜 제사장과 가족들이 얻을 분깃을 약속하시며 소금언약이라는 단어를 사용하셨을까?

"이스라엘 자손이 여호와께 거제로 드리는 모든 성물은 내가 영구한 몫의 음식으로 너와 네 자녀에게 주노니 이는 여호와 앞에 너와 네 후손에게 영

원한 소금언약이니라"(민 18:19)

제사장과 레위인들은 삶의 근거가 없는 사람들이다. 먹고 살만한 그 어떤 조건도 주어지지 않았다. 그런데도 하나님의 일과 사람의 일을 중간에서 도맡아 처리하면서 수고해야 하는 사람들이다. 물론 백성들은 제사에 사용할 십일조뿐 아니라 레위인들을 위한 제2의 십일조도 의무적으로 바쳤다. 그런데 그 중에는 나그네와 가난한 사람들을 위한 제3의 십일조도 포함되어 있었다. 3년마다 한 번씩 축제와 가난한 이웃들을 위한 세 번째 십일조로 드려지고 있었다. 그러니까 레위인들은 백성들이 바치는 십일조와 제사 때 사용되는 짐승의 일정 부분만을 먹을 수 있도록 되어 있었으므로 그 생활을 보장하지 못하면 거룩한 직임을 감당할 수가 없었다. 그러므로 하나님은 레위인들이 모든 일을 안심하고 감당할 수 있도록 소금언약으로 굳게 약속하셨던 것이다.

이것을 조금 확대해석하면 어떻게 될까? 레위인들의 직무는 오늘날 모든 그리스도인들의 직무와 성격상 동일하다. 물론 레위인들은 오로지 이스라엘 백성들만을 위해서 일한 사람들이고 오늘날 우리는 세상 속에서 이방인들에게 그리스도인으로서의 삶의 방식을 보여주는 사람들이다. 하지만 예수 그리스도로 인하여 구원이 모든 이방인들에게로 완전히 확대된 상태이기 때문에 원리적으로 동일한 직임이 되었다고 볼 수 있다. 레위인들이 제사를 돕고 제사 물품을 관리하는 등의 거룩한 일은 오늘날에는 세상에 대한 낮춤과 섬김으로 변경되었다. 교회에서 예배를 주관하고 설교하는 사역자가 레위인은 아닌 것이다. 그런 의미에서 우리는 모두 레위인들이다. 우리가 레위인이라는 개념으로 낮춤과 섬김을 행하면 하나님은 소금언약으로 우리의 모든 것을 책임지신다.

성경에는 또 한 번 소금언약이라는 용어가 나오는데, 이스라엘 나라를 영원히 다윗과 그 자손들에게 주신다는 의미에서 그것을 또한 소금언약으로 주셨다고 말씀하고 있다. 소금언약은 한 번 주신 것이 영원히 지속된다는 의미에서 붙여진 명칭이다. 소금의 변하지 않는 성질을 하나님의 약속으로 상징적으로 제시하신 것이었다. 그렇다면 다윗의 왕위는 오늘날 어떻게 해석되어야 하겠는가? 소금언약으로 다윗의 왕국을 약속하셨는데 그러면 지금도 다윗의 왕위가 견고하다는 말인가?

"이스라엘 하나님 여호와께서 소금언약으로 이스라엘 나라를 영원히 다윗과 그의 자손에게 주신 것을 너희가 알 것 아니냐"(대하 13:5)

우리 그리스도인들은 지금 구약에서의 개념과 완전히 달라진 환경에서 살고 있지만 영적으로 생각하면 조금도 달라지지 않았다. 왜냐하면 예수님께서 모든 것을 완성하셨기 때문이다. 그리고 예수님은 다윗의 왕조를 이어받은 만왕의 왕이시다. 예수님은 스스로 그렇게 대답하셨고 십자가의 죄패에도 "이는 유대인의 왕 예수라"(마 27:37)고 분명하게 밝혀놓았다. 예수님은 다윗의 후손이면서 모든 나라와 온 우주의 왕이시다.

"예수께서 총독 앞에 섰으매 총독이 물어 이르되 네가 유대인의 왕이냐 예수께서 대답하시되 네 말이 옳도다 하시고"(마 27:11)

물론 그렇다고 하더라도 우리가 왕은 아니다. 하지만 부활하신 예수님을 왕으로 모시고 사는 한 우리는 왕과도 같은 사람들이다. 하나님께서 다윗의 왕위를 영원토록 주시겠다는 소금언약이 효력을 발휘하는 한 우리는 예수님의 왕으로서의 권위 아래에서 세상을 다스리는 영적인 왕들이다. 그래서 계시록에 보면 끝까지 이긴 사람들에게 세세토록 왕 노릇 하리라고 약속하신 것이다. 그리스도인으로서 왕이신 예수님을 생명 걸고 믿는 사람들에게는 왕 같은 다스림의 권세를 주신다. 사탄은 우리를 결코 넘어뜨리지 못한다. 그리고 만물의 왕이신 예수님께서 진정한 낮춤과 섬김의 본을 보이셨다면 우리도 동일하게 왕과 같은 낮춤과 섬김의 본을 보이며 살아야 한다. 그렇게 사는 한 하나님은 소금언약으로 우리를 끝까지 책임지신다.

"다시 밤이 없겠고 등불과 햇빛이 쓸 데 없으니 이는 주 하나님이 그들에게 비치심이라 그들이 세세토록 왕 노릇 하리로다"(계 22:5)

그래서 베드로 사도는 우리 그리스도인들을 가리켜 왕 같은 제사장들이라고 말했던 것이다. 그렇게 소금언약을 통하여 우리가 왕의 권위로 다스리게 하시는 목적은 무엇인가? 하나님의 아름다운 덕을 선포하게 하시기 위함이다. 그것이 무엇인가? 레위인들은 제사와 관련된 모든 일을 섬겼지만 우리는 하나님께서 구별하여 거룩하게 하실 백성들, 우리는 그들이 누구인지는 알 수 없지만, 그들에게 낮춤과 섬김을 통하여 그리스도의 아름다운 고난을 선포하는 것이다. 이것이 소금언약으로 우리에게 굳게 약속하신 하나님의 뜻이다. 우리의 낮춤과 섬김은 그 일 자체도 영원토록 변하지 말아야 하지만, 우리의 낮춤과 섬김을 통하여 하나님께서 주실 영원한 상급도 우리의 것임을 굳게 믿어야 할 것이다. 우리의 낮춤과 섬김이 소금처럼 결코 변하지 않는 일이어야, 아마도 대대로 또는 모든 교회와 그리스도인들을 통하여, 마지막 종말까지 연결되어야 세상은 우리를 보면서 신실하신 하나님을 생각하게 될 것이다.

> "그러나 너희는 택하신 족속이요 왕 같은 제사장들이요 거룩한 나라요 그의 소유가 된 백성이니 이는 너희를 어두운 데서 불러내어 그의 기이한 빛에 들어가게 하신 이의 아름다운 덕을 선포하게 하려 하심이라"(벧전 2:9)

소금언약은 그렇게 명칭을 붙여야 성립되는 것은 아니다. 왜냐하면 소금언약이란 영원하고 변치 않는 하나님의 약속이라는 뜻이기 때문이다. 소금언약의 주인공인 다윗은 그것을 다시 확인하는 시를 썼다. 먼저 하나님과의 관계로는 사탄의 욕심에 사로잡힌 망령된 자를 배척하고 하나님을 믿는 자를 존대하고 하나님께 서원한 것은 해로울지라도 행하는 것이다. 그리고 이웃과의 관계에서는 이자를 위해 돈을 꾸어주지 말고 뇌물을 받고 죄 없는 자를 억울하게 하지 말라고 한다. 이것은 자기 유익을 위하여 다른 사람을 이용하지 말라는 것이고, 그것은 곧 낮춤에 해당된다. 진정한 낮춤은 섬김을 동반하게 되어 있다. 물론 낮춤과 섬김이라는 단어는 나오지 않지만 구약에서도 낮춤과 섬김의 마음가짐과 태도가 영원한 소금언약으로 주어진다는 사실은 확인할 수 있다. 낮춤과 섬김을 삶에서 실행하는 사람에게 하나님은 영원토록 흔들리지 않을 것이라는 소금언약을 주시는 것이다.

> "그의 눈은 망령된 자를 멸시하며 여호와를 두려워하는 자들을 존대하며 그의 마음에 서원한 것은 해로울지라도 변하지 아니하며 이자를 받으려고 돈을 꾸어 주지 아니하며 뇌물을 받고 무죄한 자를 해하지 아니하는 자이니 이런 일을 행하는 자는 영원히 흔들리지 아니하리이다"(시 15:4~5)

어떤 형태이든 낮춤과 섬김이 행해지는 곳에 하나님은 항상 함께 하신다. 낮춤과 섬김이란 좁은 의미에서는 사람들의 심령을 생각하면서 그들 앞에 자기를 낮추고 물질이든 몸이든 도와주는 것이지만, 넓은 의미에서는 복음을 전하기 위해 곧 예수 그리스도를 전하기 위해 행해지는 모든 행위들도 전부 낮춤과 섬김의 범주에 넣을 수 있다. 왜냐하면 좁은 의미에서의 낮춤과 섬김의 마지막 목적은 그리스도의 복음을 전하는 것이기 때문이다. 단적인 예가 바로 사도 바울이다. 바울이 직접 낮춤과 섬김을 행했다는 기록은 없지만 바울의 삶 자체가 이미 낮춤과 섬김으로 꽉 채워진 삶이었기 때문이다. 그래서 하나님은 사도 바울을 이방의 빛으로 삼아서 땅 끝까지 너를 통하여 구원하겠다고 약속하셨던 것이다. 빛이든 소금이든 하나님은 세상 끝날까지 이 복음이 전파되게 하신다. 낮춤과 섬김은 사람이 존재하는 한 영원한 소금언약의 복된 행위이다. 변치 말고 삶의 기본적인 원리로 삼아야 하는 이유이다.

"주께서 이같이 우리에게 명하시되 내가 너를 이방의 빛으로 삼아 너로 땅 끝까지 구원하게 하리라 하셨느니라 하니"(행 13:47)

3. 낮춤과 섬김은 세상의 맛을 낸다.

세상은 어떤 맛을 가장 그리워할까? 세상에 맛을 낸다는 말은 구체적으로 어떤 의미일까? 예레미야는 모압 족속을 지칭하여 변치 않는 맛이라고 기록하였다. 물론 이 말은 긍정적이기만 한 표현은 아니다. 단지 그들의 지정학적, 국제정치적으로 외세의 간섭을 덜 받고 자기들만의 고유함을 지킬 수 있었다는 말로 해석되기 때문이다. 그것을 술 항아리 속에 들어있는 술의 맛과 냄새로 표현한 것이다. 어쨌든 술의 맛과 냄새가 그대로 남아있듯이 우리 그리스도인들이 소유하고 있는 복음의 맛과 냄새도 원본 그대로 남겨두는 것은 대단히 중요하다. 사실상 그것이 기독교이기 때문이다. 지금은 복음의 맛과 냄새가 너무 많이 변해버려서 어떤 것이 원래의 복음인지조차 불분명해졌고 그리스도인이라는 사람들의 신앙의식도 원래의 그것으로부터 너무나도 멀리 와 버렸다.

"모압은 젊은 시절부터 평안하고 포로도 되지 아니하였으므로 마치 술이

그 찌끼 위에 있고 이 그릇에서 저 그릇으로 옮기지 않음 같아서 그 맛이
남아 있고 냄새가 변하지 아니하였도다"(렘 48:11)

모압도 원본을 지켰다는 의미에서 술의 맛과 냄새를 언급하셨
지만 그들이 소유하고 있고 자랑거리로 삼았던 그 원본은 사실은
하나님으로부터 너무 멀리 떨어진 것이었다. 원본 자체가 아니라
무엇이 원본인가가 훨씬 중요하다. 그래서 오늘날 교회에서 지키
고자 하는 것이 고작 종교 세력의 확장과 기득권 지키기라면 그것
은 모압의 그것과 조금도 다르지 않을 것이다. 결국 모압은 그들이
지키고 있다고 생각했던 모든 것들을 세상에 전부 빼앗겨버리고
그들이 소유하고 있다고 생각했던 겉껍데기 형식조차도 부수겠다
고 하셨던 것이다. 우리가 현재 모압과 다를 바가 없다. 우리는 그
리스도인으로서의 원래의 복음의 맛과 냄새를 회복해야 하는 사람
들이다. 다행히 원본인 성경은 그대로 남아있다. 기독교 역사가 오
늘날까지 이어져온 것은 바로 성경의 힘이 아닌가? 우리는 성경에
서 이 세상에 맛을 낼 수 있는 근거를 찾아야 한다.

"그러므로 여호와께서 말씀하시니라 날이 이르리니 내가 술을 옮겨 담는
사람을 보낼 것이라 그들이 기울여서 그 그릇을 비게 하고 그 병들을 부수
리니"(렘 48:12)

일단 예수님은 소금의 맛을 유지하라고 하신다. 소금 자체의 고
유한 맛을 잃어버리면 이 세상에 조금도 유익을 줄 수 없을 뿐만

아니라 땅바닥에 버려지고 사람들의 발에 짓밟히게 된다. 예수님은 무조건 너희는 세상에 흩어져서 맛을 내라고 하지 않으셨다. 이것은 굉장히 중요한 말씀인데 너희가 소금이라면 굳이 흩어져서 무엇인가를 하려고 하지 말고 그저 삶 속에서 소금의 맛을 내면서 살면 된다는 뜻이다. 소금이 소금의 짠 맛을 잃어버린 채 아무리 활발하게 활동하고 홍보해도 세상에는 조금도 맛을 낼 수가 없는 것이다.

"너희는 세상의 소금이니 소금이 만일 그 맛을 잃으면 무엇으로 짜게 하리요 후에는 아무 쓸 데 없어 다만 밖에 버려져 사람에게 밟힐 뿐이니라"(마 5:13)

그런데 마가는 여기에다가 소금을 두고 서로 화목하라는 말씀을 덧붙인다. 소금을 두고 화목하라는 말씀은 굉장히 중요한 개념인데, 바로 여기에서 낮춤과 섬김의 의미를 이끌어낼 수 있기 때문이다. 이미 이야기했지만, 소금은 생명력을 유지할 수 있게 해주고 부패하지 않게 하며 오히려 회복하게 만들어주며 사람들에게 삶의 풍성한 원리를 제시함으로써 세상을 아름답고 살 맛 나게 만들어준다. 그 소금을 두고 화목하라고 하시는 것은 소금의 결정적인 기능을 설명하는 것이라고 볼 수 있다. '화목'이라는 단어 속에 이미 낮춤과 섬김의 의미가 들어있는 것이다. 먼저 낮추고 섬기지 않고 상대방에게 낮춤과 섬김을 요구한다면 화목이 성립되겠는가? 소금은 여러 가지 유익한 성질과 함께 낮춤과 섬김으로 대표

되는 요소인 것이다.

> "소금은 좋은 것이로되 만일 소금이 그 맛을 잃으면 무엇으로 이를 짜게 하
> 리요 너희 속에 소금을 두고 서로 화목하라 하시니라"(막 9:50)

그러면 소금이 이 세상에 고루고루 쳐져서 모든 곳에 녹아들게
하려면 어떤 과정이 필요하겠는가? 소금이 맛을 낸다는 말은 어떤
맛을 낸다는 뜻인가? 바울은 골로새교회에 편지하기를 언어를 통
하여 소금의 맛을 내라고 말한다. 사실 낮춤과 섬김은 언어와 표정
에서 그 진정성을 이미 드러내고 있다. 겉으로 번지르르한 말보다
진심에서 우러나오는 한 마디가 사람을 일으킬 수 있다. 아무 것도
돕는 것이 없어도 진심으로 고난당하는 사람과 함께하려는 마음이
라면 그것은 이미 훌륭한 낮춤과 섬김이다. 대답 한 마디가 사람들
의 마음 문을 열 수 있는 것이다.

> "너희 말을 항상 은혜 가운데서 소금으로 맛을 냄과 같이 하라 그리하면 각
> 사람에게 마땅히 대답할 것을 알리라"(골 4:6)

그러면 우리의 낮춤과 섬김이 언어가 아니라 삶의 메시지로 말
하려는 것은 무엇인가? 우리는 낮춤과 섬김이 인간들 사이의 미덕
을 만들어내고 아름다운 사랑의 모습을 보여주는 것이라고 생각한
다. 일단은 맞는 말이다. 그러나 거기에서 그친다면 어쩌면 우리의
섬김은 자칫 우리 자신의 의와 사랑으로 비쳐지기 쉽다. 모든 일을

예수님의 이름으로 행해야 하는 이유이기도 하다. 내가 사람들에게 자비를 베풀고 어려운 사람들을 도우며 선하고 아름다운 삶의 모습을 보여준다고 해도, 물론 이것은 아주 신실한 그리스도인들이 모습이므로 장려할 만한 것이지만, 만약에 거기에서 그리스도를 드러내지 못한다면 그것은 오히려 사람에게 보이려고 하는 것 이상이 되지 못할 수도 있다. 다윗은 시편에서 여호와의 선하심을 맛보아 알라고 권면한다. 우리의 낮춤과 섬김을 통하여 여호와의 선하심을 알려주지 못한다면 세상의 소금이 되는 것이 아니다.

> "너희는 여호와의 선하심을 맛보아 알지어다 그에게 피하는 자는 복이 있
> 도다"(시 34:8)

같은 의미에서 사도 베드로는 주의 인자하심을 맛보게 하기 위함이라고 설명한다. 선하심과 인자하심은 서로 비슷한 의미를 가지고 있다. 여기에서 맛본다는 뜻은 실제로 경험함으로써 더욱 깊은 의미와 실체를 깨닫는다는 뜻을 내포하고 있다. 곧 하나님의 마음, 의도를 느끼고 깨닫고 행한다는 의미인 것이다. 낮춤과 섬김은 이렇게 살아계신 하나님의 마음을 경험하고 느끼고 실체로 깨달은 사람, 곧 주의 인자하심을 맛본 사람이 그것을 모르는 사람들에게 그 사실을 맛보게 하기 위하여 존재하는 것이다. 그것이 바로 소금처럼 세상에 맛을 내는 기능이라는 말이다.

> "너희가 주의 인자하심을 맛보았으면 그리하라"(벧전 2:3)

한편 우리는 세상에서의 삶뿐만 아니라 저 영원한 복음의 세계를 저들에게 맛보도록 해야 한다. 우리가 먼저 그런 맛을 본 사람들이어야 하지만 낮춤과 섬김을 통해서도 그런 맛을 볼 수 있다. 소금으로서의 맛을 낸다는 의미는 복음으로 최종적인 결과를 설명할 수 있다. 히브리서 저자는 거듭난 그리스도인들이 맛본 복음에 대해서 설명하고 있다. 그리스도인이란 예수 그리스도의 빛을 받고 하늘의 증거를 맛보고 성령의 능력으로 행하며 꿀송이보다 더 달다는 하나님의 말씀을 깨달으며 천국소망으로 세상을 이기는 맛을 본 사람이라고 지칭하고 있다. 하나님과의 관계뿐만 아니라 이웃과의 관계에서도 온전한 맛을 보고도 그것을 포기하는 사람은 타락한 성도라고 하는 것이다. 소금의 맛을 낸다는 것은 이런 모든 복음의 가치를 세상에 언어와 행동과 삶으로 보여준다는 의미이다. 낮춤과 섬김 자체에 초점을 맞춘다면 실제로 우리가 나아가야할 방향에서 크게 벗어날 수도 있다는 사실을 알아야 한다.

"한 번 빛을 받고 하늘의 은사를 맛보고 성령에 참여한 바 되고 하나님의 선한 말씀과 내세의 능력을 맛보고도 타락한 자들은 다시 새롭게 하여 회개하게 할 수 없나니 이는 그들이 하나님의 아들을 다시 십자가에 못 박아 드러내 놓고 욕되게 함이라"(히 6:4~6)

마지막으로 낮춤과 섬김이 세상의 소금과도 같은 기능을 감당하기 위해서는 말씀의 맛을 날마다 맛보아야 하는데 이것은 두 가지 의미를 지닌다는 것을 알아야 한다. 하나는 먼저 말씀의 맛을 알고 낮춤과 섬김을 행하는 일이고, 다른 하나는 낮춤과 섬김을 행하면서 말씀의 맛을 알게 되는 것이다. 주의 말씀을 경험하지 않으면 내 것이 될 수 없다. 그 말씀을 경험하기 위해서는 말씀을 직접 체험해 보는 것이 가장 확실하다. 추상적인 의미가 구체화되고 관념적인 의미가 행동화되는 것이기 때문이다. 우리는 이 세상에서 이웃들에게 낮춤과 행함을 진심으로 행해야 하는 사람들이다. 낮춤과 섬김을 통하여 하나님께서 이 세상에 주려고 하시는 하나님의 모든 은혜를 세상으로 하여금 맛보아 알 수 있도록 하는 것이 우리들의 일상이어야 함을 가슴 깊이 되새기자.

"주의 말씀의 맛이 내게 어찌 그리 단지요 내 입에 꿀보다 더 다니이다"(시 119:103)

4. 낮춤과 섬김이 없는 곳은 지옥이다.

소금이 세상에 녹아들지 못한다면 그것은 저주일 것이다. 세상은 약육강식과 적자생존의 세계이다. 내가 복을 받는다는 것은 다른 사람의 복을 차지하는 것을 의미한다. 왜냐하면 나의 성공은 다른 사람들의 실패 위에 쌓여진 것이기 때문이다. 물론 나의 성공은 수많은 다른 사람들의 협력 덕분이기도 하다. 물건을 만들어서 많은 사람들이 사용하게 되면 그것을 성공이라고 부르기 때문이다. 그러나 만약에 지역에서 식당을 열었다고 하면 그 가운데 어느 식당은 사람들이 많이 와서 붐비고 성공하게 되지만 다른 어느 식당인가는 망하고 나가야 하는 모습이 바로 세상이다.

이런 세상에서 그리스도인은 무엇을 어떻게 해야 하겠는가? 그리스도인들도 이와 같은 세상 원리를 따라 열심히 일하고 성공을 향해 달려가야 하겠는가? 지금 세상이 날로 혼란스러워지고 있는 것은 무엇 때문이겠는가? 혹시 우리 그리스도인들 때문이라는 생각이 들지는 않는가? 하나님께서 우리를 세상에서 보내시고 세상을 다스리도록 하신 것은 그리스도인들이 그리스도인답게 살아가야 할 것을 말씀하시는 것은 아니겠는가? 그것은 바로 우리로 하여금 세상의 소금이 되라고 하신 말씀과 똑같은 뜻이다. 아니 예수님은 우리에게 세상에서 소금이 되라고 하신 것이 아니라 아예 세상의 소금 자체라고 말씀하셨다. 그리스도인들이 그리스도인답게 살기만 하면 우리는 세상의 소금으로써 살 맛을 내고 세상이 썩지 않게 만들며 생명력 있는 세상을 이룰 수 있는 것이다. 소금이 소금의 맛을 잃으면 세상은 조금도 변함이 없을 뿐만 아니라 오히려 보이는 지옥처럼 변해갈 뿐이다.

"너희는 세상의 소금이니 소금이 만일 그 맛을 잃으면 무엇으로 짜게 하리요 후에는 아무 쓸 데 없어 다만 밖에 버려져 사람에게 밟힐 뿐이니라"(마 5:13)

소금이 없는 세상 또는 소금이 세상 속으로 녹아들지 못한 상태의 세상은 마치 저주받은 것과 다를 바가 없는 세상이 될 것이다. 지금 교회가 이와 유사한 모습이 되어버렸다. 그래도 구석구석에서 이름 없이 빛도 없이 지역에서 신음하는 사람들을 섬기고 있는 작은 교회들과 무명의 헌신자들로 인하여 그나마 살아있는 복음이 희미한 불빛이라도 내고 있지만, 겨우 그 정도를 위해 예수님께서 십자가 희생을 당하신 것은 아니다. 우리가 소금은 소금이되 오직 교회 중심적으로 모든 삶을 맞추고 있다면 그것은 결코 녹지 않는 소금덩어리로 남아있을 뿐이다. 롯의 아내는 불타는 소돔 성에 미련이 남아서 되돌아보았다가 소금기둥이 되었다. 무슨 말인가? 소금 덩어리로 굳어져 버렸다는 말이다. 소돔 성에 녹아서 하나님의 사람으로서의 맛을 내야 하는데 소돔 성 안의 다른 모든 사람들과 마찬가지 사고방식과 삶의 원리를 따라 생각하고 행동하다가 그 성을 피해 나가는 길에 또다시 그런 욕심이 발동해서 그는 오히려 소금의 덩어리가 되어버렸다는 말이다.

"롯의 아내는 뒤를 돌아보았으므로 소금기둥이 되었더라"(창 19:26)

하나님은 일찍이 이스라엘 백성들을 향하여 저주의 말씀을 쏟아내신 적이 있다. 하나님의 저주는 한마디로 소금 땅이 되게 하시는 것이었다. 이것은 동생 아벨을 돌로 쳐서 죽인 가인에게 내리신 벌보다 더 심한 벌을 말씀하신 것이었다. 하나님께서 구별하여 거룩하게 하신 이스라엘에게 이런 저주를 내리시려면 그만한 이유가 있이야 한다.

"그 온 땅이 유황이 되며 소금이 되며 또 불에 타서 심지도 못하며 결실함

도 없으며 거기에는 아무 풀도 나지 아니함이 옛적에 여호와께서 진노와

격분으로 멸하신 소돔과 고모라와 아드마와 스보임의 무너짐과 같음을 보

고 물을 것이요"(신 29:23)

우리는 하나님께서 구별하셨다는 말 속에서 축복이나 은혜와
같은 좋은 뜻만을 생각하겠지만 하나님은 저주의 대상도 구별하신
다는 사실을 알아야 한다. 그것도 먼저 구별해놓으신 이스라엘 백
성들 중에서 저주의 대상을 구별하신다는 것이다. 사랑의 예수님
만 생각하면서 끝없이 자기 욕심을 쫓아간다면 그는 이와 같은 저
주를 받을 수도 있는 것이다. 예수님은 마지막 때에 인류의 심판까
지도 책임지신다는 사실을 우리는 알아야 한다(요 5:22).

"여호와께서 곧 이스라엘 모든 지파 중에서 그를 구별하시고 이 율법책에

기록된 모든 언약의 저주대로 그에게 화를 더하시리라"(신 29:21)

그러면 하나님은 어떨 때 그렇게 백성들을 저주하시고 무서운
재앙을 내리시는가? 여호와의 백성으로서 여호와 이외의 다른 신
을 섬기면 그는 틀림없이 소금의 저주를 받게 된다. 두 말할 필요
도 없이 그것은 지옥이다. 다른 신은 무엇인가? 세상이 추구하는
욕심이다. 탐욕은 우상숭배라고 했다(골 3:5). 오늘날 그리스도인이
라고 하면서 세상 욕심이 우상숭배라는 것을 조금도 의식하지 못
하는 것이 일반적이다. 무엇이든지 성공하고 번영하고 복 받기를
원하는 것은 모두 우상숭배에 해당된다. 우리를 위해 하나님의 자

리까지도 버리신 예수님을 생명으로 여긴다면, 혹시 인간적인 연약함으로 말미암아 일시적으로 세상을 쫓아갈 수는 있겠지만, 그는 근본적인 그리스도인의 정체성으로 다시 돌아와야 한다는 사실을 결코 잊어서는 안 된다.

> "가서 자기들이 알지도 못하고 여호와께서 그들에게 주시지도 아니한 다른 신들을 따라가서 그들을 섬기고 절한 까닭이라 이러므로 여호와께서 이 땅에 진노하사 이 책에 기록된 모든 저주대로 재앙을 내리시고"(신 29:26~27)

이스라엘의 제사에서도 소제를 드릴 때와 번제를 드릴 때와 향을 만들 때 반드시 소금을 사용하도록 하심으로써 여호와 앞에 성결케 하고 사람의 것으로부터 하나님의 것을 구별하기도 하였다. 만약에 소금이 없다면 백성들은 하나님께 전혀 제사를 드릴 수가 없었을 것이다. 낮춤과 섬김도 이와 똑같다. 만약에 그리스도인이라고 하면서 낮춤과 섬김이 조금도 일어나지 않고 진정한 낮춤과 섬김의 개념조차도 소유하지 못했다면, 그 사람은 세상으로부터는 칭찬을 받을 수 있을지 모르지만 하나님과는 전혀 관계없는 사람이 되고 말 것이다. 예수님께서 왜 제자들에게 너희는 세상의 소금이라고 말씀하셨겠는가? 낮춤과 섬김이 그리스도인의 생명이기 때문이다. 그것이 그리스도인의 세상에서의 존재가치이다. 예수님께서 낮춤과 섬김을 생명으로 주셨던 것처럼 진정한 그리스도인이라면 어떤 의미에서이든 또는 어느 정도이든 그는 소금으로서의 삶을 살아야 한다. 그것이 낮춤과 섬김이다.

　우리의 섬김은 세상과 달라야 한다. 세상도 자기들끼리는 지극히 사랑한다. 자기들끼리는 낮출 줄도 알고 섬길 줄도 알고 때로는 목숨까지 바칠 줄도 안다. 그러나 타인에게는 반대급부를 생각하지 않을 수 없다. 아니 그 이익 때문에 열심히 낮추고 봉사한다. 하지만 자기 사업이나 장사를 위해 섬긴다면 그것은 당연한 일이지만, 자기 잇속을 전혀 생각하지 않고 오히려 상대방의 입장에서 그들이 잘되기를 원하여서 행하는 섬김은 세상과 우리를 구별시킨다. 낮춤과 섬김이 빠지면 하나님께서 보시기에는 이 세상에 그리스도인이 단 한 사람도 없는 것이 될 것이다. 그것은 세상에서도 마찬가지이다. 진정한 낮춤과 섬김을 찾아볼 수 없는 세상은 곧 하나님의 사랑이 사라진 세계이다. 그곳이 어디인가? 바로 지옥이다. 하나님의 사랑이 전혀 존재하지 않는 곳이 바로 지옥이기 때문이다. 전도니 영혼사랑이니 말하지 말고 자기를 그리스도의 낮춤과 같이 낮추고 그리스도의 생명 주심과 같이 섬기는 사람으로 변화되어야 하는 이유이다.

"너희가 받기를 바라고 사람들에게 꾸어 주면 칭찬 받을 것이 무엇이냐 죄인들도 그만큼 받고자 하여 죄인에게 꾸어 주느니라"(눅 6:34)

제7장
낮춤과 섬김은 성숙이다.

거듭난 그리스도인은 신앙생활을 하면서 믿음이 자라게 되어 있다. 인간의 성장에서와 마찬가지로 속도나 정도의 차이는 있겠지만 진짜 새로 태어난 사람이라면 일정한 성장단계의 특징을 보여주면서 자라나게 된다. 아직 더 자라야 하는데 성장이 멈추면 그것은 이상행동으로 나타날 수밖에 없다. 안타깝게도 오늘날 거의 모든 그리스도인들이 유아기 신앙에 머물러 있다. 유아기 신앙은 우선 자기중심적이다. 신앙자체가 자신의 복을 위해 행하는 것이고 그러다 보니까 하나님도 자신을 위해서 존재하시는 것으로 생각한다. 배가 고플 때 울면 해결해주고 잠자는 것부터 깨어서 하루종일 모든 생활을 부모가 책임지듯이 자기는 그냥 울고 기도하면 하나님께서 다 해결해주신다고 생각한다. 한마디로 자기중심성이란 자신을 객관적으로 볼 수 없는 상태를 말한다. 대부분의 기독교인들이 여기에 사실상 해당된다.

유아기 신앙의 또 다른 특징은 관계가 형성되어 있지 못하다는 것이다. 엄마나 아빠는 태어날 때부터 그냥 원래 있었던 존재이며,

만약에 좀 더 어릴 때 엄마 말고 다른 사람이 자신을 돌보아주어도 그 사람은 그냥 엄마와 똑같은 사람이다. 엄마의 입장 같은 생각은 전혀 하지 못하고 또래 친구들과의 관계도 유아기만의 특징을 가진다. 이웃이나 세계, 우주 같은 것은 상상도 하지 못한다. 물론 당연하다. 우리의 신앙의 성장과 연결하여 생각해보는 것이다. 자기편이 아니면 전부 아무 관계없는 사람들일 뿐이다. 우리의 초기 신앙과 별반 다를 것이 없다. 기독교신앙의 가장 큰 장애는 자기중심성이다. 자기중심성에 빠져있는 이상 신앙은 자랄 수 없다. 축복, 성공, 번영, 부흥, 치유, 위로와 같은 주제를 주로 생각한다면 그의 신앙은 유아기 신앙이다.

그러나 신앙이 점점 더 자라면 어떤 모습을 나타내게 될까? 자기중심성에서 조금씩 탈피해 나간다. 엄마나 아빠나 형제들의 입장이나 생각도 점차 반영하기 시작한다. 자연스럽게 생활에서 만나게 되는 타인의 입장이나 그들의 생각도 차츰 더 이해하게 된다. 집에서 심부름도 하고 바깥 심부름도 차츰 감당하게 된다. 이전에는 칭찬받는 것이 좋아서 별로 소용되지도 않지만 잔심부름을 하기도 한다. 더 커서는 집안일이기 때문에 아무런 보상도 생각하지 않고 자발적으로 하거나 억지로 하더라도 할 일을 감당할 수 있게 된다. 우리의 신앙도 이와 똑같다. 교회 안에서 축복이나 자기문제 해결만을 위해서 신앙생활을 하고 있다면 그는 유아기 또는 영아기 신앙이다. 교회 밖으로 나가지 못하면 영원히 유아기 신앙에 머물러버릴 수도 있다. 그런데 대부분의 목회자들이 성도들을 교회 안에 가두어두기를 좋아한다. 이래서는 하나님 나라를 위해 우리가 할 수 있는 일이 거의 없다.

　낮춤과 섬김은 신앙이 어느 정도 성장한 사람만이 제대로 감당할 수 있는 고귀한 삶의 모습이다. 물론 겉으로 섬김의 모습을 보여줄 수 있지만 신앙 자체가 유아기 신앙이라면 그냥 무엇인가 보상을 바라거나 자랑을 위해 하는 것일 뿐이다. 낮춤과 섬김은 그런 행위를 강조하여 권면한다고 해서 온전하게 행할 수 있는 것은 아니다. 낮춤과 섬김은 신앙이 성숙한 그리스도인에게서 진심어린 행함으로 나타나는 것이고 또는 낮춤과 섬김을 행하려고 애를 쓰다 보면 그의 신앙은 더 빨리 성장할 수 있다. 낮춤과 섬김은 그리스도인들의 신앙성숙의 지표이며 또 신앙성장과 직결되는 통로가 되는 필수적인 삶의 방식인 것이다.

1. 낮춤과 섬김은 성장의 열매이다.

　서두에서 살펴보았지만 신앙이 성장하면 여러 가지 바람직한 증상들이 나타나기 시작한다. 그것은 복음이 심겨지고 자라나고 풍성해지고 열매를 맺는 것과 같은 이치이다. 낮춤과 섬김은 행위 자체에 초점을 맞추면 그 의미가 퇴색되기 쉽고 자칫 인간의 욕심을 따라 행하는 것으로 고착되어 버릴 수 있다. 낮춤과 섬김은 복음이 우리 속에서 자라난 결과로서 나타나는 일반적인 현상인 것이다. 복음은 우리의 심령 속에서 마음껏 펼쳐져야 한다. 복음 곧 썩지 않을 씨가 우리 속에 심겨진 순간부터 우리는 우리 자신의 목적이나 성공이나 번영이 아니라 복음이 우리 속에 채워질 것을 소원해야 한다. 복음은 하나님의 은혜이기 때문이다.

> "이 복음이 이미 너희에게 이르매 너희가 듣고 참으로 하나님의 은혜를 깨
> 달은 날부터 너희 중에서와 같이 또한 온 천하에서도 열매를 맺어 자라는
> 도다"(골 1:6)

복음이 심령 속에서 자라가는 것은 각 사람에게 주시는 은사를 따라 여러 가지 봉사의 일을 함으로써 그리스도의 몸을 세워가는 자연스러운 성장 과정이다. 실로 그리스도인의 성장의 목적은 그리스도의 몸을 세우는 것이다. 그래서 사도이든 선지자이든 전도자이든 목사나 교사이든 모든 사람이 기본적으로 성도로서 각각의 봉사의 일을 함으로써 가능해지는 것이다. 낮춤과 섬김은 바로 이 봉사의 일에 해당되는데, 특별한 사명을 감당하면서도 모두에게 공통되는 헌신의 삶이 모든 그리스도인들의 기본적인 삶의 방식인 것이다.

> "그가 어떤 사람은 사도로, 어떤 사람은 선지자로, 어떤 사람은 복음 전하는
> 자로, 어떤 사람은 목사와 교사로 삼으셨으니 이는 성도를 온전하게 하여
> 봉사의 일을 하게 하며 그리스도의 몸을 세우려 하심이라"(엡 4:11~12)

우리가 믿음이 성장하여 각자에게 부여된 낮춤과 섬김의 일을 감당하는 목적은 바로 그리스도의 장성한 분량이 우리를 통하여 충만하게 되는 데 있다. 낮춤과 섬김은 실로 하나님의 아들을 믿는

것과 아는 일에 하나가 되는 핵심적인 수단인 것이다. 그리스도 인으로서 온전한 사람이란 바로 복음으로 심령이 충만해져서 각자가 낮춤과 섬김을 통하여 예수님을 믿는 일과 아는 일에 하나가 되어 그리스도의 장성한 모습이 충만하게 하는 사람을 뜻하는 것이다. 그러니까 신앙이 성숙한 사람이란 복음 안에서 온전한 사람이며 공통적으로 낮춤과 섬김이라는 삶의 모습을 보여주는 사람인 것이다.

> "우리가 다 하나님의 아들을 믿는 것과 아는 일에 하나가 되어 온전한 사람
> 을 이루어 그리스도의 장성한 분량이 충만한 데까지 이르리니"(엡 4:13)

낮춤과 섬김은 결코 성도 개인만의 일이 아니며 신앙성숙의 증거이면서 동시에 그리스도에게까지 자라갈 수 있는 통로이기도 한 것이다. 그렇게 성도 개개인이 낮춤과 섬김을 행하는 이유는 그리스도의 장성한 분량이 충만하게 하는 것인데, 그것은 곧 그리스도를 몸으로 하는 모든 지체들 곧 교회공동체의 성장을 가져오고 어느 누구도 모든 지체들 가운데 하나로서 그리스도의 사랑을 모든 사람들에게 알게 하는 것이다. 물론 여기에서 교회의 성장이란 숫자나 규모의 성장이 아니라 이와 같이 낮춤과 섬김을 통하여 교회가 교회로서의 기능을 충만하게 만드는 것을 뜻한다. 그것이 바로 그리스도의 장성한 분량으로 충만한 데까지 이르는 것이다. 신앙 수준이 성숙해있지 못하면 진정한 낮춤과 섬김은 일어날 수 없다.

"오직 사랑 안에서 참된 것을 하여 범사에 그에게까지 자랄지라 그는 머리니 곧 그리스도라 그에게서 온 몸이 각 마디를 통하여 도움을 받음으로 연결되고 결합되어 각 지체의 분량대로 역사하여 그 몸을 자라게 하며 사랑 안에서 스스로 세우느니라"(엡 4:15~16)

그러므로 낮춤과 섬김이 삶 속에서 일어나고 있는 그리스도인은 신앙성장의 열매를 맺고 있는 것이다. 그것은 다른 말로 하면 성화이다. 성화란 주님과 가장 가깝게 되는 것을 의미하기 때문이다. 일반적으로 신앙의 열매라고 하면 대개는 전도의 열매를 생각한다. 부흥이나 성공이나 응답이라고 생각한다. 그러나 진정한 그리스도인들이 맺어야 할 열매는 성령의 열매이다. 성령의 열매가 우리들의 심령과 삶에서 풍성하게 열리면 그것은 곧 성화이다. 전도의 숫자나 성공의 정도를 가지고 마치 하나님께서 그를 전적으로 도우셔서 그렇게 된 것처럼 여기는 사람들 중에서도 성령의 열매가 전혀 나타나지 못하는 사람들도 얼마든지 찾아볼 수 있다. 일을 주시는 목적은 성령의 열매를 맺음으로써 그리스도를 닮은 사람들이 되라는 것이다. 낮춤과 섬김은 그렇게 성령의 아홉 가지 열매를 맺은 사람들의 삶 속에서 자연스럽게 행하게 만드는 또 다른 열매이다. 즉 성령의 열매의 증거인 것이다.

"오직 성령의 열매는 사랑과 희락과 화평과 오래 참음과 자비와 양선과 충성과 온유와 절제니 이 같은 것을 금지할 법이 없느니라"(갈 5:22~23)

예수님은 씨 뿌리는 비유를 말씀하시면서 그 중에 가시떨기에 떨어진 씨를 말씀하셨다. 그 씨는 가시떨기가 자라서 기운을 막기 때문에 열매를 맺지 못하게 된다고 하셨다. 가시떨기는 신앙성장에 장애가 되는 요소인데, 잘 성장하던 그리스도인도 이 가시떨기가 더 크게 자라나면 더 이상 성장하지 못하고 멈추어버린다. 그렇게 멈추어버려도 그것을 이겨내고 또 자라기 시작하면 결국 잘 자라서 열매를 맺지만 그렇지 못하면 멈춘 모습 그대로 신앙생활을 하면서 각종 걸림돌이 되어버린다. 교회 등에서 문제를 일으키는 사람은 대개가 이런 현상을 겪고 있는 사람들이다.

"더러는 가시떨기에 떨어지매 가시가 자라 기운을 막으므로 결실하지 못하였고 더러는 좋은 땅에 떨어지매 자라 무성하여 결실하였으니 삼십 배나 육십 배나 백 배가 되었느니라 하시고"(막 4:7~8)

가시떨기는 무엇인가? 예수님은 이것을 세상의 염려와 재물의 유혹과 기타 욕심이라고 설명하신다. 어떻게 하면 이 염려를 사라지게 할 수 있겠는가? 이 염려가 그 사람을 지배하는 동안에는 그는 결코 자랄 수 없다. 이 염려는 왜 생기는가? 욕심이 주요 원인이다. 재물의 욕심이든 인간의 본능적인 욕심이든 이 욕심에 사로잡혀 있는 한은 그는 염려하게 되어 있다. 어떻게 하면 이것을 이겨내고 끝까지 자라서 많은 열매를 맺을 수 있겠는가? 그 해결책이 바로 낮춤과 섬김이다. 진정한 낮춤과 섬김이 일어난다면 그 사람은 세상 유혹에 빠져들지 않고 승리할 수 있다.

"또 어떤 이는 가시떨기에 뿌려진 자니 이들은 말씀을 듣기는 하되 세상의 염려와 재물의 유혹과 기타 욕심이 들어와 말씀을 막아 결실하지 못하게 되는 자요"(막 4:18~19)

염려는 대부분 무엇 때문에 일어나는 현상이라고 했는가? 예수님은 다른 표현으로 먹을 것, 마실 것, 입을 것에 대한 염려라고 정의를 내리신다. 그리고 이런 염려는 전부 이방인들, 다른 종교를 믿는 사람들의 특징이라고 하신다. 그것이 무엇인가? 유아기 신앙이다. 반면에 성숙한 신앙인은 어떤 특징을 보이겠는가? 예수님은 그것을 먼저 그 나라와 그 의를 구하는 신앙이라고 말씀하신다. 신앙이 성장한 사람은 관계를 생각한다. 곧 하나님은 우리에게 무엇이 필요한지를 너무나도 잘 알고 계시고 우리가 하나님의 나라를 구하면 하나님은 그 필요를 다 채워주신다는 것이다. 그 나라와 그 의는 무엇으로 채워질 수 있는가? 바로 낮춤과 섬김으로 채워질 수 있다. 그것이 이 땅에 천국을 만들어가는 일이고 천국의 삶을 실현하는 길이다.

"그러므로 염려하여 이르기를 무엇을 먹을까 무엇을 마실까 무엇을 입을까 하지 말라 이는 다 이방인들이 구하는 것이라 너희 하늘 아버지께서 이 모든 것이 너희에게 있어야 할 줄을 아시느니라 그런즉 너희는 먼저 그의 나라와 그의 의를 구하라 그리하면 이 모든 것을 너희에게 더하시리라"(마 6:31~33)

낮춤과 섬김은 그리스도인의 신앙 수준의 지표이며 더 나은 신앙으로 성장해 나가게 만드는 귀중한 통로가 된다. 신앙이 성장했기 때문에 낮춤과 섬김을 행하기도 하지만 낮춤과 섬김을 통하여 하나님의 뜻과 예수님의 마음을 더 깊이 알게 되고 말씀의 의미를 더 정확하고 깊게 이해할 수 있기 때문이다. 하나님의 말씀은 체험하지 못하면 그 의미를 자기중심적으로 이해할 수밖에 없다. 진정한 낮춤과 섬김을 감당함으로써 오직 온전한 그리스도인들이 되어 하나님의 사랑을 사람들에게 보여줄 수 있어야 하겠다.

"주께 합당하게 행하여 범사에 기쁘시게 하고 모든 선한 일에 열매를 맺게 하시며 하나님을 아는 것에 자라게 하시고"(골 1:10)

2. 낮춤과 섬김은 하나님을 더 알게 한다.

이제 더 구체적으로 그리스도인의 낮춤과 섬김이 어떻게 신앙의 성장을 이루어내는가를 살펴보도록 한다. 앞에서 이미 낮춤과 섬김이 신앙성숙의 표지이며 동시에 낮춤과 섬김을 통하여 신앙이 자라나게 함으로써 온전한 사람을 이룬다고 설명한 바가 있다. 낮춤과 섬김이 신앙성장의 수단이 된다는 말은 낮춤과 섬김을 통하여 하나님을 체험적으로 아는 살아있는 지식, 올바른 지식을 얻을 수 있다는 말이다. 이 올바른 지식을 힘입지 않으면 그 사람의 열심이나 모든 섬김 활동도 자칫 헛된 관념에 지나지 않게 된다. 사도 바울은 그릇된 지식을 따라 행하는 모든 행위는 하나님의 의가 아니라 자기 의를 세우려고 하게 되기 때문에 결국 하나님의 의에 복종하지 않는 사람이 될 뿐이라고 경고하였다.

> "내가 증언하노니 그들이 하나님께 열심이 있으나 올바른 지식을 따른 것
> 이 아니니라 하나님의 의를 모르고 자기 의를 세우려고 힘써 하나님의 의
> 에 복종하지 아니하였느니라"(롬 10:2~3)

　실제로 사도 바울은 이 올바른 지식이 아니라 자기 의와 자기 열심으로 그리스도인들을 체포하려고 열정을 다했다는 사실을 스스로 증언하고 있다. 바울은 알다시피 바리새인으로서 누구보다 여호와 하나님을 뜨겁게 사랑하는 사람이었다. 다른 바리새인들과 마찬가지로 예수를 추종하는 자들은 여호와 하나님의 대적자로 생각하고 그들은 반드시 처단하고 척결해야 할 대상으로 여겼다. 예수쟁이들을 체포하여 감옥에 가두고 처단하면 할수록 하나님께서 기뻐하신다고 생각했었다. 바울로서는 하나님을 위하여 자기가 할 수 있는 모든 일이 바로 예수쟁이들을 박멸하는 일이었던 것이다. 스스로가 그릇된 지식을 따라 온갖 열심을 다했던 모습을 고백했던 것이다.

> "나는 유대인으로 길리기아 다소에서 났고 이 성에서 자라 가말리엘의 문
> 하에서 우리 조상들의 율법의 엄한 교훈을 받았고 오늘 너희 모든 사람처
> 럼 하나님께 대하여 열심이 있는 자라 내가 이 도를 박해하여 사람을 죽이
> 기까지 하고 남녀를 결박하여 옥에 넘겼노니"(행 22:3~4)

우리는 하나님에 대한 올바른 지식을 갖는 것이 얼마나 중요한지 잘 알고 있을 것이다. 참 지식이 있어야 낮춤과 섬김이 작동할 수 있는데 오늘날에는 실체 없는 지식적 신앙이 넘치고 있다. 모든 성경공부, 신앙훈련, 묵상, 성경읽기 등 말씀 프로그램들이 오히려 관념적 거짓신앙으로 더 깊이 이끌어가 버린다. 물론 이런 프로그램들은 반드시 존재해야 한다. 그런 것들이 아니라면 어떻게 목회자와 성도들의 신앙이 자랄 수 있겠는가? 하지만 문제는 그렇게 배우고 훈련한 추상적 지식으로 말미암아 스스로가 하나님을 깊이 알고 있다고 착각한다는 점이다. 이런 모습들이 모든 제자훈련에도 그대로 적용되고 있어서 무수한 프로그램들이 제자훈련이라는 이름으로 행해지고 있지만 정작 그런 훈련들을 통하여 변화되어야 할 성도들의 모습은 제자리걸음 밖에는 아무 것도 아닌 것이 되고 말았다. 아니 그것보다 훨씬 더 심각한 문제가 생겨버리는데 그것은 신앙의 화석화 또는 영적 교만이라고 할 수 있다. 사람은 변화되지 못하면 그 자리에서 교만으로 굳어져버리는 존재들이다. 제자훈련의 목적은 변화인데 변화가 조금도 일어나지 않는다면 훈련은 왜 하겠는가?

물론 모든 신앙훈련의 목적은 하나님을 바로 알기 위한 것은 맞다. 살아계신 하나님, 하나님의 마음, 예수님의 사랑을 가르치기 위해 많은 노력들을 기울이고 있고 여러 유익한 프로그램도 개발되고 있으며 성공적인 프로그램들은 많은 교회들에서 도입하여 그대로 훈련하고 있다. 그렇다면 한국교회와 성도들이 변화되었는가? 오늘날 한국교회와 기독교의 세상에서의 위상을 보면 전혀 변화되지 못하고 있다. 변화의 정도와 방향에 의견차이가 있을 수는 있지만 복음은 모든 사람들을 위해 존재한다는 것을 생각한다면 지금까지는 변화되지 못했을 뿐만 아니라 오히려 점점 굳어져서 단단한 바위처럼 깨지지 않는 신앙이 되어버리고 말았다.

무엇이 문제인가? 올바른 지식, 살아있는 지식, 체험적인 지식이 사라졌기 때문이다. 올바른 하나님 지식이야말로 변화의 지름길이다. 거꾸로 이야기하자면 살아있는 올바른 하나님 지식을 얻으려면 하나님을 체험하는 수밖에는 없다. 그 중 중요한 핵심은 바로 낮춤과 섬김인 것이다. 변화와 성장이 낮춤과 섬김만으로 충분한 것은 아니지만 낮춤과 섬김은 결코 빠져서는 안 될 필수적인 요소라는 말이다. 바울은 주 예수 그리스도를 아는 지식을 얻기 위하여 자기에게 유익하던 모든 것을 해로 여기고 배설물로 여김으로써 전부 다 버렸다고 말한다. 바울이 주 예수 그리스도를 아는 지식이라고 할 때의 지식이 올바른 지식, 체험적인 지식, 살아있는 지식인 것이다.

> "또한 모든 것을 해로 여김은 내 주 그리스도 예수를 아는 지식이 가장 고
> 상하기 때문이라 내가 그를 위하여 모든 것을 잃어버리고 배설물로 여김은
> 그리스도를 얻고"(빌 3:8)

여기에서 우리는 또다시 호세아를 불러내려고 한다. 다른 책에서도 몇 번 언급한 바가 있지만, 올바른 하나님 지식이 우리를 살린다는 하나님의 말씀을 가장 잘 이해할 수 있는 사례이기 때문에

호세아를 언급하는 것이다. 호세아 당시의 이스라엘에 하나님 지식이 없는 것이 아니었다. 모두들 말로는 여호와 하나님에 대해서 너무나도 잘 알고 있었다. 하지만 그들이 가지고 있던 지식은 관념적, 추상적, 죽은 지식이라는 것을 그들은 전혀 상상도 하지 못했다. 하나님은 이스라엘 백성들에게 하나님의 참 마음을 알려주기를 원하셨다. 그러나 누구를 통해서 알려주시겠는가? 하나님의 마음을 체험적으로 아는 사람 곧 하나님을 몸으로 아는 사람을 부르실 것이다. 당연한 일이 아니겠는가? 하지만 그런 사람은 없었다. 그래서 하나님은 호세아 선지자를 부르시고 하나님의 마음을 체험적으로 깨닫게 하신 후에 그를 통해서 이스라엘에 외치도록 하셨다. 이스라엘 백성은 결국은 망할 것인데 그 이유는 살아있는 지식을 버렸기 때문이라는 말씀이었다. 하나님은 그릇된 지식이 민족을 망하게 만드는 유일한 원인인 것으로 말씀하셨다. 하나님을 제대로 모르면 하나님께서 버리실 수밖에 없는 것이다.

"내 백성이 지식이 없으므로 망하는도다 네가 지식을 버렸으니 나도 너를 버려 내 제사장이 되지 못하게 할 것이요 네가 네 하나님의 율법을 잊었으니 나도 네 자녀들을 잊어버리리라"(호 4:6)

하나님은 호세아로 하여금 하나님의 실체를 더욱 더 깊이 깨닫게 하시기 위해 호세아에게 이해할 수 없는 명령을 내리셨고 호세아는 그 말씀을 그대로 복종한다. 음란한 여인 고멜을 아내로 맞이하고 자식을 낳으며 고멜이 바람나서 도망가면 그를 찾아서 사람의 몸값을 주고 사서 다시 사랑하라는 말씀이었다. 이 말씀은 이스라엘이 아무리 하나님을 배반하고 우상을 섬기며 타락한 삶을 살았더라도 하나님께로 돌아오기만 하면 다 용서해주시겠다는 하나님의 마음을 호세아로 하여금 깨닫도록 하기 위한 지시였다. 하나님은 바람난 아내까지도 찾아와서 다시 사랑하라는 명령을 실행한 호세아가 하나님의 마음을 깨닫는 올바른 지식을 가지게 하셨던 것이다. 얼마나 하나님의 마음을 깨닫기 힘들면 하나님은 호세아에게 아주 특수한 명령을 내리시고 그것을 통하여 올바른 하나님 지식을 얻도록 하셨던 것이다.

"여호와께서 내게 이르시되 이스라엘 자손이 다른 신을 섬기고 건포도 과자를 즐길지라도 여호와가 그들을 사랑하나니 너는 또 가서 타인의 사랑을 받아 음녀가 된 그 여자를 사랑하라 하시기로"(호 3:1)

하나님의 마음을 깊이 깨닫고 올바른 하나님 지식을 소유하게 된 호세아는 정말 하나님의 마음이 되어 백성들에게 외치기 시작한다. 하나님의 마음을 깨닫고 느끼고 체험하게 되었으니 호세아의 외침이 얼마나 간절했겠는가? 올바른 지식은 하나님의 간절한 심정이 되도록 만들어준다. 그러면 우리는 예수님을 대신하여 이 세상을 살 수 있게 된다.

"그러므로 우리가 여호와를 알자 힘써 여호와를 알자 그의 나타나심은 새벽 빛 같이 어김없나니 비와 같이, 땅을 적시는 늦은 비와 같이 우리에게

임하시리라 하니라"(호 6:3)

호세아가 체험했던 하나님의 사랑과 그 심정을 호세아가 그대로 외쳤듯이 오늘 우리들도 하나님의 마음을 알아야 한다. 하나님의 마음을 알기 위한 가장 강력한 수단은 말씀체험이다. 물론 지식적인 성경공부도 해야 한다. 문제는 그 지식 자체가 아니라 그 지식을 주시는 하나님의 의도이다. 그것이 하나님의 마음이다. 하나님의 마음을 깨닫기 위해서는 그 말씀대로 순종하고 복종해보아야 한다. 그것이 신앙인의 삶 속에서 펼쳐져야 하는 낮춤과 섬김인 것이다. 직접 낮춤과 섬김을 실행해보지 않으면 하나님의 모든 말씀을 제대로 이해할 수 없고 그렇게 되면 이웃에 대한 사랑이나 섬김의 의미와 원리를 전혀 모르면서 그냥 행위로만 보여주게 된다. 살아있는 올바른 하나님 지식을 얻을 수가 없다는 말이다.

먼저는 그리스도께서 우리 마음에 계실 수 있도록 우리를 비워야 한다. 그리고 사랑 가운데에서 낮춤과 섬김을 통하여 참된 하나님 지식을 얻게 되면 그 다음에는 예수님 사랑의 너비와 깊이와 높이와 깊이를 충만하게 깨닫게 되고 그러면 우리의 삶의 방식을 통하여 그리스도 예수님께서 세상에 드러나게 되시는 것이다. 여러 가지 요인과 과정을 거치게 되지만 그것을 이루는 방식은 바로 낮춤과 섬김인 것이다.

"믿음으로 말미암아 그리스도께서 너희 마음에 계시게 하시옵고 너희가 사랑 가운데서 뿌리가 박히고 터가 굳어져서 능히 모든 성도와 함께 지식에 넘치는 그리스도의 사랑을 알고 그 너비와 길이와 높이와 깊이가 어떠함을 깨달아 하나님의 모든 충만하신 것으로 너희에게 충만하게 하시기를 구하노라"(엡 3:17~19)

3. 낮춤과 섬김은 복종에서 나온다.

낮춤이란 억지로 하려고 해서 이루어지는 것은 아니다. 낮춤은 형제와 이웃에 대한 속마음이기 때문이다. 이 낮춤을 마음에서 우러나오지 않아도 그 자세로 상대방을 대하려고 하다가 보면 진정한 낮춤의 원리를 깨달을 수도 있다. 여러 번 거듭하여 자기를 낮추다가 보면 상대방의 입장을 더 생각하게 되고 이웃을 향한 낮춤의 본질을 주 안에서 더 깨달을 수도 있게 되는 것이다. 성경말씀대로 행해 보았을 때 비로소 성경말씀의 본래의 의미를 깊이 깨달을 수 있게 된다. 그래서 낮춤을 행하려고 애를 쓴 결과 하나님에 대한 살아있는 올바른 지식을 소유할 수 있게 된다. 물론 그렇지 못한 경우가 더 많을 수도 있다. 오히려 더 교만해져서 관념적으로 알고 있는 지식을 참 지식이라고 착각할 수도 있고 전혀 낮추지 못하면서 자신은 낮춤을 삶에서 표현하고 있다고 생각할 수도 있을 것이다. 이럴 경우 낮춤은 오히려 스스로 높아지는 우를 범하게 될 수도 있다.

그런 문제점을 피하고 올바른 하나님 지식을 얻기 위하여 우리에게는 섬김이 필요하다. 섬김을 통하여 말씀을 깨닫게 되고 이웃의 마음을 헤아릴 줄 알게 되며 예수님께서 사람들 앞에서 지극히 낮추시고 십자가에서 고난까지 당하신 섬김을 어렴풋이나마 소화할 수 있게 될 것이다. 물론 낮춤의 바른 자세를 배우지 못하고 섬김의 행위에 초점을 맞추면, 당연하지만 외식하는 신앙인밖에는 될 수 없다. 하지만 그것 때문에 낮춤과 섬김을 중단해야 하는 것은 결코 아니다. 얼마든지 부정적인 결과로 이어질 수 있지만 우리는 보다 긍정적이고 선한 결과를 생각하면서 감당하다가 보면, 흐름을 놓치지 않는 한, 그리스도께서 원하시는 방향으로 나아갈 수 있다. 그렇게 되면 낮춤과 섬김은 예수님의 그것을 따라서 우리의 신앙의식 속에 자리를 잡게 될 것이고 우리의 낮춤과 섬김을 통하여 그리스도의 복음이 실체화될 수 있을 것이다. 그것이 낮춤과 섬김을 행해야 하는 결정적인 이유인 것이다. 우리는 낮춤과 섬김에 대해서 하나님의 말씀에 복종해야 한다.

예수님도 하나님 앞에 복종하셨다. 그것은 완전한 복종이었다. 예수님의 복종은 하나님께서 만물을 그리스도께 복종하게 하시려는 마음에 가장 부합되는 복종이었다. 그렇게 되려면 그리스도께서 하나님 앞에 완전하게 복종하셔야만 했다. 그리고 그렇게 복종케 하시는 목적은 바로 하나님께서 만유의 주로 그 안에 계시기 위함이라고 하시는 것이었다. 그러니까 그리스도께서 하나님께 복종하실 때에 하나님께서 우리들과 함께 계신다는 말이다. 그리스도를 복종하게 하신 것은 하나님께서 우리와 함께 하시기 위한 통로가 된다는 말씀이다.

"만물을 그에게 복종하게 하실 때에는 아들 자신도 그 때에 만물을 자기에

게 복종하게 하신 이에게 복종하게 되리니 이는 하나님이 만유의 주로서

만유 안에 계시려 하심이라"(고전 15:28)

그렇다면 우리 그리스도인들의 낮춤과 섬김에 대한 복종은 하나님께서 우리를 통하여 이 세상에 존재하시기 위한 것이라는 사실을 알아야 할 것이다. 직접적으로 언급한 것은 아니지만, 낮춤과 섬김은 우리가 마귀의 세력과 싸울 때의 강력한 무기가 된다. 세상의 그 어떤 견고한 진도 무너뜨리는 하나님의 능력이 된다. 그리고 하나님을 대적하여 높아진 모든 것을 다 무너뜨릴 수 있다. 그 낮춤과 섬김이 무엇으로부터 나오는가? 그리스도께 복종하는 것으로 이루어질 수 있다. 이해가 되지 않고 결과에 대한 확신이 없더라도 여기에 복종해야 하는 이유인 것이다. 낮춤과 섬김이 직접적인 무기가 되기도 하지만 더 본질적인 것은 그리스도께 복종하는 것이다.

> "우리의 싸우는 무기는 육신에 속한 것이 아니요 오직 어떤 견고한 진도 무너뜨리는 하나님의 능력이라 모든 이론을 무너뜨리며 하나님 아는 것을 대적하여 높아진 것을 다 무너뜨리고 모든 생각을 사로잡아 그리스도에게 복종하게 하니"(고후 10:4~5)

그렇게 보이지 않겠지만 낮춤과 섬김은 영적 무기이다. 그 자체가 무기가 아니라 낮춤과 섬김에 대한 하나님의 명령에 복종할 때 가장 강력한 무기가 된다는 말이다. 낮춤과 섬김은 분명히 예수님

의 마음이요 하나님의 뜻이다. 예수님께서 그렇게 복종하셨기 때문이다. 낮춤과 섬김을 통하여 우리들의 신앙이 변화되고 성장하지만 낮춤과 섬김 자체가 하나님께 대한 복종이기 때문에 우리들은 거기에 복종함으로써 마귀를 대적할 수 있다. 귀찮거나 게으르거나 확신이 오지 않거나 잘 몰라서 낮춤과 섬김을 행하지 못한다면 그것이 바로 마귀에게 패배하는 것이 되어버린다.

"그런즉 너희는 하나님께 복종할지어다 마귀를 대적하라 그리하면 너희를 피하리라"(약 4:7)

우리는 지금 낮춤과 섬김의 열매와 함께 낮춤과 섬김 자체가 신앙의 성장에 큰 기능을 하고 있다는 사실을 살펴보고 있다. 예수님의 낮춤과 섬김의 결정적인 모습은 십자가에서 나타난다. 물론 예수님은 하나님의 아들로서 충분히 낮춤과 섬김에 복종하실 수 있다. 우리가 낮춤과 섬김을 행하려고 할 때 아무리 어려운 점들이 우리를 가로막아도 우리가 예수님의 십자가로 돌아가면 우리는 반드시 복종할 수 있다. 추후에 따로 장을 만들어서 낮춤과 섬김의 영적 싸움에 대해서 살펴보겠지만, 모든 것은 십자가로 돌아가야 모든 의미와 본질이 살아날 것이다. 낮춤과 섬김이 하나님께 대한 복종인 것은 맞지만 그 복종 자체가 아니라 복음이 목적이기 때문이다.

"사람의 모양으로 나타나사 자기를 낮추시고 죽기까지 복종하셨으니 곧 십

자가에 죽으심이라"(빌 2:8)

낮춤과 섬김의 또 다른 의미를 우리는 사도 바울의 편지에서 찾아볼 수 있는데, 낮춤과 섬김은 복음과 하나님께 대한 복종의 차원에서 보지 못하면 자기 의와 자랑에 몰입한 나머지 오히려 하나님의 버림이 될 수도 있다. 물론 사도 바울 정도 되는 사람이 어떻게 하나님으로부터 버림받을 수 있겠는가마는, 바울조차도 하나님께 복종하되 자기 몸을 쳐서 복종하지 못한다면 얼마든지 버림받을 수 있다는 사실을 지적한 것이다. 사도 바울 자신이 아니라 다른 그리스도인들을 경계하기 위하여 주신 말씀일 수도 있겠지만, 낮춤과 섬김이 결코 쉽지는 않겠다는 생각과 하나님께 대한 복종이 아닌 낮춤과 섬김은 하나님과 오히려 더 멀어질 수도 있다는 사실을 우리는 기억해야 한다. 또한 그렇게 하나님께 대한 복종으로서의 낮춤과 섬김이 아니라면 그의 신앙은 결코 더 이상 자랄 수 없고 제자리걸음이나 퇴보하는 모습만을 보일 뿐인 것이다.

"내가 내 몸을 쳐 복종하게 함은 내가 남에게 전파한 후에 자신이 도리어 버림을 당할까 두려워함이로다"(고전 9:27)

또 한 가지 낮춤과 섬김의 특징은 형제들 간에는 '서로 복종'하는 것이라야 한다는 점이다. 물론 그리스도의 사랑을 모르는 사람들에게는 우리가 일방적으로 하나님께 복종하여 그리스도의 사랑으로 낮추고 섬겨야 하지만, 그것을 끝까지 실천할 수 있는 힘은 공동체에서 나온다. 성경에서 형제사랑에 대해서 많은 말씀들이 나오는데, 그 형제사랑은 이웃사랑의 원천이 된다. 개교회뿐 아니라 모든 교회가 그리스도의 몸 된 공동체라는 의식이 있어야 그런 신앙의식으로 이방인들 앞에서 낮추고 섬길 수 있기 때문이다. 이런 모든 과정을 복종이라는 개념으로 경험하면 우리의 신앙은 더욱 더 그리스도의 마음을 가슴에 채우고 진정한 성장을 이룰 수 있게 되는 것이다.

"그리스도를 경외함으로 피차 복종하라"(엡 5:21)

참고로 그런 의미에서 낮춤과 섬김은 교회가 중심이 되어야 한다는 점을 알아야 한다. 왜냐하면 하나님께서 예수님을 복종하게 하시는 목적은 예수 그리스도를 교회의 머리로 삼기 위함이기 때문이다. 물론 개인적인 낮춤과 섬김이 하나님 앞에 복종함으로써 실천되는 것이어야 하지만 교회 전체적으로 이런 복종이 일어나지 않으면 단지 개인적인 의를 성취하는 목적에 그칠 수도 있다. 예수님은 교회의 머리가 되시기 때문에 온전한 낮춤과 섬김은 교회적으로, 공동체적으로 일어나야 온전한 복음이 전파될 수 있는 것이다.

"또 만물을 그의 발 아래에 복종하게 하시고 그를 만물 위에 교회의 머리로 삼으셨느니라"(엡 1:22)

결국 깊은 의미에서 낮춤과 섬김에 복종하지 못하는 사람들은 하나님을 부인하는 사이비 신앙으로 변질될 위험성조차도 존재하는 것이다. 낮춤과 섬김이 비록 신앙이 장성하여 자발적으로 행해진다고 해도 복종이라는 통로를 통해 일어나지 않으면 그것은 단지 관념적인 신앙에 그칠 수도 있게 될 것이다. 낮춤과 섬김이 실천적인 이웃사랑의 모습으로 교회와 우리의 삶의 방식을 통해 일어나지 못한다면, 특별한 사유가 없는 한 하나님을 부정하는 결과를 가져오게 되고, 그리스도의 장성한 분량으로 충만해지는 일은 결코 일어나지 않을 것이다.

"그들이 하나님을 시인하나 행위로는 부인하니 가증한 자요 복종하지 아니하는 자요 모든 선한 일을 버리는 자니라"(딛 1:16)

4. 낮춤과 섬김은 사랑의 풍성함이다.

얼핏 생각하기에는 낮춤과 섬김은 의무나 책임처럼 느껴지겠지만 낮춤과 섬김은 사랑의 열매라는 사실을 알아야 한다. 곧 사랑 없는 낮춤과 섬김은 겉껍데기 보여주기 식 행위밖에는 안 된다는 것이다. 물론 진정한 낮춤에는 반드시 그리스도의 사랑으로 채워져 있는 것이 핵심사항이지만, 그럼에도 불구하고 자기 의나 목표 성취나 자랑을 위한 낮춤도 얼마든지 가능하다. 예수님을 믿지 않는 사람들이나 타 종교를 따르는 사람들 중에서도 진실한 낮춤과 섬김은 무수하게 행해지고 있다. 기독교의 낮춤과 행함이 타 종교나 무종교인의 그것과 달라야 하는 이유는 바로 진정한 사랑의 유무이다. 그렇다고 타종교인의 그것에 사랑이 없다는 말이 아니다. 사랑 없이 어떻게 그렇게 희생적인 섬김을 행할 수 있겠는가? 그 사랑이 어떤 사랑인지가 핵심인데 우리의 낮춤에는 하나님의 사랑으로 채워져 있다는 점이 다른 점인 것이다. 그리스도의 사랑이 빠진 낮춤과 섬김에는 영적 성장은 일어날 수가 없다.

알다시피 우리 사랑의 원형은 예수님의 십자가 사랑이다. 십자가 사랑의 특징이 몇 가지 있는데, 그 중 중요한 것은 그 사랑은 '먼저 사랑'이라는 것이다. 그리스도인이 예수님의 사랑을 본받는다면 항상 먼저 사랑해야 한다. 물론 성경에는 형제사랑, 서로사랑과 관련하여 이 말씀을 주셨지만, 이 사랑의 원리가 세상 속에서도 그대로 적용되기 위해서는 이 말씀이 근거가 될 수 있을 것이다. 곧 우리를 모르고 미워하는 사람들에게도 우리는 먼저사랑의 본을 보임으로써 그리스도의 참사랑을 드러낼 수 있게 되는 것이다.

"우리가 사랑함은 그가 먼저 우리를 사랑하셨음이라"(요일 4:19)

앞서 사도 요한은 여기에 대해 상세하게 설명하는데, 우리가 하나님을 사랑하는 것을 모를 뿐만 아니라 아예 하나님의 존재 자체도 모를 때에 하나님은 이미 우리를 사랑하셨다고 했다. 그런데 그 사랑의 방법이 바로 낮춤과 섬김이었다는 것이다. 그 섬김이 기가 막힌 것은 우리 죄를 속하시기 위해 그 아들을 화목제물로 보내셨다고 한 것이다. 그것은 하나님께서 스스로 제물이 되신 것이다. 이보다 더 깊은 낮춤이 어디에 있으며 이보다 더 고귀한 섬김이 어디에 있단 말인가? 물론 화목제물은 오직 예수님만이 가능한 섬김이지만 우리는 그 예수님의 낮춤과 섬김을 따라가는 사람들이기 때문에 타종교의 낮춤과 섬김과는 근본적으로 다른 것이다. 그것은 오직 하나님의 스스로를 낮추시는 그 사랑으로만 가능한 것이다.

> "사랑은 여기 있으니 우리가 하나님을 사랑한 것이 아니요 하나님이 우리를 사랑하사 우리 죄를 속하기 위하여 화목제물로 그 아들을 보내셨음이라"(요일 4:10)

낮춤과 섬김으로서의 '서로사랑'은 바로 이런 하나님의 사랑으로부터 출발하는 것이다. 하나님께서 우리를 그렇게 사랑하셨는데 그 사랑에 힘입어서 거듭나게 된 그리스도인들이 서로 사랑하지 못한다면 그 사람은 참된 믿음의 소유자가 맞는가? 형제들이 서로 사랑하는 것은 지극히 당연한 일이다. 지금 워낙 성경적인 가치관이 사라지고 정체성이 혼란스러운 시대라서 당연히 해야 할 일을 해도 박수를 받는 세상이 되었지만, 우리 그리스도인들은 모든 일을 사랑으로 감당하려고 해야 한다. 진정한 낮춤과 섬김은 그리스도의 사랑이 충만할 때 자연스럽게 일어나는 삶의 방식이다. 곧 하나님의 사랑을 알고 믿고 그 사랑으로 세상을 사는 사람들에게는 낮춤과 섬김이 그리스도의 사랑의 증거로 드러나게 되어 있는 것이다.

"사랑하는 자들아 하나님이 이같이 우리를 사랑하셨은즉 우리도 서로 사랑하는 것이 마땅하도다"(요일 4:11)

믿음이 자란다면 서로사랑이 풍성하게 된다. 교회에서 성도들을 훈련함으로써 신앙이 자라고 있다면 더욱 더 그리스도의 사랑이 눈에 보여야 한다. 믿음이 자라서 집사, 권사, 장로가 되었는데 그리스도의 사랑의 모습은 간데없고 서로 자기 의를 내세우거나 자기 신앙을 자랑하는 모습들이 그대로 드러나고 있다면 그것은 신앙이 자란 것이 아니다. 오히려 교회 예전과 각종 모임들이 그리스도에게까지 자라야 할 성도들의 신앙을 종교의 틀 속에 가두어 버리는 것이다. 만약에 그런 현상이 교회에 퍼져있다면 차라리 교회를 해산하고 다시 훈련을 시작하는 것이 훨씬 나을 것이다. 아무튼 믿음이 자라면 서로사랑이 풍성해지고 그것은 서로가 그리스도의 사랑으로 자기를 낮춤과 그리스도의 섬김처럼 서로를 섬기게 만들 것이다. 그래서 낮춤과 섬김은 믿음의 올바른 성장과 이웃사랑의 척도가 되는 것이다.

"형제들아 우리가 너희를 위하여 항상 하나님께 감사할지니 이것이 당연함은 너희의 믿음이 더욱 자라고 너희가 다 각기 서로 사랑함이 풍성함이니"
(살후 1:3)

세상은 교회를 향하여 어떤 잣대를 들이밀겠는가? 틀림없이 성도들과 교회의 삶의 방식을 볼 것이다. 교회 주변 지역사회에서 교회에 대하여 눈을 감고 있는 것 같지만 사실은 그들은 안 보는 것 같으면서도 다 보고 수시로 평가하고 있다. 우리가 무엇을 어떻게 하면 사람들이 우리가 예수님의 제자라는 것을 알겠는가? 예배나 기도회? 찬양과 성경통독? 아니다. 그런 예전들은 그리스도인들에게 반드시 필요하고 또 그런 일들을 통하여 신앙이 성장하는 것은 틀림이 없지만 그런 예전들은 다른 종교에서도 각각의 특징을 가지고 얼마든지 행해지고 있다. 교회에는 '서로사랑'이라는 강력한 무기가 있다. 물론 타종교에서도 자기들끼리는 너무나도 사랑한다. 그들과 다른 점은 우리는 그리스도의 십자가의 낮춤과 섬김으로 서로 사랑한다는 점이다. 그리고 그 '먼저사랑'으로 이웃과 지역에 낮춤과 섬김을 행한다는 점이다.

> "새 계명을 너희에게 주노니 서로 사랑하라 내가 너희를 사랑한 것 같이 너희도 서로 사랑하라 너희가 서로 사랑하면 이로써 모든 사람이 너희가 내 제자인 줄 알리라"(요 13:34~35)

베드로는 진리에 순종함으로써 우리 영혼이 깨끗해지면 거짓 없이 형제를 사랑하기에 이른다고 했다. 영혼이 깨끗해진다는 말은 무엇이겠는가? 결국 그리스도의 십자가 사랑이 우리 심령을 꽉 채운다는 뜻이다. 물론 그것은 우리의 믿음이 잘 성장해서 그리스도의 장성한 분량에까지 이르렀음을 말한다. 그것이 우리 신앙의 목표지점이다. 그리고 우리는 그곳을 향하여 끊임없이 움직이는 사람들인 것이다. 거짓 없이 형제를 사랑하지 못한다면, 곧 진정한 낮춤과 섬김을 행하지 못한다면 이웃사랑이든 하나님 사랑이든 모두가 불가능해진다. 자칫하면 단지 낮춤과 섬김을 자랑하는 일에 그쳐버릴 수도 있다. 진짜 낮춤과 섬김이 우리의 삶 속에서 일어나고 있는가? 만약에 아직 그렇지 못하다면 최대한 빨리 낮춤과 섬김을 배우고 행해야 한다. 그리스도의 사랑으로 인하여 일어나는 낮춤과 섬김이 못되더라도 하나님의 뜻에 복종하여 섬기다가 보면 우리의 영성도 꾸준히 자라고 변화되고 성장하게 될 수 있을 것이다.

"너희가 진리를 순종함으로 너희 영혼을 깨끗하게 하여 거짓이 없이 형제를 사랑하기에 이르렀으니 마음으로 뜨겁게 서로 사랑하라"(벧전 1:22)

베드로 사도는 뜨거운 사랑이 허다한 죄를 덮는다고 했다. 우리 모두가 전부 부족하고 연약한 사람들이다. 그리스도의 사랑이 아니라면 무엇이 우리를 하나 되게 하고 그리스도를 닮아가게 만들 수 있겠는가? 교회 안에서 서로 사랑하고 봉사하고 대접하고 낮춤과 섬김을 행할 때 우리들은 모두가 예수님의 참 제자요 작은 예수가 되어 세상에 그리스도의 사랑을 보여줄 수 있을 것이다. 신앙이 성장한 사람들은 진짜 낮춤과 섬김의 본을 보여주고 아직 부족한 사람들은 낮춤과 섬김의 본을 따라 행하다가 보면 하나님 사랑과 이웃사랑의 참모습을 배우고 삶의 방식으로 표출할 수 있게 될 것이다.

"무엇보다도 뜨겁게 서로 사랑할지니 사랑은 허다한 죄를 덮느니라 서로 대접하기를 원망 없이 하고 각각 은사를 받은 대로 하나님의 여러 가지 은혜를 맡은 선한 청지기 같이 서로 봉사하라"(벧전 4:8~10)

제8장

낮춤과 섬김은 믿음의 실체이다.

그리스도인의 낮춤과 섬김은 하나님의 사랑을 실체적으로 알고 느낌으로써 행동으로 드러나는 열매이다. 그리스도의 사랑으로 행하지 않는 모든 낮춤과 행함은 하나님과 관계없는 인간개인의 일일 뿐이다. 다른 사람을 위해 희생하는 사랑이 무가치하다는 것이 아니라 그리스도의 십자가 사랑에 기인하지 못한 모든 사랑과 희생은 단지 인간세상 안에서 일어나는 죄인들의 몸짓일 뿐이라는 말이다. 어느 누가 가족을 사랑하지 않으며 자기가 속한 공동체를 위하지 않겠는가? 그래서 예수님은 당연히 사랑할 대상이나 수준이 아니라 전혀 다른 차원의 사랑을 행하라고 하시는 것이다.

"너희가 만일 너희를 사랑하는 자만을 사랑하면 칭찬 받을 것이 무엇이냐
죄인들도 사랑하는 자는 사랑하느니라"(눅 6:32)

그런데 무엇으로 우리의 사랑이 그리스도의 사랑인지 분간할 수 있겠는가? 우리가 행하는 낮춤과 섬김을 아무리 하나님의 사랑

으로 행한다고 하더라도 그것이 하나님의 사랑인지 어떻게 알 수 있겠는가? 여기에서 우리는 하나님을 향한 믿음으로 출발하는 사랑을 생각해야 한다. 그리스도께서 십자가에서 모진 고난과 희생을 당하신 것이 바로 나 자신을 위하여 그렇게 하신 것이라는 믿음이 아니라면 우리가 행하는 사랑은 그리스도의 사랑일 가능성이 희박하다. 그 믿음은 우리가 행하는 모든 섬김이 하나님 앞에서 그리스도를 위한 섬김인 것을 믿는 믿음이다. 바울은 디모데에게 보낸 편지에서 복음의 목적을 이야기하는데, 그것은 바로 거짓 없는 믿음에서 나오는 사랑이라고 정의하였다. 진실한 믿음에서 나오는 사랑으로 낮춤과 섬김을 행할 때 복음은 충만하게 될 수 있는 것이다.

> "이 교훈의 목적은 청결한 마음과 선한 양심과 거짓이 없는 믿음에서 나오는 사랑이거늘"(딤전 1:5)

믿음은 무엇을 구할 때에나 환자를 위해 기도할 때에만 소용되는 것이 아니다. 그리고 믿음의 절개를 끝까지 지키기 위한 인내나 고난 중에서도 오직 하나님만 붙들기 위해서만 필요한 것도 아니다. 믿음이란 그리스도와 자기 자신의 일체를 뜻하는 것이기 때문에 그리스도의 사랑은 바른 믿음이 아니면 낮춤과 섬김으로 표출될 수 없는 것이다. 사랑으로 행한다고 하면서 그리스도 안에서 생각하지 못하는 경우는 믿음이 없기 때문에 나타나는 현상이다. 사실은 어느 한 가지가 참이라면 모든 것이 참이어야 한다. 믿음이 참이라면 사랑도 참일 것이고, 낮춤이 참이라면 섬김도 참인 것이다. 바른 믿음에 기초한 사랑으로 낮춤과 섬김을 행함으로써 이 세상이 복음으로 넘치게 되기를 간절히 소망한다.

1. 낮춤, 섬김과 믿음

많은 믿음의 선진들은 각기 독특한 믿음의 증거들을 보여준 사람들이다. 성경은 바로 믿음의 이야기들이다. 성경 전체는 그리스도의 낮춤과 섬김의 이야기로 집약되어 있다. 그리고 모든 이야기들은 거기에서부터 파생된 내용들이다. 구약의 낮춤과 섬김의 주인공들에 대해서도 그리스도의 낮춤과 섬김의 이야기와 함께 풀어가야 참된 섬김을 알 수 있다. 물론 구약의 선진들의 이야기를 그대로 예수님의 고난에 적용시킬 수는 없다. 구약은 주로 이스라엘 공동체 내의 이야기들이기 때문이다. 그렇다고 하더라도 구약에는 하나님의 사랑의 원리가 잘 드러나 있다. 그러나 구약의 이야기를 신약시대에 그대로 적용하면 많은 문젯거리가 발생할 수 있다. 지나치게 현실적이고 축복 중심적으로 흘러버리기 때문이다. 그럼에도 불구하고 우리는 구약의 인물들에게서 낮춤과 섬김의 진정한 자세를 배울 수 있다. 그것은 바로 우리의 믿음의 방향이다.

우리가 낮춤과 섬김이라는 주제로 한정해서 이야기하고 있지만 사실 그리스도인이 그리스도의 영광을 위하여 행하는 모든 행위가 낮춤과 섬김이다. 예수님께서 십자가 고난을 담당하신 것도 한 사람 한 사람에게 직접적으로 섬기신 것은 아니었지만 예수님의 섬김은 모든 인류에게 고루고루 미칠 수 있는 진정한 낮춤과 섬김이었다. 예를 들어 민족이 형성되기 시작할 때의 모세의 낮춤과 섬김은 전적으로 모세의 믿음에서 일어난 일이었다. 모세가 여호와 하나님께 대한 믿음과 확신이 없었다면 민족을 위한 그의 평생의 낮춤과 섬김은 일어날 수 없었을 것이다. 하나님은 모세에게 분명한 믿음을 심어주기 위한 프로젝트를 가동하셨고, 마침내 그 믿음으로 인하여 하나님과 모세 사이는 마치 친구 사이와도 같게 되었다고 하였다. 이런 관계가 아니었다면 모세는 출애굽의 낮춤과 섬김을 결코 완수할 수 없었을 것이다.

"사람이 자기의 친구와 이야기함 같이 여호와께서는 모세와 대면하여 말씀하시며"(출 33:11上)

한 가지 예를 더 들자면 다윗 왕을 이야기할 수 있다. 우리는 흔히 착각하기를 다윗은 자기 왕국을 세우고 유지하기 위하여 모든 싸움을 한 것이라고 생각할 수 있다. 하지만 하나님께서 다윗 왕에게 그 영원한 왕국을 맡기신 것은 그의 낮춤과 섬김이 여호와를 전적으로 믿고 의지함인 것을 아시기 때문이었다. 우리가 알다시피 하나님께 있어서 다윗은 하나님의 마음에 맞는 사람이었다. 하나님의 마음에 맞는다는 것은 하나님의 사랑과 섭리를 믿는 확신을 가지고 있었기 때문에 그의 생각과 말과 행동과 삶이 하나님의 마음과 일치한다는 것을 의미한다. 곧 다윗의 낮춤과 섬김도 그의 믿음 때문에 일어나는 필연적인 결과인 것이다.

"폐하시고 다윗을 왕으로 세우시고 증언하여 이르시되 내가 이새의 아들

다윗을 만나니 내 마음에 맞는 사람이라 내 뜻을 다 이루리라 하시더니"(행

13:22)

많은 그리스도인들이 오해하고 있는 것은 구약은 행함으로 구원받는 시대였다고 생각하는 점이다. 그러나 하나님께서는 그것이 아니라는 말씀을 하박국 선지자를 통하여 분명하게 주셨다. 아무리 온갖 좋은 일을 하고 의로운 일을 감당하는 것 같아도 오히려 그런 점 때문에 교만하게 되고 하나님 앞에 정직하지 못한 모습으로 떨어지고 마는데 그 이유를 하나님은 믿음 때문이라고 말씀하시는 것이다. 올바른 믿음으로써만이 교만과 정직하지 못한 것과 싸워 이길 수 있다. 구원이든 낮춤이든 섬김이든 구약이든 신약이든 분명하고 바른 믿음만이 모든 일을 주의 마음으로 행할 수 있게 하는 것이다.

"보라 그의 마음은 교만하며 그 속에서 정직하지 못하나 의인은 그의 믿음

으로 말미암아 살리라"(합 2:4)

믿음으로 행하지 못하는 낮춤과 섬김은 후에 반드시 드러나게 되어 있다. 교만과 불의와 정욕과 욕심을 따라 행한, 겉으로 보기에는 순수해보이고 의로워 보이는 모든 행위와 삶의 행태들이 고스란히 드러나게 되는 이유는 여호와의 영광을 인정하는 것이 마치 바닷물처럼 세상에 가득하게 되기 때문이라고 말씀하신다. 이

는 "의인은 믿음으로 말미암아 살리라."고 하신 여호와께서 그 말씀 이후에 연달아서 주신 말씀이다. 믿음과 깊은 관련이 있다. 믿음이란 하나님 앞에 자신의 벌거벗은 모습이 그대로 드러나고 있는 것을 아는 것이다. 대부분은 하나님 존전의식이 없기 때문에 자기 믿음의 변질이나 포기로 결말지어지는 것이 아니겠는가?

"이는 물이 바다를 덮음 같이 여호와의 영광을 인정하는 것이 세상에 가득함이니라"(합 2:14)

믿음이란 하나님께서 나와 함께하신다는 의식이다. 우리의 육체가 직접적으로 하나님과 교제할 수 있는 영혼의 상태가 아니기 때문에 우리에게 믿음이 필요한 것이다. 현실은 가깝고 하나님은 멀리 계신다. 그렇다면 그 어떤 낮춤과 섬김도 사람을 의식하고 행하게 될 수밖에 없다. 왜 그리스도인이 부정과 불법을 저지르는가? 하나님을 생각하지 않는 사람은 편법과 탈법으로 자기 욕심을 채우려고 한다. 그러나 믿음이 있는 사람은 눈에 보이는 것으로 행하지 않고 보이지 않는 믿음으로 행할 수 있게 된다. 심지어 낮춤과 섬김마저도 사람에게 보이고 자랑하려고 하는 세상에서 우리에게 반드시 필요한 것은 강한 믿음이다. 생각해보라. 온갖 박해와 고난을 무엇으로 견딜 수 있겠는가? 믿음이 없다면 모든 일의 의미가 사라지게 된다.

"그러므로 우리가 항상 담대하여 몸으로 있을 때에는 주와 따로 있는 줄을 아노니 이는 우리가 믿음으로 행하고 보는 것으로 행하지 아니함이로라"
(고후 5:6~7)

예수님께서 지금 우리와 함께 육체로 계시지 않지만 우리가 주님을 대신하여 이웃을 섬기는 일은 순전히 믿음으로 하는 일이어야 한다. 믿음이 아니라면 낮춤도 섬김도 아무 소용이 없다. 보이지 않으시는 하나님을 믿고 하나님의 사랑으로 행하려고 할 때 믿음이 아니라면 거의 아무것도 할 수 없다. 물론 믿음은 후일에 우리의 몸을 떠나 주와 함께 한다는 사실을 믿는 것이다. 그러나 지금은 우리는 몸으로 존재할 수밖에 없다. 그렇기 때문에 낮춤과 섬김을 행해야 할 때에는 믿음이 반드시 필요한 것이다. 그럴 때 우리의 존재의 근거는 주님을 기쁘시게 하는 것이다. 낮춤과 섬김도 주를 기쁘시게 한다는 믿음으로부터 출발해야 하는 것이다.

"우리가 담대하여 원하는 바는 차라리 몸을 떠나 주와 함께 있는 그것이라
그런즉 우리는 몸으로 있든지 떠나든지 주를 기쁘시게 하는 자가 되기를
힘쓰노라"(고후 5:8~9)

믿음으로만이 진정한 낮춤과 섬김을 일으킬 수 있다. 아무리 율법의 행위로 대변되는 모든 나눔과 섬김 활동을 펼치더라도 그 행위 자체에 초점을 맞추면 그런 모든 노력들은 하나님과 전혀 관계없는 자기 의를 위한 행위밖에는 되지 않는다. 알다시피 우리를 의롭게 하는 것은 율법의 행위가 아니다. 율법의 행위란 종교적 의식

속에 가두어져 있는 것을 말하는데 그 종교의식도 하나님을 향한 믿음이 없다면 이방종교의 그것과 조금도 다를 것이 없다. 모든 낮춤과 섬김은 반드시 그리스도의 사랑으로 행해야 하지만 그 사랑도 예수님의 우리를 향하신 모든 섬김을 믿는 믿음으로만이 바르게 세워질 수 있는 것이다. 의롭다 하심, 곧 구원조차도 믿음으로 이루어지는 것이라면 우리의 낮춤과 섬김은 더욱 당연할 것이다.

> "그러므로 사람이 의롭다 하심을 얻는 것은 율법의 행위에 있지 않고 믿음
> 으로 되는 줄 우리가 인정하노라"(롬 3:28)

예수님은 어떤 부자가 영생에 대하여 질문을 했을 때 한 가지 부족한 것을 말씀하셨다. 그것은 자기 소유를 다 팔아 가난한 사람들에게 나눠주는 것이다. 그러나 이 말씀은 재산을 버리라는 말씀이 아니라 믿음에 대한 말씀이었다. 참된 믿음이 있다면 곧 예수님께서 그리스도시요 하나님이라는 사실을 믿고 있다면 큰 갈등을 거칠지는 몰라도 결국 믿음으로 재산을 버릴 수 있게 될 것이다. 우리의 낮춤과 섬김은 마치 자기 소유를 다 팔아서 가난한 사람들에게 나누어주는 것과 같은 일이어야 한다. 재산이든 낮춤이든 섬김이든 희생이든 주께서 우리의 모든 것이 되신다는 확실한 믿음이 있어야 비로소 그 의미와 가치가 살아나는 것이기 때문이다.

> "예수께서 이 말을 들으시고 이르시되 네게 아직도 한 가지 부족한 것이 있
> 으니 네게 있는 것을 다 팔아 가난한 자들에게 나눠 주라 그리하면 하늘에

서 네게 보화가 있으리라 그리고 와서 나를 따르라 하시니"(눅 18:22)

2. 사랑과 믿음의 관계

낮춤과 섬김의 근거가 되는 그리스도의 사랑은 믿음으로부터 출발한다는 사실을 잘 알고 있어야 한다. 모든 것은 믿음으로부터 출발한다. 비록 하나님의 사랑에 대해서 구체적으로 모른다고 해도 하나님을 믿는 믿음 안에 들어오면 하나님의 사랑 가운데 거하게 되는 것이다. 그리고 자신도 모르는 사이에 그 사랑 가운데에서 뿌리가 내리고 깊이가 더해지며 굳건한 터전 위에 서게 된다. 그런 과정을 거쳐서 비로소 그리스도의 사랑을 알게 되는 것이다. 여기에서 사랑 안에 거한다는 말씀의 뜻은 낮춤과 섬김이라는 서로사랑을 통하여 그리스도의 사랑 속에 뿌리박히는 것을 의미한다.

"믿음으로 말미암아 그리스도께서 너희 마음에 계시게 하시옵고 너희가 사랑 가운데서 뿌리가 박히고 터가 굳어져서 능히 모든 성도와 함께 지식에 넘치는 그리스도의 사랑을 알고"(엡 3:17~18)

믿음은 어떻게 증명이 되고 사랑은 어떻게 표출되어야 하겠는가? 결국은 겉으로 드러나는 행위로 나타날 수밖에 없는데 그것이 바로 낮춤과 섬김이라는 말이다. 구체적으로 또는 정기적으로 눈에 띄는 활동을 하는 것만을 뜻하는 것은 아니다. 그렇게 외적으로 행동하기 어려운 경우도 얼마든지 있을 수 있기 때문이다. 그럴 경우에라도 순간순간 일상의 생활 가운데에서나 교회 안에서도 얼마든지 낮춤과 섬김은 성립될 수 있다. 그런 꾸준한 행동을 통하여 우리는 그리스도의 사랑의 너비와 길이와 높이와 깊이를 깨달아가게 되는 것이고, 그것이 바로 신앙의 성장 또는 성숙이 되는 것이다. 결국 믿음으로 출발하여 그리스도의 사랑 가운데 뿌리가 박히며 거기에서 나타나는 낮춤과 섬김을 통하여 그리스도의 큰 사랑을 깨닫고 마침내 하나님의 모든 것으로 충만하게 되는 것이다. 이것이 모든 그리스도인들의 목표지점이 되어야 하고 현재진행형이 되어야 하는 것이다.

"그 너비와 길이와 높이와 깊이가 어떠함을 깨달아 하나님의 모든 충만하신 것으로 너희에게 충만하게 하시기를 구하노라"(엡 3:19)

믿음과 사랑이라고 하면 대개는 깊은 상관이 없는 것으로 느낄 수 있을 것이다. 그러나 믿음과 사랑은 뗄 수 없는 관계라는 사실을 알아야 한다. 믿음 없는 사랑이 있을 수 없고 마찬가지로 사랑 없는 믿음도 불가능하다. 믿음으로부터 출발하지 않으면 하나님의 사랑을 느낄 수도 없고 존재 자체를 깨달을 수도 없다. 반면에 아무리 훌륭한 믿음이라도 그 믿음의 열매인 사랑이 결실을 맺지 못하면 또한 그것은 온전한 믿음이 될 수 없다. 믿음과 사랑이 있다면 거기에 합당한 영원한 세계를 향한 소망이 우리를 그리스도인답게 만들어줄 것이다. 낮춤과 섬김은 믿음과 소망과 사랑 안에서만 그 의미가 명료해질 것이다. 물론 여기에서는 믿음과 사랑에 대하여 살펴보고 있다.

"그런즉 믿음, 소망, 사랑, 이 세 가지는 항상 있을 것인데 그 중의 제일은 사랑이라"(고전 13:13)

그리스도의 은혜도 믿음과 사랑과 함께 풍성해질 수 있다. 믿음과 사랑은 동전의 양면과 같아서 어느 한 쪽만 존재할 수는 없다. 극진한 사랑으로 많은 사람을 위해 헌신한다고 해도 하나님의 은혜에 대한 믿음이 없으면 알맹이 빠진 껍데기가 되기 쉽고, 믿음으로 병을 고치고 담대하게 사역을 감당하더라도 그리스도의 사랑으로 행하지 않는다면 기껏 자기자랑이나 인정 욕구를 만족시키는 것에 불과할 수도 있다. 물론 한 사람의 그리스도인에게 하나님은 어떤 특정한 방향으로 은사를 주셨다. 은사가 전혀 없는데 그 일을 뛰어나게 행하기는 어렵다. 믿음과 관련된 담대함으로 많은 일을 이루는 사람도 있지만 세상과 이웃의 환경과 어려움을 공감하고 세심하게 사랑으로 돌볼 수 있는 사람도 있다. 하지만 분명한 것은 양쪽 모두 완전할 수는 없어도 최소한 기본적인 믿음과 사랑은 반드시 필요하다는 점이다.

"우리 주의 은혜가 그리스도 예수 안에 있는 믿음과 사랑과 함께 넘치도록 풍성하였도다"(딤전 1:14)

유명한 사도 바울의 사랑장에서도 믿음과 사랑의 관련성을 분명하게 이야기했다. 물론 이 본문은 사랑이 얼마나 중요한가를 강조하는 말씀이다. 그렇다고 하여 믿음이 없어도 되는 것은 아니다. 하나님의 사랑을 깨닫고 깊이를 알고 모든 것을 풍성하게 소유한다고 해도 그 모든 것은 결국 믿음으로부터 출발하는 것이어야 하기 때문이다. 아무리 희생적인 사랑이라도 굳건하고 올바른 믿음이 근거가 되지 못하면 그냥 사람의 사랑 그 이상도 이하도 아닌 것이다.

"내가 예언하는 능력이 있어 모든 비밀과 모든 지식을 알고 또 산을 옮길 만한 모든 믿음이 있을지라도 사랑이 없으면 내가 아무 것도 아니요"(고전 13:2)

믿음과 사랑은 어떤 형태로 우리에게 나타나겠는가? 틀림없이 낮춤과 섬김으로 드러나게 되어 있다. 만약에 우리 속에 순전한 믿음과 그리스도의 희생적인 사랑으로 가득 채워져 있더라도 삶에서 행동으로 드러나지 않는다면 어떻게 그 믿음과 사랑을 알 수 있겠는가? 행위로 드러나지 않으면 자기 자신도 정체성의 혼란을 겪게 될 것이다. 그 구체적인 증거가 낮춤과 섬김으로 나타나는 것이다. 데살로니가교회를 심방했던 디모데가 사도 바울에게 전한 소식은 아주 기쁜 소식이었는데, 그것은 믿음과 사랑의 실천적인 이야기였을 것이다. 말로만 믿음과 사랑을 표현하거나 가족 등 가까운 사람들끼리만 믿음과 사랑을 고백하는 데 그쳤다면 그것은 그리 기쁜 소식은 되지 못했을 것이다. 결국 그 기쁜 소식이란 낮춤과 섬김이었을 것이라는 말이다.

> "지금은 디모데가 너희에게로부터 와서 너희 믿음과 사랑의 기쁜 소식을
> 우리에게 전하고 또 너희가 항상 우리를 잘 생각하여 우리가 너희를 간절
> 히 보고자 함과 같이 너희도 우리를 간절히 보고자 한다 하니"(살전 3:6)

우리 그리스도인들은 궁극적으로 무엇을 기반으로 생존가치를 살려야 하겠는가? 그리스도께서 나를 사랑하시기 위하여 낮춤과 섬김 곧 십자가 고난을 감당하셨다는 사실을 믿는 믿음 안에서 사는 것이다. 그리스도께서 내 안에 사시는데, 그리고 나를 사랑하사 십자가에서 목숨까지 버리신 그 사랑을 믿는 믿음으로 사는데, 만약에 그 사랑과 동일한 희생적인 사랑을 실천하지 못한다면 그것은 진정한 믿음인가? 그리스도의 사랑의 은혜로 우리가 산다면 당연히 그리스도께서 자기 생명까지 버리신 낮춤과 섬김으로 타인을 사랑하는 그 사랑으로 우리의 삶을 진행해 나가야 할 것이다. 그래서 사랑은 그리스도를 믿는 믿음 안에서 비로소 그 의미가 살아나게 되는 것이다.

> "내가 그리스도와 함께 십자가에 못 박혔나니 그런즉 이제는 내가 사는 것
> 이 아니요 오직 내 안에 그리스도께서 사시는 것이라 이제 내가 육체 가운
> 데 사는 것은 나를 사랑하사 나를 위하여 자기 자신을 버리신 하나님의 아
> 들을 믿는 믿음 안에서 사는 것이라"(갈 2:20)

마지막으로 그 믿음 역시 자라나야 진정한 사랑을 실천할 수 있다는 것을 이야기해야 한다. 믿음은 단번에 믿어진다고 해서 그 믿음이 온전한 믿음이 되는 것은 아니다. 모든 것은 자라야 한다. 자라지 않아도 되는 것이 있다고 한다면 그것은 하나님의 사랑과 은혜의 크기를 외면하는 것이다. 물론 우리의 사랑도 낮춤과 섬김을 행하면서 자라간다. 어린아이가 자기만의 세계에 갇혀 있다가 자라가면서 다른 사람들이나 외부환경을 깨달아가고 철이 들어 성인이 되는 것처럼 교회공동체를 중심으로 낮춤과 섬김을 실천해가면서 그리스도의 장성한 사랑의 분량에까지 자라갈 수 있게 된다. 믿음도 이와 동일하다. 무조건 달라고 떼를 쓰면 주신다는 믿음과 하나님의 일에 대한 이해도가 커지고 자기목적이 아니라 하나님의 목적이 이루어질 것을 믿는 믿음에는 천지차이가 있다. 낮춤과 섬김을 열심히 행한다고 해도 우리에게는 여전히 자라나야 할 분량이 훨씬 많이 남아있다. 다만 믿음과 사랑에 대한 올바른 이해를 가지고 충실하게 하나님의 일을 감당해야 할 것이다.

"형제들아 우리가 너희를 위하여 항상 하나님께 감사할지니 이것이 당연함은 너희의 믿음이 더욱 자라고 너희가 다 각기 서로 사랑함이 풍성함이니"
(살후 1:3)

3. 믿음으로 행함은 하나님의 능력이다.

낮춤과 섬김은 우리의 손과 발로 행하는 일이지만 거기에는 그리스도의 낮춤과 섬김이 동반된다는 사실을 알아야 한다. 단순하게 그리스도의 고난을 본받는다면 그 믿음은 온전한 믿음이 될 수 없다. 왜냐하면 그리스도의 낮춤과 섬김이 우리의 낮춤과 섬김을 통해 실현될 수 없기 때문이다. 기독교는 믿음이 가장 본질이며 핵심이다. 믿음이란 비현실적인 그리스도의 십자가 사랑을 이 땅에 나타내 보여주는 것으로 드러나야 한다. 십자가의 사랑은 틀림없이 모든 사람들을 구원으로 이끌어주지만 그 사랑은 그리스도인들을 통하여 하나님의 능력으로 드러날 때 어떤 사람에게 실제 구원으로 연결되는 것이다. 믿음은 보이지 않는 것들의 현실화이다. 그리스도의 고난을 이야기하면 저 먼 하늘에서나 일어나는 일쯤으로 여기고 세상에 소망을 두지만 그 높은 이상들을 현실에 성취하려는 마음이 바른 믿음인 것이다.

"믿음은 바라는 것들의 실상이요 보이지 않는 것들의 증거니 선진들이 이로써 증거를 얻었느니라"(히 11:1~2)

낮춤과 섬김이 이와 똑같다. 우리가 어려운 형제나 고난당하는 이웃을 찾아 진심으로 자기를 먼저 낮추고 그들의 마음에 공감하며 우리가 할 수 있는 최선의 섬김을 행할 때에는 예수님께서 우리의 섬김의 현장에서 함께하신다는 믿음을 가져야 한다. 그것이 아니라면 우리가 행하는 낮춤과 섬김은 언젠가 우리에게 어떤 형태로이든 보상, 상급이 따라온다는 추상적인 믿음이 될 뿐이다. 믿음은 그리스도와 함께 현장에서 펼쳐져야 한다. 그것을 우리는 성령 충만으로 이야기하지만 성령 충만이란 단지 영적으로 우리의 심령이 충만해지는 것을 말하는 것이 아니라 주님께서 삶의 현장에서 함께하신다는 의미로 받아들여야 하는 것이다. 왜냐하면 주님은 부활승천하시면서 끝 날까지 우리와 항상 함께 있으리라고 약속하셨기 때문이다.

> "볼지어다 내가 세상 끝 날까지 너희와 항상 함께 있으리라 하시니라"(마 28:20下)

너무나도 자주 인용되는 성경말씀을 또다시 언급하자면, 우리가 육체 가운데 이웃을 섬기는 일은 하나님의 아들을 믿는 믿음 안에서 행하는 것이다. 그 믿음은 내 안에 그리스도께서 사시는 믿음이요 예수님께서 십자가에 달리시고 못 박히실 때 그때 나도 함께 못 박혔다는 믿음이요 이제는 내가 사는 것이 아니라는 믿음인 것이다.

> "내가 그리스도와 함께 십자가에 못 박혔나니 그런즉 이제는 내가 사는 것이 아니요 오직 내 안에 그리스도께서 사시는 것이라 이제 내가 육체 가운데 사는 것은 나를 사랑하사 나를 위하여 자기 자신을 버리신 하나님의 아들을 믿는 믿음 안에서 사는 것이라"(갈 2:20)

우리의 현실은 결코 세상의 현실이 아니다. 생각해보라. 날 위해 희생당하신 그리스도의 은혜를 믿고 세상에서 잘 사는 것이 참 믿음인가 아니면 세상은 어차피 죄와 욕심 따라 흘러가는 곳이고 나는 그 세상의 흐름을 거슬러 올라가는 그리스도와 함께 하는 믿음이 참 믿음인가? 하나님께서 세상의 흐름에 자기를 내맡기는 종교적 신앙인을 찾으시겠는가 아니면 세상의 가치와 원리가 아니라 그리스도께서 함께하시는 천국의 원리로 사는 신앙인을 찾으시겠는가? 단순하게 그리스도의 낮춤과 섬김을 따라 그대로 행하는 것을 넘어서서 내가 낮춤과 섬김으로 행할 때에 예수님께서 현장에서 나와 함께 낮추고 섬기신다는 살아있는 믿음으로 행해야 한다는 말이다.

예수님께서 육체로 계실 때에 믿음으로 섬겼던 사람들의 여러 가지 이야기들이 성경에 기록되어 있다. 그 중에 한 가지 예를 든다면 중풍병에 걸린 한 사람을 병상에 태우고 예수님 계신 곳으로 지붕을 뚫고 들어갔던 네 사람의 이야기가 있다. 이들이 환자와 어떤 관계인지는 알 수가 없으나 이들이야말로 낮춤과 섬김을 몸으로 보여준 사람들이었다. 물론 그리스도의 십자가 고난 이전이므로 오늘날 우리가 생각하는 그런 믿음과 차이가 있을 수는 있지만, 믿음과 낮춤과 섬김의 본을 보여준 것만은 틀림이 없다. 환자를 병상에 태우고 네 사람이 귀퉁이를 붙잡고 예수님 계신 곳으로 달려가는 그 모습은 오늘날 모든 그리스도인들이 따라가야 할 모델이 되기에 충분하다. 그들의 낮춤과 섬김이 얼마나 진심이었는지는 심지어 지붕까지 뜯어 구멍을 낼 정도였으니 그 자체가 그들의 진정한 낮춤을 알 수 있게 하는 것이다. 물론 오늘날과 같은 주택구조가 아니기에 가능한 이야기이지만 섬김이 얼마나 진지해야 하는가를 잘 보여주고 있는 것이다.

> "사람들이 한 중풍병자를 네 사람에게 메워 가지고 예수께로 올새 무리들
> 때문에 예수께 데려갈 수 없으므로 그 계신 곳의 지붕을 뜯어 구멍을 내고
> 중풍병자가 누운 상을 달아내리니"(막 2:3~4)

하지만 우리는 여기에서 이야기를 더 진전시켜야 한다. 그리스
도의 현장성을 이야기하려는 것이기 때문이다. 그들의 지향점은
예수님이었다. 마음과 몸으로 낮춤과 섬김의 본을 보였는데 그 꼭
지점이 예수님이라는 것은 낮춤과 섬김이 하나님의 능력으로 환자
가 치유되는 전 과정임을 적나라하게 보여준 것이었다. 이들 네 사
람을 움직인 것은 기본적으로 환자에 대한 사랑과 함께 주님을 향
한 믿음이었다. 예수님은 이 중풍병자의 죄를 사하신다고 선포하
셨다. 죄 때문에 일어난 질병이라는 것을 밝혀주시는 말씀이었다.
죄로 인하여 생긴 질병은 죄를 사라지게 하시면 낫는다. 그렇게 중
풍병자를 고치시게 되는데, 그것이 무엇 때문이라고 하시는가? 이
환자를 데리고 온 네 사람의 믿음을 보셨다고 했다. 이 네 사람의
낮춤과 섬김 자체가 아니었다. 이론적으로는 네 사람의 정성이 이
환자를 살렸다고 하는 것이 맞지만, 예수님은 그 낮춤과 섬김의 동
기와 근거를 보셨던 것이다.

> "예수께서 그들의 '믿음을 보시고' 중풍병자에게 이르시되 작은 자야 네 죄
> 사함을 받았느니라 하시니"(막 2:5)

우리는 멀리 하늘에 계신 예수님을 대신하여 낮추고 섬기는 것이 아니다. 지금 현재 현장에서 예수님께서 우리와 함께 낮추시고 섬기시는 것이다. 그것을 믿는 믿음이라면 우리의 낮춤과 섬김에는 반드시 하나님의 능력이 나타날 것이다. 진정한 낮춤과 섬김은 하나님의 능력을 믿는 믿음으로부터 출발하는 것이다. 예수님께서 칭찬하신 어느 백부장의 믿음을 우리는 알고 있다. 이 백부장은 자기 하인의 질병을 고치기 위해 예수님을 찾아왔다. 이 역시 자기 하인을 사랑하는 마음과 섬기는 자세로 친히 예수님을 찾아온 것이었다. 무엇이 이렇게 만들었는가? 그의 믿음이었다. 직접 하인에게까지 가시지 않아도 명령 한 마디로 고치실 수 있다는 믿음이었다. 예수님은 이 백부장을 크게 칭찬하셨다. 이스라엘 중에서 그만한 믿음을 본 적이 없다는 말씀이었다. 이 역시 백부장의 섬김이 아니라 그의 믿음을 칭찬하신 것이었다. 그래서 믿음에 근거하지 못하면 우리의 낮춤과 섬김도 단지 종교적 행위에 그치기가 쉬운 것이다.

"이르시되 내가 가서 고쳐 주리라 백부장이 대답하여 이르되 주여 내 집에 들어오심을 나는 감당하지 못하겠사오니 다만 말씀으로만 하옵소서 그러면 내 하인이 낫겠사옵나이다 나도 남의 수하에 있는 사람이요 내 아래에도 군사가 있으니 이더러 가라 하면 가고 저더러 오라 하면 오고 내 종더러 이것을 하라 하면 하나이다 예수께서 들으시고 놀랍게 여겨 따르는 자들에게 이르시되 내가 진실로 너희에게 이르노니 이스라엘 중 아무에게서도 이만한 믿음을 보지 못하였노라"(마 8:7~10)

우리는 야고보의 권면이 우리의 낮춤과 섬김에 그대로 적용되어야 함을 이야기하고 있다. 행함을 낮춤과 섬김으로 대입해보자. 믿음이 그의 낮춤과 섬김과 함께 일하고 우리가 삶 속에서 낮춤과 섬김을 행함으로써 우리의 믿음이 온전하게 되는 것이다. 그럴 때 하나님의 능력은 낮춤과 섬김의 삶의 현장에서 우리를 통해 크게 드러나게 될 것이다. 믿음이란 단지 질병을 고치거나 귀신을 내쫓거나 온갖 고난에도 인내하는 것으로만 그치는 것이 아니다. 우리의 비움과 나눔, 낮춤과 섬김들이 그리스도의 동행하심을 믿는 믿음으로 행해질 때 하나님은 능력으로 그 현장에서 역사하시는 것이다. 낮춤과 섬김이 하나님의 능력으로 나타날 수 있는 믿음을 가지고 낮추고 섬겨야 할 것이다. 그럴 때 틀림없이 하나님의 영광이 사람들 속에서 빛나게 될 것이고 복음의 열매를 풍성하게 맺게 될 것이다.

"네가 보거니와 믿음이 그의 행함과 함께 일하고 행함으로 믿음이 온전하게 되었느니라"(약 2:22)

4. 믿음과 사랑은 영적 싸움의 무기이다.

낮춤과 섬김은 믿음이 따라오지 않으면 끝까지 승리할 수 없다. 왜냐하면 아무리 그리스도의 사랑으로 낮춤과 섬김을 행하더라도 그리스도께서 이 모든 일을 함께 하고 계시고 우리는 이 세상에서 예수님 대신 모든 사람들을 돌본다는 믿음이 없다면 중도에 포기할 수밖에 없기 때문이다. 한편 낮춤과 섬김이 단순히 이웃을 자기 자신과 같이 사랑하라는 예수님의 명령에 그치는 것이 아니라 낮춤과 섬김이야말로 마귀와의 영적 싸움에서 승리할 수 있는 비결이라는 사실을 알아야 한다. 마귀에게는 어떤 무기가 가장 강력한 무기, 치명적인 무기가 되겠는가? 먼저 영적 싸움에 필요한 우리의 무기를 간단하게 살펴보자.

에베소서를 통해 우리에게 주신 영적인 무기는 진리, 의, 평안의 복음, 믿음, 구원, 말씀이다. 사실 이런 무기들 중에 어느 것 하나 중요하지 않은 것은 없다. 물론 이런 무기들은 각각 허리띠, 호심경, 신발, 방패, 투구, 성령의 검이라는 특정한 형태를 띠게 된다. 그런데 진리, 의, 평안의 복음, 믿음 등은 우리가 어떻게 전신갑주를 취해야 가능하겠는가? 물론 기도하고 말씀으로 무장하고 담대함과 용기를 위해 성령 충만해야 한다. 그런 기본적인 요소들은 과연 어떻게 표출되겠는가? 진리이든 의이든 평안이든 믿음이든 그것들은 모두가 행위로 표현되어야 한다. 그 행위 중에서 가장 핵심적인 것이 바로 낮춤과 섬김이다. 낮춤과 섬김을 믿음으로 행하면 하나님은 반드시 함께하시고 역사를 일으켜주신다. 그 중에서 모든 것을 하나로 묶는 것은 믿음과 사랑이다. 모든 영적 무기들 위에 믿음의 방패를 가지라고 하셨다. 사랑은 하나님의 전신갑주 속에 포함되어 있지 않다. 그러나 우리가 행하는 모든 요소들의 전제조건이 바로 하나님의 사랑이다. 결국 우리의 영적 무기의 근원이자 원리가 되는 것이 바로 믿음과 사랑인 것이다.

"그러므로 하나님의 전신 갑주를 취하라 이는 악한 날에 너희가 능히 대적하고 모든 일을 행한 후에 서기 위함이라 그런즉 서서 진리로 너희 허리 띠를 띠고 의의 호심경을 붙이고 평안의 복음이 준비한 것으로 신을 신고 모든 것 위에 믿음의 방패를 가지고 이로써 능히 악한 자의 모든 불화살을 소멸하고 구원의 투구와 성령의 검 곧 하나님의 말씀을 가지라"(엡 6:13~17)

또 다른 편지에서 사도 바울은 믿음과 사랑의 호심경이라는 말을 사용한다. 믿음과 사랑은 마귀의 궤계를 물리치는 호심경이다. 믿음과 사랑이란 낮춤과 섬김을 통하여 드러날 수 있다. 더욱이 세상적으로나 신앙적으로 혼란이 극에 달한 오늘날에는 초기교회 때와 마찬가지로 진정한 낮춤과 섬김으로써만이 그 혼란을 분별하고 극복할 수 있다. 우리는 대개 영적 싸움이라고 하면 교회나 기도원에 모여서 큰 소리로 통성기도하면서 마귀에게 대적하는 것을 떠올리지만, 마귀를 대적하는 것은 그런 직접적인 방법과 함께 행동과 삶으로 하나님의 진리를 따라 행동할 때 더욱 큰 위력을 발한다는 사실을 알아야 한다. 영적 싸움으로 귀신을 잘 내쫓는 사람이 만약에 세상에서의 삶을 복음적이지 못하고 부정과 욕심과 정욕을 따라 행한다면 그것은 영적 싸움이 될 수 없다. 그런데 우리 주변에는 이런 사례들이 비일비재하다. 직접적인 영적 싸움은 세상에서 낮춤과 섬김을 살아내기 위한 관문이라는 사실을 알아야 한다.

"우리는 낮에 속하였으니 정신을 차리고 믿음과 사랑의 호심경을 붙이고

구원의 소망의 투구를 쓰자"(살전 5:8)

낮춤과 섬김은 돈을 사랑하거나 탐내는 모습에서 우리를 지켜줄 수 있다. 돈이나 세속과 대적하는 것 역시 아주 중요한 영적 전쟁이다. 기도원에서는 성령 충만, 능력 충만한데 물질과의 싸움에서 번번이 져버린다면 그 싸움은 보나마나 실패이다. 낮춤과 섬김은 비우고 버리는 일과 깊은 관련이 있는데 자기를 스스로 낮추고 이웃을 섬기는 사람은 이미 비움과 버림을 행하는 성도일 것이고 그렇게 된다면 마귀의 유혹과 미혹에 전혀 흔들리지 않고 승리할 수 있을 것이다. 물론 완전히 아무런 흔들림도 없는 사람은 많지 않겠지만 낮춤과 섬김을 어떤 식으로든 행하고 있는 사람은 결국에는 그런 싸움에서 이길 수 있는 것이다. 직접 귀신을 쫓아내는 일보다 물질과의 싸움이 훨씬 더 심각한 영적 싸움인 것이다.

"돈을 사랑함이 일만 악의 뿌리가 되나니 이것을 탐내는 자들은 미혹을 받아 믿음에서 떠나 많은 근심으로써 자기를 찔렀도다"(딤전 6:10)

알다시피 우리 그리스도인들은 원수를 스스로 갚지 말고 오히려 사랑하는 사람들이다. 원수사랑은 관념적으로만 용서하고 사랑하는 것은 아니다. 원수를 사랑하려면 행위가 따라주어야 한다. 물론 이 행위 중에는 직접 원수를 만나서 이야기하는 것도 포함되어 있다. 그러나 낮춤과 섬김이라는 특정한 행위가 따라주지 않는다면 그 용서와 사랑은 한낱 우리의 머릿속에서만 작동할 뿐일 것이다. 마음으로 용서가 되지 않아 힘들어하는 것이 아니라 더 힘들지만 직접 낮춤과 섬김으로 원수 사랑의 본을 보여줄 때 우리의 용서도 심령의 뿌리에서부터 해소가 될 것이다. 악에게 대처하는 방법은 선으로 갚는 것이다. 여기에 어떤 요소가 가장 크게 작용하겠는가? 비록 사랑의 직접적인 행위를 원수들에게 보여주지만 근원은 믿음으로부터 출발하는 것이다. 믿음으로부터 출발하여 사랑으로 무장한 낮춤과 섬김은 실로 영적 싸움의 강력한 방어무기가 되고도 남는 것이다.

> "네 원수가 주리거든 먹이고 목마르거든 마시게 하라 그리함으로 네가 숯
> 불을 그 머리에 쌓아 놓으리라 악에게 지지 말고 선으로 악을 이기라"(롬
> 12:20~21)

우리는 하나님의 말씀을 본받아 지키되 그리스도께서 주신 믿음과 사랑으로써 지킬 수 있다. 물론 모든 것은 주님의 현장임재 곧 성령님의 동행하심으로 가능하다. 우리의 믿음이 어떻게 영적 싸움의 대단한 무기가 될 수 있는가? 믿음으로부터 출발하여 먼저 예수님의 사랑으로 충만하게 되고 그 사랑이 낮춤과 섬김의 행위로 나타날 때 마귀는 감히 우리를 대적하지 못하고 물러나게 될 것이다. 예수님께서 바로 믿음에 뿌리를 둔 사랑의 행위, 곧 우리의 낮춤과 섬김에 해당되는 십자가 희생을 친히 감당하심으로써 마귀의 궤계를 물리치지 않으셨던가? 믿음으로부터 출발한 낮춤과 섬김은 실로 현실세계 속에서 마귀의 대적을 물리칠 수 있는 강력한

무기가 되는 것이다.

> "너는 그리스도 예수 안에 있는 믿음과 사랑으로써 내게 들은 바 바른 말을
> 본받아 지키고 우리 안에 거하시는 성령으로 말미암아 네게 부탁한 아름다
> 운 것을 지키라"(딤후 1:13∼14)

우리 신앙의 최종 목표는 그리스도께 이르는 것이다. 그리스도의 장성한 분량에까지 자라는 것이다. 무엇이 우리를 거기에까지 이르게 할 수 있겠는가? 교회에서 살다시피 하면서 모든 모임에 적극적으로 참석하는 것만으로는 부족하다. 혹시 그것은 방향과 방법이 잘못된 것인지도 모른다. 그 자체가 문제라는 것이 아니라 거기에만 몰두하고 집중하는 것을 말하는 것이다. 내게 믿음이 있다고 하면서 그 믿음에 합당한 모습을 보여주지 못하거나 내게 사랑이 풍성하다고 생각하고 말하는데 실제로 형제와 이웃에게 그 풍성한 사랑이 증명되지 못한다면 그의 신앙은 거짓 신앙이거나 단지 부풀려진 신앙일 수 있다. 우리의 믿음과 사랑은 형제들과 이웃들에게 펼쳐져야 한다. 그것이 실질적인 영적 싸움이다. 그런 삶의 방식으로 우리는 그리스도께 이를 수 있는 것이다. 그렇게 함으로써 사람들은 참된 선에 대해서 느끼고 깨닫고 배우게 되는 것이다.

> "주 예수와 및 모든 성도에 대한 네 사랑과 믿음이 있음을 들음이니 이로써
> 네 믿음의 교제가 우리 가운데 있는 선을 알게 하고 그리스도께 이르도록
> 역사하느니라"(몬 1:5∼6)

그리스도인은 세상을 이기는 사람들이다. 승리하기 위하여 싸워야 하는 사람들이다. 그 승리는 온전한 믿음과 사랑의 행위로부터 비롯되는 것이다. 종교적 예전들로만 이길 수는 없다. 날마다 승리하는 것 같은데 현실에서는 날마다 넘어지고 쓰러지고 실패한다면 무엇인가 잘못되어 있는 것이다. 우리는 예수님께서 하나님의 아들이시며 그리스도시라는 사실을 믿고 그리스도께서 행하신 낮춤과 섬김의 사랑을 따라가는 사람들이다. 아니, 그리스도 예수님과 함께 낮춤과 섬김을 행하는 사람들이다. 낮춤과 섬김이 영적 싸움임을 깨닫고 승리하는 방식이 되지 못한다면 우리의 믿음도 실제로는 아무런 소용이 없는 종교적 수사에 그칠 수도 있다는 사실을 깊이 깨닫기를 바란다.

"무릇 하나님께로부터 난 자마다 세상을 이기느니라 세상을 이기는 승리는 이것이니 우리의 믿음이니라 예수께서 하나님의 아들이심을 믿는 자가 아니면 세상을 이기는 자가 누구냐"(요일 5:4~5)

제3부

∙

그리스도인의
섬김

제9장
그리스도의 섬김

지금까지 섬김에 대해서 이야기하면서 항상 낮춤과 관련하여 살펴보았다. 그것은 섬김의 출발점을 알아야 올바른 섬김을 행할 수 있기 때문이다. 인간은 죄와 욕심 때문에 작은 틈만 있으면 어떻게 하든지 자기를 드러내려고 하는 존재들이다. 교회에서 거룩하게 행해지는 주의 이름으로 행한다는 나눔과 섬김도 예외가 아니다. 주님을 위한 섬김이나 이웃을 사랑하기 위한 섬김이라도 낮춤이라는 본래적인 근거가 사라지면 여지없이 자기 의를 내세우게 되어 있다. 그런데 단지 섬김의 행위가 아름답다고 하여 그 행위 자체에만 초점을 맞추는 일들이 오늘날 교회 안에서 적나라하게 펼쳐지고 있다. 예수님께서 꾸준하게 지적하셨던 바리새인들에게서 이런 특징이 너무나도 분명하게 나타나지 않았던가? 오늘날 기독교 지도자들에게 진지하게 당신은 바리새인이라고 하면 화를 낼 사람이 많겠지만 바리새인화 된 자기 신앙의 실체를 깨닫지 못한다면 그에게는 구원도 불가능할 것이다. 바리새인들이 전부 지옥으로 떨어지지 않았는가?

"화 있을진저 외식하는 서기관들과 바리새인들이여 회칠한 무덤 같으니 겉
으로는 아름답게 보이나 그 안에는 죽은 사람의 뼈와 모든 더러운 것이 가
득하도다 이와 같이 너희도 겉으로는 사람에게 옳게 보이되 안으로는 외식
과 불법이 가득하도다"(마 23:27)

낮춤으로부터 우러나오는 섬김이 아니라면 그것은 마치 덜 익
은 빵처럼 그 맛을 전혀 낼 수 없다. 겉으로는 색깔도 알맞고 잘 구
워진 빵 같은데 반으로 갈라보니까 그 속에는 아직도 반죽 상태 그
대로 있거나 반쯤만 익혀진 상태로 남아있다면 그 빵은 먹을 수도
없고 버리기도 아까운 음식이 되고 말 것이다. 마치 맛을 잃어버린
소금처럼 버려져서 쓰레기통에 들어갈 수밖에 없게 될 것이다. 표
현이 지나친 감이 있지만 그리스도인들도 이렇게 덜 구워진 빵과
같다면 그는 교회에서도 세상에서도 쓰임 받을 수 없는 존재가 되
어버릴 것이다. 우리의 섬김이 이와 같다. 빵은 빵인데 먹을 수 없
는 것처럼 섬김은 섬김인데 그 속에 진실이 전혀 없고 하나님의 사
랑도 들어있지 않고 단지 섬김이라는 형태만 남아있는, 하나님께
아무 쓸모없는 섬김일 뿐이다.

"이에 임금이 대답하여 이르시되 내가 진실로 너희에게 이르노니 이 지
극히 작은 자 하나에게 하지 아니한 것이 곧 내게 하지 아니한 것이니
라 하시리니 그들은 영벌에, 의인들은 영생에 들어가리라 하시니라"(마
25:45~46)

이제 우리는 섬김의 원형을 찾아가려고 한다. 지금까지 설명했지만 그 원형은 말할 필요도 없이 바로 예수 그리스도이시다. 우리가 아무리 열심히 정성을 다하여 섬기더라도 그리스도의 섬김의 본을 따라가지 못하거나 섬김의 마음을 우리 심령 안에 꽉 채우고 섬기지 못한다면 그 섬김은 단지 외식하는 것에 지나지 않게 될 것이다. 우리의 섬김이 그리스도의 섬김으로부터 우러나오는 것이 아니라면 다른 종교에서 행해지는 그것과 전혀 다르지 않을 것이다. 타 종교의 섬김은 모두가 자기의 공로가 된다는 사실을 알아야 한다. 공로가 있어야 구원받고 천국에서 상을 받는다고 믿는 것이다. 하지만 기독교의 섬김은 그리스도의 섬김을 따라가는 것이므로 섬김의 행위 자체가 우리의 공로가 되지 못한다. 오직 그리스도의 섬김이 우리 심령을 가득 채울 때 거기에서 우러나오는 섬김만이 진정한 섬김이 되는 것이다.

1. 죄를 담당하시는 섬김

두 말할 필요도 없지만 예수님의 섬김은 인간의 죄를 해결하기 위한 섬김이었다. 예수님 이전에도 죄 문제 때문에 일정한 섬김이 있었다. 인간이 직접 상해를 당하는 것은 아니었지만 짐승의 피를 제사로 드리면서 죄 문제를 부분적으로 해결하곤 했었다. 이것은 제사장의 섬김으로서 개인이 하나님 앞에서 행해야 할 속죄 제사를 제사장이 담당하게 함으로써 하나님의 속죄사역을 이끌어가게 하셨다. 공동체적인 의미에서 제사장이 범죄하면 '흠 없는 수송아지'를(레 4:3), 회중이 죄를 지었다가 그 죄를 깨달으면 '수송아지'를 (레 4:14), 족장의 경우에는 흠 없는 숫염소를(레 4:23), 평민은 흠 없는 암염소를(레 4:28) 제물로 드리게 되어 있었다. 이 제사를 제사장들이 담당했었다.

> "만일 기름 부음을 받은 제사장이 범죄하여 백성의 허물이 되었으면 그가 범한 죄로 말미암아 흠 없는 수송아지로 속죄제물을 삼아 여호와께 드릴지니"(레 4:3)

물론 이 속죄제사 뿐 아니라 나머지 네 가지 제사도 있었는데 그것은 번제, 소제, 화목제, 속건제이다. 속죄제, 번제, 속건제는 모두 죄를 속하는 의미로 드려졌고 소제는 다른 제사들과 병행하여 드려졌으며 화목제 역시 하나님과의 화목, 곧 감사, 서원을 위해 드리는 제사였는데 이 역시 죄가 속해진 이후의 일이 되므로 기본적으로는 속죄와 관련되어 있었다. 그러므로 모든 제사는 죄 문제와 직결되어 있는 것이다. 그것은 죄를 사함 받지 못하고는 하나님과의 바른 관계가 형성될 수 없었기 때문이었다. 성전도 이 제사와 직결되어 있었다. 후에 솔로몬이 성전을 건축했을 때 하나님이 나타나셔서 말씀하시기를 언제나 하나님의 눈길과 마음을 항상 이 성전에 두겠다고 말씀하셨다. 말하자면 그 성전을 백성들과의 교통의 장소로 지정하신 것이었다. 모든 핵심은 여호와께 드리는 제사에 있었던 것이다.

"여호와께서 그에게 이르시되 네 기도와 네가 내 앞에서 간구한 바를 내가 들었은즉 나는 네가 건축한 이 성전을 거룩하게 구별하여 내 이름을 영원히 그 곳에 두며 내 눈길과 내 마음이 항상 거기에 있으리니"(왕상 9:3)

왜 제사 이야기를 하겠는가? 예수님의 섬김의 근원이 이 제사에서 출발하는 것이기 때문이다. 알다시피 구약에서 수시로 드려졌던 모든 제사는 예수님께서 십자가 제물이 되셔서 죽임을 당하심으로써 단번에 성취하셨다. 그리스도의 섬김은 인간의 모든 죄와 허물을 담당하시기 위한 섬김이었다. 죄를 담당하신다는 말씀은 단번에 드려지는 제사로써 인간을 구원하신다는 뜻이다. 구원이란 무엇인가? 가만히 있으면 모두가 지옥으로 가야 하는 인간을 그 길에서 돌이키는 것이다. 이 세상의 그 어떤 섬김도 구원으로 이르게 하는 섬김보다 위대한 것은 없다. 물론 우리는 예수님처럼 그렇게 섬길 수는 없다. 그러나 사람들로 하여금 예수님께로 나아가도록 인도하는 섬김은 가능하다.

"이와 같이 그리스도도 많은 사람의 죄를 담당하시려고 단번에 드리신 바 되셨고 구원에 이르게 하기 위하여 죄와 상관없이 자기를 바라는 자들에게 두 번째 나타나시리라"(히 9:28)

어떻게 섬기는 것이 죄와 허물을 담당하신 그리스도의 섬김을 이 땅에 실천하는 것인가? 우리는 사람들의 허물을 보고 섬김을 결정해서는 안 된다. 우리의 섬김은 우리에게든 세상에게든 죄와 허물이 큰 사람들에 대한 섬김이다. 오히려 죄가 많은 사람이 가난한 심령이 되어 하나님과 더 가까워질 가능성이 크다. 우리는 세상에서의 보편적인 가치 기준을 버려야 한다. 그 사람의 죄를 보지 말고 심령을 보아야 한다. 물론 우리가 그렇게 한다고 해서 우리가 사람들의 죄를 속할 수 있는 것은 아니다. 하지만 속죄하신 그리스도의 섬김을 세상에 보여줄 수는 있다. 아니, 그것을 사람들에게 널리 보여주기 위해 우리의 섬김 활동이 이루어져야 한다. 우리 그리스도인들의 삶의 방식은 바로 섬김의 방식인 것이다.

> "그러나 너희 듣는 자에게 내가 이르노니 너희 원수를 사랑하며 너희를 미워하는 자를 선대하며 너희를 저주하는 자를 위하여 축복하며 너희를 모욕하는 자를 위하여 기도하라 너의 이 뺨을 치는 자에게 저 뺨도 돌려대며 네 겉옷을 빼앗는 자에게 속옷도 거절하지 말라 네게 구하는 자에게 주며 네 것을 가져가는 자에게 다시 달라 하지 말며 남에게 대접을 받고자 하는 대로 너희도 남을 대접하라"(눅 6:27~31)

다른 의미에서 예수님의 섬김을 설명하자면 예수님은 실로 온 인류의 화목제물이 되셨다. 화목제물이란 죄인인 인간과 만물을 창조하신 하나님 사이를 화목하게 만드는 제물이다. 화목제물이란 알다시피 사람이 직접 하나님과 교통할 수 없기 때문에 중간에 가로막힌 담을 일시적으로라도 무너뜨릴 수 있는 매개수단이다. 예수님께서 이 세상에 내려오신 것은 순전히 완전한 화목제물이 되셔서 모든 인간의 죄를 속하기 위함이었다. 인간 자체를 사랑하신 것이지만 다른 한편으로 죄 자체를 소멸하기 위해 오셨다는 말이다.

> "그는 우리 죄를 위한 화목제물이니 우리만 위할 뿐 아니요 온 세상의 죄를
> 위하심이라"(요일 2:2)

그 죄가 무엇인가? 하나님과 우리 사이를 완전하게 가로막고 있던 담이 아니었던가? 원래 하나였던 하나님과 인간 사이를 원수로 만들고 중간에 결코 허물어뜨릴 수 없는 장벽을 세웠던 마귀의 궤계를 물리치기 위한 섬김이었던 것이다. 예수님의 섬김은 처음부터 인간의 죄 문제를 담당하기 위한 섬김이었다. 무엇으로 가능했던가? 예수님의 십자가로 모든 것이 가능했다. 예수님은 우리에게 각각 자기 십자가를 지고 주님을 따르라고 하셨다. 무슨 의미인가? 단순히 우리가 믿고 자신에게 주어진 짐을 지라는 말씀인가? 하지만 십자가는 근본적으로 사람의 죄를 해결할 수 있는 본질적인 수단이다. 그렇다면 우리의 섬김도 사람들의 죄 문제를 도울 수 있는 섬김이어야 한다.

> "그는 우리의 화평이신지라 둘로 하나를 만드사 원수 된 것 곧 중간에 막힌
> 담을 자기 육체로 허시고 … 또 십자가로 이 둘을 한 몸으로 하나님과 화목
> 하게 하려 하심이라 원수 된 것을 십자가로 소멸하시고"(엡 2:14, 16)

그것을 단지 복음을 만방에 전파하는 것으로만 해석해서는 곤란하다. 복음이란 무엇인가? 인간의 죄를 해결할 수 있는 기쁜 소

식이다. 하지만 단지 복음이라고만 하면 왠지 차갑게 느껴진다. 아무 생명력도 기대할 수 없을 것 같다. 물론 복음은 하나님의 사랑이다. 그러나 사랑이라면 삶으로 드러나야 하고 행위로 느껴져야 한다. 그런데 복음이 사랑이라는 사실은 예수님의 사랑으로 이미 입증되었다. 예수님의 사랑은 예수님께서 인간이 되셔서 겪으셨던 인간의 모든 형편을 전부 아시고 대제사장으로서 인간의 편이 되셨던 사랑이었다.

"우리에게 있는 대제사장은 우리의 연약함을 동정하지 못하실 이가 아니요 모든 일에 우리와 똑같이 시험을 받으신 이로되 죄는 없으시니라"(히 4:15)

우리 모든 그리스도인들은 당연히 예수님을 닮아야 한다. 예수님을 닮는다는 것은 여러 가지 의미가 있지만 예수님께서 죄인들의 모든 형편을 경험하시고 그들과 공감하신 것처럼 우리의 섬김도 사람들에 대한 공감으로부터 출발해야 함을 말씀하신 것이다. 그렇다고 함께 죄를 지으라는 말은 물론 아니다. 그리고 자기 자신의 죄에 대해서 관대하라는 말도 아니다. 우리의 죄를 담당하신 섬김을 우리의 삶을 통해서 행하려면 우리 모든 인간들은 죄의 속성에 사로잡히기 쉬운 존재라는 사실을 자신이 아니라 이웃에게 적용해야 함을 말하는 것이다. 나 자신도 다른 사람과 똑같은 죄를 저지를 가능성이 항상 있는 것이기 때문에 비록 원수라고 하더라도 예수님의 섬김으로 사랑해야 한다는 것이다. 우리 모두는 누가 누구를 비판하고 말고 할 입장이 아니다.

2. 종으로서의 섬김

우리의 섬김의 본래 모습은 어떤 것일까? 커다란 강물도 근원지가 있는 것처럼, 신앙인의 섬김에도 반드시 그 근원이 있음과 그 본래의 모습을 찾아보아야 우리가 섬김의 바른 방법을 깨닫게 되는 것임을 알아야 할 것이다. 우리들의 섬김의 본은 누구에게서 찾을 수 있을까? 당연히 예수님에게서 섬김의 본을 찾아야 한다. 보통 섬김의 본이라고 하면 예수님께서 제자들의 발을 씻기신 장면을 생각할 것이다. 제자들의 발을 씻기신 후에 예수님은 다음과 같이 말씀하셨다.

"내가 주와 또는 선생이 되어 너희 발을 씻었으니 너희도 서로 발을 씻어주는 것이 옳으니라"(요 13:14)

원래 누가 누구의 발을 씻어주게 되어 있는가? 당연히 종이 주인의 발을 씻어주거나 아니면 주인이 손님의 발을 씻어주게 되어 있다. 종이 주인의 발을 씻어주었다면 그것은 신기할 것도 없고 오히려 당연한 일이다. 하지만 만약에 주인이 종의 발을 씻어주었다면 그것은 큰 사건이고 뉴스에 토픽으로 나올 이야기가 될 것이다. 그런데 주님께서는 스스로 제자들의 발을 씻기셨다. 이것이 섬김의 본인 것이다. 섬김이란 주인이 종의 발을 씻어주는 것이다. 종이 주인의 발을 씻기는 것은 섬김이 아니라 당연히 할 일을 하는 것이다. 교회 일을 하는 것은 성도가 종의 입장에서 하는 것이다.

하지만 그것은 엄밀한 의미에서 성경적인 섬김이 아니다. 성도로 서 당연한 일이기 때문이다. 섬김의 뜻을 안다면 스스로 섬긴다고 이야기할 수 없을 것이다.

> "너희 중 누구에게 밭을 갈거나 양을 치거나 하는 종이 있어 밭에서 돌아 오면 그더러 곧 와 앉아서 먹으라 말할 자가 있느냐 도리어 그더러 내 먹을 것을 준비하고 띠를 띠고 내가 먹고 마시는 동안에 수종들고 너는 그 후에 먹고 마시라 하지 않겠느냐 명한 대로 하였다고 종에게 감사하겠느냐"(눅 17:7~9)

교회에서의 섬김은 우리가 마땅히 행해야 할 일이다. 왜냐하면 우리는 종으로써 섬기는 것이기 때문이다. 종으로써 주인 되시는 하나님의 뜻을 받들어 주님께서 섬기셨던 사람들을 주님께 하듯이 곧 그들을 주인 삼고 섬기는 것이다. 주인이신 주님께서 그렇게 사 람들을 섬기셨는데, 아니 우리 자신을 그렇게 섬기셨는데 종 된 우 리들이 주인 노릇을 하면서 섬긴다고 한다면 그것은 앞뒤가 전혀 맞지 않는 이야기일 뿐이다. 우리는 주인으로서 사람들에게 봉사 하는 것이 아니라 종으로서 주인을 섬기듯이 섬기는 것이다. 섬김 은 위에서 아래로 섬기는 것이 아니라 아래에서 위로 섬기는 것이 다. 교회 봉사를 우리가 당연히 해야 할 일이라고 생각하는 성도의 입에서는 어떤 말이 나와야 할까?

> "이와 같이 너희도 명령 받은 것을 다 행한 후에 이르기를 우리는 무익한

종이라 우리가 하여야 할 일을 한 것뿐이라 할지니라"(눅 17:10)

하지만 오늘날 섬김이라는 말이 너무 보편화되어 있다. 마땅히 할 일을 한 것뿐인데 아름다운 섬김이라고 추어준다. 물론 서로 격려하고 힘을 더 내게 하고 주님의 일을 협력하여 이루기 위해서 하는 말이다. 당연히 격려하고 위로하고 힘을 북돋아야 한다. 앞에서 봉사하는 사람을 깎아내리고 비판하면 누가 앞장서서 일하겠는가? 다만 마땅히 봉사한 것을 섬김이라고 칭찬하니까 섬김의 본래 뜻이 다 사라지게 될 수 있다는 말이다. 원래 섬김이란 주인이 종을 위해 하는 것인데 지금은 마땅히 해야 할 조그마한 일을 해도 섬김이라고 박수를 쳐주니까 예수님의 섬김의 공로는 다 사라져버리는 것이다.

"인자가 온 것은 섬김을 받으려 함이 아니라 도리어 섬기려 하고 자기 목숨을 많은 사람의 대속물로 주려 함이니라"(막 10:45)

성경의 섬김은 큰 자, 높은 자가 작은 자, 낮은 자를 섬기는 것을 뜻한다. 물론 우리의 자세는 종으로서 섬기는 것이기 때문에 크고 높은 자로서의 섬김은 전혀 아니다. 비록 내가 가진 재물과 재능과 노력으로 섬긴다고 하더라도 그것은 내 것이 전혀 아니다. 하나님께서 청지기 된 우리에게 맡겨주신 것일 뿐이다. 예수님은 철저하게 종으로서 사람들을 섬기셨다. 종으로 주인을 섬긴다면 가장 기본적인 마음가짐은 무엇이겠는가? 그것은 주인을 대신하여 죽음까지도 감당하는 것을 말한다. 주님께서 죄인들을 위해 목숨을 버리지 않으셨다면 그것은 종으로서의 섬김이 될 수 있겠는가? 복음 안에서의 섬김이란 철저하게 종으로서의 섬김의 자세에서 출발하지 않으면 한낱 우리의 자랑이나 의가 될 뿐이다. 진정으로 종으로 섬기는 사람이 가장 크고 높은 사람인 것이다.

"너희 중에는 그렇지 않을지니 너희 중에 누구든지 크고자 하는 자는 너희를 섬기는 자가 되고 너희 중에 누구든지 으뜸이 되고자 하는 자는 모든 사람의 종이 되어야 하리라"(막 10:43~44)

그렇다면 예수님의 섬김은 단지 제자들의 발을 씻어주시는 데에서 그치는 것인가? 제자들의 발을 씻어주시는 섬김의 본이 있다면 그 섬김을 섬김으로 만들어주시는 섬김의 근원이 있다. 누가복음에 보면 예수님께서 회당에서 이사야서를 읽으시는 장면이 나온다. 그리스도의 섬김의 모습을 이사야가 예언한 장면이다. 예수님의 섬김은 가난한 자, 포로 된 자, 눈 먼 자, 눌린 자를 자유롭게 만들어주시는 섬김이었다. 그것은 온전한 희년, 영원한 희년을 뜻한다. 그것을 위해, 종으로서의 섬김을 위해 성령님께서 임하시는 것이다.

"주의 성령이 내게 임하셨으니 이는 가난한 자에게 복음을 전하게 하시려고 내게 기름을 부으시고 나를 보내사 포로 된 자에게 자유를, 눈 먼 자에게 다시 보게 함을 전파하며 눌린 자를 자유롭게 하고 주의 은혜의 해를 전

파하게 하려 하심이라 하였더라"(눅 4:18~19)

이후에 옥에 갇힌 세례 요한이 제자들을 보내서 질문을 할 때 예수님의 대답도 이와 같은 내용이었다. 종으로서의 섬김의 증거가 바로 나병환자와 맹인과 죽은 자와 가난한 자에게 구원이 임하도록 하시는 것이다. 하나님의 은혜인 것은 틀림없지만 이들은 모두 종과도 같은 사람들이다. 그런데 주인 되시는 예수님께서 이 종과 같은 사람들을 주인처럼 섬기시는 것이었다. 우리가 사람들에게 '베푸는' 것이 결코 아니다. 종으로서 섬기는 것이다.

> "예수께 여짜오되 오실 그이가 당신이오니이까 우리가 다른 이를 기다리오
> 리이까 예수께서 대답하여 이르시되 너희가 가서 듣고 보는 것을 요한에게
> 알리되 맹인이 보며 못 걷는 사람이 걸으며 나병환자가 깨끗함을 받으며
> 못 듣는 자가 들으며 죽은 자가 살아나며 가난한 자에게 복음이 전파된다
> 하라"(마 11:3~5)

제자들에게 서로 사랑하고 서로 섬기라고 권면하시지만, 예수님의 섬김은 그것보다 훨씬 크고 깊으며, 형제 섬김에서 그치는 것이 아니라 모든 사람들이 섬김의 대상임을 말씀하고 계신 것이다. 예수님은 누구이신가? 하나님이시다. 그리스도이시다. 그리스도께서 모든 사람, 특히 가난하고 포로 되고 눈 멀고 눌린 사람들, 곧 종과 같은 사람들을 위해 주인으로서 섬김의 원리를 보여주신 것이다.

이사야의 예언이나 예수님의 답변을 보면 예수님의 섬김의 대상은 누구인가? 낮은 자, 부족한 자, 연약한 자, 갇힌 자, 앞이 안 보이는 자, 억눌린 자들이다. 이 말씀은 물론 육신적인 의미만을 뜻하는 것은 아니다. 돈이 없는 가난이 아니라 심령적으로 하나님 아니면 살 수 없는 절대적 가난, 육신의 두 눈이 안 보이는 것이 아니라 영적으로 어두워 도무지 세상을 분별할 수 없는 사람, 몸이 포로가 되어 갇힌 것이 아니라 영적으로 사단의 올무에 걸려 옴짝달싹 못하게 된 상태, 세상 속의 온갖 부조리에 눌린 사람이 아니라 죄와 욕심에 짓눌려 있는 사람들을 뜻하는 것이다. 그러니 이들은 가히 종이라고 부를 수 있는 사람들이다. 우리도 그들을 종이 아니라 주인으로서 섬겨야 당연히 해야 할 일을 제대로 하는 것이다.

3. 먼저 섬김

그리스도의 섬김의 중심에는 사람들이 자기의 진짜 문제를 알기 전부터 먼저 섬기셨다는 특징이 있다. 물론 당연한 이야기일 것이다. 그러나 우리는 예수님의 먼저 섬김에 대해서 너무 인식하지 못하는 경향이 강하다. 그리스도께서 사람의 죄를 대속하기 위한 섬김, 종으로서의 섬김, 죽기까지의 섬김, 필요가 채워질 때까지의 온전한 섬김이라는 특징들과 함께 우리를 먼저 섬기셨다는 사실이 덧붙여질 때 그리스도의 섬김은 완전해지는 것이다. 그것은 하나님의 작품이다. 그래서 예수님은 군병들이 지금 행하고 있는 죄가 무엇인지조차 알 수 없을 때에 이미 하나님께 저들의 용서를 빌었던 것이다. 물론 그 용서는 저들이 자기 죄를 깨닫고 돌이킬 때에만 그 효력이 발생한다.

> "이에 예수께서 이르시되 아버지 저들을 사하여 주옵소서 자기들이 하는
> 것을 알지 못함이니이다 하시더라"(눅 23:34)

하나님의 사랑은 그 깊이를 알 수가 없는데 왜냐하면 우리가 먼저 하나님을 찾은 것이 아니라 하나님께서 먼저 우리를 찾으셨기 때문이다. 하나님을 찾는 사람들의 심령 상태는 말할 것도 없지만 그런 상태에 있는 죄인들을 구원하시기 위한 하나님의 마음은 이미 태초부터 존재했었고 인간들과 교통하시면서 결국 우리를 위해 먼저 그 아들을 보내기로 하신 것이었다. 그러므로 우리가 그 오랜 세월 동안의 하나님의 마음을 어떻게 다 깨달을 수 있겠는가? 우리를 위한 예수님의 섬김 이전에 우리를 향한 하나님의 사랑은 모든 인간을 사랑하시는 근원적인 사랑이었던 것이다. 인간들 스스로는 그 어떤 일도 할 수 없는 상황에서 하나님은 우리에게 가장 효과적인 해결책을 생각하셨고 아들 예수님으로 하여금 참된 섬김을 행하도록 하셨던 것이다. 이런 근원적인 사랑의 원리를 깨닫고 있는 그리스도인이라면 그 누구도 사랑할 수 있을 것이다.

> "사랑은 여기 있으니 우리가 하나님을 사랑한 것이 아니요 하나님이 우리
> 를 사랑하사 우리 죄를 속하기 위하여 화목제물로 그 아들을 보내셨음이라

사랑하는 자들아 하나님이 이같이 우리를 사랑하셨은즉 우리도 서로 사랑

하는 것이 마땅하도다"(요일 4:10~11)

예수님의 섬김의 목적은 무엇인가? 그것은 예수님으로 하여금 죄인들에게 하나님의 의를 부여하시는 것이다. 왜냐하면 하나님의 의가 우리 죄인들에게 적용되지 않으면 하나님은 사람들과 교제할 수 없기 때문이다. 하나님께서 예수님의 먼저 섬김을 계획하신 것도 창조주이신 하나님께서 피조물인 우리 죄인들을 사랑하시기 위함이었다. 만약에 사랑하는 사람에게 선물을 준다면 그 선물을 먼저 준비하지 않겠는가? 선물은 예고 없이 주는 것이 보통이며 미리 계획하고 준비해야 가능하다. 하물며 우리가 아무 것도 할 수 없는 하나님의 의를 주신다면 먼저 모든 준비를 다 하시지 않겠는가? 우리는 우리 자신이 죄인인지조차도 모를 그 때에 이미 하나님은 구원의 선물을 준비하시고 그리스도께서 그 선물을 주시기 위한 죽음의 섬김이 있었던 것이다. 모든 일은 하나님의 먼저사랑에서 기인하는 것이다.

"하나님이 죄를 알지도 못하신 이를 우리를 대신하여 죄로 삼으신 것은 우

리로 하여금 그 안에서 하나님의 의가 되게 하려 하심이라"(고후 5:21)

이런 먼저 섬김은 언제부터 준비하셨는가? 하나님은 인간이 타락한 태초부터 이미 준비하셨다. 잘 알려진 대로 하와와 뱀에 대한 심판의 말씀에서 이미 그리스도의 출현을 말씀하셨다. "여자의

후손은 네 머리를 상하게 할 것이요 너는 그의 발꿈치를 상하게 할 것이니라"(창 3:15下)라는 말씀이 바로 사탄과 그리스도의 싸움이라고 알고 있다. 하지만 그 한 번만 그리스도의 섬김을 말씀하신 것은 아니다. 선지자들은 수 차례 그리스도의 강림과 그 모습을 예언하였다. 그리스도는 구원을 베푸시며 나귀 새끼를 타고 오신다는 예언에서부터 처녀가 그리스도를 잉태할 것이라는 예언(사 7:14), 은 삼십 냥에 팔리리라는 예언(슥 11:12), 베들레헴 출생의 예언(미 5:2) 등이 여러 차례 등장한다. 그리스도의 먼저 섬김은 이미 태초 때부터 계획되고 준비된 것이었다.

> "시온의 딸아 크게 기뻐할지어다 예루살렘의 딸아 즐거이 부를지어다 보라
> 네 왕이 네게 임하시나니 그는 공의로우시며 구원을 베푸시며 겸손하여서
> 나귀를 타시나니 나귀의 작은 것 곧 나귀 새끼니라"(슥 9:9)

예수님은 제자들에게 수많은 진리의 말씀을 주셨지만 제자들 중 어느 누구도 그 의미를 몰랐었다. 제자들뿐 아니라 이스라엘 백성들 중 어느 한 사람도 예수님의 진정한 섬김에 대해서는 전혀 깨닫지 못하고 있었다. 하지만 예수님은 그 모든 말씀을 주시고 죽기까지 섬기시면서 앞으로 제자들이 구원의 도리를 깨닫게 될 것을 알고 계셨다. 지금은 제자들이 예수님의 말씀의 의미를 모르고 있지만 예수님께서 죽음으로의 섬김을 통하여 부활 승천하신 후에는 그리스도의 영을 보내셔서 그 동안 깨닫지 못하던 모든 말씀의 깊은 의미를 몸으로 마음으로 소유할 것을 아셨던 것이다. 물론 예수

님의 공생애 동안의 모든 섬김의 의미도 더더욱 깊이 깨닫고 제자들도 그런 먼저 섬김으로 세상을 섬기게 되는 것이다.

"보혜사 곧 아버지께서 내 이름으로 보내실 성령 그가 너희에게 모든 것을 가르치고 내가 너희에게 말한 모든 것을 생각나게 하리라"(요 14:26)

그리스도의 먼저 섬김에는 당연히 모든 용서가 포함된다. 용서하지 않고 진정으로 섬길 수 있겠는가? 우리가 알아야 할 것은 그리스도의 먼저 섬김으로 용서받고 구원받았으니 예수님을 섬기면서 잘 사는 것이 아니라는 점이다. 그리스도의 먼저 섬김으로 인하여 구원을 받았다면 우리도 다른 사람들을 먼저 사랑하고 섬겨야 한다. 그리스도께서는 우리를 섬기시기 이전에 이미 우리를 용서하셨다. 그 용서는 죄를 깨닫고 받아들일 때 유효한 용서이지만 예수님께서 이미 용서하셨기 때문에 누구든지 차별 없이 섬기실 수 있었던 것이다. 우리는 어떤가? 우리도 이미 그리스도의 섬김을 따라 먼저 용서한 사람들이어야 할 것이다. 세상이 아무리 우리에게 비판과 박해를 가해도 우리는 이미 그들을 용서했다. 용서한 사람은 상대방에게서 상처를 받지 않는다. 약간의 감정적인 동요는 있을 수 있지만 근본적으로는 이미 용서한 사람들인 것이다. 우리를 먼저 용서하시고 섬기셨던 예수님을 그리스도로 믿는다면 우리도 역시 그리스도의 먼저사랑과 섬김으로 보답해야 한다. 하나님을 사랑한다면 이웃을 사랑하는 것이다.

"누구든지 하나님을 사랑하노라 하고 그 형제를 미워하면 이는 거짓말하는 자니 보는 바 그 형제를 사랑하지 아니하는 자는 보지 못하는 바 하나님을 사랑할 수 없느니라 우리가 이 계명을 주께 받았나니 하나님을 사랑하는 자는 또한 그 형제를 사랑할지니라"(요일 4:20~21)

예수님은 먼저 그의 나라와 그의 의를 구하라고 하셨다. 하나님 나라와 그 의는 무엇인가? 교회에서 예배드리는 것인가? 말씀을 배우고 묵상하는 것인가? 그런 것들은 전부 하나의 통로들이다. 물론 하나님께 예배드리고 그 말씀을 배우고 연구하는 일은 그리스도인으로서 당연히 감당해야 할 거룩한 일들이다. 하지만 그 행위 자체로서 우리가 하나님을 진정으로 사랑한다고 단정하기는 힘들다. 하나님의 나라와 그 의는 반드시 세상 속에서 사람들에게 펼쳐질 때 그 의미가 살아나는 것이다. 곧 살아있는 복음이 되는 것이다. 그렇게 삶 속에서 이웃들을 위한 하나님의 의가 실현될 때 하나님은 우리에게 필요한 모든 것을 허락하신다. 그리스도의 먼저 섬김은 우리들이 반드시 지켜야 할 대원칙이다. 그것이 아니라면 사실상 진정한 섬김은 가능하지가 않다.

"그런즉 너희는 먼저 그의 나라와 그의 의를 구하라 그리하면 이 모든 것을 너희에게 더하시리라"(마 6:33)

어느 것이 먼저인가? 예배가 먼저인가 용서가 먼저인가? 물론 우선순위를 논할 수 있는 것은 아니다. 우리는 그리스도께서 우리

스스로가 죄인인지조차 몰랐을 때부터 우리를 사랑하셨다는 사실을 알고 있다. 우리 주변의 사람들은 전부 우리가 먼저 살펴보아야 할 대상들이다. 그들에게 관심을 가져야 한다. 그들이 우리를 반대하고 박해하더라도 우리는 주님처럼 이미 그들을 용서했다. 그렇다면 우리는 그들을 진정으로 섬길 수 있다. 그리스도의 먼저 섬김이 우리 삶의 근본적인 흐름이 될 수 있어야 하겠다.

"예물을 제단 앞에 두고 먼저 가서 형제와 화목하고 그 후에 와서 예물을 드리라"(마 5:24)

4. 죽기까지의 섬김

예수님의 섬김은 십자가에 못 박혀 죽으시는 데에까지 가셨다. 제자들의 발을 씻어주시는 섬김의 본이 아니라 죽음이라는 극한적인 일까지 감당하신 섬김의 극치를 달리신 것이다. 제자들의 발을 씻어주시며 제자들이 서로서로 발을 씻어주라고 가르치신 예수님의 섬김은 단 하나밖에 없는 목숨까지라도, 억눌려 있던 우리들, 죄의 종들을 위해 바치신 섬김에서 비롯되는 말씀이었던 것이다. 사랑과 섬김의 극치는 무엇인가? 당연히 죽음이 아닌가? 물론 십자가의 죽으심은 단순한 죽으심이 아니다. 왜냐하면 십자가의 죽으심은 인간의 모든 죄와 고통과 모욕까지도 다 짊어지시는 죽음이었기 때문이다.

"사람의 모양으로 나타나사 자기를 낮추시고 죽기까지 복종하셨으니 곧 십

자가에 죽으심이라"(빌 2:8)

우리는 복음에 대하여 너무나도 편견을 가지고 있다. 그리스도
께서 우리를 위해 십자가에서 못 박혀 죽으심으로써 우리의 죄 문
제를 해결하셨고 그것을 그대로 믿는 사람은 구원을 받는다는 것
이 복음의 핵심이다. 그렇다면 우리는 예수님께서 목숨을 희생하
심으로써 우리 스스로는 결코 받을 수 없는 구원을 받은 사람들이
다. 그런데 교회에서는 전도할 때 죄를 사함 받아 구원받고 세상에
서 복 받고 살라는 것에 그치고 있다. 그것은 온전한 복음이 아니
다. 복음은 죄인들로 하여금 복음대로 살라고 주신 선물이다. 주님
께서 고난을 받으셨으면 우리도 고난을 받아야 한다. 주님께서 목
숨까지 버려 섬기셨다면 우리도 목숨까지 버려 섬길 수 있어야 한
다. 또한 주님께서 영광을 받으신다면 우리도 그와 함께 영광을 받
게 될 것이다.

"그리스도를 위하여 너희에게 은혜를 주신 것은 다만 그를 믿을 뿐 아니라

또한 그를 위하여 고난도 받게 하심이라"(빌 1:29)

그렇다면 과연 우리는 어디까지 섬겨야 할까? 섬김의 대상들은
우리보다 어렵고 낮은 사람들을 당연히 포함하지만, 거기에 더하
여 영적으로, 정신적으로 갇혀 있는 사람들이라고 말해도 거의 틀
림이 없을 것이다. 사회적, 물질적, 세상적 위치와 관계없이 정신

적, 영적으로 어려운 이들이 우리의 섬김의 대상이다. 항상 그런 것은 아니지만 사람들이 어려워하고 힘들어할 때 우리가 도울 수 있다. 그러면 이들을 어디까지 섬겨야 한다는 말인가? 바로 그 대답이 예수님의 사역에 들어있다. 목숨은 하나밖에 없기 때문에 너무나도 귀중한 것이지만 그리스도를 위하여 이웃들을 섬기면서 목숨까지라도 버리는 것이 가장 큰 인생의 가치라고 확신한다면 목숨을 버리는 것은 그렇게 어려운 일은 아닐 것이다. 왜냐하면 예수님께서 그렇게 가장 가치 있는 삶을 사셨기 때문이다.

"그가 우리를 위하여 목숨을 버리셨으니 우리가 이로써 사랑을 알고 우리
도 형제들을 위하여 목숨을 버리는 것이 마땅하니라"(요일 3:16)

그런데 이 말씀은 몹시 실행하기 어렵다. 이 세상에서 내가 사라진다면 이 세상은 나에게 무슨 의미가 있는가? 죽기까지의 섬김은 오직 예수님만 하실 수 있는 일이고 또 예수님께서 그렇게 하심으로써 실제로 수많은 죄인들을 구원하셨지만, 우리는 그런 능력도 없고 그럴 가치도 없다고 생각한다면 결코 할 수 없는 일이다. 그렇다면 이 섬김은 예수 그리스도 외에는 어느 누구도 할 수 없다는 말일까? 우리들은 섬김이라고 하면 몸으로 도와주고 격려해주고 이겨낼 수 있도록 힘을 더해 주는 등 거의 육적인 봉사 수준에서 생각할 것이다. 하지만 영적으로 들어가면 그런 육적인 봉사와는 전혀 다른 상황이 될 수도 있음을 알아야 한다. 예수님께서 겟세마네 동산에서 마지막 기도를 하실 때를 보면 그 때에 천사가 내

려와 예수님을 도왔던 것을 알 수 있다.

> "천사가 하늘로부터 예수께 나타나 힘을 더하더라 예수께서 힘쓰고 애
> 써 더욱 간절히 기도하시니 땀이 땅에 떨어지는 핏방울 같이 되더라"(눅
> 22:43~44)

성도는 하나님의 일을 위하여 서로 기도로 섬길 수 있다. 기도
를 하되 진심을 다해서 죽기까지라도 감당할 것처럼 간구하는 것
이다. 전심을 다하지 않으면 그것은 이웃을 섬기는 섬김이 아니다.
무엇을 하든지 마찬가지이다. 물론 우리가 다른 사람을 위하여 목
숨을 버릴 만한 상황이 우리에게 단 한 번도 주어지지 않을 수 있
지만, 우리는 목숨을 거는 것과 같은 간절한 기도로 사람들을 얼마
든지 도울 수 있다. 예수님도 목숨을 거는 기도 끝에 십자가 사명
을 감당하셨다.

> "너희도 우리를 위하여 간구함으로 도우라 이는 우리가 많은 사람의 기도
> 로 얻은 은사로 말미암아 많은 사람이 우리를 위하여 감사하게 하려 함이
> 라"(고후 1:11)

생명까지 버리는 섬김이라고 할 때 그 의미는 어떤 식으로든 모
든 사람을 도울 수 있다는 말이다. 예수님께서는 목숨을 버림으로
써 마귀의 종 된 사람들을 섬기셨다. 예수님은 죽기까지의 섬김으
로 모든 종류의 사람들을 전부 섬기셨다. 어떤 인종, 환경, 성격,

죄의 정도를 불문하고 모든 사람들을 도우셨다. 이 말은 우리 그리스도인이 다른 사람을 섬길 수 있는 너무나도 다양한 모습들이 있다는 것이다. 죽기까지 섬김이라고 해서 다른 사람을 돕다가 몸을 혹사하여 죽을 정도까지 하라는 이야기만은 아니라는 것이다. 사도 바울도 목숨을 바쳐서까지 성도들을 섬겼다.

"그가 그리스도의 일을 위하여 죽기에 이르러도 자기 목숨을 돌보지 아니한 것은 나를 섬기는 너희의 일에 부족함을 채우려 함이니라"(빌 2:30)

그러한 사도 바울을 위하여 다른 동역자들도 그렇게 바울을 섬겼다. 형제사랑이란 이런 것이다. 물론 같은 그리스도인들에만 적용되는 것은 결코 아니다. 그렇다면 예수님의 죽기까지의 섬김은 단지 자기 민족에게까지밖에는 영향력을 가질 수 없을 것이다. 우리는 형제들을 위하여 또는 하나님을 모르는 이웃들을 위하여 죽기까지의 섬김을 펼칠 수 있어야 한다. 죽기까지 섬길 수 있다면 다른 모든 것은 무엇이 그리 큰 문제가 되겠는가? 하나님을 사랑하되 목숨을 다하여 사랑하라고 하셨다. 목숨을 다하여 하나님을 사랑하는 것은 목숨을 다하여 형제와 이웃을 섬기라는 말씀이다. 그럴 때 그리스도의 사랑은 우리를 통하여 가감 없이 온 세상에 전파될 수 있을 것이다.

"우리가 이같이 너희를 사모하여 하나님의 복음뿐 아니라 우리의 목숨까지도 너희에게 주기를 기뻐함은 너희가 우리의 사랑하는 자 됨이라"(살전

2:8)

너무 극단적인 표현이라고 할 수도 있을 것이다. 현실적이지 못하고 지나치게 높은 이상만을 강요하는 말이라고도 생각할 수 있을 것이다. 그러나 그리스도 예수님의 섬김을 이야기하는 것은 우선은 그리스도의 섬김의 은혜를 높여드리고 큰 영광을 돌려드리고자 하는 것이고, 다른 하나는 섬김의 본래의 뜻을 알고 겸손하자는 것이다. 우리가 그 어떤 섬김을 다한다 하더라도 우리는 그리스도의 섬김의 은혜를 절대로 갚을 수가 없다. 그리스도의 피를 어떻게 무슨 수로 갚는다는 말인가? 우리는 그리스도의 섬기심으로 말미암아 은혜를 입어 구원에 이르게 된 사람들이다. 우리가 그 어떤 섬김을 다해도 잘했다고 하기 어려운 일인데, 그 모든 것이 그리스도의 은혜를 조금이라도 높여드리기 위해서 하는 일들인데, 어느 누가 자기의 섬김을 자랑할 수 있겠는가?

"우리는 그리스도 안에서 그의 은혜의 풍성함을 따라 그의 피로 말미암아 속량 곧 죄 사함을 받았느니라"(엡 1:7)

그럼에도 불구하고 너무나도 많은 사람들이 자기를 자랑하고 있다. 자기의 섬김에 대해서 많은 사람들이 알 수 있도록 애를 쓰고 있다. 무엇인가 섬김을 통하여 어떤 일을 이루게 되면 그것이 자기 공로인 것처럼 이야기하는 사람들이 많다. 섬김은 섬김이다. 섬김에는 아무 대가가 있을 수 없다. 아무리 큰일을 해도 그리스도의 섬김의 은혜에 비하면 아무 것도 아니다. 섬김을 섬김이라고 생각하는 순간 자기 공로가 되고 자기 의가 되고 마침내 교만이 들어올 수 있는 틈새는 점점 더 벌어지게 되어 있다.

원래 해야 할 일을 하는 것을 섬김이라고 생각하는 데에서부터 문제는 출발한다. 섬김이 섬김이 아니라는 이야기는 아니다. 그러나 그것이 섬김이 되기 위해서는 예수님처럼 가난하고 볼 수 없고 갇히고 눌린 자들을 위하여 온 일생을 다 걸고서라도 섬겨야 하는 것이다. 그래야 비로소 그것을 섬김이라고 할 수 있는 것이다. 그렇게 올바른 섬김을 열심히 행한다고 할지라도 그리스도의 죽기까지의 섬김을 먼저 생각해야 한다는 것이다. 왜냐하면 우리들의 섬김은 그리스도의 섬김의 은혜를 조금이라도 갚기 위해서 하는 일이니까. 그러면 그 섬김에는 겸손할 수 있고 감사할 수 있고 기뻐할 수 있게 되는 것이다.

5. 필요를 채우는 완전한 섬김

예수님은 시험을 받으실 때 성령의 충만함을 입고 승리하셨다. 성령의 충만함이란 예수님께서 메시아로서의 모든 활동을 하시기에 충분했다는 뜻이다. 오늘날 성령 충만이라는 말이 아주 널리 사용되고 있지만 성령 충만도 그 사람의 신앙수준이나 의식의 한계를 넘어갈 수는 없다. 이 말은 성령님으로 충만해지는 일이 완전하지 못하다거나 무엇인가 부족하다는 뜻이 절대로 아니다. 성령님의 충만은 완전하지만 그것을 받아들이는 사람의 수준 안에서만 완전하다는 뜻이다. 일곱 살짜리가 성령 충만한 것과 20살 청년이 성령으로 충만해지는 것에는 엄청난 차이가 있는 것과 같은 의미이다. 그러나 예수님의 성령 충만은 모든 것을 완전하게 하시는 충만이다. 메시아로서의 출발점을 성령 충만으로 완전하게 하셨던 것이다. 예수님의 섬김의 또 다른 특징은 필요한 것이 충족될 때까지의 섬김이라는 것이다. 그렇지 않다면 만민구원은 불가능한 이야기일 것이다.

> "예수께서 성령의 충만함을 입어 요단강에서 돌아오사 광야에서 사십 일 동안 성령에게 이끌리시며 마귀에게 시험을 받으시더라 이 모든 날에 아무 것도 잡수시지 아니하시니 날 수가 다하매 주리신지라"(눅 4:1~2)

알다시피 예수님은 단 한 번의 죽으심으로 모든 인류를 구원하기에 충분할 만큼 완전한 섬김을 행하셨다. 만약에 예수님의 한 번의 죽으심으로 무엇인가 불충분한 부분이 남아있다면 우리는 믿음으로 구원받은 후에 또다시 무엇인가를 행해야 할 것이다. 그 불충분한 조건을 채워야 할 것이기 때문이다. 그러나 진심으로 예수님을 우리 자신의 구세주로 영접하였다면 우리는 구원을 위해 무엇인가를 추가할 필요가 전혀 없다. 왜냐하면 예수님께서 단 한 번 제물이 되심으로써 우리 구원의 모든 조건을 충족시키시는 완전한 섬김을 행하셨기 때문이다. 곧 우리의 필요가 완전하게 채워지는 섬김이었기 때문이다. 참다운 섬김은 더 이상 필요가 없어질 때까지 섬기는 것이다.

"그가 거룩하게 된 자들을 한 번의 제사로 영원히 온전하게 하셨느니라"(히 10:14)

오늘날 날로 쇠퇴되어 가는 교회에 대해서는 어떻게 생각해야 할까? 교회는 이 세상에 그리스도의 몸으로 존재하도록 주시는 완전한 공동체이다. 왜냐하면 교회는 그리스도의 몸이기 때문이다. 그리스도께서 완전하신 분으로서 인간구원을 위한 완전한 섬김을 통하여 완전한 몸으로 주신 것이 교회이다. 교회가 그리스도의 몸 된 공동체로서의 인식을 가지고만 있다면 그것은 완전한 하나님의 기관이다. 교회는 예수님께서 육체를 버리실 때의 그런 모습과 같이 연약하고 불완전한 것처럼 보인다. 그러나 교회는 예수님께서 완전하게 구원의 길을 여신 것처럼 불완전한 모습을 통해 구원의 통로가 된다. 교회는 만물을 충만하게 하시는 분의 충만함이다. 교회가 교회 되고자 하면 승리할 것이고 교회가 세상과 같은 방식으로 존재하려고 할 때 교회는 점점 쇠퇴되어갈 것이다.

"교회는 그의 몸이니 만물 안에서 만물을 충만하게 하시는 이의 충만함이니라"(엡 1:23)

예수님은 물론 우리 죄를 사하시고 우리를 그 죄에서 구원하기 위해 오셨다. 그렇다면 구약의 율법은 전부 폐기되고 모든 것을 다시 시작해야 하는가? 예수님의 말씀은 그것이 아니었다. 오히려 율법을 완전하게 하기 위해 오셨다고 말씀하셨다. 율법을 완전하게 하신다는 말씀은 무슨 뜻일까? 잘못 이해하면 율법이 완전하지 못하다는 말로 들릴 수 있고 그것은 여호와 하나님께서 완전하지 못한 율법을 이스라엘에 주셨다는 말이 될 수도 있다. 그러나 이 말씀은 예수님께서 오시기 전과 후의 모든 조건이 변경됨을 말씀하신 것이었다.

예수님이 오시기 이전에는 모든 것이 육체적, 물질적, 세속적인 것으로 보일 수밖에 없었지만 예수님께서 그런 모든 육적인 조건들을 영적으로 바꾸어 완전하게 하셨다는 말인 것이다. 지금 온통 구약의 축복관을 성도들에게 심어주어 거짓 축복이 넘치는 시대가 되었다. 우리는 예수님께서 완전하게 하신 신약의 모든 가치관으로 세상을 살아야 한다. 그렇지 않고 여전히 구약적 축복관을 가지고 세상을 산다면 예수님의 완전하심을 오히려 불완전하게 만들어버리는 셈이 되는 것이다.

"내가 율법이나 선지자를 폐하러 온 줄로 생각하지 말라 폐하러 온 것이 아니요 완전하게 하려 함이라"(마 5:17)

한편 예수님은 완전한 구원자가 되시기 위해 사흘의 시간이 필요했었다. 그것은 완전한 승리를 위한 것이었다. 예수님의 섬김이 완전한 섬김이 되고 필요가 모두 채워질 때까지의 섬김이 되기 위해서는 죽으심과 함께 부활하시기까지의 시간이 필요했다는 이야기이다. 우리의 섬김도 이웃에게 더 이상 필요가 없어질 때까지의 완전한 섬김이 되려면 많은 인내와 연단의 시간이 필요할 수 있는 것이다. 완전한 섬김이라고 하여 단번에 또는 한꺼번에 나눔과 섬김을 채워주면 완성되리라고 생각하는 것은 위험한 생각일 수 있다. 예상보다 더 험난한 섬김이 필요해질 때 포기하게 될 수도 있기 때문이다. 아무튼 예수님의 섬김은 필요할 때까지의 섬김, 더 나아가 모든 구원을 충족시킬 만한 완전한 섬김이었다.

"인자가 많은 고난을 받고 장로들과 대제사장들과 서기관들에게 버린 바 되어 죽임을 당하고 사흘 만에 살아나야 할 것을 비로소 그들에게 가르치시되"(막 8:31)

그러면 어떻게 우리는 주님을 따라 완전한 섬김을 행할 수 있겠는가? 사마리아 사람은 강도 만나 거의 죽게 된 사람을 하룻밤 동안 돌보아주었다. 내가 할 수 있는 데까지가 아니라 상대가 필요할 때까지 돌보는 것이 섬김의 기본자세이다. 강도 만나서 정신을 잃은 사람은 그 사실을 모른다. 어디까지 도움이 필요하고 어디까지 돌봄을 받아야 하는지에 대해서 전혀 판단할 수 없었을 것이고 누구에게 요구하거나 요청할 기력도 의지도 없었다. 오로지 여행을 하던 한 사마리아 사람의 의지에 달려있었다. 섬김이란 원래 그래야 하는 것이다. 예수님의 섬김이 그랬다. 그것은 완전한 섬김이었다. 우리의 섬김도 이와 같아야 한다.

"어떤 사마리아 사람은 여행하는 중 거기 이르러 그를 보고 불쌍히 여겨 가까이 가서 기름과 포도주를 그 상처에 붓고 싸매고 자기 짐승에 태워 주막

으로 데리고 가서 돌보아 주니라 그 이튿날 그가 주막 주인에게 데나리온

둘을 내어 주며 이르되 이 사람을 돌보아 주라 비용이 더 들면 내가 돌아올

때에 갚으리라 하였으니"(눅 10:33～35)

예수님은 이웃을 사랑하되 자기 자신과 같이 사랑하라고 하셨다. 개념의 차이가 있겠지만, 통상적으로 자기 자신과 같이 다른 사람을 사랑하는 것은 불가능하다. 설혹 어떤 사람을 위해서 목숨을 버렸다고 하더라도 그것이 자기 자신보다 이웃을 더 사랑한 것인가에 대해서는 의문의 여지가 남을 수 있다. 하지만 그리스도의 완전하신 섬김 속으로 들어간다면 우리는 이웃을 자기 자신과 같이 사랑할 수 있게 된다. 완전한 섬김은 이웃을 자기 자신과 같이 사랑할 때 성취될 수 있다. 자기 자신과 같이 이웃을 사랑하지 못한다면 우리의 사랑은 완전한 섬김과는 거리가 멀어질 것이다. 행위로 어떤 모습을 보이는가와는 관계없이 진정으로 이웃을 완전하게 섬기려면 자기 자신과 같이 사랑할 수 있어야 한다. 예수님의 십자가에 함께 못 박힌 사람이라면 가능한 일이다. 모든 이웃을 모든 경우에 그렇게 사랑하는 것이 아니라 우리의 필요를 느끼는 사람들에 대해서 그럴 수 있다는 이야기이다.

"또 마음을 다하고 지혜를 다하고 힘을 다하여 하나님을 사랑하는 것과 또

이웃을 자기 자신과 같이 사랑하는 것이 전체로 드리는 모든 번제물과 기

타 제물보다 나으니이다"(막 12:33)

우리의 섬김은 하나님의 모든 충만으로 충만해져서 모든 사람들이 하나님과 화목하게 하는 일을 행하기 위함이다. 하나님과 화목하게 하는 일을 한마디로 섬김이라고 할 수 있다. 예수님의 완전함 섬김으로 이 모든 것이 가능하게 된 것이다. 어떤 섬김이든 하나님의 기쁨이 되려면 우리는 완전한 섬김으로 그리스도의 섬김을 보여주어야 할 것이다. 우리의 이웃은 우리의 섬김을 기다리고 있다. 그들이 진정한 섬김이나 그 필요성을 느끼지 못하더라도 우리의 섬김은 완전한 섬김, 필요가 채워질 때까지의 섬김, 자기 자신과 같이 사랑하는 섬김을 향하여 나아가야 할 것이다.

"아버지께서는 모든 충만으로 예수 안에 거하게 하시고 그의 십자가의 피로 화평을 이루사 만물 곧 땅에 있는 것들이나 하늘에 있는 것들이 그로 말미암아 자기와 화목하게 되기를 기뻐하심이라"(골 1:19~20)

제10장
복음으로서의 섬김

복음을 위하여 섬기는 것이 아니라 섬기는 것 자체가 복음이다. 섬김을 섬김 자체로만 본다면 하나님을 모르는 사람들의 섬김이나 타종교를 믿는 사람들의 섬김과 다를 바가 없다. 물론 어떤 형태이든 섬김 자체는 가치가 있고 많은 사람들을 유익하게 하며 삶의 아름다운 모습을 보여주기에 충분하다. 다만 그 섬김이 인간 개인과의 관계를 떠나서 영원한 가치가 되기 위해서는 자기 자신이 주관이 되어서 행하면 상당히 위험해질 수 있다는 사실을 알아야 한다. 왜냐하면 인간이란 누구나 욕심이 있고 인정받고 지배하고 싶은 욕망이 있기 때문이다. 어느 누구라도 비슷한 상황에 있으면 똑같은 경향을 보인다는 뜻이다. 하나님과의 관계 속에서 모든 것을 하나님 중심으로 생각하되 우리가 아니라 하나님의 영광을 위해 섬겨야 하는 것이다. 섬김이 바로 복음이어야 하는 까닭이다.

복음이란 무엇인가? 우리 모두가 아는 바와 같이 복음은 예수님의 낮춤과 섬김으로부터 시작되었다. 근본 하나님의 본체이신 예수님께서 인간이 되시고 종의 형체로 자기를 낮추시고 죽기까지 섬기셨다. 그 결과로서 우리가 거듭났고 구원에 이르게 되었다. 이 것이 복음이다. 물론 복음은 도저히 구원받을 수 없는 인간을 구원하시고 참된 복을 우리에게 베푸셨으니까 우리에게는 너무나도 크고 기쁜 소식이다. 하지만 그것은 시작이다. 죄인에서 의인으로 태어난 것이다. 복음이 시작이라는 말은 우리 그리스도인들의 섬김의 삶에 결정적인 원칙과 능력이 된다는 것을 알아야 한다.

> "그는 근본 하나님의 본체시나 하나님과 동등됨을 취할 것으로 여기지 아니하시고 오히려 자기를 비워 종의 형체를 가지사 사람들과 같이 되셨고 사람의 모양으로 나타나사 자기를 낮추시고 죽기까지 복종하셨으니 곧 십자가에 죽으심이라"(빌 2:6~8)

복음으로서의 섬김의 의미를 모르면 모든 것이 자기 공로가 되기 쉽다. 그리스도 안에서 섬김을 행한다는 자기 인식이 있어도 그렇다. 복음으로서의 섬김은 그리스도의 낮춤과 섬김 속에 우리를 속하게 만드는 것이다. 우리의 모든 섬김이 그리스도의 복음의 연장선상에 있는 것이다. 복음으로서의 섬김의 범주를 벗어나면 전부 사람에게 보이려고 행하는 것이 되고 만다. 그렇게 사람들에게 인정받고 칭송을 받으면 이미 우리가 받을 영원한 상은 다 사라져 버린다. 바리새인들이 그랬다. 바리새인들의 모든 삶의 방식은 오늘날 교회에서 그대로 재현되고 있다. 주님께서 바리새인들에 대해 하신 말씀은 전부 오늘날 우리들에게 고스란히 되돌아올 수 있음을 알아야 한다. 복음으로서의 섬김 의식으로 세상을 섬기시기 바란다.

1. 복음의 본질적인 성격

그리스도인의 모든 행동과 삶은 근본적으로 복음적이어야 한다. 복음이 무조건 큰 축복이요 기쁨이요 능력이라고만 생각하고 거기에서 머물러 버린다면 더 이상 그리스도인으로서의 삶을 살 수가 없다. 우리가 흔히 성경적이라고 표현을 많이 하지만 더 집중적으로 본다면 복음적이라는 말로 바꾸어야 할 것이다. 왜냐하면 복음적이라는 단어가 훨씬 더 구체적이기 때문이다. 성경의 주인공은 예수 그리스도이다. 구약과 신약은 오실 메시아와 오신 메시아에 대한 기록이다. 그리스도의 부활과 성령님의 강림으로 인하여 구약은 완성되었고 전혀 새로운 새 시대가 열렸다. 이 모든 것이 그리스도의 복음을 중심으로 펼쳐진 역사적 사실이다. 따라서 우리는 구약의 율법의 원리를 따라 사는 것이 아니라 신약의 복음의 원리를 따라 사는 사람들이다. 마치 고등학교에서의 학습방식이 대학교에 가면서 완전히 바뀌는 것과 같다.

그러면 복음의 본질적인 성격은 무엇인지를 살펴보도록 한다. 그것을 알아야 우리의 모든 섬김의 원리를 발견하고 그것을 따라

갈 것이 아닌가? 가장 먼저 복음은 하나님이 빛이라는 사실을 만방에 널리 알리는 큰 기쁨의 소식이다. 물론 복음은 인간 구원의 소식이다. 죄로 말미암아 흑암 속에 갇혀있는 세상의 입장에서는 오히려 하나님의 빛이 훼방처럼 느껴질 수도 있다. 따라서 하나님이 빛이시라는 사실은 그들에게는 소망이 아니라 절망이 될 수도 있다. 물론 그들 대부분은 아무런 관심도 없을 것이다. 하나님의 빛은 온 세상에 고루고루 미치지만 그 빛을 환영하고 큰 기쁨으로 받아들일 사람들은 소수인 것이다. 은혜는 온 세상에 미치는데 오직 그것을 받아들이는 사람에게만 큰 기쁨의 소식이 된다. 우리의 섬김이 그렇다. 우리의 행동은 사람을 가리지 않아야 한다. 누구에게나 우리의 섬김은 행해져야 한다. 받아들이는 사람들에게만 그 영향이 미치지만 섬김 그 자체는 차별이 없어야 한다.

"우리가 그에게서 듣고 너희에게 전하는 소식은 이것이니 곧 하나님은 빛이시라 그에게는 어둠이 조금도 없으시다는 것이니라"(요일 1:5)

"천사가 이르되 무서워하지 말라 보라 내가 온 백성에게 미칠 큰 기쁨의 좋은 소식을 너희에게 전하노라"(눅 2:10)

그런데 하나님의 빛은 햇빛이 쨍쨍 내리쬐듯이 그렇게 비춰질 수가 없다. 깜깜한 흑암을 비치는 한 줄기 빛이기 때문이다. 온전한 암흑 속에 잠겨있는 세상을 깨우지 못하고는 온 백성에 미칠 큰 기쁨의 소식은 사람들에게 다가갈 수 없다. 잠긴 문을 열려면 문

열쇠가 필요하고 보물이 담긴 상자를 열려면 거기에 맞는 열쇠가 필요한 것과 같다. 하지만 하나님의 큰 빛이 비쳐도 결코 열 수 없는 세상의 문에는 열쇠가 따로 없다. 그 문은 온통 죄악으로 두껍게 잠겨있는 문이기 때문이다. 그 문은 오직 그리스도의 십자가 고난으로써만이 열 수 있다. 복음은 그리스도의 피를 인간의 모든 죄의 대속물로 주심으로써 구원에 이르게 하는 소식이다. 그리스도의 피로써 살아계신 하나님을 섬길 수 있게 되며 그 피는 모든 인간의 대속제물로 주어지는 그런 피였다. 우리의 섬김이 이와 같다. 마치 그리스도의 보혈과 같이 우리의 기도와 노력으로 사람들의 마음의 문을 열 수 있다. 그리스도인의 섬김은 사람들의 양심을 깨움으로써 하나님의 빛을 받아들일 수 있게 만드는 것이다.

"인자가 온 것은 섬김을 받으려 함이 아니라 도리어 섬기려 하고 자기 목숨을 많은 사람의 대속물로 주려 함이니라"(막 10:45)

"하물며 영원하신 성령으로 말미암아 흠 없는 자기를 하나님께 드린 그리스도의 피가 어찌 너희 양심을 죽은 행실에서 깨끗하게 하고 살아 계신 하나님을 섬기게 하지 못하겠느냐"(히 9:14)

기본적으로 복음은 천국복음이 본질이다. 죄 사함, 거듭남, 영접, 구원, 세상에서의 승리, 성령세례, 복음전파, 형제사랑, 이웃사랑의 가장 근원적인 본질은 바로 천국복음이라는 것이다. 예수님은 이 땅에 계실 때에도 천국복음을 전파하셨고 부활하신 후에도 40일 동안 계시면서 하나님 나라의 일을 말씀하셨다. 구원의 궁극적인 목적은 천국이다. 하나님 나라의 일을 말씀하셨다는 것은 천국 자체에 대한 말씀이기도 하지만 그 천국을 어떻게 세상에서 살 것인가에 대한 말씀이기도 한 것이다. 예수님의 모든 가르침이 그랬던 것과 마찬가지이다. 섬김이 그렇다. 섬김은 천국의 삶을 이 땅에서 펼치는 행위이다. 천국을 이 세상에서의 섬김으로 바꾸지 않는 한, 하나님의 빛은 더 이상 비칠 수가 없다. 복음의 최종 목적이 천국이면 섬김의 최종 목적도 천국이다.

"예수께서 모든 도시와 마을에 두루 다니사 그들의 회당에서 가르치시며 천국 복음을 전파하시며 모든 병과 모든 약한 것을 고치시니라"(마 9:35)

"그가 고난 받으신 후에 또한 그들에게 확실한 많은 증거로 친히 살아 계심을 나타내사 사십 일 동안 그들에게 보이시며 하나님 나라의 일을 말씀하시니라"(행 1:3)

복음의 마지막 하이라이트는 예수님의 부활이다. 예수님의 부활이 없다면 하나님의 빛도 죄 사함도 구원도 불가능하다. 예수님의 부활이 없었다면 복음도 구원도 기독교도 교회도 아무 소용이 없다. 섬김도 예수님의 부활을 전제로 하고 이루어져야 한다. 섬김에서 예수님의 부활이 빠지면 안 된다. 물론 행동 하나하나에 대해 모두 부활을 이야기하라는 것은 아니다. 다만 우리의 섬김이 하나님으로부터 인정을 받으려면 훗날 우리의 부활을 소망하는 믿음으로 행해져야 한다는 말이다. 섬김이 바른 섬김으로 되려면 부활신앙이 뒷받침되어야 한다.

"이방인들에게 넘겨주어 그를 조롱하며 채찍질하며 십자가에 못 박게 할 것이나 제삼일에 살아나리라"(마 20:19)

"곧 그리스도가 고난을 받으실 것과 죽은 자 가운데서 먼저 다시 살아나사 이스라엘과 이방인들에게 빛을 전하시리라 함이니이다 하니라"(행 26:23)

이제 복음의 적용을 살펴보아야 한다. 왜냐하면 우리는 모두 예수님의 부활로 인하여 구원받은 사람들이기 때문이다. 복음은 곧 예수님인데, 복음을 이루어주신 예수님의 삶을 따라가는 것이 복음이다. 곧 복음을 완성하신 예수님의 삶의 원리를 따라가야 한다는 말이다. 우리도 지금 우리에게 맡겨진 복음을 완성해나가는 중이다. 우리가 명심해야 할 것은 복음은 형제나 친구들로부터 버림받을 수도 있다는 것이다. 배신당하고 전혀 믿을 수 없는 사람이 되기도 하고 투명인간처럼 존재가치 제로가 되기도 한다. 예수님도 그랬다. 우리의 섬김의 과정 중에서도 이런 일을 예상할 수 있어야 한다. 그래야 섬김이 섬김 될 수 있는 것이다.

"그 때에 예수께서 제자들에게 이르시되 오늘 밤에 너희가 다 나를 버리리라 기록된 바 내가 목자를 치리니 양의 떼가 흩어지리라 하였느니라"(마 26:31)

복음은 때때로 세상 모든 사람들로부터 희롱당하거나 조롱당할 수 있다. 아니 비난이나 반대나 박해나 조롱이나 희롱을 당하게 되어 있다. 복음이 완전한 행복을 주는 것이라고? 아니다. 물론 복음은 반드시 우리에게 복을 가져다준다. 그러나 그렇다고 하여 복음 자체가 무조건 기쁨과 평안과 행복을 주는 것은 아니다. 복음은 이루어져가는 것이기 때문이다. 섬김은 일회성으로 그치는 것이 아니다. 그러면 어쩌면 그리스도 복음과 별로 상관이 없는 것일 수도 있다.

> "그의 옷을 벗기고 홍포를 입히며 가시관을 엮어 그 머리에 씌우고 갈대를 그 오른손에 들리고 그 앞에서 무릎을 꿇고 희롱하여 이르되 유대인의 왕이여 평안할지어다 하며 그에게 침 뱉고 갈대를 빼앗아 그의 머리를 치더라"(마 27:28~30)

하지만 마지막으로 우리가 반드시 알아야 할 것은 복음은 완성되었다는 사실이다. 복음은 구원의 사역을 계속 진행 중이어야 하지만 적어도 예수님은 복음을 십자가에서 완성하셨다. 예수님의 십자가 죽으심은 하나님의 인류구원계획의 대실패로 끝난 것처럼 보였다. 마귀는 아마 손뼉을 치며 춤을 추며 기뻐했을 것이다. 그러나 복음사역은 이미 끝난 상황이었다. 십자가에서 사형 당하심으로써 이미 완성되었던 것이다. 섬김은 당장은 손해 볼 수도 있고 다른 사람들의 비난을 받을 수는 있지만 그러나 섬김은 복음처럼 섬기는 그 순간에 모든 것이 완성된다는 사실을 알아야 한다. 복음의 본질적인 성격을 우리의 섬김과 일치시킨다면 우리의 섬김은 그 어떤 경우에도 이미 완성된 것이다.

> "예수께서 신 포도주를 받으신 후에 이르시되 '다 이루었다' 하시고 머리를
> 숙이니 영혼이 떠나가시니라"(요 19:30)

2. 복음에는 섬김이 포함된다.

복음이 복음 되기까지 얼마나 많은 과정과 시간과 하나님의 인내가 필요했는지 모른다. 예수님의 섬김에는 하나님의 아들로서의 모든 고난이 포함되어 있지만 그 복음이 예수님에 의하여 성취되기 위하여 구약시대에서부터 하나님께서 사용하신 섬김의 주인공들은 너무나도 다양했다. 몇 가지 예를 들면 아브라함의 외아들 이삭은 제단에 드려짐으로써 예수님의 십자가 희생의 예표로 제시되었다. 야곱의 열한 번째 아들 요셉도 마치 그리스도와 같은 삶의 과정을 거쳤다. 모세는 인간구원의 과정을 출애굽의 모든 여정을 통하여 남김없이 보여준 주인공이었다. 모세를 통하여 하나님께서 명하셨던 율법은 틀림없이 복음의 뿌리가 되고 핵심이 되었다. 물론 그 이전에 아담은 현대 그리스도인들에게 가장 본질적인 그리스도를 예표했는데, 비록 그리스도와 동일한 잣대로 잴 수 있는 것이 아니라 정 반대의 역설에 해당되기는 하지만, 아담을 통하여 들어온 죄가 예수님을 통하여 나가게 되는 과정을 바울 사도가 잘 설명하였다.

"그러나 아담으로부터 모세까지 아담의 범죄와 같은 죄를 짓지 아니한 자들까지도 사망이 왕 노릇 하였나니 아담은 오실 자의 모형(예표)이라"(롬 5:14)

"한 사람이 순종하지 아니함으로 많은 사람이 죄인 된 것 같이 한 사람이 순종하심으로 많은 사람이 의인이 되리라"(롬 5:19)

그리스도의 예표는 사람뿐만이 아니었다. 수많은 성물들을 통하여 그리스도를 예표했는데 모세의 놋뱀이 그 중 하나이다. 성막은 온통 그리스도 예표로 넘쳐난다. 그런 사물들과 함께 예수 그리스도에 대한 선지자들의 예언들도 다양하게 나타난다. 선지자들의 예언은 단지 선포하는 데 그치는 것이 아니라 그 선포를 위하여 수많은 고난과 박해를 당하는 가운데에서 이루어지는 예언이라는 점이 중요하다. 이 세상의 좋은 가치들도 그렇지만 영원한 가치인 복음의 성취를 위하여 당했던 선지자들의 엄청난 섬김을 통하여 복음이 보존되어 왔다는 점을 생각해야 한다. 우리 그리스도인들이 복음을 위하여 몸을 아끼지 말아야 하는 이유이기도 하다. 복음으로서의 섬김이 성경의 내용으로 우리들에게 전달되어 온 것이다.

"이 복음은 하나님이 선지자들을 통하여 그의 아들에 관하여 성경에 미리 약속하신 것이라"(롬 1:2)

한편 예수님의 머리에 값비싼 향유를 부은 여인에 대하여 예수님은 이 여자가 내 장례를 위하여 한 일이라고 말씀하셨다. 그리고 이 일이 얼마나 본질적인 섬김이었든지 예수님은 복음이 전파되는 곳에는 이 여인의 이야기도 반드시 함께 전파하여 구원받은 백성들로 하여금 기억이 되도록 하라고 하셨다. 자기의 모든 것을 버리고 떠났던 제자들은 물론이고 놀라운 믿음을 보여준 사람들, 헌신하고 희생된 여러 사람들이 있었음에도 예수님께서 특별히 이 여인의 섬김을 기억하라고 하신 이유는 무엇일까? 그것은 틀림없이 예수님의 죽으심과 관계가 깊다. 이 여인이 예수님의 고난을 예상하고 있었든 그렇지 않든 이 여인의 행위는 예수님의 시신에 대한 유일한 기름부음이 되었던 것이다. 며칠 후에 예수님의 시신에 기름부음을 위해 달려간 여인들은 예수님의 부활로 인하여 기름부음을 이루지 못했었다. 말하자면 이 여인이 향유를 부은 것은 죽으심 이후의 시신에 대한 마지막 예식이었던 셈이다. 우리가 깨닫지 못하고 행한 섬김까지도 하나님은 반드시 기억하신다.

> "이 여자가 내 몸에 이 향유를 부은 것은 내 장례를 위하여 함이니라 내가 진실로 너희에게 이르노니 온 천하에 어디서든지 이 복음이 전파되는 곳에서는 이 여자가 행한 일도 말하여 그를 기억하리라 하시니라"(마 26:12~13)

그렇다면 당연히 예수님의 장례를 위하여 향유를 준비한 막달라 마리아와 몇 여인들이 예수님의 시신에 바르기 위해 준비한 향품과 안식 후에 무덤으로 찾아간 섬김은 더더욱 놀라운 섬김이다.

그리고 그 이전에 부자며 공회원인 아리마대 요셉이 빌라도에게 가서 담대하게 예수님의 시신을 요구하고 자기와 가족들을 위하여 새로 판 무덤을 예수님께 내어드린 그 섬김은 틀림없이 영원토록 기억되어야 할 섬김인 것이다. 물론 예수님의 시신에 대한 예를 다한 것이되 부활신앙의 유무는 알 수 없지만 그리스도의 복음 사역에 반드시 필요했던 섬김이라는 점에는 이의가 없을 것이다.

> "안식일이 지나매 막달라 마리아와 야고보의 어머니 마리아와 또 살로메가 가서 예수께 바르기 위하여 향품을 사다 두었다가 안식 후 첫날 매우 일찍이 해 돋을 때에 그 무덤으로 가며"(막 16:1~2)

> "저물었을 때에 아리마대의 부자 요셉이라 하는 사람이 왔으니 그도 예수의 제자라 빌라도에게 가서 예수의 시체를 달라 하니 이에 빌라도가 내주라 명령하거늘 요셉이 시체를 가져다가 깨끗한 세마포로 싸서 바위 속에 판 자기 새 무덤에 넣어 두고 큰 돌을 굴려 무덤 문에 놓고 가니"(마 27:57~60)

섬김에 대해서 다른 관점에서 살펴보자. 우리가 일상생활에서 사용하고 있는 모든 제품들은 그 속에 다양한 섬김이 들어있다는 의식을 가져야 한다. 그러면 세상을 보는 눈이 조금은 달라질 것이다. 우리가 먹는 음시만 해도 농사나 어업 등을 통하여 수확한 자연식품들을 이리저리 가공하고 다양한 음식문화를 위해 준비한 재료들과 그 재료를 준비한 사람들의 섬김이 전부 포함되어 있다. 물론 자기 생존을 위하여 일한 것을 섬김이라고 말할 수는 없겠지만 자기도 모르는 사이에 세상과 타인을 위해 섬기고 있는 것은 사실이다.

그렇다면 우리가 단지 복음을 구원에 필요한 하나님의 사랑이요 은혜라고 생각하기 이전에 그 복음이 복음 되기까지 수고하고 섬긴 수많은 사람들이 있었다는 사실을 기억해야 할 것이다. 이것은 우리가 전파하는 복음에도 누군가의 섬김이 포함되어 있다는 것을 의미한다. 거꾸로 말해서 우리를 통하여 언어이든 행동이든 삶이든 여러 수단으로 복음이 전파된다고 할 때 거기에는 우리의 수고와 섬김이 반드시 필요하다는 것을 의미한다. 어떤 고급 물품들을 물품 자체로만 생각하면 보기도 좋고 마음에도 드는 만족할 만한 물건이지만, 그 물품이 완제품이 되기까지 얼마나 많은 사람들의 손길을 거쳤는지를 생각한다면 그 가치는 단순한 상품 값에만 머무르지는 않을 것이다. 우리가 받은 복음에 대해서도 우리는 이와 같은 생각을 가져야 한다. 그러면 우리가 받은 구원이 얼마나 대단한 것인가를, 얼마나 귀한 것인가를 더욱 깊게 느낄 수 있을 것이다. 더구나 우리는 영원한 그리스도의 복음을 아무런 희생도 치루지 않고 선물로 받았다.

이 영원한 선물인 복음을 전하는 일에는 우리가 자랑할 것이 아무 것도 없음을 깨달아야 한다. 물론 잘 알고 있을 것이다. 그렇다면 이 복음을 우리의 섬김이나 나눔으로 드러낼 때도 절대로 누구에게 자랑거리가 되면 안 된다. 왜 무엇을 나누거나 섬기고 나서 세상에 다 드러내려고 하는가? 복음에는 우리의 공로가 전혀 없는

데 왜 그리스도의 이름으로 복음적 행위를 행하면서 그렇게 선전하는가? 물론 단체 등에서 홍보가 필요할 때가 있고 자랑이 아니라 단지 그리스도의 복음을 알려야 할 때도 있다. 다만 기본적으로 다른 사람들에게 인정받으려고 하는 그런 심리가 있다면 빨리 버려야 할 것이다. 선물을 받고 나서 받은 선물을 나누면서 자기를 과시할 수는 없지 않은가? 또 나누어주라고 주신 선물을 마치 자기가 주는 것처럼 해서도 안 될 것이 아닌가? 오히려 그 선물을 다른 사람들에게 나누어주지 않는다면 화가 있을 것이다.

"내가 복음을 전할지라도 자랑할 것이 없음은 내가 부득불 할 일임이라 만일 복음을 전하지 아니하면 내게 화가 있을 것이로다"(고전 9:16)

복음은 우선 아버지 하나님의 섬김의 산물이며, 구약의 선지자들과 상징들과 역사 속의 주인공들의 섬김의 산물이며, 아버지 하나님께 복종하여 이 땅에 오셔서 십자가를 지셨던 예수 그리스도의 희생의 산물인 동시에 성령 하나님의 능력으로 인한 사역의 산물이다. 복음은 그 속에 온통 섬김으로 가득 채워진 영원한 선물이다. 복음을 받아들이고 예수님을 그리스도로 믿는 사람들은 이 복음의 참된 가치를 깨달아서 복음을 소유한 성도답게 우리의 섬김을 통하여 복음이 복음 되게 만들어가게 될 것이다.

"나의 복음과 예수 그리스도를 전파함은 영세 전부터 감추어졌다가 이제는 나타내신 바 되었으며 영원하신 하나님의 명을 따라 선지자들의 글로 말미암아 모든 민족이 믿어 순종하게 하시려고 알게 하신 바 그 신비의 계시를 따라 된 것이니 … ”(롬 16:25〜26上)

3. 섬김의 복음적 자세

이제 우리의 섬김의 원리가 되어야 할 복음적 자세에 대해서 살펴보자. 대부분의 경우에 복음 속에 들어있는 섬김의 원리로 설명하지는 않지만 사실상 성경에서 권면하는 모든 미덕들은 복음 속에 다 포함되어 있다. 무엇을 위해서 우리가 참 제자로서의 신앙생활을 해야 하는가? 복음 때문이다. 성령의 아홉 가지 열매인 사랑과 희락과 화평과 오래 참음과 자비와 양선과 충성과 온유와 절제(갈 5:22)는 무엇을 위하여 열린 열매인가? 결국 복음을 위한 열매이다. 물론 이 열매들은 성도 한 사람 한 사람이 천국에 합당한 영성으로 자란 특징들이다. 하지만 자기 자신의 성장이나 성화만을 위하여 열매가 맺히는 것은 결코 아니다. 흔히들 사역 중심으로 생각한다면서 자기 자신의 영성관리에 소홀하여 망가지는 경우를 자주 보게 되지만 이와 반대로 자기의 성화만을 생각한다면 그것도 거꾸로 된 인식이다. 복음과 개인 모두를 향한 열매가 삶을 통해서 열릴 수 있어야 할 것이다.

그러면 섬김은 어떤 자세로 행해야 그것이 복음적인 섬김이 되겠는가? 당연한 말이지만 가장 먼저는 모든 일을 주님을 섬기는 것처럼 진심으로 섬기는 것이다. 물론 우리의 섬김은 우선적으로 세상과 이웃들을 향하여 펼쳐지게 되어 있다. 그러나 그들을 섬길 때 복음적인 시각과 태도가 되어있지 못하다면 그런 섬김은 결국 개인의 일이 될 뿐이다. 복음적인 태도란 무엇인가? 그리스도 예수님처럼 행하는 것이다. 예수님은 스스로 종이 되셔서 죄인 된 심령들을 섬기셨다. 복음적인 태도이기 이전에 모든 그리스도인은 모든 일을 그리스도께 하듯 행하는 사람들이다. 대충 행하거나 얼버무리는 것으로는 도저히 그리스도를 드러낼 수가 없다. 복음은 죽기까지 복종하신 것으로부터 완성되는 것이기 때문이다. 내가 행하는 것이 바로 복음에 속한 것이라는 증거가 되도록 해야 할 것이다.

"눈가림만 하여 사람을 기쁘게 하는 자처럼 하지 말고 그리스도의 종들처럼 마음으로 하나님의 뜻을 행하고 기쁜 마음으로 섬기기를 주께 하듯 하고 사람들에게 하듯 하지 말라"(엡 6:6~7)

당연한 이야기이지만 이 세상에서 가장 가치 있는 것은 복음이다. 무엇을 주고도 바꿀 수 없고 그 어떤 것으로도 변개시킬 수 없다. 그래서 복음은 마치 가장 값진 진주를 발견한 사람이 자기의 모든 것을 팔아서 그 진주를 구입하는 것과 같은 것이다. 그것은 자기 목숨도 돌보지 않을 수 있는 결단이다. 내가 목숨까지라도 두려워하지 않을 때 그것이 참된 복음이 되고 그 복음이 다른 사람에게 고스란히 전파되는 것이다. 목숨을 돌보지 않는다는 것은 죽음과 삶 사이의 갈림길에서 죽음조차도 불사하는 것을 뜻하지만, 다른 의미에서는 인생의 모든 것을 거기에 거는 것이라고 할 수 있다. 거기에 필요한 모든 것을 위하여 모든 것을 버릴 수 있는 의지를 뜻하는 것이다.

> "그가 그리스도의 일을 위하여 죽기에 이르러도 자기 목숨을 돌보지 아니
> 한 것은 나를 섬기는 너희의 일에 부족함을 채우려 함이니라"(빌 2:30)

사도 바울은 하나님의 은혜의 복음을 증언하는 일에는 자기 생명조차도 조금도 귀한 것으로 생각하지 않았다고 했다. 이것은 물론 자기 목숨을 돌보지 않은 것과 같은 의미일 것이다. 다만 신앙의식이 생명보다 복음이 더 귀하다는 인식으로 채워지지 못하면 이 일은 거의 불가능해진다. 어떤 형태로이든 복음을 증언하는 일이 자기 생명보다 더 귀하다는 의식, 곧 자기 생명이 사라지는 한이 있더라도 복음을 증언하는 일은 반드시 행해져야 한다는 인식은 사실은 자기 육체의 생명조차도 하나님께서 받으신다는 확신이 없다면 결코 가능하지 않은 일이다. 우리에게는 온 우주 만물보다 더 귀중한, 나의 생명보다 더 훨씬 가치 있는 일이 바로 복음이라는 신앙의식이 필요한 것이다.

> "내가 달려갈 길과 주 예수께 받은 사명 곧 하나님의 은혜의 복음을 증언하
> 는 일을 마치려 함에는 나의 생명조차 조금도 귀한 것으로 여기지 아니하
> 노라"(행 20:24)

당연하게 주어진 권리를 사용하지 않는 것도 복음에 아무런 장

애가 없도록 하기 위함이었다. 많은 신실한 그리스도인들이 마땅히 주어져 있는 자신의 권리를 포기한다. 자기 직위를 포기하고 낮은 데 거하기를 힘쓰고 많은 사람들을 거느릴 수 있는 위치에서 세상을 섬기기 위해 권리를 포기한다. 사실 권리란 많이 가질수록 좋아 보인다. 그러나 많은 권리가 복음을 훼방할 수 있다는 사실을 깨달아야 한다. 이것을 모르는 지도자들은 자기들에게 주어진 권리를 마음껏 사용한다. 낮은 자리나 없는 위치에 있는 사람들에게는 자기 권리를 주장하는 사람들의 모습이 눈에 훤히 보이지만 많은 권리를 가지게 된 사람들의 눈에는 이런 것이 보이지 않는다. 주어진 권리이든 자신이 쌓아올린 권리이든 마찬가지이다. 복음적인 시각을 잃어버리면 그 어떤 사람도 주님으로부터 멀어지게 되어 있다.

"다른 이들도 너희에게 이런 권리를 가졌거든 하물며 우리일까 보냐 그러나 우리가 이 권리를 쓰지 아니하고 범사에 참는 것은 그리스도의 복음에 아무 장애가 없게 하려 함이로다"(고전 9:12)

가장 핵심적인 복음적 섬김은 뭇 사람의 끝이 되는 것이다. 자기를 낮추라거나 겸손히 행하라는 것 이상의 의미를 내포하고 있는데, 자기 자신을 높은 자리에 앉거나 앞선 순서의 사람이라고 생각한다면, 곧 다른 사람보다 더 잘난 사람이라고 생각한다면 그에게 복음이란 어떤 의미인가? 복음의 주인공인 예수님과 항상 함께 했음에도 불구하고 복음적인 의미를 전혀 알지 못했던 제자들은 나중에 누가 더 높은 자리에 앉게 될 것인가를 가지고 다툼을 일으키게 되었다. 아직은 겉으로 예수님의 제자들로 보였어도 복음을 모르는 세상 사람과 똑같았던 제자들에게 예수님은 복음적인 참된 가치를 일깨워주셨다. 물론 그렇게 하셨어도 아직은 제자들에게 복음의식이 심어질 수는 없었다. 다만 예수님은 복음적인 삶의 가장 기본적인 태도를 제자들에게 미리 가르쳐주셨던 것이다.

"예수께서 앉으사 열두 제자를 불러서 이르시되 누구든지 첫째가 되고자
하면 뭇 사람의 끝이 되며 뭇 사람을 섬기는 자가 되어야 하리라 하시고"
(막 9:35)

우리가 알아야 할 것은 복음적이라고 해서 꼭 복음과 직접적으로 관련해서만 이루어지는 것은 아니라는 점이다. 가정생활이든 직장생활이든 상전이나 아랫사람들에게도 반드시 복음적으로 대할 수 있어야 한다. 어떻게 하는 것이 복음적으로 행하는 것인가? 복음적인 사고방식을 가지고 있다면 아무리 남을 다스리는 상전이라도 모두를 위한 참된 상전은 하나님밖에 없다는 사실을 누구보다 더 깊이 인식할 것이다. 그 근원적인 우리의 상전은 모든 만물을 아시고 복음을 위하여 모든 섬김을 마다하지 않으신 분이시다. 하나님을 모르는 상전이라도 인격적으로 사람을 대할 것인데 하물며 하나님의 자녀 된 상전이라면 그리스도의 복음적인 원칙으로만 사람들을 대할 것이다.

"상전들아 너희도 그들에게 이와 같이 하고 위협을 그치라 이는 그들과 너
희의 상전이 하늘에 계시고 그에게는 사람을 외모로 취하는 일이 없는 줄
너희가 앎이라"(엡 6:9)

좀 더 나아가서 우리가 생업에 종사하는 복음적인 이유도 생각
해야 한다. 바울은 복음 전하는 일과 관련하여 다른 사람들에게 폐
를 끼치지 않기 위해서 일을 했다고 했다. 복음 전하는 일에 다른
사람들의 협력을 받아 그 일에 전념하는 것도 결코 나쁘지 않다.
그러나 사도 바울은 생활의 폐를 다른 사람들에게 끼치지 않으려
고 천막 만드는 일에 늘 종사했었다. 이것을 거꾸로 살펴보면 복음
을 전하기 위해 일을 한 것이라고 할 수 있다. 우리가 사회에서 일
을 하는 것은 생활의 필요를 채우기 위해서이다. 하지만 생업에 종
사하는 것도 복음적인 삶을 살기 위한 목적으로 행한다면 우리의
생업은 그 어떤 것보다도 고귀한 행위가 될 것이다. 아니, 세상에
서 일하는 것 자체가 복음적인 섬김의 일부라는 것이다. 목적을 아
예 바꾸는 것이 복음적 삶의 비결이 될 것이다.

"형제들아 우리의 수고와 애쓴 것을 너희가 기억하리니 너희 아무에게도
폐를 끼치지 아니하려고 밤낮으로 일하면서 너희에게 하나님의 복음을 전
하였노라"(살전 2:9)

마지막으로 복음적인 섬김은 그 복음적 삶을 결코 포기하지 않
는 것이다. 누가 박해하거나 훼방하거나 반대하거나 고소하더라도

복음적인 섬김은 결코 중단할 수 없다. 예수님도 죽기까지 중단하지 않으셨다. 어떤 고통도 고난도 박해도 조롱도 예수님을 멈출 수는 없었다. 목적은 복음이 전파되는 것이다. 물론 우리의 모든 삶이 바로 복음적인 섬김의 삶이어야 한다. 삶 자체가 복음적이어야 한다. 섬김의 개념에 복음적인 원리를 적용할 때 우리의 섬김은 바로 복음이 되는 것이다. 복음적인 섬김을 이야기하는 까닭은 우리 삶 자체가 복음적이어야 하기 때문인 것이다.

"너희가 아는 바와 같이 우리가 먼저 빌립보에서 고난과 능욕을 당하였으나 우리 하나님을 힘입어 많은 싸움 중에 하나님의 복음을 너희에게 전하였노라"(살전 2:2)

4. 섬김은 복음에 참여하는 것이다.

복음 속에는 놀라운 섬김이 포함되어 있다는 이야기를 했고, 섬김의 복음적 자세에 대해서 이야기했지만, 우리가 한 가지 더 살펴보아야 할 것은 우리의 섬김이 그리스도의 복음에 참여하는 것이라는 사실이다. 물론 그리스도의 복음은 이미 완성되었다. 그러나 아직 그 복음 속으로 들어온 사람들은 소수이고 하나님과 복음을 모르는 사람들로 넘치고 있다. 그렇다면 그들에게는 아직 복음은 완성된 것이 아니다. 아직 복음이 완성되지 못한 사람에게 우리의 섬김은 복음의 통로이며 우리는 여전히 복음에 참여하는 것이다. 이미 완성하신 복음이지만 세상 사람들에게는 아직 복음이 진행 중이며 우리는 거기에 반드시 참여해야 하는 것이다.

사도 바울은 스스로를 하나님의 복음의 제사장 직분을 감당하는 것이라고 정의하였다. 섬김은 복음의 제사장 역할을 하는 것이다. 제사장이란 예수님 오시기 전에 인간을 대신하여 하나님께 인간의 죄를 위해 제사를 집전하는 사람이다. 예수님은 스스로를 제물로 하여 단 한 번 하나님께 구원의 제사를 드린 대제사장이었다. 스스로가 제물이시면서 또 스스로가 제사장이셨던 것이다. 특히 바울은 자신이 이방인을 위하여 그리스도 예수의 일꾼이 되었다고 말한다. 그런데 그것은 사도 바울뿐만 아니라 예수님을 그리스도로 영접한 모든 사람들에게 그렇다. 모든 그리스도인들은 그리스도의 복음에 참여하고 있는 사람들이다.

"이 은혜는 곧 나로 이방인을 위하여 그리스도 예수의 일꾼이 되어 하나님의 복음의 제사장 직분을 하게 하사"(롬 15:16上)

사도 바울은 이방인을 제물로 드린다는 표현을 사용하였다. 제물이란 대개 희생제물을 뜻하는 것인데 이방인을 제물로 삼는다는 것은 그들을 제물 삼아 하나님과 우리의 관계를 회복한다는 의미가 결코 아니다. 이것은 비유적 표현으로 이방인들이 복음으로 거룩하게 되어 하나님께서 받으실만한 존재로 변화되는 것을 의미한다. 그들을 어떻게 이용해서 무슨 유익을 얻으려는 것이 아니라 이방인들이 예수 그리스도를 영접하여 하나님과 교제가 가능한 백성들로 만든다는 의미인 것이다. 복음이 이방인을 제물로 드리게 함으로써 하나님께서 받으실만한 깨끗한 의를 얻게 한다는 의미이므로 우리가 세상에서 행하는 나눔과 섬김은 전부 이방인을 제물로 드리는 일에 참여하는 일이 되는 것이다. 복음으로서의 섬김은 모든 세상 사람들에게 복음을 드러나게 만들어 그들이 죄를 사함 받고 하나님 앞에 받아들여지게 만드는 일이므로 우리는 항상 복음에 참여하게 만드는 것이다.

"이방인을 제물로 드리는 것이 성령 안에서 거룩하게 되어 받으실 만하게 하려 하심이라"(롬 15:16下)

어떤 형태로이든지 우리가 복음에 참여한다는 말은 무슨 일을 하든지 하나님께서 증인이 되신다는 말이다. 곧 하나님께서 항상 우리가 복음에 참여하는 일에 함께하신다는 뜻이다. 만약에 우리가 정말 하나님의 일에 열심히 충성한다고 생각했는데 하나님께서 그런 사실을 모르신다고 가정해보라. 얼마나 실망하고 허무하겠는가? 하나님께서 기억하시는 일은 전부 복음과 깊은 관련이 있다. 직접적이든 간접적이든 복음에 참여하고 있는가를 보시는 것이다.

"내가 그의 아들의 복음 안에서 내 심령으로 섬기는 하나님이 나의 증인이 되시거니와 항상 내 기도에 쉬지 않고 너희를 말하며"(롬 1:9)

예수님은 복음에 참여하지 않는 모든 사람들의 모든 사역에 대해 "내가 너희를 도무지 모른다."고 말씀하셨다. 그냥 모른다고 하신 것이 아니라 '도무지' 모른다고 하셨다. 아주 매정하게 느껴진다. 그만큼 중요한 핵심적인 개념이 복음에 참여하는 것이라는 말이다. 물론 복음에 참여한다는 언급은 전혀 없으셨다. 다만 그들에게 "불법을 행하는 자들아!"라고 단언하셨다. 불법이란 무엇인가? 세상의 불법이 아니다. 하나님의 기준에서 불법이다. 그것은 복음의 기준으로 볼 때 그렇다는 말이다. 하나님의 일을 한다고 하는데 사실은 전부 자기들을 위한 일에 지나지 않았다는 말씀인 것이다.

"그 때에 내가 그들에게 밝히 말하되 내가 너희를 도무지 알지 못하니 불법
을 행하는 자들아 내게서 떠나가라 하리라"(마 7:23)

심지어 그들은 주의 이름으로 선지자 노릇하고 주의 이름으로 귀신을 쫓아내고 많은 권능을 행하지 않았느냐고 항변하였다. 참 이상하다. 선지자로서 귀신을 쫓아내고 각종 이적을 일으켰다고 하는데 왜 예수님은 그들에게 불법을 행하는 자들이라고 일갈하시는가? 다소 방향은 다르지만 복음이라는 목적과 관련짓지 않을 수 없다. 왜냐하면 예수님께서 복음을 완성하러 오셨기 때문이다. 아무리 좋은 일을 하고 귀한 사역을 감당하고 있다고 해도 그것이 복음을 목적으로 하고 복음적인 원리를 따라 행하는 일이 아니라면 예수님과 전혀 관계가 없다. 우리가 복음을 목적으로 행한다면 하나님은 반드시 우리의 증인이 되신다.

"그 날에 많은 사람이 나더러 이르되 주여 주여 우리가 주의 이름으로 선지

자 노릇 하며 주의 이름으로 귀신을 쫓아내며 주의 이름으로 많은 권능을 행하지 아니하였나이까 하리니"(마 7:22)

예수님은 앞에서 결론처럼 천국에 들어갈 사람의 기준을 말씀하셨다. 하늘에 계신 하나님의 뜻대로 행하는 사람이다. 일반적으로 하나님의 뜻에 대해서 이해하지 못한 부분들이 아주 많다. 사실 하나님의 뜻이라고 할 때 그 의미는 너무나도 모호하다. 어떤 것이 하나님의 뜻인가? 사람들은 무슨 일을 할 때 하나님의 뜻을 입에 달고 산다. 그런데 정작 정말로 하나님의 뜻인가에 대해서는 확신이 없다. 상황이 자꾸 바뀌기 때문이다. 이것이 하나님의 뜻이라고 생각했는데 나중에 지나고 보니까 자기의 뜻이었다. 한 가지 분명한 기준은 복음에 참여하는 일인가 아닌가 하는 것이다. 이것은 단지 일의 성격만을 말하는 것이 아니라 그 의도와 목적과 방식까지도 모두 포함하는 것이다. 하나님의 뜻은 복음을 목적으로 하여 그 복음의 원리를 따라 행하는 것이다. 그래서 우리 모든 그리스도인들은 복음에 참여하는 자가 되어야 하는 것이다.

"나더러 주여 주여 하는 자마다 다 천국에 들어갈 것이 아니요 다만 하늘에 계신 내 아버지의 뜻대로 행하는 자라야 들어가리라"(마 7:21)

이런 원리를 사도 바울은 짧은 문장으로 아주 잘 표현하였다. 복음을 위하여 행하는 모든 일은 복음에 참여하는 것이라는 말이다. 나눔이든 섬김이든 목회이든 선교이든 무슨 사역이든 다 마찬가지이다. 그리스도인들의 모든 일은 복음을 위하여 복음에 참여하는 것이어야 한다. 그리스도인의 섬김이 너무나도 중요하지만 그 섬김이 복음을 목적으로 하지 않고 복음적인 원리를 따라 하지 않는다면 그것은 명백하게 하나님의 뜻이 아니다. 복음적인 섬김이 그래서 중요한 것이다. 아무리 큰일을 감당하고 있고 핵심적인 위치에 있더라도 복음에 참여하는 것이 아니라면 예수님으로부터 "나는 너를 도무지 모른다."는 말씀만 듣게 될 뿐이다.

> "내가 복음을 위하여 모든 것을 행함은 복음에 참여하고자 함이라"(고전 9:23)

섬김을 통하여 '보이는 복음'으로 전파되면 우리가 복음에 참여함으로써 반드시 열매를 맺어 자라게 되어 있다. 복음은 생명이다. 어디엔가 복음이 심기면 자라게 되어 있다. 밭이 문제이기는 하지만 복음적인 섬김은 어떤 밭인가는 관계없이 똑같은 마음으로 행하는 것이다. 우리 속에 복음이 살아있고 복음적인 섬김이 행해진다면 반드시 열매를 맺히게 되어 있다. 성도 숫자가 늘어나는 것이 아니라 각 사람의 심령 가운데에서 복음이 자라나는 것이다. 우리 속에 복음이 살아 있다면 반드시 외적인 결과도 나타나게 되어 있다.

> "이 복음이 이미 너희에게 이르매 너희가 듣고 참으로 하나님의 은혜를 깨달은 날부터 너희 중에서와 같이 또한 온 천하에서도 열매를 맺어 자라는도다"(골 1:6)

바울은 결론적으로 그리스도의 복음에 합당하게 생활하라고 권면한다. 결국 복음적인 섬김을 행하라는 말이고 주님께서 부르실 때까지 복음에 참여하라는 말이다. 선하게 살고 남을 도우며 교회 생활에 열심을 다하는 것만으로는 복음에 합당한 삶으로 많이 부족하다. 복음에 참여한다는 의식으로 행하지 않으면 별 의미 없는 삶이 될 수도 있다. 섬김을 행하되 복음에 참여하여 복음적으로 행하는 섬김의 삶을 살도록 해야 할 것이다.

"오직 너희는 그리스도의 복음에 합당하게 생활하라 이는 내가 너희에게 가 보나 떠나 있으나 너희가 한마음으로 서서 한 뜻으로 복음의 신앙을 위하여 협력하는 것과"(빌 1:27)

5. 복음전파는 복음적 섬김이다.

일반적으로 전도하는 것을 전혀 별도의 행위로 보고 있지만 사실 전도는 고도의 섬김의 행위이다. 결국 우리의 모든 신앙행위들은 모두가 복음과 깊은 관련이 있기 때문이다. 복음과 상관없는 나눔이나 섬김은 사실상 아무런 의미나 가치가 없다. 물론 인간으로서 얼마든지 다른 사람을 돕거나 섬길 수 있다. 그 자체가 의미가 없다는 말이 아니다. 신앙이 없는 사람들도 훨씬 더 큰 나눔이나 섬김을 행하고 있다. 다만 그리스도인의 섬김이라면 복음적 섬김 또는 복음전파를 위한 섬김이라야 하나님께서 다 받으신다. 왜냐하면 다른 섬김은 결국은 자기 자랑이나 공로가 되기 때문이다. 복음적인 동기와 원리를 따라 섬기는 것이야말로 하나님께서 증인이 되어 주시는 것이다.

그러면 섬김 중에 가장 본받아야 할 섬김은 어떤 것일까? 사실은 더 낫거나 더 못한 것은 없다. 왜냐하면 어느 한 가지만으로 복음을 전부 전파할 수는 없기 때문이다. 전도에 대해서도 마찬가지이다. 보통은 교회에 초청해서 데려다 앉히는 것을 전도라고 생각하지만, 그런 전도라고 해도 수많은 그리스도인들의 노력의 결과이지 어떤 한 사람의 공로는 결코 아니다. 그 한 사람이 교회에 출석하여 신앙생활을 시작하기까지는 수 년 또는 수십 년 동안 여러 다양한 성도들의 노력과 삶의 모습과 교회에 대한 경험들을 통하여 마침내 결단하고 믿음생활을 시작하게 되는 것이다. 이런 관점으로 본다면 우리가 일반적으로 말하는 전도 행위는 복음적 섬김의 가장 직접적인 수단이 되는 셈이다.

예수님은 복음의 주인공이자 성취자로서 오직 복음을 위하여 생명까지도 주신 분이다. 그런데 복음의 주인공이신 예수님께서 이 땅에 보내심을 받은 핵심적인 목적은 하나님 나라의 복음을 전하는 일이었다. 예수님은 복음을 직접 전하는 섬김의 일을 진행하셨던 것이다. 그것은 고난을 당하시고 십자가에 매달려 고통당하시다가 죽으셨다가 부활하신 것과 동일선상에서의 섬김이었다. 예수님의 섬김에서 덜 중요하거나 더 중요하고는 없다. 십자가를 반드시 지셔야만 했던 것처럼 하나님 나라의 복음을 반드시 전해야만 하셨던 것이다. 그것은 후에 모든 그리스도인들에게 고스란히 남겨진 복음적 섬김의 삶이다.

"예수께서 이르시되 내가 다른 동네들에서도 하나님의 나라 복음을 전하여야 하리니 나는 이 일을 위해 보내심을 받았노라 하시고"(눅 4:43)

복음을 전하는 섬김은 그리스도의 십자가 공로를 더욱 활발하게 전파하기 위함이다. 혹시 교회에 초청하는 것만으로 전도의 도리를 다한 것이라고 생각하는 사람이 있는가? 새신자들에게 세례를 베푸는 일은 너무나도 귀하고 복된 일이고 큰 기쁨이지만, 많은 사람에게 세례를 베푼 것으로 만족하고 있다면 어쩌면 그리스도의 십자가가 헛된 일이 될 수도 있음을 바울이 경고한 것이다. 물론 고린도교회의 분쟁상황에서 어느 누구도 어떤 사도의 편이 되는 것은 있을 수 없다는 취지로 한 말이지만, 참된 복음적 섬김이 어떤 것인가를 이야기한 것으로 새겨들어야 할 말씀인 것이다. 복음전파와 관련된 것이 아니라 일반적인 섬김에서도 가장 조심해야 할 부분이다. 자기 사역이 성공적이고 확장된다고 해도 항상 그것이 그리스도의 십자가를 헛되게 하는 일은 아닌지를 늘 점검해야 한다. 그것이 복음적 섬김의 핵심부분이다.

"그리스도께서 나를 보내심은 세례를 베풀게 하려 하심이 아니요 오직 복음을 전하게 하려 하심이로되 말의 지혜로 하지 아니함은 그리스도의 십자가가 헛되지 않게 하려 함이라"(고전 1:17)

우리 그리스도인들은 복음 전하는 섬김에 관해서는 모두가 사도 바울과 같이 보내심을 받은 사람들이다. 물론 주제는 섬김이다.

그러나 그 섬김이란 복음적인 목적이 없이는 하나님께 별로 소용이 안 되는 섬김이다. 그러니까 직접 복음을 전파하든 아니면 그리스도의 섬김으로 주변 이웃을 섬김으로써 보이는 복음을 접하게 만드는 일이든 모든 그리스도인들은 보내심을 받은 복음전파자들이라는 말이다. 전도는 성격이나 기질이나 하는 일로 볼 때 사명이 있는 사람이 물론 있다. 그러나 복음적 섬김은 누구에게나 보편적으로 주어져 있는 하나님의 명령이다. 복음전파자는 직접적인 복음적 섬김의 직임을 맡은 사명자이고 일반적인 섬김을 행하는 사람들은 훨씬 더 풍부한 복음적 환경을 만들어주는 사람들이다. 복음은 언어로나 행동으로나 나눔이나 섬김으로나 복음적 활동을 통해서 종합적으로 전파되어야 더욱 온전한 결실을 거둘 수 있는 것이다.

"그런즉 그들이 믿지 아니하는 이를 어찌 부르리요 듣지도 못한 이를 어찌 믿으리요 전파하는 자가 없이 어찌 들으리요 보내심을 받지 아니하였으면 어찌 전파하리요 기록된 바 아름답도다 좋은 소식을 전하는 자들의 발이여 함과 같으니라"(롬 10:14~15)

특별한 경우도 있다. 사도 바울은 어떻게 하든지 아시아에 복음을 전파하려고 생각하고 계획했으나 하나님의 뜻은 아시아가 아니라 서쪽인 마게도냐였다. 밤에 바울에게 환상이 보였는데 마게도냐 사람이 마게도냐로 건너와서 우리를 도와달라고 요청했다는 것이다. 그것이 어떻게 하나님의 뜻인가를 확신하게 되었는지에 대해서는 우리가 알 수가 없으나 바울은 그것을 하나님의 보내심으로 생각했다. 우리는 과연 어디로 하나님의 보내심을 받았는가? 지극히 당연한 이야기이지만 우리는 우리가 살고 있는 지역으로 보내심을 받은 사람들이다. 거기에는 직장도 포함되어야 하고 사업장도 포함되어야 한다. 자기가 속한 교회만이 아니다. 교회에 데려오기를 힘쓰는 것 이상으로 거래처에 복음이 전파되도록 복음적인 섬김을 지속적으로 행해야 한다. 우리는 그것을 위해 보내심을 받은 사람들이기 때문이다.

"바울이 그 환상을 보았을 때 우리가 곧 마게도냐로 떠나기를 힘쓰니 이는 하나님이 저 사람들에게 복음을 전하라고 우리를 부르신 줄로 인정함이러라"(행 16:10)

사도 바울은 로마에서 투옥된 상태에서 빌립보 성도들에게 편지를 전하였다. 그런데 바울이 감옥에 갇힌 일로 말미암아 복음전파의 훼방을 받는 것이 아니라 오히려 복음전파에 진전이 되었다는 사실을 전달하였다. 곧 예루살렘에서의 재판을 거부하고 자신과 복음을 변호하기 위하여 가이사에게 상소하게 된 과정을 이야기하는 것이다. 바울은 감옥에 갇히는 것이나 심지어 재판까지도 복음전파를 위하여 상소하는 모습을 보였던 것이다. 모든 그리스도인들이 바울과 같지는 않지만 삶의 상황이나 형태를 복음적 섬김에 사용할 수 있어야 한다. 보내심을 받음과 더불어 모든 상황을 복음전파를 위해 사용할 줄 안다면 그의 복음적 섬김은 반드시 하나님께서 증언하실 것이다.

> "형제들아 내가 당한 일이 도리어 복음 전파에 진전이 된 줄을 너희가 알기
> 를 원하노라"(빌 1:12)

아울러 사도 바울의 복음전파를 위한 섬김으로부터 중요한 가르침을 받는다. 그것은 복음을 전파하기 위한 복음적 섬김이란 누군가에게 어떤 사람이 되는 일이라는 사실이다. 사도 바울은 복음을 전파하면서 결코 말로만 한 것이 아니었다. 실천적인 섬김과 성령님의 임하심과 흔들리지 않는 복음적 확신으로 이루어진 것이었다. 물론 복음적 삶은 그런 요소들이 사라지면 지속되기 힘들다. 겉으로 드러나는 그런 증거들과 함께 사도 바울은 데살로니가 교인들을 위해 어떤 사람이 되었는가를 이야기한다. 그는 사람의 영광을 구하지 않고 유모가 자녀를 기름과 같이 유순하며 목숨까지도 주기를 거절하지 않았다고 했다(살전 2:6~8). 그것은 단지 복음을 전파하는 것만이 아니라 전파된 복음을 성도들에게서 일으켜 세우기 위해 종의 역할도 마다하지 않았다는 것을 말하는 것이다. 복음적 섬김은 적극적으로 행해져야 한다. 우리는 복음전파를 위하여 죄 사함을 받고 구원받은 예수님의 참 제자들인 것이다.

> "이는 우리 복음이 너희에게 말로만 이른 것이 아니라 또한 능력과 성령과
> 큰 확신으로 된 것임이라 우리가 너희 가운데서 너희를 위하여 어떤 사람
> 이 된 것은 너희가 아는 바와 같으니라"(살전 1:5)

제11장
삶의 모델로서의 섬김

섬김은 단지 육체적, 시간적으로 다른 사람을 돌보는 것만은 아니다. 약한 자의 약점을 참고 기다려주고 그리스도인으로서의 본을 세상속의 삶 가운데에서 보여주는 것은 아주 소중한 낮춤과 섬김이다. 그것은 이웃을 돕기 이전에 주님을 기쁘시게 하는 일이다. 왜냐하면 예수님께서도 바로 그 일을 하시기 위해 세상에 오셨기 때문이다. 그래서 우리는 섬김의 범위를 삶의 전 영역으로까지 확산시킬 필요가 있다. 교회생활은 물론이고 직장이나 사무실, 공원, 병원, 각종 정치현안에 이르기까지 섬김의 개념을 확장해야 하는 것이다. 단지 나눔이나 섬김을 표면적으로 행하는 일뿐만 아니라 그 나눔과 섬김의 기준과 방식을 보여주어야 하는데 그러기 위해서는 무엇을 지키거나 하지 않는 것까지도 섬김의 범주에 포함시켜야 할 것이다. 그런 모든 목적을 위하여 섬김의 개념을 바꾸어야 한다.

섬김의 개념을 삶의 기준을 보여주는 것까지로 확대해야 하는 이유는 물질이나 시간이나 육신을 사용하여 섬기는 것으로 그리스도인의 삶의 방식을 보여주는 것뿐만 아니라 부정과 부패나 편법 등을 사용하지 않는 것으로 삶의 방식을 보여주는 모든 것이 섬김이기 때문이다. 누가복음 16:14에 보면 바리새인들에 대한 평가 가운데 하나가 나오는데 그것은 그들이 돈을 좋아하는 사람들이라는 것이었다. 혹시 기독교인들 중에서도 이런 평가를 받는 사람이 있다면 삶의 모델이 되기는커녕 온 교회가 비판받을 만한 구실을 주게 될 것이다. 한 사람으로만 국한시켜도, 열심히 섬기는데 삶이 도덕적이지 못하고 부패한 모습을 보여준다면 그의 열정적인 섬김에도 불구하고 그는 그리스도인으로서의 삶의 모델이 결코 될 수 없을 것이다.

그리스도인의 삶의 방식은 굉장히 중요하다. 어떤 존재이든지 고유의 살아가는 방식이 있다. 그리스도인의 섬김은 그리스도인들만의 고유한 삶의 방식이어야 한다. 물론 당연히 직접적으로 어려운 이웃들을 섬기는 것을 포함해야 하고 또 그런 행위가 중심이 되어야 하지만 우리의 섬김이 그리스도인의 고유한 섬김이 되려면 삶의 모델로서의 섬김의 개념이 중요해지게 되는 것이다. 우리의 언행은 누군가 하나님을 모르는 사람들의 레이더에 걸리게 되어 있다. 단지 행사로서의 섬김을 열심히 감당했다고 칭찬하는 것은 아니다. 우리는 우리의 삶의 방식을 통하여 세상에 예수 그리스도의 사랑과 희생과 구원을 보여주는 사람들이다.

1. 세상에 선악의 기준을 제시한다.

그리스도인의 윤리의식은 어디까지 가야 할까? 사도 바울은 우리의 대적자들이 부끄러워할 정도로 윤리적이어야 할 것을 요구한다. 물론 이것은 단지 윤리도덕적인 소극적인 삶만을 말하는 것이 아니라 적극적인 사랑의 실천을 통하여 어느 누구에게든지 책망받을 만한 여지를 남기지 말라는 기준을 제시한 것이다. 우리가 개인적으로 부패하지 않게 산다고 해서 상대방에게 부끄러움을 끼치는 것은 아니다. 예수님께서 제시하신 이웃사랑의 실천적인 부분을 감당하지 않으면 이런 결과는 나올 수가 없다. 그럼에도 불구하고 우리는 우리를 반대하거나 박해하는 사람들뿐 아니라 심정적으로나 현실적으로 무심하게 바라보는 사람들에게까지 우리 삶의 기준을 제시함으로써 그리스도인의 삶의 방식을 각인시켜야 할 필요가 있는 것이다.

"범사에 네 자신이 선한 일의 본을 보이며 교훈에 부패하지 아니함과 단정함과 책망할 것이 없는 바른 말을 하게 하라 이는 대적하는 자로 하여금 부끄러워 우리를 악하다 할 것이 없게 하려 함이라"(딛 2:7~8)

세상은 어떤 곳인가? 사도 바울은 로마서에서 세상의 일반적인 삶의 모습을 적나라하게 표현하고 있다. 물론 여기에서 제시하는 그런 모습들이 모든 사람들의 삶속에서 고스란히 드러나는 것은 아니다. 아름답게 보이는 경우도 얼마든지 있다. 하지만 이런 모습들은 인간의 본질적인 죄로부터 나올 수 있는 모든 악한 모습들이다. 조건이 갖추어진다면 언제 어디에서라도 뛰쳐나올 수 있는 악한 일들이다. 물론 교회 안에서도 이런 모습들이 여과 없이 비쳐질 때도 많다. 교회나 세상이나 모두 직접 밖으로 표출되지는 않아도 우리의 속마음 속에 얼마든지 웅크리고 있는 죄악들인 것이다. 이런 인간세상에서 우리 그리스도인들이 어떤 기준을 가지고 살아야 하겠는가 말이다.

"곧 모든 불의, 추악, 탐욕, 악의가 가득한 자요 시기, 살인, 분쟁, 사기, 악독이 가득한 자요 수군수군하는 자요 비방하는 자요 하나님께서 미워하시는 자요 능욕하는 자요 교만한 자요 자랑하는 자요 악을 도모하는 자요 부모를 거역하는 자요 우매한 자요 배약하는 자요 무정한 자요 무자비한 자라"(롬 1:29~31)

바울은 이런 모습의 근원으로 자기를 사랑하는 것을 꼽았다. 온통 자기중심으로 채워져 있기 때문에 그럴 수밖에 없다는 것이다. 물론 잘못된 자기사랑이다. 진짜로 자기를 사랑하는 사람이라면 그렇게 죄악으로 치닫지는 않을 것이기 때문이다. 그릇된 자기사랑을 버리고 그리스도 중심의 이웃사랑으로 돌아온다면 그것은 아주 중요한 그리스도인의 섬김이 되는 것이다. 죄악으로 치닫는 거대한 물결 가운데 서서 그리스도인으로서의 영원하고 참된 삶의 방식을 보여주는 것은 참으로 어려운 일이며 그렇기 때문에 그것은 육신으로 누구를 돕는 섬김보다 훨씬 더 큰 섬김인 것이다.

"사람들이 '자기를 사랑'하며 돈을 사랑하며 자랑하며 교만하며 비방하며 부모를 거역하며 감사하지 아니하며 거룩하지 아니하며"(딤후 3:2)

결국 그들이 이런 죄악 가운데 사는 것은 하나님으로부터 멀어지려는 그들이 마음 때문인 것은 물론 하나님께서는 결코 돌이킬 수 없는 그들을 하나님을 상실한 마음으로 내버려두심으로써 이미 심판하셨다는 사실을 알려준다. 결국 그들은 이미 건너오지 못할 강을 건너가 버렸다는 말씀이다. 이런 세상에서 그리스도인으로서 삶의 방식을 보여준다는 것은 결코 쉬운 일이 아니다. 그러나 그렇기 때문에 오히려 우리의 삶의 방식이 세상의 빛이 된다는 사실을 알아야 한다. 우리가 세상의 소금이 되어 구석구석 맛을 내는 섬김의 삶을 살아야 하는 이유인 것이다. 물론 우리는 그들 중에 누가 회개하고 돌이킬지 전혀 알 수가 없다. 다만 그리스도의 빛을 세상에 반사하는 것일 뿐이다.

"또한 그들이 마음에 하나님 두기를 싫어하매 하나님께서 그들을 그 상실한 마음대로 내버려 두사 합당하지 못한 일을 하게 하셨으니"(롬 1:28)

그렇게 세상의 기준이 되는 섬김의 예를 몇 가지 든다면 우선 불의를 따르지 않는 섬김에는 상대방의 불의에 대항하지 않는 것도 포함된다는 것을 말할 수 있다. 그리스도인은 세상의 문제로 이웃을 고발하지 않는다. 물론 복잡한 현실세계에서 상대방의 고소에 대응은 하지만 함께 나서서 고발해서는 안 된다. 세상이 우리를 고발하는 항목은 대개 무엇이겠는가? 세상에 속한 것들이다. 썩어질 배설물과 같은 세상의 것들 때문에 함께 나서서 서로 고소한다면 그리스도인의 삶의 방식과는 전혀 맞지 않는다. 교회를 개혁한다면서 작고 사소한 것들까지 들추어내어서 고발하기를 거듭한다면 그는 그리스도인이 아닐 가능성이 높다. 세상문제에 대해서는 당하는 것이 그리스도인의 참된 섬김이다.

> "너희가 피차 고발함으로 너희 가운데 이미 뚜렷한 허물이 있나니 차라리 불의를 당하는 것이 낫지 아니하며 차라리 속는 것이 낫지 아니하냐"(고전 6:7)

또 한 가지 예를 든다면 누군가를 차별하지 말아야 한다는 것이다. 구약의 율법에서도 차별하지 말 것을 거듭 당부하고 있다. 물론 사람을 차별하지 말아야 하는 것은 당연한 일이다. 그러나 세상을 거슬러서 차별하지 않는 삶을 사는 것은 또한 쉽지 않다. 그렇기 때문에 차별하지 않는 것도 그리스도인의 섬김에 속하는 것이다. 그것이 세상에 기준을 제시하는 것이기 때문이다. 차별이라고 하니까 약자들이나 소외된 사람들을 차별하는 구체적인 모습을 떠올리겠지만 단지 자기가 좋아하는 사람이나 자기에게 보탬이 될 것 같은 사람을 대하는 것과 우리와 아무 관련이 없을 뿐만 아니라 세상에서 어려운 삶을 사는 사람들을 대하는 모습이 다르다면 그것도 분명히 차별하는 것이다. 사람은 알아차리지 못할 수도 있지만 하나님은 명백하게 다 알고 계신다.

"내 형제들아 영광의 주 곧 우리 주 예수 그리스도에 대한 믿음을 너희가 가졌으니 사람을 차별하여 대하지 말라"(약 2:1)

그리스도인이 삶의 본이 되어야 하는 또 한 가지는 상대방을 악마화해서는 안 된다는 것이다. 물론 성경에 그런 구절은 없지만 다툼이 일어나고 감정이 격해지면 상대방을 향하여 마치 악마라도 되는 듯이 비난하는 경우가 생길 수 있다. 그것은 말로 원수를 스스로 갚는 것이 되어버린다. 두말할 필요도 없이 그들은 악마가 아니다. 어느 누구도 100% 선한 사람도 없고 100% 악한 사람도 없다. 흔히 정치적인 입장이 대립되는 경우에 상대방을 악마화하려는 시도가 자주 보이는데 그리스도인이라면 이런 것은 결코 해서는 안 될 일이다. 오히려 원수가 될 수도 있을 때 그들을 탓하지 말고 하나님께 맡기며 더 나아가 그들의 어려움이나 문제를 도와줄 수 있다면 그것은 대적자를 부끄럽게 하는 섬김의 표본이 될 것이다.

"내 사랑하는 자들아 너희가 친히 원수를 갚지 말고 하나님의 진노하심에 맡기라 기록되었으되 원수 갚는 것이 내게 있으니 내가 갚으리라고 주께서 말씀하시니라 네 원수가 주리거든 먹이고 목마르거든 마시게 하라 그리함으로 네가 숯불을 그 머리에 쌓아 놓으리라"(롬 12:19~20)

끝으로 우리 그리스도인들이 빠지기 쉬운 함정 한 가지를 이야기하려고 한다. 그것은 불법이나 편법의 유혹이다. 불법과 편법은 현대인의 삶의 곳곳에 뿌리내리고 있다. 인허가나 특혜, 세무관계, 부정선거, 법의 테두리를 교묘하게 피하는 일 등은 그리스도인으로서는 결코 하지 말아야 할 핵심적인 섬김이다. 이런 섬김 의식을 가지는 일도 어렵지만 오히려 자기에게 유익하게 하는 각종 불법을 아무 거리낌 없이 행하는 것은 그리스도인으로서의 삶의 모델이 아니라 교회도 세상과 똑같다는 그릇된 의식을 많은 사람들에게 심어줄 뿐이다. 아무리 열심히 나누고 섬겨도 불법에 대항하여 세상의 가치를 가로막고 서지 못하는 한 복음은 한낱 이론에 그칠 뿐인 것이다. 예수님은 말세에 대해 말씀하시면서 마지막 때에는 사랑이 식어버리는데 그 원인은 불법이 성한 데 있다고 하셨다. 하나님과는 반대로 흘러가는 세상의 흐름에 저항하는 것이 중요한 섬김의 모습이고 이런 삶의 방식이 세상에 제시할 수 있는 생명의 모델이 된다는 것을 잊지 말아야 하겠다.

"불법이 성하므로 많은 사람의 사랑이 식어지리라"(마 24:12)

2. 믿는 자에게 본을 보인다.

모든 것은 형제사랑으로부터 출발한다. 성경에는 이웃사랑에 대한 이야기들이 많이 나오는데 그 이웃사랑이란 다름 아닌 형제사랑을 뜻한다. 왜냐하면 구약이든 신약이든 이웃이라고 할 때에는 동족이나 같은 공동체 혹은 같은 그리스도인을 뜻하는 것이기 때문이다. 실제로 신약성경에서도 사복음서를 제외하면 '이웃'이라는 단어는 불과 8회밖에 사용되지 않았고, 그 중에서도 예수님께서 강조하신 네 이웃을 사랑하라는 말씀을 인용한 것 3회, 그리고 이웃 도시라는 표현 1회를 제외하면 4회만이 이웃이라는 용어를 사용하였다. 그러므로 사실상 성경에서 말하는 이웃사랑은 형제사랑을 뜻한다. 성경이 이스라엘이라는 한 민족을 중심으로 기록되었고 신약시대에도 사실상 같은 믿음을 가진 그리스도인들과 교회를 중심으로 기록되었기 때문에 나눔과 섬김도 주로 형제사랑이라는 의미에서 사용되었다는 것이다.

그렇기 때문에 삶의 모델로서의 섬김에도 원칙적으로 형제사랑이 기본이 된다는 사실을 알아야 한다. 곧 형제사랑이라고 하면 어느 곳에 있든지 모든 교회와 기독교인들 사이에서 본이 되어야 하는 모델을 말하는 것이다. 물론 우리가 흔히 이야기하는 이웃사랑이라는 개념과 성경에서 뜻하는 개념이 상당한 차이가 있기는 하지만, 이웃사랑의 목적과 방식은 성경에서 말하는 형제사랑에서 그 근거와 원리를 찾아야 할 것이다. 왜냐하면 성경이 기록된 당시의 상황과 오늘날의 상황이 너무나도 다르기 때문이다. 오늘날 이웃사랑이라고 하면 대부분은 기독교 안의 사랑이 아니라 하나님을 믿지 않는 이웃 사람들을 사랑하는 것으로 이해하고 있을 것이다. 그것은 아브라함에서 이스라엘 민족으로, 이스라엘 민족에서 기독교라는 신앙공동체로, 그리고 신앙공동체에서 세상의 구원으로 나가는 방향성에서 그 근거를 찾을 수 있을 것이다. 아무튼 우리의 목표지점은 하나님을 모르는 이웃이다. 그러나 그 원리를 형제사랑에서 찾아야 한다는 이야기이다. 그래서 먼저 믿는 자에게 본이 되는 섬김으로부터 출발해야 하는 것이다.

가장 먼저, 본을 보이는 것은 오직 말씀만을 기준으로 하는 것임을 말한다. 아무리 자기가 옳다고 생각하고 본질이라고 생각하더라도 성경에 없는 것으로 본을 보일 수는 없다. 지도자는 모든 결정과 행동의 근거와 이유를 말씀에서 찾아야 하고 그 말씀을 제시할 수 있어야 한다. 말씀이 근거가 되지 못하면 분열과 다툼과 논쟁과 상처만 남을 뿐이다. 더욱 중요한 것은 이 말씀의 근거에 모두가 공감하는 신앙을 보여야 한다는 것이다. 분명하게 말씀을 증거로 들었는데도 그것을 인정하지 않고 궤변을 늘어놓는다면 그것은 신앙도 아니고 섬김도 아니다. 그렇게 해서는 어느 형제에게도 본을 보일 수가 없다. 섬김이라고 해서 섬김이라는 행위 자체만 생각해서는 안 된다. 우리의 섬김의 뿌리는 말씀이기 때문이다.

"형제들아 내가 너희를 위하여 이 일에 나와 아볼로를 들어서 본을 보였으니 이는 너희로 하여금 기록된 말씀 밖으로 넘어가지 말라 한 것을 우리에게서 배워 서로 대적하여 교만한 마음을 가지지 말게 하려 함이라"(고전 4:6)

섬김의 가장 핵심적인 출처는 다른 사람의 약점을 담당하는 것이다. 형제의 약점이 보이지 않는다면 섬김도 불가능하다. 다른 사람의 허물이 약점으로 보이기 시작하면 그 사람은 온전한 그리스도인이 되어가고 있는 것이다. 허물은 비판을 의미하고 약점은 수용을 의미한다. 아직까지 다른 사람의 허물은 죄로 보이고 자신의 허물은 약점으로 보인다면 더욱 많이 자라가야 할 것이다. 형제나 이웃의 약점은 비판의 근거가 아니라 사랑과 섬김의 단초가 되어야 한다. 아이들은 약하기 때문에 어른들이 돌보아주어야 한다. 마찬가지로 신앙이 어리면 약점이 많고 허물이 드러날 수밖에 없기 때문에 우리가 그들을 섬겨야 하는 것이다. 또한 어른들이라도 모든 부분에서 완전한 것이 아니고 약한 부분이 있게 마련인데 그래서 형제사랑이란 서로가 서로의 약점을 담당하고 섬겨주는 것이다.

> "믿음이 강한 우리는 마땅히 믿음이 약한 자의 약점을 담당하고 자기를 기쁘게 하지 아니할 것이라 우리 각 사람이 이웃을 기쁘게 하되 선을 이루고 덕을 세우도록 할지니라"(롬 15:1~2)

한편 섬김이란 언어적인 섬김으로 충분할 때도 분명히 있지만 대개의 경우에는 시간과 물질과 노력을 들여서 섬겨야 할 때가 훨씬 더 많다. 말로만 할 때에는 오히려 더 큰 상처가 될 수도 있고 속마음을 드러내는 것과 같은 결과로 나타날 때도 있다. 마치 믿음과 행함의 관계와 같다. 말을 앞세우지 말고 모든 것을 직접 행함으로 보여주어야 한다. 형제간의 섬김을 제대로 행하지 못한다면 하나님을 모르는 이웃 사람들을 섬기는 일은 불가능해진다. 교회 안에서의 형제간에도 섬김은 당연히 행동으로 나타나야 하지만 우리의 이웃들은 더욱 더 우리의 실천적인 섬김을 기다릴 것이다. 형제간에 직접적인 섬김의 본을 보이는 것이 이웃사랑의 출발점이 되는 것이다.

> "내 형제들아 만일 사람이 믿음이 있노라 하고 행함이 없으면 무슨 유익이
> 있으리요 그 믿음이 능히 자기를 구원하겠느냐 … 네가 보거니와 믿음이
> 그의 행함과 함께 일하고 행함으로 믿음이 온전하게 되었느니라"(약 2:14,
> 22)

믿음의 형제들 사이에서 서로를 배려하고 상대를 기쁘게 하는 시도도 전부 낮춤과 섬김에 속한다. 섬김에는 형제의 약점을 담당하는 것을 포함하지만 그것은 곧 형제에게 기쁨을 주는 것을 뜻하기도 한다. 사도 바울은 형제의 믿음을 주관하려는 것이 아니라 다만 그들의 기쁨을 도우려고 한다는 사실을 기록한 바가 있다. 이런 때에는 오히려 바울이 고린도에 가지 않는 섬김의 이유가 뚜렷해진다. 행동으로서의 섬김은 어떤 것을 하지 않는 것도 포함되는 것이다. 그러니까 섬김에는 무엇을 하든 하지 않든 분명히 형제에게 기쁨을 줄 수 있는 의도가 들어있어야 한다는 말이다. 이미 앞의 로마서 15장 말씀 속에도 형제의 약점을 담당함으로써 우리의 기쁨이 아니라 형제의 기쁨을 줄 수 있다고 말한 바가 있다.

> "내가 내 목숨을 걸고 하나님을 불러 증언하시게 하노니 내가 다시 고린도
> 에 가지 아니한 것은 너희를 아끼려 함이라 우리가 너희 믿음을 주관하려
> 는 것이 아니요 오직 너희 기쁨을 돕는 자가 되려 함이니 이는 너희가 믿음
> 에 섰음이라"(고후 1:23~24)

신앙인들 각자가 감당하는 생활의 수고 속에도 반드시 섬김이 들어있어야 한다. 다른 사람에게 폐를 끼치지 않으려는 태도도 굉장히 중요하다. 그것은 나의 당연한 행동이기도 하지만 다른 성도들에게 본을 보여주는 태도이기도 하다. 이 시대에 본을 받을 만한 지도자가 적은 것은 무엇 때문인가? 작고 사소한 것을 소중하게 여기는 섬김의 자세가 부족하기 때문이 아닌가? 지나치게 성과나 겉으로 보이는 열매들에 초점을 두기 때문이 아니겠는가? 우리 생활 속에는 섬김에 소용되는 부분이 반드시 포함되어 있어야 할 것이다. 사도 바울이 직접 일한 것은 무엇 때문이겠는가? 그리스도인으로서의 삶의 자세를 형제들에게 본으로 보여준 것이다.

"내가 아무의 은이나 금이나 의복을 탐하지 아니하였고 여러분이 아는 바와 같이 이 손으로 나와 내 동행들이 쓰는 것을 충당하여 범사에 여러분에게 모본을 보여준 바와 같이 수고하여 약한 사람들을 돕고 또 주 예수께서 친히 말씀하신 바 주는 것이 받는 것보다 복이 있다 하심을 기억하여야 할지니라"(행 20:33~35)

형제들에게 칭찬을 받는 것도 굉장히 중요하다. 결국 우리의 섬김을 통해서 형제들의 칭찬이 나오지 못한다면 결코 본이 될 수는 없을 것이다. 물론 개인의 의나 공로를 위하여 섬김을 보이려고 한다면 결코 하나님께서 인정하는 섬김은 되지 못한다. 그리고 형제들의 진정한 칭찬을 받기도 어렵다. 사람들도 다 안다. 진정인지 사람들에게 보이려고 하는 것인지 시간이 지나가면서 분별하게 된다. 형제들에게 본이 되려면 성경적이고 진심에서 우러나오며 사람들의 기쁨이 되고자 하고 하나님을 기쁘시게 하는 섬김이어야 할 것이다. 교회 밖의 이방인 이웃들에게는 한두 번의 섬김으로 다가갈 수 있을지 몰라도 형제들 사이에서 칭찬이 있을 정도의 섬김이 아니라면 결국 우리의 이웃들도 다 알게 된다. 교회에서 지역에 섬김을 시작하려면 끝까지 감당해야 하는 이유이다. 고넬료는 그의 섬김으로 인하여 모든 형제들이 다 알고 칭찬해주었다. 그래서 성령께서 고넬료를 사용하신 것이다. 믿음의 형제들을 사랑하는 법을 배우고 익혀서 그대로 우리의 이웃들에게 행하는 섬김의 주인공들이 되어야 하겠다.

> "그들이 대답하되 백부장 고넬료는 의인이요 하나님을 경외하는 사람이라 유대 온 족속이 칭찬하더니 그가 거룩한 천사의 지시를 받아 당신을 그 집으로 청하여 말을 들으려 하느니라 한대"(행 10:22)

3. 세상에서 삶의 모델이 된다.

삶의 모델이 된다는 말은 그리스도인들만의 고유한 삶의 방식대로 산다는 것을 의미한다. 어느 국가나 사회체제 안에서도 고유한 생활방식이 존재한다. 그리스도인들만의 고유한 방식을 보여주지 못한다면 세상과 교회의 차이가 어디에 있겠는가? 그렇게 되어서는 그리스도를 드러낼 수가 없다. 우리 삶의 목적이 우리의 생활방식을 통하여 그리스도를 드러내는 것이 아닌가? 그렇다면 우리는 예수님께서 보여주셨던 삶의 방식을 따라가야 할 것이다. 예를 들어 사자의 생활방식과 기린의 생활방식은 완전히 다르다. 달라도 너무 다르다. 당연하다. 육식동물과 채식동물이 어떻게 같은 방식으로 살 수 있겠는가? 그리스도인의 삶의 방식과 세상 사람들의 삶의 방식은 마치 사자의 생활방식과 기린의 생활방식이 다른 것과 같은 명백성을 갖추어야 한다. 기독교인의 생활방식과 세상 사람들의 생활방식의 차이를 발견하기 어려운 것이 오늘날의 기독교 신앙의 모습이지만 우리는 어떤 상황에서도 우리의 고유한 삶의 방식을 찾아 나아가야 한다. 그리고 그것이 가장 분명한 섬김의 방식이라는 사실도 알아야 한다.

삶의 방식으로 세상의 본을 보인다고 할 때 가장 중심을 잡아야 할 것은 우리는 세상을 이기는 방식으로 살아야 한다는 것이다. 세상을 이기는 승리가 필요하다는 말씀은 우리는 영적으로 항상 싸우고 있다는 말이다. 물론 영적으로 싸운다는 말은 세상의 논리와 가치체계를 거슬러 올라가는 일이면서 동시에 우리 자신과 싸워 이겨야 한다는 말이기도 하다. 우리는 세상을 이기는 방식으로 살아야 한다. 물론 우리의 영성과 믿음생활로써 이겨야 한다. 그러나 동시에 내적인 요소들을 외적인 섬김과 연결하여 삶 속에서 우리의 영성을 표출해야 한다는 말이기도 하다. 교회 안에서만 머물러서는 결코 세상과 싸워서 이길 수가 없다. 당연히 우리는 하나님께로부터 난 사람들이지만 그것을 얼마나 확신하는가도 굉장히 중요하다. 우리의 섬김이 이것을 의식하면서 세상에게 본이 되려는 의식을 가지고 있다면 반드시 승리할 것이다. 마치 아이들을 보호하는 엄마는 그 아이들 때문에 엄청나게 강한 힘과 용기를 보여주는 것과 같은 이치이다.

> "무릇 하나님께로부터 난 자마다 세상을 이기느니라 세상을 이기는 승리는 이것이니 우리의 믿음이니라 예수께서 하나님의 아들이심을 믿는 자가 아니면 세상을 이기는 자가 누구냐"(요일 5:4∼5)

하지만 세상과 싸워 이기는 삶의 방식을 수호하려면 그만큼 지혜로워야 하는데, 우선은 무엇을 얻는 지혜가 아니라 영적 시각으로 분별할 수 있는 지혜가 필요하다. 우리 모두는 세상에서 지혜로운 자들의 생각을 좋아한다. 그것은 대개 세상에서 성공하기 위한 지혜들이다. 그러나 지혜가 나쁜 것은 아니지만 세상의 가치와 복음의 가치가 충돌할 때에 자칫 세상의 지혜를 따라가게 된다면 그리스도인으로서는 전혀 삶의 본을 보여줄 수 없게 되어버린다. 세상의 지혜란 물질이나 권세자에게 기대거나 불법, 편법의 유혹이기 쉽다. 아니 그 이전에 과연 무엇을 위한 지혜인가를 먼저 살펴야 한다. 세상 것이라면 그것을 버리는 것이 가장 큰 지혜이다. 진리와 복음 이외의 것을 지키거나 쌓으려고 한다면 하나님의 지혜 자체가 필요가 없어진다. 오히려 훼방만 될 뿐이다. 어려운 문제나 상황을 타개하는 방식을 세상에 보여주어야 거기에서 그리스도를 드러낼 수 있을 것이다. 섬김이란 하나님의 지혜로 문제를 해결하는 방식을 보여주는 것이다.

"아무도 자신을 속이지 말라 너희 중에 누구든지 이 세상에서 지혜 있는 줄로 생각하거든 어리석은 자가 되라 그리하여야 지혜로운 자가 되리라 이 세상 지혜는 하나님께 어리석은 것이니 기록된 바 하나님은 지혜 있는 자들로 하여금 자기 꾀에 빠지게 하시는 이라 하였고 또 주께서 지혜 있는 자들의 생각을 헛것으로 아신다 하셨느니라"(고전 3:18~20)

그리스도인의 삶의 방식은 결코 돈을 중심으로 펼쳐지지 않는다. 이 세상은 모든 것이 돈으로 통한다. 권력도 재물도 영광도 전부 돈과 직결된다. 이 세상 모든 범죄가 대부분 돈 때문에 일어나는 것이다. 물질 문제는 세상과의 관계에서 광범위하게 다루어져야 할 본질적인 주제이지만 물질을 중심으로 우리의 삶이 진행되지 않도록 우리의 영성을 늘 점검할 필요가 있다. 물질을 중심으로 살면 안 된다는 말은 여러 가지 의미를 함축하고 있지만, 돈을 벌기 위한 투자 행위는 하지 않는 것이 마땅하다. 주식투자, 부동산 투자, 기본적으로 노동을 중심으로 하지 않고 오로지 돈만을 위한 행위는 바람직하지 않다. 돈도 그리스도인의 생활과 직결되기는 하지만, 그리고 생명을 유지하기 위한 수단이지만 우리의 삶의 기본적인 목적인 그리스도의 영광과는 전혀 관계가 없기 때문이다. 결국은 돈 욕심을 채우기 위한 행위들이 아닌가? 부자가 되기 위한 삶의 방식은 버리는 것이 마땅하다.

"부하려 하는 자들은 시험과 올무와 여러 가지 어리석고 해로운 욕심에 떨어지나니 곧 사람으로 파멸과 멸망에 빠지게 하는 것이라 돈을 사랑함이 일만 악의 뿌리가 되나니 이것을 탐내는 자들은 미혹을 받아 믿음에서 떠나 많은 근심으로써 자기를 찔렀도다"(딤전 6:9~10)

이런 모든 삶의 방식을 종합적으로 설명하자면 사도행전 시대의 그리스도인들의 모습에서 그 예를 찾을 수 있다. 예루살렘교회 성도들의 삶의 모습을 오늘날 그대로 적용할 수 있는 것은 아니다. 그러나 우리는 성경 역사에서 한 번 나타난 초대교회에서 우리의 삶의 원리를 발견해야 한다. 그것은 그리스도인의 생활은 절대로 물질을 중심으로 구성되어서는 안 된다는 것이다. 물론 여기에서는 믿는 사람 중심으로 공동체의 삶이 펼쳐졌다. 이런 원리를 우리가 완전히 재현할 수는 없지만 우리의 삶 속에서 어우러지는 이웃과의 관계에서도 드러나도록 해야 한다.

세상은 돈을 중심으로 펼쳐진다. 곧 돈을 많이 가진 사람들이 없는 사람들을 지배할 수밖에 없는 구조이다. 직접적인 지배구조가 아니라도 사회전체가 그런 구조 속에 갇혀있다. 그러나 그리스도인들의 삶의 방식은 돈이 아니라 관계중심으로 펼쳐져야 한다. 이것은 세상의 삶의 방식과는 전혀 다른 모습이다. 완전을 요구할 수 있는 것은 아니지만 적어도 그리스도인의 의식 속에는 돈 중심이 아니라 필요 중심의 삶이 자리 잡고 있어야 할 것이다. 이상적인 이야기이지만 급여도 돈 중심이 아니라 필요 중심으로 주어지는 것이 가장 복음적이다. 물론 우리에게는 거기에 합당한 믿음이 있어야 한다.

"믿는 사람이 다 함께 있어 모든 물건을 서로 통용하고 또 재산과 소유를 팔아 각 사람의 필요를 따라 나눠 주며"(행 2:44~45)

물론 일회적인 삶의 모습들이었지만 초대교회 성도들은 생활에 필수적인 재물이 아니라면 나머지는 다 팔아서 교회에서 함께 사용하도록 했으며 누구도 자기 소유를 주장하지 않았다고 했다. 그 결과가 무엇으로 나타났는가? 예루살렘 공동체에 속한 성도들 중에는 가난한 사람이 없었다고 했다. 당연히 오늘날 이 내용을 문자 그대로 추구할 수는 없다. 잘못하면 이단이나 사이비 종교집단의 그것과 같게 되어버릴 것이다. 그러나 우리 그리스도인들의 의식 속에는 이런 공동소유의 원리가 자리 잡아야 한다. 자본주의가 현재의 최상의 선택이라고 하더라도 그리스도인은 자본주의를 따라가는 것이 아니라 관계주의 또는 필요주의의 방식을 부분적으로라도 실현하도록 애써야 할 것이다.

"믿는 무리가 한마음과 한 뜻이 되어 모든 물건을 서로 통용하고 자기 재물을 조금이라도 자기 것이라 하는 이가 하나도 없더라 … 그 중에 가난한 사람이 없으니 이는 밭과 집 있는 자는 팔아 그 판 것의 값을 가져다가 사도들의 발 앞에 두매 그들이 각 사람의 필요를 따라 나누어 줌이라"(행 4:32, 34~35)

성경에 나오는 좋은 예가 도르가의 이야기이다. 물론 일종의 특수상황이라고 할 수도 있을 것이다. 그러나 그 원리를 우리는 발견해야 한다. 도르가는 여제자로서 선행과 구제하는 일이 심히 많은 사람이었다(행 9:36). 그녀는 주변의 과부들을 진심으로 섬겼다. 우리의 가정상황이나 생활환경이 모두 다르다. 그러나 원리적으로는 이 도르가와 같은 여인의 삶의 우리의 본이 되어야 한다. 물질을 추구하면 결코 이런 삶이 나올 수 없다. 혹시 그렇게 보이더라도 그리스도가 중심이 되는지는 살펴보아야 한다. 물질은 자기 자신과 이웃들의 필요를 위해 존재하는 것이고 그 필요를 채워주기 위해 존재하는 것이다.

> "베드로가 일어나 그들과 함께 가서 이르매 그들이 데리고 다락방에 올라가니 모든 과부가 베드로 곁에 서서 울며 도르가가 그들과 함께 있을 때에 지은 속옷과 겉옷을 다 내보이거늘 베드로가 사람을 다 내보내고 무릎을 꿇고 기도하고 돌이켜 시체를 향하여 이르되 다비다야 일어나라 하니 그가 눈을 떠 베드로를 보고 일어나 앉는지라"(행 9:39~40)

어려움이나 고난이 닥칠 때 결코 꺾이거나 중단되지 않는 우리의 삶의 방식이 그들에게 나타나야 한다. 아무리 훌륭한 그리스도인의 정체성을 가지고 복음적인 생활을 고수하더라도 어려움이나 위험이 닥쳤을 때 중단되거나 약해진다면 사람들은 복음적인 삶의 모습에 대한 확신을 가질 수 없을 것이다. 아니, 오히려 우리의 삶의 방식에서는 그런 고난이 닥쳤을 때 어떤 식으로 반응하고 결정하는가 하는 것이 더 명확해질 것이다. 생명조차도 조금도 아끼지 않을 만큼의 정체성이 아니라면 사람들이 어떻게 우리를 통하여 그리스도를 발견할 수 있겠는가? 그런데 이것이 더 핵심적이고 본 질적인 섬김이라는 사실을 알아야 한다. 우리가 그리스도를 진심 으로 섬긴다면 우리의 의식은 반드시 세상 사람들을 먼저 생각할 수 있어야 한다. 섬김의 범위는 우리 생활의 전 영역에 걸쳐서 이 루어져야만 하는 것이다.

> "죄가 있어 매를 맞고 참으면 무슨 칭찬이 있으리요 그러나 선을 행함으로
> 고난을 받고 참으면 이는 하나님 앞에 아름다우니라 이를 위하여 너희가
> 부르심을 받았으니 그리스도도 너희를 위하여 고난을 받으사 너희에게 본
> 을 끼쳐 그 자취를 따라오게 하려 하셨느니라"(벧전 2:20~21)

4. 감사의 섬김의 모델이 된다.

우리의 진정한 섬김은 무엇에서부터 비롯되는가? 그것은 전적 인 하나님의 은혜에 대한 감사로부터 비롯되는 것이다. 감사로 충 만한 섬김이 아니면 충분한 섬김으로는 부족할 수도 있고 또 감사 로부터 우러나오는 섬김의 깊은 밑바탕이 결국 사람들에게 그 진 실이 알려지게 만드는 것이다. 하나님의 구원과 섭리의 은혜에 대 한 깊은 감사로부터 비롯되지 못한 섬김은 자칫 자기중심적으로 흘러 공로로 변할 가능성이 충분하기 때문에 기본적으로 그리스도 의 십자가 대속의 은혜에 대한 감사가 항상 우리의 의식 깊숙한 곳 에서 흘러넘쳐야만 하는 것이다. 생각해보라. 감사가 없는 찬양, 감사가 없는 나눔, 감사가 없는 섬김에서 우리가 무엇을 기대할 수

있겠는가? 끝까지 동일한 섬김을 지속할 수도 없고 박해를 견뎌낼 힘도 발견할 수 없으며 아무도 몰라주어도 하나님만 바라보고 평안과 기쁨을 누릴 수도 없을 것이다. 하나님의 은혜에 대한 우리의 감사는 우리 인생의 근본인 뿌리이며 우리의 온몸을 돌아 나오는 실핏줄처럼 우리 삶의 구석구석에 영적인 영양분을 공급할 수 있게 만들어주는 것임을 잊지 말아야 한다.

우선 우리는 하나님의 구원과 예수님의 희생에 대한 감사를 넘치게 해야 한다. 우리의 구원이 다른 어떤 것으로 가능한가? 하나님의 은혜와 예수 그리스도의 죽으심의 공로가 아니면 전혀 불가능한 것이다. 이 세상에 역사적으로 수많은 위대한 인물들이 있었지만 그들을 통해서 우리가 무엇을 얻을 수 있었던가? 또한 우리 자신이 아무리 똑똑하고 순수하고 능력이 많다고 해도 우리 자신의 힘만으로는 그 어떤 일도 이룰 수가 없다. 그리고 우리가 각자에게 맡겨진 바를 따라 아무리 많은 일을 이루고 공적을 쌓았다고 해도 그 공적으로 우리의 구원에 무슨 결과를 만들어낼 수 있는가? 오로지 하나님의 은혜가 아니면 우리는 지옥불로 떨어지는 다른 사람들과 조금도 다를 것이 없는 사람들이다. 그러므로 우리는 우리에게 베풀어주신 하나님의 은혜를 다른 사람들을 섬김으로써 갚을 수밖에 없는 것이다. 영원한 생명을 주신 분을 위해 우리가 무엇을 할 수 있겠는가? 교회에서 무엇을 하는 것만으로는 너무나도 부족하다. 하나님의 은혜는 이웃을 섬김으로써 더욱 가능해지는 것이다.

"하나님께 감사하리로다 너희가 본래 죄의 종이더니 너희에게 전하여 준 바 교훈의 본을 마음으로 순종하여 죄로부터 해방되어 의에게 종이 되었느니라"(롬 6:17~18)

단지 그리스도의 피로 말미암은 우리의 구원에 대한 감사뿐만 아니라 하나님의 능력으로 끝까지 참고 성도의 삶을 살 수 있도록 하시는 아버지 하나님의 은혜에 대한 감사가 끊임없이 넘쳐흘러야 할 것이다. 물론 우리는 우리의 믿음으로 세상을 이겨야 한다. 하지만 그 믿음이란 결국 하나님의 은혜, 곧 성령님의 역사하심으로써만이 승리하게 하시는 것이다. 자기 믿음을 자랑한다면 그 사람은 아직 하나님의 은혜를 모르는 사람이다. 믿음이란 하나님께서 일하심을 확신하고 맡기는 것이지 자기 믿음이 좋기 때문에 하나님께서 일하시는 것은 아니기 때문이다. 더 나아가서 자신에게 맡겨주신 각종 은사를 자랑거리로 삼거나 그 은사를 이용하여 다른 사람들에게 영향력을 끼치려고 한다면 그는 전혀 감사할 수 없는 사람이다. 우리가 숨 쉬고 활동하고 섬김의 일을 하는 것 자체가 전적인 하나님의 은혜인 것이다. 섬김은 이렇게 진정한 감사로부터 출발할 때에만 사람들에게 삶의 본으로 작용할 수 있는 것이다.

"그의 영광의 힘을 따라 모든 능력으로 능하게 하시며 기쁨으로 모든 견딤과 오래 참음에 이르게 하시고 우리로 하여금 빛 가운데서 성도의 기업의 부분을 얻기에 합당하게 하신 아버지께 감사하게 하시기를 원하노라"(골 1:11~12)

우리가 쉽게 생각할 수 있는 것은 감사가 크면 클수록 이웃을 섬기는 일은 더욱 강화될 것이라는 점이다. 그러니까 자신의 어떤 종교적인 행위나 섬김의 행위에 대한 태도는 바로 감사의 정도에 따라 달라진다는 것이다. 다른 말로 하면 하나님의 은혜에 진정으로 깊은 감사를 한다면 삶의 태도에 그대로 묻어나온다는 말이다. 평소에 하나님께 대한 감사가 아니라 원망이나 불평이 지속적으로 나온다면 자신의 구원에 대한 정확한 인식이 되어있는가를 살펴보아야 할 것이다. 자신의 구원에 대한 인식이 깊으면 깊을수록 감사는 깊을 수밖에 없으며 그렇다면 삶 속에서 이웃을 섬기는 일에도 그대로 드러나게 되는 것이다. 자기 신앙의식만으로 섬기는 것과 그와 더불어 깊은 감사에서 우러나오는 섬김은 어느 새인가 명확하게 드러날 것이다. 감사로부터 비롯되는 섬김은 언제나 평안과 기쁨을 선물할 것이다.

"이르시되 빚 주는 사람에게 빚진 자가 둘이 있어 하나는 오백 데나리온을 졌고 하나는 오십 데나리온을 졌는데 갚을 것이 없으므로 둘 다 탕감하여 주었으니 둘 중에 누가 그를 더 사랑하겠느냐"(눅 7:41~42)

또 우리가 빠지기 쉬운 함정인 자기 의와 공로로서의 섬김에도 감사가 넘칠수록 진정한 섬김의 자세를 유지할 수 있게 될 것이다. 진심으로 감사를 한다면 섬김을 통하여 무엇을 얻으려고 하지는 않을 것이다. 왜냐하면 섬김 자체가 하나님께 대한 감사의 표현이기 때문이다. 혹시 하나님을 위해 이웃을 섬긴다고 하면서 거기에서 무엇인가를 얻고 싶은 욕구가 생긴다면 빨리 자신을 돌아보고 감사를 회복해야 한다. 그 어떤 일을 하더라도 반대급부를 기대할 수 없는 섬김의 일을 찾거나 그런 가능성을 처음부터 차단하는 것이 참 섬김이 될 수 있을 것이다. 자기를 낮춤으로부터 참된 섬김이 시작된다는 말은 더 깊은 의미에서는 하나님의 구원과 섭리에 대한 감사로부터 출발해야 한다는 말과 같은 뜻이다.

"잔치를 베풀거든 차라리 가난한 자들과 몸 불편한 자들과 저는 자들과 맹인들을 청하라 그리하면 그들이 갚을 것이 없으므로 네게 복이 되리니 이는 의인들의 부활시에 네가 갚음을 받겠음이라 하시더라"(눅 14:13~14)

일상의 삶 가운데에서 하나님의 은혜에 감사함으로 갚는 길은 무엇인가? 이것은 모든 사람들과 세상에 대한 태도와 관련된 것이다. 보통 이웃사랑이라고 하면 무엇을 얼마나 나누고 어떻게 섬기는가에 대해서 생각하겠지만 참된 이웃사랑이란 세상과 이웃을 대하는 태도로부터 출발하는 것임을 알아야 한다. 곧 이웃과 지역과 국가를 예수 그리스도의 시각으로 살필 줄 알아야 한다는 것이다. 이웃을 자기 자신과 같이 사랑하라는 말씀의 실천적인 출발점은 바로 자기가 대접받고 싶은 대로 남을 대접하라는 말씀이다. 이것도 역시 하나님의 은혜에 대한 감사로부터 나올 수 있는 말씀인데, 하나님께서 나를 대접하신 그 대접으로 이웃을 대접하는 것이어야 하기 때문이다. 세상이 나에게 악으로 대하고 욕으로 갚으려고 하더라도 하나님께 감사하는 사람만이 악이나 욕이 아니라 도리어 복을 빌 수 있게 되는 것이다. 하나님의 복은 모든 이웃들이 그대로 이어받게 해야 하는 것이다.

"악을 악으로, 욕을 욕으로 갚지 말고 도리어 복을 빌라 이를 위하여 너희
가 부르심을 받았으니 이는 복을 이어받게 하심이라"(벧전 3:9)

하나님께 대한 감사는 어려운 사람들과 교회를 위한 연보의 풍성함으로 나타날 수 있다. 이것은 오늘날의 헌금의 개념과는 다소 차이가 있다. 순수한 의미로는 어려운 사람들을 위해 자기 재물을 내어주는 것을 뜻하기 때문이다. 오늘날 교회에 드리는 헌금에는 교회 운영이나 목회자 사례 부분과 함께 이런 모든 요소가 다 포함되어 있지만 여기에서는 단지 하나님께 대한 감사로서 남을 돕기 위한 나눔의 섬김을 말하는 것이다. 그래서 사도 바울도 연보를 봉사의 직무라고 표현했던 것이다. 이 봉사는 단순히 나눔의 의미를 넘어서서 교회에 헌신하는 모든 활동을 의미하기도 하지만 이것으로써 오히려 다른 사람들의 감사가 넘치게 하였다는 의미에서 감사로부터 비롯되는 참다운 섬김이라고 할 수 있을 것이다.

"너희가 모든 일에 넉넉하여 너그럽게 연보를 함은 그들이 우리로 말미암
아 하나님께 감사하게 하는 것이라 이 봉사의 직무가 성도들의 부족한 것
을 보충할 뿐 아니라 사람들이 하나님께 드리는 많은 감사로 말미암아 넘
쳤느니라"(고후 9:11~12)

아무리 섬김의 행위가 아름답다고 하더라도, 그리고 그 섬김이 자기를 스스로 낮춤으로부터 출발하는 것이라고 해도 하나님께 대한 감사와 연결되지 않는다면 근본적인 낮춤은 불가능하게 될 것이다. 우리 그리스도인들의 섬김이 사람들에게 삶의 방식에 대한 감동을 주더라도 그 근원이 하나님께 대한 감사라는 사실을 사람들이 눈치 채지 못한다면 거기에는 그리스도의 영광이 아니라 자기 영광이 도사릴 수 있음을 명심해야 할 것이다. 하나님께 대한 감사가 사람들에게 그대로 보일 수 있도록 섬겨야 하겠다.

5. 천국으로서의 섬김의 모델이 된다.

그리스도인들의 섬김이란 보이지 않는 천국을 이 땅에 구현하는 삶의 방식이다. 물론 하늘의 영원한 천국이 이 땅에 고스란히 펼쳐지는 것은 아니다. 그것은 사실상 부분적으로라도 불가능한 이야기이다. 그러나 천국의 삶의 원리를 이 땅에서 보여줌으로써 천국의 모형을 드러낼 수 있다. 예수님은 성령을 힘입어 귀신을 쫓아내신 것으로 하나님의 나라가 지금 임한 것이라고 말씀하신 바가 있다. 사실 예수님이 이 세상에 오신 것 자체가 이미 천국이 임한 것이라는 말씀은 정확한 말씀이다. 지상에서는 결코 일어날 수 없는 일들을 주님께서는 보여주셨다. 우리가 섬김이라는 고유의 행위를 통하여 보여주고자 하는 것은 바로 천국의 맛보기와 같은 것이다. 예수님처럼 기적의 능력을 통해서는 아니지만 천국에서나 할 수 있는 사랑의 섬김을 통하여 천국을 보여줄 수는 있다는 말이다.

> "그러나 내가 하나님의 성령을 힘입어 귀신을 쫓아내는 것이면 하나님의
> 나라가 이미 너희에게 임하였느니라"(마 12:28)

예수님은 제자들에게 예수님의 고난과 부활을 말씀하시면서 하나님의 나라가 이 땅에 임하는 것을 볼 사람도 있을 것이라고 말씀하셨다. 이것이 무슨 뜻인가? 분명히 종말적인 재림을 뜻하는 것은 아니다. 왜냐하면 완전한 천국은 예수님의 재림으로써만 완성될 수 있는 것이기 때문이다. 그렇다면 이 말씀은 천국과 같은 원리가 이 세상을 지배하게 된다는 말씀과 다름 아닐 것이다. 하나님의 나라가 권능으로 임한다는 말씀은 예수님의 재림이 아니라 성령님이 강림과 그로 인하여 세상에 펼쳐질 복음의 폭발적인 확산을 말씀하시는 것이다. 복음이 우리를 지배하고 성령님께서 힘과 능력으로 도우신다면 그것은 틀림없이 천국이다. 복음이 보이는 천국으로 이 세상에 퍼져나가도록 성도들의 삶을 보여주는 것이라면 그것은 섬김밖에는 없다. 섬김이 아니라면 어떻게 세상에 천국을 보여줄 수 있겠는가? 예수님의 섬김으로 인하여 인간에게 구원의 길이 열리지 않았던가?

> "또 그들에게 이르시되 내가 진실로 너희에게 이르노니 여기 서 있는 사람
> 중에는 죽기 전에 하나님의 나라가 권능으로 임하는 것을 볼 자들도 있느
> 니라 하시니라"(막 9:1)

그렇다면 천국 맛보기로서의 섬김이란 어떤 것이어야 하겠는가? 지극히 작은 자 하나를 찾기 위해 애쓰고 힘쓰는 것이 진정한 섬김이다. 곧 아주 작아 보이고 사소해 보이는 일을 꼭 필요한 사람에게 행한다면 그것이 바로 이 땅에 천국을 실현하는 방법이다. 사람들은 그 모습을 보고 천국의 원리를 알 수 있을 것이다. 천국이란 그 누구도 모자라는 것이 없고 그렇다고 넘치는 것도 없는 세상이다. 각 사람이 필요로 하는 모든 것이 충족되어 있고 따라서 누구의 것을 탐내거나 누구의 인정을 받으려고 애쓸 필요도 없는 곳이다. 영원한 천국은 그렇게 완전한 곳이지만 이 땅에서의 천국은 그런 완전한 천국을 지향하여 나아가는 모든 섬김을 말한다. 아흔아홉 마리의 양이 있어도 단 한 마리의 잃어버린 양이 있다면 그 한 마리의 양을 찾아 헤매는 것이 이 땅에서의 천국이다.

"너희 생각에는 어떠하냐 만일 어떤 사람이 양 백 마리가 있는데 그 중의 하나가 길을 잃었으면 그 아흔아홉 마리를 산에 두고 가서 길 잃은 양을 찾지 않겠느냐 진실로 너희에게 이르노니 만일 찾으면 길을 잃지 아니한 아흔아홉 마리보다 이것을 더 기뻐하리라 이와 같이 이 작은 자 중의 하나라도 잃는 것은 하늘에 계신 너희 아버지의 뜻이 아니니라"(마 18:12∼14)

우리가 이웃들을 섬긴다는 것은 다른 면으로는 사람들 앞에서 예수님을 시인하는 것과 같은 결과를 가져온다. 물론 시인한다는 말은 예수님이 그리스도라는 사실을 말로 인정한다는 뜻이지만 말로만 시인하고 행동은 그렇게 보이지 않는다면 그것은 시인하는 것이 아니다. 오히려 하나님을 부인하는 것으로 보이기 때문에 세상 사람들은 교회를 비판할 수밖에 없게 되는 것이다. 예수 그리스도를 시인하는 사람이라면 교회 안에서만 머무르면 안 된다. 예수님을 시인하는 사람은 예수님의 삶을 시인하고 받아들이는 사람이다. 그는 예수님의 섬김의 삶을 그대로 따라가는 사람이다. 그것이 예수님을 시인하는 것이고, 만약에 예수님의 가르침과 삶의 방식을 따라가지 못한다면 아직 신앙이 어리거나 오히려 예수님을 부인하는 사람인 것이다.

> "누구든지 사람 앞에서 나를 시인하면 나도 하늘에 계신 내 아버지 앞에서 그를 시인할 것이요 누구든지 사람 앞에서 나를 부인하면 나도 하늘에 계신 내 아버지 앞에서 그를 부인하리라"(마 10:32~33)

하나님의 뜻을 이 땅에서 행하는 것이 곧 천국으로서의 섬김의 삶이다. 날마다 천국에 소망을 둔다고 하면서 천국에서 받을 생각만 한다면 천국의 실체를 모르는 사람이다. 그래서 예수님은 예수님의 가족, 즉 천국을 함께 누리는 방법에 대해서 하나님의 뜻대로 행하는 사람이라고 국한하여 말씀하신 것이다. 하나님의 뜻은 이 세상에 천국의 원리를 적용하는 것이다. 예수님의 형제, 어머니는 바로 아버지의 뜻대로 행하는 사람이다. 그것이 천국의 모습을 섬김을 통하여 세상에 본으로 보여주는 방식인 것이다.

> "누구든지 하늘에 계신 내 아버지의 뜻대로 하는 자가 내 형제요 자매요 어

그렇다고 하여 천국을 어떤 행위라고 생각하면 곤란하다. 무엇을 행함으로 천국을 이룰 수 있다고 생각한다면 자칫 바리새인들의 함정에 빠지기 쉽다. 천국을 드러낸다고 하면서 무엇을 행하고 어떤 일을 하는 것을 상상한다면 그것은 지상천국을 이루려는 여러 사상적 시도와 무엇이 다르겠는가? 하나님의 나라는 먹고 마시는 어떤 활동들이 아니고 그 활동들이 지향하는 심령의 천국이어야 한다. 무조건 감정적인 천국을 누릴 수 있다는 것이 아니라 그 감정적인 천국을 향하여 나아가는 모습과 원리를 세상에 보여주어야 한다는 이야기이다. 저 영원한 천국이 아니라면 성령 안에 있는 의와 평강과 희락을 우리는 지속적으로 누릴 수 없다. 그러나 그런 천국의 심령을 '수시로' 누릴 수 있다. 이런 모습을 보여주는 것이 천국으로서의 섬김인 것이다.

"하나님의 나라는 먹는 것과 마시는 것이 아니요 오직 성령 안에 있는 의와

평강과 희락이라"(롬 14:17)

날마다 드리는 우리의 기도가 바로 천국으로서의 삶의 모델을 가리키는 것이다. 우리는 천국을 이 땅에 실현시키는 사람들이다. 물론 모든 것은 하나님께서 이루어주신다. 그러나 우리의 소망과 언어와 행동은 천국지향성을 가져야 한다. 해바라기가 햇빛을 따라 움직이듯이 우리의 삶은 천국의 모습을 이 땅에서 보여주는 섬

김의 특징을 보여주어야 한다. 단순히 누구를 도와주는 것에서 그치는 것이 아니라 영원한 천국을 삶으로 드러내는 모델로서 이웃들에게 실현시키는 것이 진정한 섬김인 것이다.

> "나라가 임하시오며 뜻이 하늘에서 이루어진 것 같이 땅에서도 이루어지이다"(마 6:10)

제12장
좁은 문의 섬김

그리스도인의 섬김은 그렇다고 항상 즐겁고 기쁘고 행복한 것은 아니다. 물론 성령 안에서 우리는 수시로 기쁨과 행복을 누릴 것이다. 하지만 항상 그럴 수는 없다. 오히려 그런 기쁨을 위하여 모든 것을 참고 섬긴다는 것이 바른 표현일 것이다. 대다수의 시간과 경우에 우리는 오히려 더 어려움을 느낄 수도 있다. 더 참아야 하고 더 애를 써야 할 것이다. 예수님께서 박해와 비난과 조롱과 고통과 괴로움을 왜 견디셨는가? 오로지 한 가지, 이 세상 모든 죄인들을 죄에서 구원하기 위해서였다. 구원받은 백성들이 하나님을 찬양하고 그리스도를 대신하여 세상에서 섬김의 삶을 사는 것을 보는 기쁨 때문이었다. 그래서 그 길은 좁은 길일 수밖에 없는 것이다.

좁은 길을 가면서도 그것이 고통이나 어려움으로 느껴지지 않는 방법은 우리의 섬김에 대한 확신이다. 무엇을 위한 섬김인가? 무엇 때문에 남들이 가지 않는 힘든 길을 걸어야만 하는가? 예수님께 대한 확신, 부활과 영생에 대한 확신이 없다면 결코 그럴 수 없다. 자기신념이나 사상을 따라 그렇게 할 수도 있지만 그것은 결국 벼랑으로 가는 길일뿐이다. 창조주 하나님과 예수 그리스도에 대한 확신이 아니면 허무해질 뿐이다. 이렇게 살아도 천국에 가고 저렇게 살아도 천국에 간다는 신앙으로는 아무것도 할 수 없다. 천국 입장권을 구입해 두었는가? 그런 것은 없다. 다른 결의 신앙을 배척하거나 비판하자는 이야기가 아니다. 진정한 믿음의 본질을 생각하지 않고는 참 섬김의 길을 가기 어렵다는 말이다.

물질을 아껴서 어려운 이웃들에게 나누거나 자기 몸을 사용하고 시간을 들여서 힘들어하는 분들의 짐을 덜어드리는 일은 물론 가치 있고 보람된 일이다. 그런 일의 목적은 무엇인가? 그들의 마음을 향하는 그리스도의 길을 곧게 하기 위함이다. 실천적인 면에서 우리의 섬김은 예수님을 대신하여 세상을 섬기는 것이다. 그리고 예수님께서 죄인들을 섬기시기 위하여 생명을 내어주신 것처럼 섬김은 온 생명을 다하여 행할 때 충분한 섬김이 되는 것이다. 이런 모든 길은 좁고 험한 길이라는 사실을 잊어버리면 안 된다. 언제 어디에서 어떻게 섬기더라도 그 모든 길은 결국 좁은 길이 된다. 혹시 그렇게 섬기다가 넓은 길을 만나게 되면 그 길은 피해야 할 길이다. 거의 틀림없이 참다운 섬김을 훼방할 것이기 때문이다.

1. 주의 길을 준비하는 섬김

이사야 선지자는 이스라엘의 희망을 노래하였다. 그것은 죄의 사함을 가져오는 메시야의 길을 뜻한다. 그 메시아가 오실 길을 준비하는 존재가 나타날 것이라고 한 것이다. 그 존재는 외치는 자의 소리이다. 그 소리가 메시아의 앞길을 미리 준비하여 모든 육체가 볼 수 있도록 만든다는 것이다. 골짜기이든 산이나 언덕이든 험한 길이든 굽은 길이든 그런 길을 곧고 평탄하게 만드는 사명이 누구에겐가 주어진다는 뜻이다. 마침내 때가 되면 여호와의 입의 말씀이 반드시 이루어질 것이라고 예언했던 것이다. 거기에 비로소 여호와의 영광이 드러나게 되는 것이다.

> "외치는 자의 소리여 이르되 너희는 광야에서 여호와의 길을 예비하라 사막에서 우리 하나님의 대로를 평탄하게 하라 골짜기마다 돋우어지며 산마다, 언덕마다 낮아지며 고르지 아니한 곳이 평탄하게 되며 험한 곳이 평지가 될 것이요 여호와의 영광이 나타나고 모든 육체가 그것을 함께 보리라 이는 여호와의 입이 말씀하셨느니라"(사 40:3~5)

그런데 우리가 잘 아는 세례 요한이 바로 자기를 가리켜 외치는 자의 소리라고 하였다. 세례 요한은 그 아버지 사가랴의 예언에서 이미 나왔듯이 애초부터 주의 길을 준비하고 백성들에게 죄 사함으로 말미암는 구원을 알게 하기 위해서 보내주신 선지자였다(눅 1:76~77). 그래서 세례 요한 자신도 스스로를 광야에서 외치는 자의 소리라고 소개했던 것이다. 그는 외치는 자의 소리를 감당하기 이전까지 어릴 때부터 빈들에서 살았다(눅 1:80).

> "이르되 나는 선지자 이사야의 말과 같이 주의 길을 곧게 하라고 광야에서

외치는 자의 소리로라 하니라"(요 1:23)

그러면 세례 요한에게 주어지는 역할은 어떤 것인가? 이사야의 예언과 동일하다. 그에게는 골짜기를 메우고 높은 산을 낮추고 굽은 길을 곧게 하고 험한 길을 평탄하게 하는 임무가 주어졌다. 아버지 하나님의 마음이 사람들에게 전달되기까지, 곧 복음을 받아들이고 죄 사함을 받기까지 얼마나 험난한 길이 가로막고 있는가? 그런데 이 길은 바로 우리의 길이라는 사실을 알아야 할 것이다. 사실 우리 모두는 각각의 세례 요한이다. 그리스도인들이 믿지 않는 불신 영혼들에게로 가는 주의 길을 곧게 하는 사람들인 것이다. 하나님께서 선택하신 이스라엘에서 오실 메시아를 준비하는 일에 목숨을 걸어야만 했던 세례 요한처럼 메시아 이후에 하나님을 외면하는 영혼들에게로 가는 길을 준비하는 사람들이 바로 우리 그리스도인들인 것이다.

"선지자 이사야의 책에 쓴 바 광야에서 외치는 자의 소리가 있어 이르되 너희는 주의 길을 준비하라 그의 오실 길을 곧게 하라 모든 골짜기가 메워지고 모든 산과 작은 산이 낮아지고 굽은 것이 곧아지고 험한 길이 평탄하여질 것이요"(눅 3:4~5)

대략적으로 메시아의 오실 길을 준비하는 일이 무엇인가 살펴보자. 우선 모든 골짜기가 메워지는 일은 어떤 일이겠는가? 글쎄 현대적인 도로공사와는 다르겠지만 원리적으로 주의 길을 준비하는 일을 도로공사라고 생각해보자. 그렇다면 골짜기를 메우는 일은 매립공사쯤에 해당될 것 같다. 골짜기는 감정의 골이라고 생각할 수 있을 것이다. 많은 경우에 교회에 다니지 않는 이유가 교회나 기독교인으로 말미암아 겪게 되는 감정적인 부분이 아닐까 싶다. 교회 자체에 대한 부정적인 인식보다는 좋지 않은 경험 때문에 믿음을 거부한다는 말이다. 그렇다면 이런 인식은 어떻게 해야 메워지겠는가? 상한 마음을 치유하는 길은 그 상한 마음보다 몇 갑절의 사랑을 주는 것이다. 부정적인 감정을 긍정적으로 바꾸려면 예수님의 사랑과 섬김으로 다가가야 한다. 물론 마음을 다해서 낮춤과 겸손으로 섬겨야 한다. 그 길은 결코 쉽지 않은 좁은 길이 될 것이다.

그 다음으로 모든 산과 작은 산을 낮추는 방법은 무엇이겠는가? 산은 거대한 장벽을 뜻한다. 그것은 교회의 제도나 시스템 등 진리가 뚫고 들어갈 틈이 없는 모습을 뜻한다. 그래서 이 섬김은 마치 굴착공사와 같은 성격을 지닐 것이다. 건물은 높을수록 그림자도 더 깊다. 교단이나 제도가 굳건할수록 믿지 않는 사람들 눈에는 단지 복음이 아니라 종교집단의 그것처럼 보일 것이다. 우리가 할 일은 그런 제도나 규모의 이면에 있는 그림자를 돌보아야 하는 것이다. 크면 클수록 세밀한 것이 소홀해지기 쉬우므로 우리는 소외된 사람들이나 혹시 피해의식을 당하는 사람들에 대한 배려와 섬김으로 높은 산을 낮추어 주어야 하는 것이다. 그렇게 해야 주께로 가는 길을 평탄하게 만들어줄 수 있는 것이다. 똑같아 보이는 섬김이라도 불신 영혼들의 여러 상황들을 보살펴야 한다는 말이다.

그러면 굽은 길을 곧게 하는 섬김은 어떤 것이겠는가? 이것은 최대한 직선 길을 만들거나 완만한 길을 만드는 일이다. 사실 불신 이웃들이 신앙을 가지지 못하게 만드는 몇 가지 이유 즉 부정적인 경험이나 제도나 규모의 허점이 있지만 또 하나의 장애는 바로 굽은 길 곧 복음에 대한 오해에서 비롯된다고도 할 수 있다. 물론 그 모든 것도 결국 우리 그리스도인들이 복음에 대해서 오해하게 만드는 비본질적인 삶에서 비롯되는 경우가 많다. 말로는 부활과 천국을 부르짖으면서 실제적인 삶은 세속적이라면 복음에 대해서는 오해할 만하지 않겠는가? 가볍게 생각하면 섬김의 범주에 들지 않을 것 같지만, 우리가 복음적으로 세상을 살면서 보이는 복음으로 사람들에 드러나도록 사는 것이 가장 큰 섬김이다. 무작정 성경공부하자고 끌고 올 수는 없다. 그러므로 삶으로 참 복음적 지식을 가르쳐야 하는 것이다.

마지막으로 험한 길을 평탄케 하는 일이 남았다. 험한 길은 무엇으로 비유할 수 있을까? 아마도 영적인 장애물이라고 할 수 있을 것이다. 영적인 장애물이라고 하니까 귀신을 쫓아내고 병든 사람을 고치는 등의 일을 생각하기 쉽지만, 그런 것들은 이단이나 무속종교에서도 얼마든지 나타날 수 있다. 영적 은사가 중요하지 않은 것이 아니라 그런 모든 일들이 주의 길을 곧게 하는 일에 바르게 사용되어야 한다는 것이다. 교회에 대한 감정적인 골짜기, 규모를 지향하는 높은 장벽의 교회 제도, 성도들의 비복음적 삶으로 말미암은 복음에 대한 오해들을 뛰어넘어서 남은 장애는 무엇인가? 영적 장애라고 하는데 그것은 하나님과 우리의 관계가 살아있어야 한다는 의미이다. 말씀대로 본질을 지키는 모습, 편법이나 불법이 아니라 용서와 사랑으로 이웃을 받아들이는 생활, 문제를 만났을 때 힘 있는 사람을 찾는 것이 아니라 오히려 사람의 능력을 포기하고 하나님께서 해결해 주시기를 기다리는 태도 등 하나님 의존적인 삶의 모습을 보여주는 것은 더욱 훌륭한 섬김의 삶이라고 할 수 있을 것이다.

여태까지 거의 소개했던 낮춤과 섬김의 모습들은 모두가 사실상 주의 길을 곧게 하는 일들임에 틀림이 없다. 주께로 가는 길을 평탄하게 만드는 일이 바로 우리의 섬김이라는 확신을 가질 때 우리는 참다운 섬김, 복음적인 섬김, 그리스도의 섬김을 삶으로 보여주는 신앙인들이 될 수 있을 것이다. 종합적으로 주의 길을 곧게 하는 일의 마지막 단계는 무엇이겠는가? 그것은 세례 요한의 가장 큰 장점, 곧 우리 모든 그리스도인들이 가져야 할 섬김의 태도와 관련된 것이다. 세례 요한은 인기절정의 상태에서 제자들로부터 질문을 받았다. 그것은 예수님께서 세례를 베푸시니 사람들이 그리로 몰려간다는 이야기를 듣고 나서 대답한 말이었다. 그것은 그 유명한 세례요한의 고백 곧 "그는 흥하여야 하겠고 나는 쇠하여야 하리라."는 대답이었다.

"신부를 취하는 자는 신랑이나 서서 신랑의 음성을 듣는 친구가 크게 기뻐하나니 나는 이러한 기쁨으로 충만하였노라 그는 흥하여야 하겠고 나는 쇠하여야 하리라 하니라"(요 3:30)

그리스도인의 참된 섬김의 마침표는 바로 이 세례 요한의 선포로 마무리되어야 한다. 그리스도의 섬김 외에는 완전한 섬김이란 존재할 수 없지만 세례 요한의 섬김은 우리 그리스도인들이 본을 받을 수 있는 최상의 섬김일 것이다. 조금 되는 듯하고 성공한 듯이 보이며 무엇인가 이룬 듯이 여겨지면 어김없이 우리 심령을 뚫고 들어오는 자기 의나 공로를 무너뜨리는 섬김의 태도는 바로 우리는 예수님의 신발 끈을 풀기도 감당하지 못하겠다는 낮춤의 고백이다. 아니, 낮춤이 아니라 우리의 본질이다. 모든 것이 하나님의 은혜이다. 우리의 섬김도 나눔도 하나님의 은혜로 되는 것이다. 섬김의 본질을 결코 잃어버려서는 안 된다.

"곧 내 뒤에 오시는 그이라 나는 그의 신발끈을 풀기도 감당하지 못하겠노라 하더라"(요 1:27)

※ 세례요한의 좁은 길에 대한 자세한 내용은 저자의 다른 책 『내가 세례 요한이다』(2022, 도서출판 개혁과회복)를 참조하라.

2. 주를 대신하여 섬김

우리의 죄 사함과 구원은 예수 그리스도의 대속으로 인한 하나님의 전적인 은혜이다. 예수님은 우리의 모든 것을 대신하셨다. 죄뿐만이 아니라 고통과 허물과 죽음까지도 우리 대신 감당하신 것이었다. 그리스도인의 모든 것은 그리스도의 대속을 통과하지 못하면 사실상 효력이 정지되는 것이나 마찬가지이다. 우리는 물론 우리의 희생을 통하여 다른 사람을 대속할 수는 없다. 죄 없으신 예수님만이 가능한 일이다. 하지만 예수님의 섬김의 원리를 따라가는 것이 우리의 모습이어야 한다. 그리스도의 섬김은 세상의 그 어떤 신(神)도 할 수 없는 일이다. 그것이 복음의 첫 번째 관문이 아닌가?

"인자가 온 것은 섬김을 받으려 함이 아니라 도리어 섬기려 하고 자기 목숨을 많은 사람의 대속물로 주려 함이니라"(마 20:28)

사도 바울은 갈라디아서에서 동일한 내용의 목적을 다시 정의하였다. 그것은 이 악한 세대에서 우리를 건지시기 위해 자기 몸을 대속물로 주셨다는 것이다. 그리스도의 섬김은 악한 세상에서 우리를 건지시기 위함이다. 그러나 그 건짐이란 세상과의 물리적인 분리를 말하는 것이 아니다. 세상 속에서 세상과 분리되어야 하는 것이다. 그것을 위하여 그리스도께서 자기 몸을 버리신 것이다. 실로 죽으심이 아니면 우리를 세상에서 건지실 수 없었다는 말이다. 그리스도의 이 같은 섬김은 그리스도인들의 섬김의 기초가 된다. 우리의 섬김은 예수님의 죽으심을 대신 보여주는 것이어야 한다. 섬김이 진짜 섬김이 되려면 보이지 않는 예수님의 죽으심을 실체적으로 보여주는 섬김이어야 한다는 말이다.

"그리스도께서 하나님 곧 우리 아버지의 뜻을 따라 이 악한 세대에서 우리를 건지시려고 우리 죄를 대속하기 위하여 자기 몸을 주셨으니"(갈 1:4)

그리스도를 대신하여 이웃을 섬긴다는 말은 자기 자신을 위해서가 아니라 우리를 대신하여 죽었다가 다시 살아나신 그리스도를 위하여 섬긴다는 말이다. 그리스도를 대신하여 섬긴다면 우리에게 맡겨주신 모든 사람을 그렇게 섬긴다는 말이다. 예수님이 우리 죄를 위하여 대신 죽으셨다는 말씀은 모든 사람이 죽은 것이라고 했다. 그 사실을 믿는다고 하면 모두가 예수님처럼 다시 살아날 것이다. 우리가 예수님 대신 이웃을 섬기는 일은 바로 이와 같이 그 사실을 받아들이기만 하면 그리스도의 섬김의 수혜자가 되게 하는 일이다. 우리는 우리를 위해 대신 죽으신 그리스도 예수님을 위해 이웃을 섬기는 사람들이다.

> "그리스도의 사랑이 우리를 강권하시는도다 우리가 생각하건대 한 사람이 모든 사람을 대신하여 죽었은즉 모든 사람이 죽은 것이라 그가 모든 사람을 대신하여 죽으심은 살아 있는 자들로 하여금 다시는 그들 자신을 위하여 살지 않고 오직 그들을 대신하여 죽었다가 다시 살아나신 이를 위하여 살게 하려 함이라"(고후 5:14~15)

그리스도 대신 섬김은 그리스도처럼 서로가 서로의 종이 되어 주는 섬김이어야 한다. 섬김이라고 하면 일방적인 행위로 생각하겠지만 모든 섬김은 일방적이 아니라는 사실을 알아야 한다. 물론 하나님을 모르는 이웃들에 대한 섬김은 일방적으로 보이겠지만 거기에서 우리에게 돌아올 반대급부가 반드시 있다. 그것이 물질이나 공로는 결코 아니다. 그들이 그리스도의 대속을 깨닫고 하나님의 자녀가 되는 것에 대한 뜨거운 소망이 우리의 반대급부이다. 하나님께서 그리스도 대신 섬긴 일들에 대해서 기뻐하실 것도 우리의 반대급부이다. 예수님은 서로의 발을 씻어주는 것으로 섬김의 표본을 제시하셨다. 예수님은 우리 그리스도인들이 마치 예수님께서 하신 것과 같은 삶을 살기를 원하신다. 섬김은 낮은 자가 높은 자를 섬기는 것이 아니라 선생의 위치에 있는 사람이 제자들의 발을 씻어주는 것이다.

> "내가 주와 또는 선생이 되어 너희 발을 씻었으니 너희도 서로 발을 씻어
> 주는 것이 옳으니라 내가 너희에게 행한 것 같이 너희도 행하게 하려 하여
> 본을 보였노라"(요 13:14~15)

그리스도의 고난은 그 고난의 자취를 따라오게 하시려는 섬김이었다. 예수님의 삶의 자취는 진리의 선포와 함께 모든 사람을 섬기셨던 자취였다. 가르침이나 선포까지도 예수님의 섬김에 모두 포함된다. 예수님은 음식이 없는 사람들에게 음식을 주셨고 질병을 앓는 사람들에게서 그 질병이 떠나가도록 하셨으며 귀신 들어 고생하는 사람들에게서 귀신을 쫓아주셨다. 말씀이 필요한 사람들에게 말씀을 베풀어주셨고 자신들의 진짜 필요를 전혀 모르고 있던 바리새인들에게 다툼과 박해에도 불구하고 올바로 가르쳐주셨으며 자녀나 친구의 질병이나 죽음을 모두 해결해주셨다. 이 모든 것들과 함께 동반되는 모든 고난을 전부 참으셨다. 그래서 예수님께서 우리 대신 이 모든 일을 하신 것처럼 우리는 예수님 대신 이

웃들을 도와야 한다는 말이다.

> "이를 위하여 너희가 부르심을 받았으니 그리스도도 너희를 위하여 고난
> 을 받으사 너희에게 본을 끼쳐 그 자취를 따라오게 하려 하셨느니라"(벧전
> 2:21)

그러나 그렇다고 하여 우리에게 모든 것을 맡겨버리고 하늘로
올라가신 것은 결코 아니다. 예수님은 그리스도의 영을 예수님을
대신하여 우리에게 보내주셨다. 우리가 비록 예수님을 대신하여
이웃을 섬긴다고는 하지만 우리에게는 예수님께서 대신 보내주신
성령님이 계신다. 성령님께서 분별의 지혜를 주시고 복음에 합당
한 길을 알려주시며 우리가 어떻게 어려운 사람들을 도울 수 있을
까를 가르쳐주신다. 성령님이 아니시면 우리는 올바른 섬김을 다
할 수가 없다. 섬김이 좁은 문의 섬김이기에 육체로는 감당할 수
없는 시련으로 다가올 수 있다. 의도와는 달리 영적인 싸움에 말
려서 힘든 시간을 보내게 될 수도 있다. 그러나 우리는 걱정하지
않아도 된다. 성령님께서 함께하시면 당연히 승리할 수 있기 때문
이다.

> "보혜사 곧 아버지께서 내 이름으로 보내실 성령 그가 너희에게 모든 것을
> 가르치고 내가 너회에게 말한 모든 것을 생각나게 하리라"(요 14:26)

예수님조차도 성령님의 능력으로 말미암아 그 모든 사역을 감

당하셨다. 우리의 섬김은 단지 헌신적인 봉사가 아니다. 섬김의 행위들 속에 성령님의 감동이 함께 하신다는 사실을 알아야 한다. 아무리 희생적인 섬김을 받아도 성령님의 감동이 임하지 않는다면 그는 변화될 수 없다. 우리의 목적은 이웃의 변화가 아닌가? 그리스도 대신 섬긴다면서 그리스도의 능력이 함께하지 않는다면 그것은 대신 섬김이 아니다. 그리스도의 능력은 성령님의 동행하심으로써 가능해진다. 그리스도를 대신하여 이웃을 섬긴다면서 그리스도께서 함께하심을 믿지 못한다면 충분한 섬김이 일어날 수 없다.

"하나님이 나사렛 예수에게 성령과 능력을 기름 붓듯 하셨으매 그가 두루 다니시며 선한 일을 행하시고 마귀에게 눌린 모든 사람을 고치셨으니 이는 하나님이 함께 하셨음이라"(행 10:38)

다행히도 예수님은 세상 끝 날까지 우리와 함께하신다고 약속해주셨다. 물론 그리스도의 영이신 성령 하나님으로 말미암는 동행이다. 예수님은 지금도 우리 심령 가운데 함께 계신다. 아예 성령님으로 우리 육체 가운데 사신다. 섬길 때에는 성령님과 함께 가는 것이다. 예수님 대신 섬긴다는 말은 내 안에 계신 예수님과 함께 섬긴다는 말이다. 그것이 대신 섬김의 본래의 의미이다. 그러면 우리는 아무리 좁은 길이라도, 아무리 작은 문이라도 끝까지 걸어갈 수 있다. 그것이 우리에게 주어진 길이다.

"내가 너희에게 분부한 모든 것을 가르쳐 지키게 하라 볼지어다 내가 세상

끝날까지 너희와 항상 함께 있으리라 하시니라"(마 28:20)

3. 생명으로서의 섬김

예수님은 참다운 섬김에 대해서 대조적인 두 그룹을 양과 염소로 비교하신 바가 있다. 오른쪽에 있는 양들에 대해서는 "내가 주릴 때에 먹을 것을 주었고 목마를 때에 마시게 하였고 나그네 되었을 때에 영접하였고 헐벗었을 때에 옷을 입혔고 병들었을 때에 돌보았고 옥에 갇혔을 때에 와서 보았다."(마 25:35~36)고 하시면서 칭찬하셨고, 왼쪽에 있는 염소들에 대해서는 "내가 주릴 때에 먹을 것을 주지 않았고 목마를 때에 마시게 하지 않았으며 나그네 되었을 때에 영접하지 않았고 헐벗었을 때에 옷 입히지 않았고 병들었을 때와 옥에 갇혔을 때에 돌보지 않았다."(마 25:42~43)고 하시면서 저주를 하셨다. 그런데 양들이든 염소들이든 아무리 생각해도 주님께 무엇인가를 한 적이 없었고 또는 하지 않은 적이 없었다. 주님의 말씀의 의미는 진실한 섬김에 대한 말씀이었다. 지극히 작은 자를 섬긴 것이 예수님을 섬긴 것이고 작은 자를 섬기지 않은 것이 예수님을 외면한 것이라는 말씀이었다.

"임금이 대답하여 이르시되 내가 진실로 너희에게 이르노니 너희가 여기 내 형제 중에 지극히 작은 자 하나에게 한 것이 곧 내게 한 것이니라 하시고 … 이에 임금이 대답하여 이르시되 내가 진실로 너희에게 이르노니 이 지극히 작은 자 하나에게 하지 아니한 것이 곧 내게 하지 아니한 것이니라

하시리니"(마 25:40, 45)

앞서 천국의 섬김에 대해서도 살펴본 바가 있지만, 그리스도인의 섬김은 하면 좋고 안 해도 무방한 것이 아니다. 지극히 작은 자 중에 우리가 섬겨야 할 사람이 있다면 반드시 섬겨야 하는 것이다. 앞서 우리는 참된 섬김은 주의 길을 곧게 하기 위한 섬김이며 동시에 예수님 대신 섬기는 것이라고 이야기했다. 주의 길을 준비하는 섬김은 우리 삶의 모든 분야에서 불신자들에게 복음이 들어갈 수 있는 심령을 만드는 것이고 예수님 대신 섬김은 그리스도 대신 보내주신 성령님의 능력과 함께 하는 것이라고 했다. 그런데 이런 모든 섬김은 그 결과가 엄청나게 큰 차이가 난다는 사실을 알아야 한다. 말하자면 우리가 기본적으로 어떤 마음가짐과 결단을 가지고 살아야 하겠는가에 대한 가르침인 것이다. 지극히 작은 자를 섬기는 것이 예수님을 섬기는 것이며 그 길은 영생으로 들어가지만, 작은 자를 외면하고 무관심한 사람은 영벌에 들어간다는 사실을 알아야 한다. 예수님께서 생명으로 우리를 섬기셨던 것처럼 우리도 생명으로 이웃을 섬겨야 한다는 말이다.

"그들은 영벌에, 의인들은 영생에 들어가리라 하시니라"(마 25:46)

예수님은 우리에게 누구신가? 부활이요 생명이시다. 생명이신 예수님께서 우리를 위하여 생명을 버리셨다. 그 길만이 죄인들인 우리를 살릴 수 있는 길이기 때문이다. 그 예수님을 구원자로서 영접하면 우리에게도 같은 생명이 주어진다. 왜 예수님을 생명으로 생각하지 않고 복으로 생각하는가? 교회가 그렇게 만들었는가? 아니면 목회자가 그렇게 만들었는가? 그리고 목회자가 그렇게 만들었다면 목회자의 무엇이 그렇게 이끌었는가? 어쨌든 우리 그리스도인들은 예수님을 생명의 주인으로 생각하는 사람들이다. 만약에 그렇지 않고 예수님을 축복이나 성공이나 번영의 수단쯤으로 여긴다면 그 사람에게는 과연 예수님의 생명이 존재하는가? 앞서 지극히 작은 자 하나에게 하지 않은 것이 예수님께 하지 않은 것이고 그들은 영벌에 들어간다고 하셨는데 그렇다면 우리는 과연 영생의 주인공들이 될 수 있겠는가? 섬김 역시 그렇다. 섬김을 생명으로 알고 우리 삶의 방식으로 행하지 않는다면 우리에게서 구원은 멀어질 것이다.

"예수께서 이르시되 나는 부활이요 생명이니 나를 믿는 자는 죽어도 살겠고 무릇 살아서 나를 믿는 자는 영원히 죽지 아니하리니 이것을 네가 믿느냐"(요 11:25~26)

그리스도인의 섬김이란 그래서 자기의 생명을 사랑하기 위해서 행한다면 오히려 자기의 참 생명을 잃어버리게 되는 것이다. 성공, 축복, 번영은 자기의 생명을 위한 길이다. 그러나 자기의 생명을 사랑하는 자는 오히려 그 생명을 잃어버릴 것이다. 섬김이란 그래서 자기의 생명을 미워하는 길인 것이다. 자기의 생명을 사랑하면서 섬김을 행하기는 어렵다. 잘못된 개념을 가지고 있다면 가능하겠지만 바른 인식을 가지고 있다면 그것은 불가능하다. 여태까지 우리는 자기의 생명을 사랑하는 것이 어떤 뜻인지, 미워하는 것이 무엇을 의미하는지를 이해하지 못했다. 그러나 이제 분명하게 기억하자. 자기생명을 미워하는 것은 바로 지극히 작은 자 하나를 사랑하는 것이다. 그것을 생명으로 여긴다면, 곧 우리의 삶이 원래 그런 것으로 생각한다면 우리는 그리스도를 대신하여 이웃을 섬길 수 있다.

"자기의 생명을 사랑하는 자는 잃어버릴 것이요 이 세상에서 자기의 생명을 미워하는 자는 영생하도록 보전하리라"(요 12:25)

그래서 예수님은 참 제자란 자기 부모와 형제와 심지어 자기 목숨까지 미워하는 사람이라고 말씀하셨다. 물론 부모형제를 버리라는 말씀이 아니다. 삶의 중심을 어디에 두고 있는가에 대한 말씀이다. 생명으로서의 섬김이란 이웃 중심의 삶의 구조를 가지라는 말이다. 내 가족을 소홀히 하는 것이 아니라 예수님께서 생명으로 우리에게 주신 사랑을 실천하라는 이야기이다. 가족 모두가 힘을 합해 이웃을 위한 삶을 살면 된다. 그것이 우리에게 지워주신 십자가이다. 십자가의 실체는 무엇인가? 그것은 관념적이거나 신학적인 것인가? 제자는 자기 십자가를 지고 예수님을 따르는 사람이고 자기 십자가는 지극히 작은 자 하나를 섬기는 것이다. 섬김이 그리스도인들에게 공통적으로 주어지는 십자가이다. 꼭 선교지에 가거나 무엇을 가르치거나 치유사역을 하는 것만이 자기 십자가는 아니다. 주변의 어려운 이웃들을 섬기는 일을 생명으로 여기고 자기를 버려야 하는 것이다.

> "무릇 내게 오는 자가 자기 부모와 처자와 형제와 자매와 더욱이 자기 목
> 숨까지 미워하지 아니하면 능히 내 제자가 되지 못하고 누구든지 자기 십
> 자가를 지고 나를 따르지 않는 자도 능히 내 제자가 되지 못하리라"(눅
> 14:26~27)

사도 요한은 형제를 사랑하는 것으로 사망에서 생명으로 옮겨 간다고 말했다. 거듭났다고 하면서 형제를 사랑하지 않는 사람은 아직도 사망에 머물러 있는 것이다. 형제사랑이 무엇인가? 자기 자신과 같이 사랑하고 생명으로 섬기는 것이다. 섬김 없는 사랑이 존재하겠는가? 감정적인 사랑이 아니라 실천적인 사랑이 우리를 움직여야 한다. 그리스도인은 그런 사람들이다. 예수님께서 천사를 보내시거나 천지만물을 이용하여 우리를 구원하신 것이 아니다. 예수님도 직접 몸으로 생명으로 우리를 섬기셨다. 그렇지 않았다면 우리에게 구원은 실현될 수 없었을 것이다. 마찬가지로 형제와 이웃을 몸으로 섬기는 것이 우리 그리스도인들의 생명인 것이다.

> "우리는 형제를 사랑함으로 사망에서 옮겨 생명으로 들어간 줄을 알거니와
> 사랑하지 아니하는 자는 사망에 머물러 있느니라"(요일 3:14)

사도 바울은 예수님의 죽음을 자기 몸에 항상 짊어지는 이유는 예수님의 생명이 우리 몸에 나타나게 될 것을 기대하기 때문이라고 했다. 예수님의 죽으심은 죽음 자체와 더불어 죽어 가시는 과정 곧 삶의 모든 방향성을 이야기하는 것이다. 그것을 우리 몸에 짊어지는 것이 예수님의 생명을 소유하는 길이다. 예수님과 똑같이 살 수는 없지만 예수님의 섬김의 과정을 우리가 짊어질 수는 있다. 그것이 생명으로서의 섬김이다. 예수님의 모든 삶과 고난의 과정은 바로 섬김의 과정이었기 때문이다. 섬김이 우리의 생명이라는 의식을 가지고 세상을 섬길 수 있어야 할 것이다.

"우리가 항상 예수의 죽음을 몸에 짊어짐은 예수의 생명이 또한 우리 몸에 나타나게 하려 함이라 우리 살아 있는 자가 항상 예수를 위하여 죽음에 넘겨짐은 예수의 생명이 또한 우리 죽을 육체에 나타나게 하려 함이라"(고후 4:10~11)

4. 좁은 문의 섬김

불행하게도 그리스도 안에 있는 사람들에게서도 섬김의 길은 좁은 문으로 가는 길이다. 앞서 주의 길을 준비한다는 내용에서 골짜기, 높은 길, 굽은 길, 험한 길을 닦아서 평탄케 하는 일이 섬김의 길이라고 했는데, 거꾸로 생각하면 우리가 섬기기 위해서는 골짜기에도 내려가야 하고 높은 산길에도 올라가야 하고 구불구불한 길도 한 발짝 한 발짝 다녀야 되고 험해서 울퉁불퉁한 돌길들도 다 걸어야 한다. 아니, 그런 길들을 다니는 일 자체가 섬기는 일이다. 섬김은 결코 쉽고 편한 길이 아니다. 골짜기, 높은 길, 굽은 길, 험한 길을 다니려면 온갖 험한 일들을 다 감당해야 한다. 때로는 위험이 도사리고 있을 수도 있다. 고단하고 힘이 많이 들 때도 있다. 그리스도인의 섬김이란 그럼에도 불구하고 기쁨으로 감당하는 일이어야 한다. 더 나아가 그리스도인의 삶 자체가 원래 그렇다는 사실을 인정할 수 있어야 한다. 복을 많이 받아 편하고 부자가 되고 권세를 누리는 삶을 원한다면 그는 결코 그리스도인이 될 수 없다.

그러면 그 좁은 길, 좁은 문은 어디로 들어가는 길인가? 그 문은 구원을 받고 영생으로 들어가는 문이며, 드나들면서 영적인 꼴을 얻을 수 있는 문이다. 그 좁은 문은 바로 예수 그리스도이시다. 우리가 걸어가는 좁은 길은 영생으로 가는 유일한 길이다. 그래서 예수님은 스스로를 양의 문이라고 말씀하셨다. 예수님은 양의 문이다. 그 문을 드나들지 않으면 구원의 문이 아니다. 주의 길을 준비하는 좁은 길들은 그 길 자체는 결코 편한 길이 아니다. 쉽지도 않다. 그러나 그 좁은 문으로 들어가면 전혀 다른 세계가 펼쳐진다. 좁은 길들에서는 누리지 못했던 영원한 생명이 열리는 문이다. 그 좁은 문 곧 예수님이라는 문으로 들어가기 위해 우리는 온 세상을 섬기는 것이다.

"그러므로 예수께서 다시 이르시되 내가 진실로 진실로 너희에게 말하노니 나는 양의 문이라 … 내가 문이니 누구든지 나로 말미암아 들어가면 구원을 받고 또는 들어가며 나오며 꼴을 얻으리라"(요 10:7, 9)

양의 문은 좁은 문이다. 좁은 길, 골짜기, 험한 길을 따라 찾아 들어가야 하는 문이다. 따라서 좁은 문으로 가는 길을 선택하는 사람들은 소수일 수밖에 없다. 외롭고 힘들고 지치기 쉬운 길이다. 우리는 보통 이 좁은 문을 기독교인과 비기독교인의 경계쯤으로 생각하기 쉽지만, 단순히 그렇게만 볼 수도 없다. 좁은 길은 온 세상에 모두 적용하는 것이 기본이지만, 교회에 다니는 기독교인들 사이에도 그대로 적용되어야 하는 원칙이다. 좁은 문으로 들어가려 하지 않고 멸망으로 인도하는 문으로 많이 가고 있기 때문이다. 예수님께서 언제 축복, 성공, 번영에 대해서 말씀하셨던가? 그런데도 여전히 축복과 번영의 길을 걷고 있고 또 그렇게 가르치고 그리로 인도하고 있는 것이 교회의 현실이다. 멸망으로 인도하는 문은 크고 넓다. 세상과 똑같다. 믿음이 아직 어려서 또는 특별한 상황이기 때문에 그럴 수는 있지만 그리스도인의 근본적인 길은 좁은 문으로 가는 섬김의 길인 것이다.

"좁은 문으로 들어가라 멸망으로 인도하는 문은 크고 그 길이 넓어 그리로 들어가는 자가 많고 생명으로 인도하는 문은 좁고 길이 협착하여 찾는 자가 적음이라"(마 7:13~14)

넓은 길이나 왜곡되거나 불법적인 길로는 결코 양의 문으로 들어갈 수 없다. 세상은 축복의 문으로 들어가는 것 자체가 목적이다. 어떤 과정이나 수단인가는 별로 따지지 않는다. 성공하고 복을 많이 받아 부자가 된 사람들을 보면 속으로는 다 부러워한다. 그러나 그 길은 모두 다른 데로 넘어가는 절도요 강도들의 길이다. 그리스도인으로서 돈이나 출세가 목적이라면 그들은 절도자요 강도들이다. 그런 사람은 예수님의 음성을 결코 들을 수가 없다. 좁은 길은 그냥 걷기만 하는 길이 아니다. 물론 본문에는 단지 좁은 길, 넓은 길을 향하여 가는 것만을 말씀하시지만 그 길은 그냥 가는 길이 아니라 섬김의 길이다. 좁은 길이 무엇 때문에 힘든 길이겠는가? 우리가 가는 길은 주의 길을 준비하는 섬김의 길이기 때문이다.

> "내가 진실로 진실로 너희에게 이르노니 문을 통하여 양의 우리에 들어가지 아니하고 다른 데로 넘어가는 자는 절도며 강도요 문으로 들어가는 이는 양의 목자라 문지기는 그를 위하여 문을 열고 양은 그의 음성을 듣나니 그가 자기 양의 이름을 각각 불러 인도하여 내느니라"(요 10:1~3)

예수님은 바리새인들을 가리켜 천국 문 앞에 서서 자기들도 들어가지 않고 다른 사람들도 들어가지 못하게 한다고 하셨다. 골짜기 길 중간에 서서 아무 것도 하지 않으면서 그 골짜기 길을 섬기려는 사람들을 오히려 훼방하는 것이 바리새인들이다. 예수님의 섬김의 길을 그들이 얼마나 방해했던가? 진리를 가로막는 것은 사람들로 하여금 구원의 문을 막아버리는 것과 같다는 사실을 알아야 한다. 더 상세하게 이야기하자면 섬김의 길로서의 좁은 길을 가고 있지 않다면, 그리고 그렇게 가르치지 못하고 있다면 그는 자기도 안 들어가면서 다른 사람들도 들어가지 못하게 만드는 바리새인들과 다름 아니다. 심하다고 생각할지 모르지만 교회 지도자들에게서 이런 특성은 더 많이 발견된다. 교회와 성도들을 섬긴다고 하면서 사실은 자기 배만 불리는 사람들이다.

"화 있을진저 외식하는 서기관들과 바리새인들이여 너희는 천국 문을 사람들 앞에서 닫고 너희도 들어가지 않고 들어가려 하는 자도 들어가지 못하게 하는도다"(마 23:13)

종합하여 이야기하자면 우리의 섬김은 죄인을 미혹된 길에서 돌아서게 하는 일이다. 그러나 그 길은 좁고 협착한 길이다. 그리스도인의 섬김이 자신의 사역에 맞추어져 있거나 교회운영과 유지와 부흥에 초점이 맞추어져 있다면 그것은 올바른 섬김이 아닐 가능성이 크다. 어떤 사람이 물에 빠져 죽어 가는데 그 사람을 건졌다면 얼마나 보람되겠는가? 한 사람의 생명을 살린 것이기 때문이다. 하물며 그 일은 자기도 혹시 위험해질 수도 있는 일이다. 우리의 섬김은 한 사람의 목숨을 살려주는 것과 같은 일이다. 그 길을 쉽고 편하게 갈 수 있겠는가? 그리스도인이라고 하더라도 모두가 완전한 것은 아니다. 심지어 훌륭한 그리스도인이라고 해도 완전할 수는 없다. 저마다 아주 좋은 장점도 가지고 있지만 약점이나 결점들도 많다. 하지만 그런 모든 점들을 종합하여 우리의 섬김으로 이웃 영혼들을 사망에서 구원받게 만들었다면 그런 모든 허물들은 다 덮여진다. 우리의 판단이 아니라 하나님께서 주시는 말씀이다. 우리의 약점은 그리스도 안에서 오히려 장점이 될 수 있다.

그것을 만드는 것이 섬김의 길이다.

"너희가 알 것은 죄인을 미혹된 길에서 돌아서게 하는 자가 그의 영혼을 사
망에서 구원할 것이며 허다한 죄를 덮을 것임이라"(약 5:20)

우리에게는 달려갈 길이 있다. 사도 바울에게 있어서 그 길은
이방인들에게 복음을 전파하는 길이었다. 물론 우리들에게도 당연
히 사도 바울의 달려갈 길이 앞에 놓여있다. 주어진 환경 가운데에
서 복음을 전할 수 있는 준비를 해 놓아야 한다. 그리고 그 사전준
비가 바로 섬김이라는 말이다. 복음의 내용을 훈련하여 언제 어디
에서나 그 구원의 복음을 전달하고 설명할 수 있는 기본 실력을 갖
추어야 한다. 그리고 그렇게 언어적인 복음이 전달될 수 있도록 우
리는 골짜기, 높은 산길, 굽은 길, 험한 길을 닦고 평탄하게 만들
어주어야 하는 것이다. 섬김의 길은 그리스도인들 모두에게 당연
히 주어지는 삶의 방식이며 정체성이다. 믿음이 좋고 여건이 되는
사람들만 섬길 수 있는 것은 결코 아니다. 아이들도 어른들의 심부
름을 하는 것처럼 환경에 맞는 섬김의 길을 찾아야 한다. 물론 그
길은 좁은 길이고 목적지는 좁은 문이다.

"내가 달려갈 길과 주 예수께 받은 사명 곧 하나님의 은혜의 복음을 증언하
는 일을 마치려 함에는 나의 생명조차 조금도 귀한 것으로 여기지 아니하
노라"(행 20:24)

모든 그리스도인은 섬김의 문을 두드려야 한다. 좁은 문으로 가는 길을 두드려야 한다. 우리는 흔히 기도제목이나 소원하는 일을 위하여 문을 두드린다고 생각하지만 주의 길을 위해서도 문을 두드려야 한다. 섬김의 길은 집밖으로 나가기만 하면 항상 널려있는 것이 아니다. 섬김의 길은 부지런히 구하고 찾고 두드려야 하는 길이다. 지혜도 구해야 하고 길도 구해야 한다. 좁은 문의 섬김은 확신이 필요하고 인내가 필요한 길이다. 많은 사람들은 그 길을 가지 않는다. 그러나 거듭난 그리스도인이라면 그 길을 걸어야 한다. 좁은 문으로 들어가기까지 섬김의 길을 부지런히 찾아 주의 길을 곧게 하는 일에 귀하게 쓰임 받아야 하는 것이다.

"구하라 그리하면 너희에게 주실 것이요 찾으라 그리하면 찾아낼 것이요 문을 두드리라 그리하면 너희에게 열릴 것이니"(마 7:7)

제13장
섬김은 갚아주신다.

섬김의 목적과 목표는 무엇인가? 당연히 복음의 전파이고 하나님께 영광이다. 우리의 섬김을 통하여 그리스도를 보여주어야 한다. 보이는 복음으로서 예수님을 대신하여 섬기는 것이다. 예수님은 목숨까지 아끼지 않으시고 온 인류에게 구원의 길을 열어주셨다. 우리에게는 누구를 구원할 수 있는 섬김이 불가능하다. 심지어 자기 자신을 구원할 수 있는 섬김도 불가능하다. 공로나 업적으로는 결코 구원받을 수 없다. 그럼에도 불구하고 우리는 예수님의 구원을 위한 섬김의 길을 따라갈 수 있다. 예수님은 그렇게 십자가 섬김을 통하여 생명을 버리시고 부활하심으로써 구원을 완성하셨다. 이제 누구든지 그 사실을 믿기만 하면 구원의 길을 걸을 수 있다. 완성된 구원이 아니라 구원을 이루어나가는 것이다. 거기에는 섬김이 반드시 필요하다. 어떤 종류의 섬김인가는 관계없이 그리스도인으로서의 섬김이 생활 가운데에서 일어나야 한다.

"그러므로 나의 사랑하는 자들아 너희가 나 있을 때뿐 아니라 더욱 지금 나

없을 때에도 항상 복종하여 두렵고 떨림으로 너희 구원을 이루라"(빌 2:12)

예수님은 그런 죽음과 희생의 섬김을 통하여 어떤 목적을 이루셨는가? 물론 하나님은 모든 사람이 구원을 받기를 원하신다. 그리고 그것이 예수님을 이 땅에 보내주신 이유이다. 우리가 왜 이웃을 생명처럼 섬겨야 하는가? 왜 그리스도를 대신하여 좁은 문의 섬김을 감당해야 하는가? 예수님께서 이 땅에 오신 목적과 동일하다. 우리 자신은 그 누구도 구원할 수 없지만 예수 그리스도께서 구원하실 수 있도록 그 길을 준비할 수는 있다. 알고 믿든 모르고 믿든 모든 그리스도인은 주님께서 원하시는 목적을 따라 움직이는 사람들이다. 사람들에게 세상의 복이 아니라 진리를 알고 구원을 받을 수 있도록 그리스도처럼 섬기는 사람들이 우리들이다.

"하나님은 모든 사람이 구원을 받으며 진리를 아는 데에 이르기를 원하시느니라 … 그가 모든 사람을 위하여 자기를 대속물로 주셨으니 기약이 이르러 주신 증거니라"(딤전 2:4, 6)

그러면 예수님은 그렇게 사람들의 죄에 대한 대속물로 죽으셨는데 그렇게 부활하신 후에 어떻게 되셨는가? 예수님께서 죽으심으로 얻은 결과는 인간구원의 가능성과 함께 예수님 스스로 어떤 분이 되셨는가를 살펴보아야 한다. 하나님은 죽으셨다가 부활하신 예수님을 만물 위에 뛰어나게 하시고 교회의 머리가 되게 하셨다. 물론 예수님은 원래의 자리로 돌아가신 것이다. 오직 인간 구원을 위한 죽음의 섬김의 결과는 회복인 것이다. 섬김의 목표지점은 원래의 회복이다.

> "모든 통치와 권세와 능력과 주권과 이 세상뿐 아니라 오는 세상에 일컫는 모든 이름 위에 뛰어나게 하시고 또 만물을 그의 발 아래에 복종하게 하시고 그를 만물 위에 교회의 머리로 삼으셨느니라"(엡 1:21~22)

그러면 예수님의 섬김의 길을 따라가는 우리들에게는 무엇이 기다리고 있겠는가? 그리스도인들은 어떤 보상을 바라고 섬기는 사람들이 아니다. 이 땅에서는 보상이 전혀 없을 수도 있다. 단지 그리스도인들에게도 예수님과 마찬가지로 원래의 회복을 주신다. 그것이 그리스도인들의 섬김의 상이다. 과연 어떤 상인가?

1. 상을 받는 섬김

가장 먼저 주님께서는 작고 보잘 것 없는 섬김이라고 해도 다 갚아주신다는 사실을 알아야 한다. 당연히 해야 할 일을 했는데도 그 섬김을 알아주시고 갚아주신다는 것이다. 예수님은 제자의 이름으로 냉수 한 그릇을 주는 자에게 반드시 상이 있을 것이라고 하셨다. 이 말씀 속에는 '제자의 이름으로'라는 단서가 붙어있는데, 이것은 앞 절의 선지자의 이름으로 선지자를 영접하고 의인의 이름으로 의인을 영접하면 각각의 상이 있는 것과 마찬가지로 동일 선상에서 제자(작은 자)의 이름으로 작은 자를 대접하면 거기에 합당한 상을 받는다는 것을 말하는 것이다. 어찌 되었든 '제자의 이름으로'라는 말씀은 예수 그리스도 안에서 어렵고 힘든 사람들을 향하여 펼쳐지는 모든 섬김을 뜻하는 것이다.

"또 누구든지 제자의 이름으로 이 작은 자 중 하나에게 냉수 한 그릇이라도 주는 자는 내가 진실로 너희에게 이르노니 그 사람이 결단코 상을 잃지 아니하리라 하시니라"(마 10:42)

섬김의 상이 확실한 경우는 갚을 것이 없는 사람들을 향한 섬김이다. 성경은 결코 크고 많고 거대한 섬김을 말씀하지 않는다. 그런 것은 하나님께서 알아서 하신다. 하나님의 뜻에 맡기지 못하고 스스로가 큰 비전을 가지고 무엇을 하려고 한다면 거기에는 하나님께서 안 계실 것이 거의 틀림없다. 예수님은 우리가 나누거나 섬기더라도 우리에게 그 어떤 것도 갚을 수 없는 사람들을 섬기라고 하셨다. 세상의 칭찬이나 자기 공로를 지향하면 하나님께서 외면하실 뿐만 아니라 오히려 벌을 주실 수도 있다. 하나님을 위하여 섬기는 것이 아니라 자기 자신을 위하여 섬기는 것이기 때문이다.

"잔치를 베풀거든 차라리 가난한 자들과 몸 불편한 자들과 저는 자들과 맹인들을 청하라 그리하면 그들이 갚을 것이 없으므로 네게 복이 되리니 이는 의인들이 부활시에 네가 갚음을 받겠음이라 하시더라"(눅 14:13~14)

그래서 그리스도인의 섬김은 생활 구석구석에서 일어나는 것이어야 하는 것이다. 만약에 하나님께서 크고 많은 것으로 섬기는 것을 강조하신다면 그러면 부자나 권력자들만 여기에 해당될 것이다. 구원은 어느 누구나 가능한 보편적인 것이다. 섬김도 어느 누구나 주변에서 실천할 수 있는 보편적인 것이어야 한다. 믿음만 있으면 누구나 할 수 있는 일이 그리스도인의 섬김이다. 큰 일, 많은 일보다는 어려운 일, 힘든 일을 진심으로 행하는 섬김을 하나님은 원하신다. 큰 기관이나 큰 단체나 큰 교회에서 여러 가지 섬김에 대한 공로를 자랑하지만 섬김이 공로가 되는 순간 섬김의 의미는 싹 사라져버린다. 규모와 속도는 하나님께서 하나님의 뜻대로 이루어주신다. 지극히 작은 자를 성심으로 섬기는 것을 하나님은 훨씬 기뻐하신다. 오히려 보잘것없어 보이는 일, 부끄러워서 남들에게 내놓지 못하는 그런 일에 대해 하나님은 큰 상을 주신다. 하나님의 나라는 큰 부흥이나 성공, 수많은 사람들의 모임이나 큰 권력이 아니다. 섬김은 세밀해야 하고 세심해야 하는 것이다.

"지극히 작은 것에 충성된 자는 큰 것에도 충성되고 지극히 작은 것에 불의한 자는 큰 것에도 불의하니라"(눅 16:10)

섬김의 상은 어떻게 주시는 것일까? 우리가 천국 비유에서 깨달아야 할 것은 겨자씨 한 알이 자라서 나무처럼 되는 것과 마찬가지로 우리의 섬김의 상도 그렇다는 것이다. 섬김은 자라게 되어있다. 한 번 섬김은 한 번 섬김으로 머물러있는 것이 결코 아니다. 작은 섬김이 지극히 작은 한 사람의 마음을 움직인다. 그는 도저히 고마움을 갚을 길이 없다. 그는 마음속을 고마움으로 가득 채운다. 마치 밭에 겨자씨 한 알을 심는 것과 같은 것이다. 그 마음이 무엇인가? 그 마음이 바로 천국이다. 그렇게 섬김을 받은 작은 사람은 갚을 것이 없으므로 무엇을 하겠는가? 그 마음이 하나님께 상달되어 기쁨을 드린다. 섬김은 주님께 기쁨을 드린다. 주님은 그런 섬김을 행한 사람을 주의 깊게 살피신다. 그가 어떤 환경에 처해 있든 그의 섬김이 하나님의 마음에 맞는 섬김이라면 하나님은 그의 섬김을 받으시고 그의 섬김을 도와주신다. 겨자씨와 같은 섬김은 그래서 하나님의 상으로 돌아오는데 점점 더 크게 돌아온다. 믿음과 겨자씨만 자라는 것이 아니다. 우리의 섬김도 자란다.

> "또 비유를 들어 이르시되 천국은 마치 사람이 자기 밭에 갖다 심은 겨자씨 한 알 같으니 이는 모든 씨보다 작은 것이로되 자란 후에는 풀보다 커서 나무가 되매 공중의 새들이 와서 그 가지에 깃들이느니라"(마 13:31∼32)

복음을 전한다는 말 속에는 여러 가지 의미가 포함되어 있다. 꼭 교회에 초청하여 자리에 앉히는 것만이 복음전파는 결코 아니다. 그리고 교회에 데려왔다고 해서 곧바로 상으로 연결되는 것도 아니다. 아무리 열심히 섬기고 설득하여 교회에 출석하기 시작했어도 그에게 죄 사함과 거듭남의 역사가 일어나려면 수많은 시간과 과정을 거쳐야 할 수도 있다. 교회에 출석하는 것만으로 구원에 이르게 할 수 있다면 오늘날 기독교인이 온 천지를 뒤덮을 것이다. 유럽의 중세시대는 100% 복음화를 이루어낸 시대였다. 그렇다고

100% 모두가 그리스도인은 아니었다. 교회출석으로 책임을 다한 것은 아니라는 말이다. 한 사람의 영혼이 구원받기 위해서는 구원에 이르기까지의 많은 사람들의 섬김과 교회에 출석한 이후에 많은 성도들의 섬김이 있어야 가능해지는 것이다. 그렇게 영혼들을 위한 많은 사람들의 섬김들이 각각의 상으로 주어지게 된다. 섬김과 전도와 양육에 대해서 모두 각각의 상이 있다는 말씀이다.

"심는 이와 물 주는 이는 한가지이나 각각 자기가 일한 대로 자기의 상을 받으리라"(고전 3:8)

하나님께서 주시는 상을 받는 또 다른 조건은 인내라고 할 수 있다. 그리스도를 따라가는 섬김을 그대로 행하려면 담대함이 필요하다. 담대함이 사라지면 확신도 희미해지고 작은 섬김이든 큰 섬김이든 흔들릴 수밖에 없다. 담대하면 담대한 만큼 인내할 수 있게 된다. 이 세상의 모든 일들이 마찬가지이지만 하나님은 끝까지 섬기는 사람을 찾으신다. 끝까지 섬기려면 인내해야 하고 인내하려면 담대한 확신으로 채워져야 한다. 인내하지 못하면 참다운 섬김이 될 수 없다. 아무리 작고 사소한 것이라도 예수님께서 우리를 위하여 죽기까지 인내하신 것처럼 우리도 끝까지 인내할 때 큰 상이 주어지는 것이다.

"그러므로 너희 담대함을 버리지 말라 이것이 큰 상을 얻게 하느니라 너희에게 인내가 필요함은 너희가 하나님의 뜻을 행한 후에 약속하신 것을 받

기 위함이라"(히 10:35~36)

행한 대로 갚으리라는 말씀은 두 군데 나오는데 우리의 목숨과 관련하여 예수님께서 말씀하신 부분에서 목숨을 얻기 위하여 목숨을 버릴 것을 말씀하신 부분이 있다. 그리스도와 복음을 위하여 목숨을 다하여 섬김을 행한 사람에게는 반드시 그 행한 대로 갚아주신다는 뜻이다. 목숨을 버릴 정도로까지 섬김을 행하면서 그것을 내세우는 사람은 없을 것이다. 섬김이란 원래 그런 것이라는 사실을 인식하고 있지 못하면 목숨을 거는 섬김은 행할 수 없다. 섬김을 섬김이라고 생각하지 않고 섬김을 행하는 사람에게는 영생을 주시고 섬김을 섬김이라고 생각하고 자기주장을 하며 자기 유익을 구하는 자에게는 진노로 임하신다는 말씀이다. 마지막 날에는 반드시 성도가 행한 대로, 즉 섬긴 대로 갚아주신다는 말씀이다. 사람이라면 잊어버릴 수도 있겠지만 하나님은 한 번 약속하신 말씀을 버리는 일은 결코 없다. 목숨을 버릴 각오를 하는 섬김에는 반드시 큰 상으로 갚아주신다.

"누구든지 제 목숨을 구원하고자 하면 잃을 것이요 누구든지 나를 위하여 제 목숨을 잃으면 찾으리라 … 인자가 아버지의 영광으로 그 천사들과 함께 오리니 그 때에 각 사람이 행한 대로 갚으리라"(마 16:25, 27)

요한계시록에서도 예수님은 똑같은 약속을 하신다. 하늘의 상은 마지막 날 예수님의 재림 때 고스란히 우리에게 갚아주신다. 각 사람에게는 주어질 상이 각각 준비되어 있다고 하셨다. 우리의 섬김의 상은 영원한 상이다. 지상의 상은 그 상을 주는 주체가 따로 있지만 섬김의 상은 이 세상 어느 누구도 아니고 영원하신 하나님께서 주시는 것이다. 그 앞에 자기를 드러낼 수도 없고 판단은 오직 하나님께서 하신다. 섬기는 사람들이 그것을 이 땅에서 섬김이라고 생각하지 않고 마땅히 할 일을 하는 것뿐이라고 생각하면 이 땅에서 섬김의 상을 받을 생각을 전혀 하지 않게 된다. 이들은 섬김을 공로나 의로운 일이라고 생각하지 않으므로 끝까지 겸손하고 충성스럽게 감당하게 된다. 그렇게 되면 하나님께서는 그들의 마음을 보시고 마지막 심판 때에 행한 대로 상으로 갚아주시는 것이다. 그리스도인의 섬김은 하늘의 영원한 상이며 결코 변치 않을 상으로 우리 모두는 바로 이런 상을 소망하며 진정한 섬김의 방식으로 세상을 살아야 할 것이다.

"보라 내가 속히 오리니 내가 줄 상이 내게 있어 각 사람에게 그가 행한 대로 갚아 주리라 나는 알파와 오메가요 처음과 마지막이요 시작과 마침이라"(계 22:12~13)

2. 상을 받는 섬김의 태도

우리의 섬김의 진위를 분별할 수 있는 유일한 기준은 자기중심인가 하나님 중심인가 하는 점이다. 인간은 자기의 죄성 때문에 자꾸 자기를 내세우고 인정받으려고 한다. 더 나아가서 자기의 영향력을 확대하고 타인을 지배하고 싶어 한다. 어쩔 수 없는 인간의 약점이자 욕심인데 그것을 어떻게 극복할 것인가? 물론 믿음만이 답이다. 예수님께서 육체로 오셔서 십자가에서 자기를 죽이신 것은 무엇을 위함인가? 인간의 죄를 단번에 사하시기 위함이었다. 다른 말로 하면 자기중심을 깨뜨리고 하나님 중심의 인간을 만드시기 위함이다. 참된 믿음을 가지고 있다면 어떻게 하든지 자기중심을 이겨내고 다른 사람의 인정과 자기 의를 추구하지 않는다. 일이나 성과가 문제가 아니다. 어떤 섬김을 어떻게 행하든지 자기욕심을 버리는 것이 하늘의 상의 기준이다.

사도 바울은 로마서에서 이 두 가지 섬김 곧 하나님 중심적 행함과 자기중심적 행함을 잘 설명하고 있다. 일단 하나님은 우리가 행한 대로 보응하신다. 물론 그 행함이란 대부분 섬김이라고 할 수 있다. 섬김 이외의 행함을 설명할 수 있겠는가? 물론 선교도 구제도 나눔도 사랑도 있다. 그런데 이 모든 것을 한 마디로 설명하는 단어가 섬김이라는 단어이다. 문제는 섬김의 동기이다. 하나님 중심적인 섬김은 영광과 존귀와 썩지 않을 것을 구하는 것이고 자기중심적인 섬김은 진리가 아니라 불의를 따르는 행위이다. 불의를 따르는 사람은 당을 지을 수밖에 없다. 자기편을 만들고 지배해야 하기 때문이다. 물론 불의를 행하는 자들이 스스로 자신이 불의를 행한다고 말하지는 않는다. 그들도 전부 스스로가 정의와 사랑을 행한다고 떠들 것이다.

"하나님께서 각 사람에게 그 행한 대로 보응하시되 참고 선을 행하여 영광

과 존귀와 썩지 아니함을 구하는 자에게는 영생으로 하시고 오직 당을 지

어 진리를 따르지 아니하고 불의를 따르는 자에게는 진노와 분노로 하시리

라"(롬 2:6~8)

섬김의 방향과 동기가 한 사람이 어떤 상을 받을 것인가를 결정한다. 단순히 이분법적으로 구원과 멸망을 말하는 것이 아니다. 천국인가 지옥인가 하는 점을 말하는 것이 아니라 그리스도인으로서의 삶을 어떤 동기를 가지고 행하는가 하는 점이다. 끝까지 자기중심적으로 섬김을 행한다면 그것은 하나님이 보시기에 불의한 일이다. 그에게는 상이 아니라 영벌이 임할 수밖에 없다.

자기중심적인 섬김이란 사람에게 보이려고 의를 행하는 섬김을 말한다. 앞에서도 말했듯이 그것은 결코 의가 될 수 없다. 사람에게 보이려고 의를 행하는 목적이 무엇인가? 하나님과 반대편에 서는 것이고 하나님의 영광을 가로채는 것이며 하나님의 은혜의 통로를 가로막는 것이고 구원의 길을 더욱 험하게 만들어버리는 것이다. 그런데 교회에서는 사람에게 보이려고 행하는 섬김이 너무나도 많다. 특히 어떤 목표, 비전을 앞세우거나 겉으로 드러나는 어떤 일에 대한 상을 남발하고 그런 종교적인 행위들을 격려하는 모습들이 넘치고 있다.

하지만 사람에게 보이려고 자기가 믿음이 좋고 의로운 사람이라는 것을 설득하기 위한 종교적인 행위라면 더더욱 하나님의 진노를 산다는 사실을 꼭 알아야 한다. 도덕적인 불의를 행하는 세리나 죄인들을 가까이 하시고 율법적인 한계를 정해놓고 스스로는

하나님의 의를 행하는 것처럼 위장했던 바리새인들과 종교인들을 비판하셨던 예수님의 말씀들을 생각해보라. 우리들의 모든 섬김은 철저하게 하나님 앞에서 행하는 것이어야 하는 것이다.

"사람에게 보이려고 그들 앞에서 너희 의를 행하지 않도록 주의하라 그리
하지 아니하면 하늘에 계신 너희 아버지께 상을 받지 못하느니라"(마 6:1)

그래서 사도 바울은 섬김을 행하는 근본적인 뿌리를 설명하였다. 무슨 일을 하든지, 섬김이든 나눔이든 헌신이든 희생이든 예수님 앞에서 직접 행하는 것처럼 하라는 것이다. 예수님도 지극히 작은 자 하나에게 한 것이 주님께 행한 것이고 지극히 약한 사람 하나에게 행하지 않은 것이 바로 예수님께 행하지 않은 것이라고 하지 않으셨던가? 아주 작고 사소해 보이는 일도 주님께 하듯이 해야 한다. 우리의 섬김은 물론 이웃과 세상을 향한 것이다. 예수님께서 몸까지 주신 것처럼 우리도 우리의 몸이라도 주어야 한다. 물질도 희생도 어렵다면 진실한 마음의 사랑을 나타내주어야 한다. 왜 그렇게 해야 하는가? 하나님의 사랑과 그리스도의 복음이 그들 마음속에 뿌리를 내리게 하기 위함이다. 그렇다면 그 섬김은 사실 누구를 섬기는 것인가? 이웃을 섬기기 이전에 우리는 예수 그리스도를 섬기는 것이다. 예수님을 섬기면서 사람에게 보이려고 할 수 있겠는가?

"무슨 일을 하든지 마음을 다하여 주께 하듯 하고 사람에게 하듯 하지 말라

이는 기업의 상을 주께 받을 줄 아나니 너희는 주 그리스도를 섬기느니라"

(골 3:23~24)

그래서 예수님은 구제할 때 은밀하게 하라고 하시는 것이다. 심지어 오른손이 하는 일을 왼손이 모를 정도로 하라는 것이다. 그말씀은 섬김을 섬김이라고 생각하지 말라는 것이다. 섬김을 의식하지 말라는 말씀이다. 섬김을 본능으로 생각하라는 것이다. 모든 사람들이 다 알도록, 안 그런 척하면서 강조하면서 홍보하는 것은 섬김이 아니다. 일단 다른 사람들이 다 알아버리면 그것은 자기 상을 이미 받아버린 것이다. 그러면 하늘에서 받을 상이 사라진다. 아무도 몰라주어도 하나님은 은밀한 중에 다 보시고 아신다. 우리의 섬김의 목적은 복음의 통로가 되는 것이지만 더 근원적으로는 하나님께서 알아주시는 것이다. 하나님께서 아시기만 하면 그것으로 완전한 섬김이다. 왜냐하면 하나님은 그것을 보시고 사용하시기 때문이다.

"그러므로 구제할 때에 외식하는 자가 사람에게서 영광을 받으려고 회당과 거리에서 하는 것 같이 너희 앞에 나팔을 불지 말라 진실로 너희에게 이르노니 그들은 자기 상을 이미 받았느니라 너는 구제할 때에 오른손이 하는 것을 왼손이 모르게 하여 네 구제함을 은밀하게 하라 은밀한 중에 보시는 너의 아버지께서 갚으시리라"(마 6:2~4)

결국 섬김을 자랑하는 사람은 스스로 망하게 된다. 망하는 줄도 모르면서 망해가는 것이다. 하나님의 인도하심이 아니라 우리의 죄성을 자극하는 사탄의 미혹을 받아서 그 길을 가는 것이라는 사실을 전혀 깨닫지 못하게 된다. 그 원인이 무엇인가? 마땅히 해야 할 일을 섬김이라고 생각해서 겉으로 드러나는 증거들을 찾기 때문이다. 그리고 그들은 자연스럽게 하나님으로부터 자꾸만 멀어지게 되는 것이다. 하나님께서 가장 싫어하시는 것이 무엇인가? 교만과 원망이다. 교만과 원망의 반대는 겸손과 감사이다. 교만한 사람은 하나님께서 쓰실 수 없고 오히려 대적하신다. 하나님께서 나를 대적하신다면 우리에게 어떤 길이 있겠는가? 섬김은 마땅히 할 일을 하는 것이다. 숨 쉬고 음식을 먹는다고 그것을 자랑하는 사람이 있는가? 당연한 삶의 방식을 자랑한다면 교만으로 이어질 수밖에 없다. 그래서는 상은커녕 버림만 받을 뿐이다.

"젊은 자들아 이와 같이 장로들에게 순종하고 다 서로 겸손으로 허리를 동이라 하나님은 교만한 자를 대적하시되 겸손한 자들에게는 은혜를 주시느니라"(벧전 5:5)

교만이 왜 일어나겠는가? 섬김이 자기공로로 변하기 때문이다. 겸손한 사람은 어떻게 겸손할 수 있을까? 섬김을 마땅히 자기가 해야 할 일이라고 생각하기 때문이다. 그러면 원망은 어떻게 생기는 것일까? 섬김을 자기 공로로 생각하는 사람에게 스스로가 생각하던 보상이 주어지지 않으면 원망으로 나타나는 것이다. 섬김을 마땅히 할 일이라고 생각하는 사람에게는 원망이 생기지 않는다.

원망이 일어나면 절대로 하나님의 은혜를 느낄 수가 없다. 섬김을 행할 때 우리는 항상 우리 자신을 경계해야 하는데 자기공로나 자랑이나 자기 의로 빠지지 않도록 극도로 조심해야 하는 것이다. 왜냐하면 우리는 죄인의 속성을 가지고 있어서 조금이라도 주의하지 않으면 틀림없이 그 길로 빠져버리기 때문이다. 그러면 영원한 상은 결코 주어질 수 없다.

"그들 가운데 어떤 사람들이 원망하다가 멸망시키는 자에게 멸망하였나니 너희는 그들과 같이 원망하지 말라"(고전 10:10)

3. 이 땅에서 주시는 섬김의 상

하나님은 진실한 섬김을 행하는 사람 곧 이 땅에서 예수 그리스도를 섬긴 사람들에게 반드시 다 갚아주신다고 하셨다. 무엇으로 갚아주시겠는가? 물질로? 성공으로? 건강으로? 물론 생활에서 일어나는 그런 것들도 하나님께서 상을 주시는 한 가지 방법은 될 것이다. 하지만 만약에 그렇다면 그것을 정말 상이라고 할 수 있을까? 왜냐하면 그런 것은 일종의 상태에 대한 보상이기 때문이다. 만약에 이 세상에서의 볼 수 있고 만질 수 있는 그런 것들을 상으로 주신다면 그것은 우리 그리스도인들에게 정말 복이 될 수 있을까? 그런 외적인 현상들은 진짜 복이라고 할 수는 없다. 왜냐하면 그런 외형적인 복으로 말미암아 오히려 그리스도의 복음을 훼방할 수 있기 때문이다. 예수님께서 십자가 고난을 통하여 받으신 고통과 모욕에 대한 보상이 겨우 물질의 상이란 말인가? 그것은 다른 종교에서 주장하는 것과 조금도 다를 것이 없는 것이다.

우리는 흔히 복이나 상에 대해서 구약의 개념을 가져다 쓰기를 좋아하지만 구약의 모든 가치들은 예수님의 십자가 희생으로 이미 다 이루어졌다. 더 이상 구약의 복의 개념을 신약시대 우리들에게 적용할 수는 없다. 우리가 받을 상에 대해서는 예수님께서 이미 다 밝혀놓으셨다. 구약에서 물질과 영토와 가축과 하인의 숫자나 전쟁에서의 승리가 복의 기준이었다면 신약시대에 와서는 오직 예수님의 말씀과 제자들의 기록에서 그 기준을 찾아야 한다. 예수님은 우리에게 먼저 그 나라와 그의 의를 구하는 것을 제 일의 기준으로 제시하신다. 우리가 행하는 모든 나눔과 섬김과 희생과 충성은 전부 하나님의 나라와 그의 의를 구하는 행위들이다. 물론 행위 자체가 목적이 아니라 그 모든 것을 예수 그리스도를 섬기는 것으로 행하는 것을 말한다. 그의 나라와 그의 의를 구하지 않는 모든 섬김은 전부 헛것일 뿐만 아니라 오히려 하나님으로부터 멀어지게 만들 뿐이다. 아무튼 그의 나라와 의를 구하는 사람에게는 특별한 상을 주시는데 그것은 무엇인가?

"그런즉 너희는 먼저 그의 나라와 그의 의를 구하라 그리하면 이 모든 것을 너희에게 더하시리라"(마 6:33)

예수님은 그의 나라와 의를 구하는 섬김에 주어지는 상에 대하여 명확하게 말씀하신다. 먹을 것, 마실 것, 입을 것에 대해서는

다 채워주시니까 염려하지 말라고 하시는 것이다. 먹을 것, 입을 것을 채워주신다는 것이 무엇인가? 그것은 섬김에 대한 상이라는 것이다. 누구도 이것을 상으로 생각하지는 않을 것이다. 그리고 예수님께서 분명하게 말씀하셨는데도 여전히 먹을 것, 입을 것에 대해서 염려한다. 그래서 자꾸 쌓아놓고 투자하고 모아놓으려고 하는 것이 아닌가? 많이 모아놓은 사람일수록 염려가 덜 될 것이다.

> "그러므로 염려하여 이르기를 무엇을 먹을까 무엇을 마실까 무엇을 입을까 하지 말라"(마 6:31)

그렇다고 마냥 안심할 수 있는 것은 아니다. 좀 더 확실하게 자기 창고에 많이 쌓아둠으로써 마치 풍년을 맞아 곳간을 더 크게 짓고 곡식과 물건을 많이 쌓아둔 사람이 스스로 만족하여 평안히 즐기자고 생각하던 부자 이야기를 생각나게 한다. 많이 쌓아놓는 것이 하나님의 상일 수 있는가? 그것은 그냥 착각일 뿐이다. 많이 쌓아두었다고 염려가 없어지는 것은 아니다. 살 동안에는 염려가 좀 적을지 몰라도 육체의 죽음 이후에는 과연 그것들은 어떻게 되겠는가?

> "또 내가 내 영혼에게 이르되 영혼아 여러 해 쓸 물건을 많이 쌓아 두었으니 평안히 쉬고 먹고 마시고 즐거워하자 하리라 하되"(눅 12:19)

그런 부와 명예와 권세들을 소유한다고 해서 걱정거리가 없어지는 것은 아니다. 결국은 전부 다 썩어질 것들일 뿐이다. 더구나 우리의 생명은 주님께 달려있다. 영원한 미래를 생각하지 못하고 당장 눈앞의 소유에만 만족하고 있다면 가장 어리석은 사람이 될 뿐이다. 부흥, 성공, 번영, 축복에 몰두하면 하나님과는 전혀 관계 없는 헛된 몸짓에 불과하게 된다.

"하나님은 이르시되 어리석은 자여 오늘 밤에 네 영혼을 도로 찾으리니 그 러면 네 준비한 것이 누구의 것이 되겠느냐 하셨으니"(눅 12:20)

그렇다면 먹을 것, 마실 것, 입을 것을 다 책임져주시는 하나님의 약속은 우리에게 상이 될 수 있는가? 그것이 만약 하나님의 상이라면 너무 약소한 것 아닌가? 겨우 그것 때문에 그 나라와 의를 구해야 한다는 말인가? 그것 때문에 모든 일을 예수님께 하는 것으로 행해야 하고 섬김을 생명처럼 감당해야 한다는 말인가? 예수님은 먹을 것, 마실 것, 입을 것에 대한 기도와 염려는 누구의 것인가를 분명하게 밝히신다. 그런 것들은 하나님을 모르는 이방인들이나 하는 일이다. 그런 기도는 우상종교를 믿는 사람들이 으레 행하는 기도들이다. 그 나라와 의를 참으로 구하는 그리스도인이라면 그런 염려를 할 필요가 없다. 아니 그런 기도는 아예 하지 않는 것이다. 먹을 것, 마실 것, 입을 것을 하나님께서 책임져주신다면 그래서 그것은 하나님의 상인 것이다.

"이는 다 이방인들이 구하는 것이라 너희 하늘 아버지께서 이 모든 것이 너

그렇다고 단지 눈으로 보이는 먹을 것, 입을 것을 충족시켜 주시는 것이 상의 전부는 아니다. 그의 나라와 의를 구하는 섬김을 마음을 다하여 행할 때 함께 따라오는 상은 단지 먹을 것, 입을 것, 살 집만이 아니다. 예수님은 그런 것은 구하지도 말고 염려하지도 말라고 하신다. 거기에 자연스럽게 따라오는 것이 무엇인가? 평안이요 기쁨이요 안식이다. 사랑과 희락과 화평이다. 성령의 아홉 가지 열매들이 맺히기 시작한다. 이보다 더 큰 상을 본 적이 있는가? 그런데 이런 상은 영원하다. 오래 가며 우리 심령 속에 자연스럽게 든든하게 맺히는 열매들이다. 이런 열매들은 염려와 함께 올 수 없다. 그 나라와 그의 의를 구하는 섬김의 행위 뒤에만 따라오는 귀중한 상급이다. 이 세상에서 받을 수 있는 상 중에서 가장 크고 귀하고 영원한 상이다. 물질과 영광을 상으로 받아도 우리의 심령에 성령님께서 역사하지 못하신다면 그것은 진짜 상이 아니다. 우리는 진짜 상을 위한 섬김으로 주님을 섬기듯이 사람들을 섬겨야 하는 것이다.

"오직 성령의 열매는 사랑과 희락과 화평과 오래 참음과 자비와 양선과 충성과 온유와 절제니 이 같은 것을 금지할 법이 없느니라"(갈 5:22~23)

보이는 상에 대해서 우리가 딱히 논할 것이 없는 이유는 그런 것들은 전부 다 썩어 없어져버릴 것들이기 때문이다. 많이 소유하고 있으면 그 소유가 영원할 것이라고 생각한다. 하지만 하나님의 상이란 그런 것이 아니다. 하나님의 상은 있다가도 없어지거나 없다가도 생기는 그런 것이 아니다. 하나님의 상은 변치 않고 영원한 것이어야 한다. 이 땅의 것으로 상을 주신다면 어쩌면 우리는 그것들을 쉽게 빼앗길 수도 있다. 왜냐하면 보물 있는 곳에 마음이 가기 때문이다. 물질의 상이나 번영의 상은 오히려 하늘 보물을 빼앗기게 만들 수도 있다. 그래서 신약 성도들은 물질의 복을 구해서는 안 되는 것이다. 오직 하늘 보물에 마음을 둘 수 있는 보이지 않는 상이 진짜 상인 것이다.

> "너희를 위하여 보물을 땅에 쌓아 두지 말라 거기는 좀과 동록이 해하며 도둑이 구멍을 뚫고 도둑질하느니라 오직 너희를 위하여 보물을 하늘에 쌓아 두라 거기는 좀이나 동록이 해하지 못하며 도둑이 구멍을 뚫지도 못하고 도둑질도 못하느니라 네 보물 있는 그 곳에는 네 마음도 있느니라"(마 6:19~21)

진실한 마음으로 성실하게 섬기고 있음에도 불구하고 별다른 증거를 주시지 않을 때도 있다. 육신을 가지고 있으므로 생활이 불편할 때를 만날 수도 있다. 물질이 우리 믿음의 증거는 아니지만 그래도 잠시 낙심이 될 때도 있다. 하지만 우리는 섬김 자체를 하나님께서 귀하게 받으시는 것을 생각해야 한다. 물질이 부족해도 우리의 섬김을 받으시는 하나님을 믿고, 그 말씀, 그 약속을 믿고 염려하지 말고 섬김의 길을 걸어야 한다. 반드시 영원한 상과 함께

이 땅에서 부족한 것을 채워주시는 상을 주실 것이다. 우리들에게 섬김의 본을 보여주신 그리스도의 섬김은 제자들의 발을 씻기시는 정도가 아니라 생명까지도 포기하시는 극한의 섬김이었다. 그렇게 하신 것은 우리들도 생명까지 아까워하지 말고 섬기라는 뜻임과 동시에, 어떤 섬김이라도 그리스도의 섬김을 생각하면서 감사하고 겸손한 마음으로 끝까지 섬기라는 말씀이기도 하다. 그리고 그렇게 섬길 때 하나님은 마땅히 해야 할 일을 했다고 하시는 것이 아니라 우리의 심령에 복을 주시고 귀중하게 사용하신다.

4. 천국에서 주시는 섬김의 상

천국에서 주어지는 보상으로서의 섬김의 상은 놀랍게도 지상에서의 상과 유사하다. 지상에서 상으로 주어지는 것 또는 자기 노력이나 성공을 통하여 얻게 되는 상에는 어떤 것이 있는가? 물론 이상들은 꼭 무슨 상장이나 상패 또는 상금과 같은 것으로 주어지는 것은 아니다. 상패 없는 상이 훨씬 더 많을 것이다. 그것은 이 세상에서 남들보다 더 많이 누리는 것으로 표현될 수 있다. 사실 이 땅에서 보상의 성격을 지니는 것은 크게 세 가지로 설명할 수 있다. 대부분 이 범주에 포함될 것이다. 상 자체가 일정한 부분에서 남들보다 뛰어나거나 더 큰 성취를 보였을 때 주어지는 것이지만 그 모든 것도 결국은 세 가지 범주 안에 속하게 되는 것이다.

첫 번째는 물질의 보상이다. 부자에게는 더 많은 물질이 보상이다. 그 물질로 하고 싶은 것을 마음대로 하는 것은 더 큰 보상이다. 그 물질로 인하여 사람들에게 영향력을 끼치고 존경을 받거나 지배할 수 있게 되는데 지상에서는 모든 것이 물질로 통하기 때문이다. 두 번째로 명예 욕구를 채웠을 때에도 마치 보상을 받는 것처럼 스스로에게 만족하게 된다. 명예는 자랑이며 자기 의이며 인정이며 존경이다. 세 번째로 이런 모든 것과 결부시켜 생각할 수 있는 권력도 또 다른 보상이다. 물론 권력은 그 권력 자체이기도 하지만 그 권력을 통하여 얻을 수 있는 수많은 결과가 권력자에게는 최대의 보상일 것이다. 이 권력은 정치권력만을 이야기하는 것이 아니라 모든 형태의 인간 지배구조를 말하는 것이다.

마귀는 40일 간 굶주린 예수님께 세 가지 시험을 하였다. 그 세 가지 시험이 바로 세 가지 종류의 보상체계이다. 40일간 금식하신 예수님께 대한 유혹이었는데 모든 인간이 빠지기 쉬운 세 가지 시험이었다. 인간들은 이 세 가지 보상을 받기를 원한다. 첫 번째 시험은 물질에 대한 욕구였다. 40일을 주린 예수님께 인간으로서 가장 큰 유혹은 바로 먹을 것이었다. 물론 예수님은 능력으로 그 돌멩이를 떡으로 만드실 수 있다. 하지만 그렇게 되면 예수님의 신성을 단지 먹을 것 해결하는 데 써버리게 되는 것이다. 우리의 믿음을 단지 먹고 입을 것을 구하는 데 써버리도록 한다면 첫 번째 마귀의 시험에 걸려든 것이다.

"사십 일을 밤낮으로 금식하신 후에 주리신지라 시험하는 자가 예수께 나아와서 이르되 네가 만일 하나님의 아들이어든 명하여 이 돌들로 떡덩이가 되게 하라"(마 4:2~3)

예수님의 대답은 그리스도인이 육의 양식이 아니라 영의 양식인 하나님의 말씀으로 살아야 한다는 것이었다. 물론 육적으로는 양식이 필요하다. 하지만 그런 것은 그 나라와 의를 구하면 하나님께서 다 채워주신다. 혹시 우리의 거룩한 믿음을 먹을 것이나 입을 것과 같은 물질을 구하는 데 전부 사용하고 있는 것은 아닌가? 혹시 간구하기를 성공하고 번영하는 데 주로 사용하고 있는 것은 아닌가? 그리스도인의 섬김은 바로 물질욕구에 대한 시험을 이기게 만드는 것이다.

> "예수께서 대답하여 이르시되 기록되었으되 사람이 떡으로만 살 것이 아니요 하나님의 입으로부터 나오는 모든 말씀으로 살 것이라 하였느니라 하시니"(마 4:4)

예수님께 대한 마귀의 두 번째 시험은 명예욕에 대한 시험이었다. 성전 꼭대기에서 뛰어내렸는데 손가락 하나도 다치지 않았다면 예수님은 사람들에게 어떤 영광을 받으시겠는가? 인간이 누릴 수 있는 가장 큰 명예를 얻을 수 있을 것이다. 바리새인들이 사람에게 보이려고 그토록 신앙적인 척했던 목적은 어디에 있었는가? 사람들에게 인정받고 존경받고 명예로운 사람이 되는 것이 아니었던가? 하지만 어떤 영광이든지 하나님의 것을 가로채면 그는 영생을 얻을 수 없다. 명예 욕구에 사로잡히면 교만하게 된다. 하나님의 자리를 차지하려는 것이 되기 때문이다. 우리의 섬김을 행하면서 만약에 명예를 추구하게 된다면 세상에서는 명예를 잠시 얻을 수 있을지 모르지만 하나님으로부터 오는 상은 전혀 기대할 수 없다. 오히려 버림받게 된다.

"이에 마귀가 예수를 거룩한 성으로 데려다가 성전 꼭대기에 세우고 이르되 네가 만일 하나님의 아들이어든 뛰어내리라 기록되었으되 그가 너를 위하여 그의 사자들을 명하시리니 그들이 손으로 너를 받들어 발이 돌에 부딪치지 않게 하리로다 하였느니라"(마 4:5~6)

예수님은 당연히 이것을 하나님을 향한 도전으로 해석하셨다. 하나님을 시험하는 것은 마귀와 하나님을 저울질하는 것이므로 있을 수 없는 일이다. 스스로 명예를 추구한다는 것은 하나님께서 받으셔야 할 명예를 가로채는 것과 같은 것이다. 하나님을 모르거나 부정하는 사람들은 그럴 수도 있을 것이다. 그러나 우리 믿음의 사람들은 섬김을 행하면서 명예를 받기를 원한다면 섬김을 행하지 않는 것이 훨씬 더 좋다. 아무 것도 하지 않으면 죄를 덜 짓게 되기 때문이다.

"예수께서 이르시되 또 기록되었으되 주 너의 하나님을 시험하지 말라 하였느니라 하시니"(마 4:7)

세 번째 시험은 권력욕에 대한 시험이었다. 마귀는 세상에서 받을 수 있는 모든 것들, 곧 권위, 영광, 천하만국을 다스릴 수 있는 권력을 주겠다고 했다. 단, 딱 한 번만 자기에게 절을 하는 조건이었다. 이 권력에 대한 욕구도 사람들에게 가장 큰 유혹이며 동시에 꼭 받고 싶은 상일 것이다. 하지만 모든 만물을 다스리는 분은 오직 하나님이시다. 커지고 많아지고 높아지면 권력이 자동적으로 생긴다. 권력이 커지면 일종의 전능의식이 생긴다. 무엇이든지 마음만 먹으면 할 수 있다. 그리스도인의 섬김의 삶을 살아야 하는 이유가 바로 그것이다. 권력에의 의지를 차단하는 것이다.

"마귀가 또 예수를 이끌고 올라가서 순식간에 천하 만국을 보이며 이르되 이 모든 권위와 그 영광을 내가 네게 주리라 이것은 내게 넘겨 준 것이므로 내가 원하는 자에게 주노라 그러므로 네가 만일 내게 절하면 다 네 것이 되리라"(눅 4:5~7)

그래서 예수님은 참된 권위는 오직 하나님께만 있다는 말씀으로 마귀의 모든 시험을 물리치신다. 정치권력이든 종교권력이든 그 권력을 따라가는 일은 하나님을 대적하는 길이라는 사실을 알아야 한다. 세속적인 권력과는 전혀 다르지만 예수님은 참된 권위를 지닌 분이셨다. 그러나 그 권위를 사용하지 않으시고 오직 자신을 낮춤으로 온전한 섬김을 취하셨다. 심지어 죽음에 이르기까지 자신을 낮추셨다. 군병들에게 체포되실 때에도 천군을 동원할 수 있는 권리를 사용하지 않으셨다.

"이에 예수께서 말씀하시되 사탄아 물러가라 기록되었으되 주 너의 하나님께 경배하고 다만 그를 섬기라 하였느니라"(마 4:10)

이제 섬김의 상에는 어떤 것이 있는가를 살펴보고자 한다. 재미있는 것은 시험과 유혹이 물질, 명예, 권력의 세 가지인데 하나님께서 주시는 상도 이 세 가지로 온다는 사실이다. 하나님께서 섬김의 삶을 살았던 사람들에게 물질과 명예와 권력을 상으로 주신다고? 물론 이 상은 이 세상에서 주시는 상은 아니다. 때로 이 땅에서 그런 환경을 만들어주실 때도 있지만 그것은 그 상을 누리라고 주시는 것이 아니다. 그런 조건들은 더욱 더 잘 섬기라고 주시는 것들이다. 만약에 그런 조건들을 받았다면 그것은 마치 예수님께서 마귀에게 시험받으셨던 것과 똑같은 위험성이 있음을 알아야 한다. 그런 좋은 조건들을 잘 사용하여 올바른 섬김의 삶을 산다면 그에게는 더욱 더 놀라운 하늘의 상이 주어질 것이지만 그렇지 못하고 자기가 잘나서 남들에게 주지 않은 상을 주셨다고 생각한다면 그는 구원조차도 의심해야 할 것이다. 결론적으로 이야기해서 하나님은 예수님께서 받으셨던 세 가지 시험을 이겼을 때 주시는 상을 우리들에게 준비해 놓으셨다.

우선 천국에서는 물질적으로나 환경적으로 아무 것도 우리에게 필요가 없는 상태가 주어진다. 지상에서는 얼마나 물질이 긴급하게 필요할 때가 많은가? 사실상 물질이 하나님 역할을 대신하는 경우가 대부분이다. 하지만 천국에서는 그런 생각 자체를 할 필요가 없을 만큼 조금도 부족한 것이 없을 뿐만 아니라 오히려 넘치는 삶을 보장하신다. 마치 에덴동산과 같지 않은가? 물질에 대한 욕심과 같은 것은 에덴을 망가뜨린 아담으로 인하여 생긴 것이다. 천국에서 우리를 아무 것도 부족함이 없는 백성으로 삼으신다는 것은 에덴과 아담의 회복을 뜻하는 것이다.

> "또 그가 수정 같이 맑은 생명수의 강을 내게 보이니 하나님과 및 어린 양
> 의 보좌로부터 나와서 길 가운데로 흐르더라 강 좌우에 생명나무가 있어
> 열두 가지 열매를 맺되 달마다 그 열매를 맺고 그 나무 잎사귀들은 만국을
> 치료하기 위하여 있더라"(계 22:1~2)

> "모든 눈물을 그 눈에서 닦아 주시니 다시는 사망이 없고 애통하는 것이나
> 곡하는 것이나 아픈 것이 다시 있지 아니하리니 처음 것들이 다 지나갔음
> 이러라"(계 21:4)

인간이 그토록 바라는 명예에 관해서는 천국의 면류관으로 갚아주신다. 면류관은 지상에서의 명예 욕구를 이긴 사람들에게 씌워주시는 상이다. 명예는 그야말로 어떤 가시적인 물질이나 보상이 아니다. 지상에서는 큰 돈을 받았다고 하면 다들 탄성을 지른다. 그러나 하늘에서는 그런 것으로는 어느 누구도 감동하지 않는다. 하나님께서 인정하시고 영원토록 지속되는 가장 큰 상은 면류관이다. 그 면류관은 결코 썩지 않고 영원토록 빛나는 명예를 우리에게 안겨주신다. 이 면류관 역시 에덴의 회복을 뜻한다. 에덴동산에서 물론 면류관 같은 것은 없다. 아담과 하와에게 무슨 면류관이 필요하겠는가? 온 만물들이 아담과 하와를 아주 잘 알고 있는데. 섬김의 상은 천국에서 아담의 회복으로 다 갚아주신다.

"이제 후로는 나를 위하여 의의 면류관이 예비되었으므로 주 곧 의로우신 재판장이 그 날에 내게 주실 것이며 내게만 아니라 주의 나타나심을 사모하는 모든 자에게도니라"(딤후 4:8)

"내가 속히 오리니 네가 가진 것을 굳게 잡아 아무도 네 면류관을 빼앗지 못하게 하라"(계 3:11)

권력에 대한 욕구를 이겨내면 하나님은 하늘에서 거기에 가장 적합한 큰 상을 주신다. 그것은 만국을 다스릴 수 있는 권세이다. 그 권세는 보좌에서 나온다. 물론 정말로 수많은 나라들을 다스리는 왕 중의 왕이 되는 것은 결코 아니다. 그러나 승리한 성도들에게는 만국을 다스릴 수 있는 권한을 주신다. 그 다스림은 하나님께서 천지를 창조하실 때 인간들에게 주셨던 권리이다. 그것을 회복해주시는 것이다. 이것 역시 에덴의 회복이다. 만국을 다스린다고 하여 정치권력처럼 통치하는 것이 아니다. 지금도 성령의 능력으로 우리는 세상을 다스릴 수 있어야 한다. 천국에서는 그런 모든 것들을 다스릴 수 있는 권한이 주어지는 것이다.

"이기는 자와 끝까지 내 일을 지키는 그에게 만국을 다스리는 권세를 주리니"(계 2:26)

"너희로 내 나라에 있어 내 상에서 먹고 마시며 또는 보좌에 앉아 이스라엘 열두 지파를 다스리게 하려 하노라"(눅 22:30)

에덴의 회복과 아담의 회복, 이것보다 더 큰 상이 어디에 있겠는가? 결국 천국에서 주어지는 모든 것들은 하나님께서 창조하셨던 에덴의 회복이다. 그것이 영원한 상인 것이다. 교회에 다니기만 하면 구원받고 이 천국에 가는 것이 아니다. 믿음은 언제나 현재진행형이다. 때로 과거진행형으로 생각하거나 또는 현실과는 관계없이 미래진행형으로 생각하는 사람들이 많지만, 현재진행형으로 이웃을 섬기고 믿음을 지키는 사람에게 미래도 보장되고 영원한 상으로 주어지는 것이다. 현재진행형의 삶이 이루어지고 있지 못하다면 굉장히 위험하다는 사실을 깨달아야 할 것이다. 지금 당장의 섬김의 삶이 가장 중요한 것이다.

제4부

•

섬김의
삶을
위하여

제14장
우리가 꿈꾸는 세상

　우리가 꿈꾸는 세상은 이스라엘 왕국이 아니다. 오히려 포로기의 상황이 지금 우리 기독교와 닮아있다. 포로기에는 이스라엘 백성이라 할지라도 이방 풍습 속에서 그들의 정체성을 지켜야 했기 때문이다. 지금 우리나라는 이방국가이다. 그 이방나라에서 그리스도인의 정체성을 가지고 섬김의 삶을 살아야 한다. 대한민국은 제사장 나라가 아니다. 정기적으로 교회에 출석하는 기독교인들이 300만~400만 사이가 될 것이다. 하지만 그들 중에도 신앙이 장성한 그리스도인은 극히 일부분일 뿐이다. 우리는 불신사회 곧 이방나라에서 그리스도인으로서의 정체성을 지켜야 하는 사람들이다.

　정체성이란 교회에 출석하는 것을 말하는 것이 아니다. 물론 당연히 교회생활은 열심히 해야 한다. 그러나 교회에 대한 열심만 가지고는 우리의 정체성의 본질마저도 깨달을 수 없다. 우리가 누구인가는 우리가 아닌 다른 사람, 우리의 세계가 아닌 다른 세계에 부딪혀볼 때 보다 더 분명하게 드러날 수 있다. 왜냐하면 우리의 정체성은 우리 내면의 자기인식의 표출인데 그 정체성은 우리가 아니라 다른 사람들, 교회 밖의 사람들에게 어떤 평가를 받는가에 의해서 결정되기 때문이다. 곧 정체성은 내가 나를 어떻게 인식하는가의 문제가 아니라 외부에서 나를 어떻게 인식하는가의 문제라는 말이다. 우리가 불신 세상에 그리스도인으로서의 정체성을 명백하게 보여주어야 하기 때문에 이런 말을 하는 것이다. 섬김이 우리의 외부적 표지라면 그 섬김으로 무엇을 꿈꾸는가의 문제가 진짜 우리의 과제라는 것이다.

우리는 우리가 꿈꾸는 세상, 우리가 지향하는 나라에 초점을 맞추는 사람들이 아니다. 먼저 우리 자신이 어떤 존재가 되어야 하는가에 우리의 꿈이 있어야 하는 것이다. 곧 우리가 꿈꾸는 세상이 아니라 우리가 꿈꾸는 우리 자신이 있어야 한다는 말이다. 그런 후에 우리가 지향하는 세상이 부분적으로 성취될 수 있는 것이다. 어디로 가는지도 모르는 채 소망과 확신을 가지고 달려갈 수는 없다. 그릇된 목표지점을 설정하면 오히려 원하는 방향과는 반대로 갈 수도 있다. 우리 그리스도인들은 천국소망을 가지고 있는 사람들이다. 그러나 그 천국소망은 우리가 꿈꾸는 세상을 추구함으로써 이루어질 수 있다. 어느 날 갑자가 영원한 천국으로 쑥 빨려 들어가는 것이 아니다. 물론 우리에게 천국은 죽음과 함께 갑자기 다가온다. 그러나 천국소망을 가질 만큼 준비되지 못하면 천국에는 오라고 해도 갈 수가 없다. 천국은 우리가 꿈꾸는 세상을 통하여 들어가게 되는 것이다.

우리는 성경에서 우리의 꿈을 이루는 방식을 찾아야 한다. 물론 우리 자신이 먼저 꿈이어야 한다. 그리고 그와 함께 우리가 초점을 맞추어야 할 곳이 어딘지를 살펴야 한다. 성경에는 우리의 지표가 명확하게 드러나 있다. 그것을 어떻게 현실에 적용해서 우리 삶의 기준으로 삼을 것인가? 성경에는 거기에 적합한 모델이 부족하다. 그러나 또한 적은 모델이 우리의 기준이 되어야 할 것이다. 오늘 우리 시대처럼 이방나라에서 믿음의 정체성을 명확하게 보여준 인물들을 통하여 우리가 꿈꾸는 우리 자신의 섬김에 대해서 설명해보고자 한다.

1. 환경에 흔들리지 않는 섬김 – 다니엘

우리가 꿈꾸는 세상으로 나아가려면 어떤 상황에서도 흔들리지 않는 정체성이 필요하다. 상황이라 함은 사회적이나 물리적인 환경을 말하는 것이지만 동시에 분별하기 어려운 수많은 유혹과 미혹들이 있다. 그런 유혹들을 우리는 마귀의 공격이라고 판단한다. 물론 마귀가 직접적으로 우리가 알 수 있도록 공격하지는 않는다. 세상의 복과 성공과 번영이라는 유혹으로 그리스도인들의 정체성을 침범함으로써 그 정체성이 흔들리도록 하는 것이기 때문이다. 그래서 세상의 유혹이 바로 마귀의 유혹이라는 사실을 알아야 한다. 우리의 섬김은 그리스도의 섬김이기 때문에 수많은 박해와 미혹과 시험과 고통과 죽음이라는 유혹과 협박을 총동원하여 우리를 공격한다. 그래서 그리스도인의 섬김은 주변 환경에 흔들리지 않는 섬김이어야 하는 것이다.

지금 이 시대는 마치 포로기에 흩어진 이스라엘 백성들과 유사하다. 바벨론에 포로로 잡혀갔던 다니엘도 예외는 아니었다. 비록 다니엘이 그의 인품이나 실력에서 그 당시 모든 이방 임금들과 고관들이 전부 인정하는 사람이었다고 해도 예루살렘에서 마음껏 드리던 제사와 철저하게 지키던 절기조차 마음대로 하지 못하는 이방나라에서의 하나님의 백성이었다. 그래서 다니엘이 그런 신앙행위를 대신 할 수 있는 유일한 일이 예루살렘으로 향하는 창문을 열어놓고 기도하는 것이었던 것이다. 다니엘은 이것을 결코 멈추지 않았다. 심지어 모든 신하들이 다니엘의 이 신앙행위를 다 알고 있을 정도였다. 그래서 대적들이 바로 이 다니엘의 신앙을 약점으로 삼고 어떻게 하든지 그것을 공격하여 다니엘을 제거하려고 애를 썼던 것이다.

"그들이 이르되 이 다니엘은 그 하나님의 율법에서 근거를 찾지 못하면 그를 고발할 수 없으리라 하고"(단 6:5)

그러나 다니엘은 그런 모든 사실을 알고 있었다. 그들이 30일 동안 왕 이외에는 어느 누구에게도 절하지 못하게 하고 절을 하면 사자 굴에 빠뜨리도록 하는 금령에 왕이 어인을 찍도록 함으로써 다니엘을 잡아넣으려고 계략을 꾸몄다. 그러나 다니엘은 왕의 어인이 찍힌 것을 알고도 하루 세 번씩 기도하며 감사하기를 그치지 않았다. 그 말은 다니엘의 기도가 발각되면 아무리 왕이 신임하는 신하라고 할지라도 어쩔 수 없이 사자 굴에 빠뜨려져야 한다는 것을 알고도 여호와 하나님께 기도와 감사를 그치지 않았다는 말이다. 더구나 하나님께 약속한 대로 창문을 열고 기도와 감사를 드렸다고 했으니까 그 어떤 죽음도 하나님과의 관계를 훼방할 수 없다는 죽음의 믿음이었던 것이다.

> "다니엘이 이 조서에 왕의 도장이 찍힌 것을 알고도 자기 집에 돌아가서는 윗방에 올라가 예루살렘으로 향한 창문을 열고 전에 하던 대로 하루 세 번씩 무릎을 꿇고 기도하며 그의 하나님께 감사하였더라"(단 6:10)

아니나 다를까, 다니엘이 창문을 열고 기도하는 장면을 발견한 대적들은 다니엘을 고발하고 다니엘은 마침내 사자 굴에 들어가고야 말았다. 다니엘과 사자 굴에 대한 이야기는 너무나도 유명하여 아이들의 그림책에도 빈번히 등장하고 있다. 다니엘의 불굴의 믿음을 높이며 기독교 신앙의 높은 정체성을 가르쳐주고 있다. 오늘날에는 그와 같은 믿음을 가진 용사들이 얼마나 있을까? 일제 강점기나 공산치하에서는 순교신앙이 바로 다니엘과 같은 신앙일 것이다. 그런데 여기에서 다니엘의 꺾이지 않는 불굴의 믿음만을 이야기해서는 안 된다. 그렇게 믿음의 표본으로 드러나기까지의 전후사정을 살펴보아야 한다. 그것은 그리스도인의 섬김과 직결되는 내용이기 때문이다.

다니엘이 여호와 하나님께 대한 정절을 끝까지 지킨 이야기와 함께 그를 그토록 신임하는 왕이 금령에 어인을 찍었는데도 그것을 알면서 세 번 기도했다는 사실에서 우리는 섬김의 원리를 발견할 수 있어야 한다. 물론 다니엘은 그렇지 않아도 하루 세 번씩 기도하고 감사했겠지만 그와 함께 왕과의 신뢰관계도 생각해보아야 할 것이다. 다니엘이 사자 굴에 처해질 것을 알면서도 창문을 열고 하루 세 번씩 기도하였다는 것은 여호와 하나님께 대한 절대 신앙이었지만 그와 동시에 왕이 절대적으로 신뢰할 수 있도록 왕을 잘 섬겼다는 점이 간과되어서는 안 될 것이다. 다리오 왕은 신하들의 상소에 따라 다니엘을 사자 굴에 빠뜨리게 하고는 스스로 너무나도 놀랐었다. 다니엘의 반대파들의 계략이라는 사실을 깨달았던 것이다. 다니엘은 율법신앙을 절대적으로 수호하였지만 그와 동시에 왕과 나라에 대한 절대적 섬김의 삶도 철저하게 행해나갔던 것이다. 여기에서 바로 오늘날 그리스도인의 섬김의 삶을 깊이 생각해보아야 하겠다는 것이다.

> "이튿날에 왕이 새벽에 일어나 급히 사자 굴로 가서 다니엘이 든 굴에 가까이 이르러서 슬피 소리 질러 다니엘에게 묻되 살아 계시는 하나님의 종 다니엘아 네가 항상 섬기는 네 하나님이 사자들에게서 능히 너를 구원하셨느냐 하니라"(단 6:19~20)

다니엘의 섬김을 우리 그리스도인들의 표본으로 삼아야 하겠다는 생각은 다니엘의 평생의 삶의 모습을 통하여 살펴볼 수 있다. 다니엘은 바벨론 왕 느부갓네살 때 포로로 잡혀 와서 마지막 왕 벨사살과 메대 왕 다리오와 페르시아 왕 고레스 시대에까지 그 나라들을 섬기면서 왕들의 절대적인 신임을 받았었다. 바벨론의 느부갓네살부터 벨사살 사이에 다섯 명의 왕이 있었는데 이 내용은 기록되지 않았지만, 일단 세 왕국 네 명의 왕을 섬긴 것만은 틀림이 없다. 왕국 자체가 바뀌고 왕들이 수없이 바뀌는 혼란 시대에서도 다니엘이 모든 왕들의 신임을 그렇게 받았다는 데에서 우리는 그리스도인들의 섬김이 어때야 하겠는가를 다시 생각해보아야 한다.

"유다 왕 여호야김이 다스린 지 삼 년이 되는 해에 바벨론 왕 느부갓네살이 예루살렘에 이르러 성을 에워쌌더니"(단 1:1)

"이 다니엘이 다리오 왕의 시대와 바사 사람 고레스 왕의 시대에 형통하였더라"(단 6:28)

다니엘은 어느 왕 때에든지 자기의 신앙을 지켰음은 물론 그 왕에게 불리라든 유리하든 꿈 해석을 그대로 알렸다. 다니엘은 행정가 또는 정치인이었으므로 주어지는 상황에 따라 얼마든지 자기입장을 바꿀 수 있고 또 그런 유혹이 왔겠지만 자기 신앙과 주변사정을 있는 그대로 밝힌 사람이었다. 다니엘은 느부갓네살이 왕위에서 쫓겨날 것에 대해서도 그대로 해석해주었고, 벨사살 왕에게 나타난 '메네 메네 데겔 우바르신'이라는 글자에 대해서도 나라가 망하겠다는 해석을 그대로 들려주었고 또 그날 밤에 실제로 왕이 죽고 나라가 망했었다. 하지만 다니엘의 이런 굳건한 정체성으로 말미암아 오히려 더 높임을 받은 것 또한 사실이다.

"바로 그 때에 이 일이 나 느부갓네살에게 응하므로 내가 사람에게 쫓겨나서 소처럼 풀을 먹으며 몸이 하늘 이슬에 젖고 머리털이 독수리 털과 같이 자랐고 손톱은 새 발톱과 같이 되었더라"(단 4:33)

"기록된 글자는 이것이니 곧 메네 메네 데겔 우바르신이라 그 글을 해석하건대 메네는 하나님이 이미 왕의 나라의 시대를 세어서 그것을 끝나게 하셨다 함이요 데겔은 왕을 저울에 달아 보니 부족함이 보였다 함이요 베레스는 왕의 나라가 나뉘어서 메대와 바사 사람에게 준 바 되었다 함이니이다 하니"(단 5:25~28)

물론 다니엘의 섬김이 예외적인 경우라고 할 수도 있을 것이다. 다니엘은 하나님의 특별한 은혜를 받은 특별한 사람이라는 생각은 타당성이 있는 주장이지만, 우리가 원하는 것은 다니엘의 예를 통해서 그리스도인의 섬김의 삶의 원리를 찾는 것이다. 우리가 이 책에서 언급하는 섬김과 다니엘의 섬김이 차이가 나지만, 우리는 섬김의 개념을 우리가 사는 세상에서 우리가 하는 모든 일들을 그리스도의 섬김으로 행해야 한다는 인식으로 바꾸어야 한다. 예수님의 섬김이 나와는 아무런 관련이 없는 죽음의 섬김이었지만 그 섬김은 바로 나를 위한 섬김이었다. 우리가 월급을 받거나 이익을 남기면서 하는 모든 생업을 위한 일들도 전부 이웃과 세상을 위한 섬김이다. 그리스도인다운 섬김의 삶은 모든 사람들을 예수님을 섬기듯이 섬기는 것이다. 그것은 특별한 삶이 아니다. 모든 그리스도인들의 보편적이고 일반적인 삶인 것이다. 이방 나라에서 차별받으면서 평생 동안 여러 왕들을 섬겼던 다니엘의 삶이 우리의 본이 되어야 할 것이다.

우리가 지금 살고 있는 세상은 마치 다니엘이 평생 동안 겪었던 세 왕국과 네 왕들이 지배하는 나라들과 같다. 세상은 어차피 변하게 되어있다. 지배자들은 각각 자기의 야망과 욕심을 좇아가게 되어 있는데 그렇기 때문에 수시로 변한다. 지금의 정치, 사회, 경제도 마찬가지이다. 엄청난 속도로 커다란 변화가 수시로 우리의 삶에 닥쳐온다. 그 중에서 변치 않는 것은 오직 하나님뿐이다. 세상의 변화를 따라가거나 미래를 예측한다면서 어떻게 대응해야 할 것인가를 아무리 연구해도 세상은 여전히 똑같은 모습이 반복되는 것에 불과하다. 물론 그 이면을 지배하는 원리는 여전히 세상의 논리일 뿐이다.

정치적 입장은 가지되 어느 한쪽이나 어떤 사람의 편이 되지는 말라. 우리는 어떤 상황에서도 우리의 믿음을 지켜야 한다. 그리고 그 믿음을 삶의 방식으로 보여주어야 한다. 그것이 우리를 위해 생명을 버리신 예수님을 따라가는 길이다. 다니엘에게서 우리는 그런 꿈을 꾸어야 한다. 다니엘은 종말과 메시아에 대한 환상을 보았다. 흔들리지 않는 섬김의 믿음이 아니라면 하나님은 아무것도 가르쳐주지 않으셨을 것이다. 다니엘의 꿈이 바로 우리가 꿈꾸는 세상이다.

2. 공동체를 위한 섬김 – 모르드개

다니엘의 섬김은 쉽게 찾아보기 힘든 섬김이었다. 물론 그는 믿음으로 세상을 이겨낸 백성들의 대표적인 사례라고 할 수 있다. 어떤 세상이 와도 어떤 환경이 닥쳐도 결코 변치 않는 믿음으로 섬기는 것은 모든 그리스도인들의 정체성이 되어야 한다. 이제 우리는 또 다른 종류의 세상 속에서의 섬김을 찾아보려고 한다. 그것은 다니엘의 시대로부터 약 70년이 지난 후의 페르시아 왕국에서의 사례이다. 페르시아 초대 왕인 고레스(BC 550~530)로부터 두 왕의 시대가 가고 아하수에로(크메르크세스, BC 484~464)가 4대 왕으로 있을 때 왕궁에서 벌어진 사건을 중심으로 펼쳐진다. 그 주인공은 에스더 왕비의 사촌오빠인 모르드개이다. 그 유명한 '죽으면 죽으리라'의 주인공인 에스더 왕비보다 모르드개에 초점을 맞추려는 것은 오늘날 세속의 지배 아래에서 수많은 문제와 부딪쳐야 하는 우리의 신앙현실에 더 가깝다고 여겨지기 때문이다. 그리스도인은 날마다 문제와 부딪쳐야 하는 사람들이다.

모르드개의 조상은 다니엘이 포로로 잡혀간 지 8년 후인 2차 바벨론 유수 때(BC 597) 여고냐 왕과 함께 이스라엘에서 포로로 붙잡혀 와서 정착한 유대인이었다. 모르드개는 다니엘처럼 이민 1세대가 아니라 이민 4세대쯤 된다는 말이다. 모르드개는 부모가 없는 사촌동생인 에스더를 키우고 있었는데 왕이 왕후 와스디를 폐위하고 새 왕비를 뽑을 때 에스더를 궁중으로 들여보내어 왕비가 되도록 만들었다. 이미 페르시아 제국은 거의 전 세계를 재패하여 이스라엘과 예루살렘까지도 페르시아의 지배를 받고 있었다. 이럴 때 유대인 처녀가 대제국의 왕비가 되었는데, 중요한 것은 모르드개와 에스더를 비롯하여 페르시아 전역에 흩어져 살고 있던 유대인들은 모두가 같은 정체성을 가지고 있었다는 것이다. 오늘 우리도 여러 종류의 종교와 각각의 자유로운 사상을 가진 다양한 정체성을 가진 사람들 사이에서 우리 그리스도인의 정체성을 지켜야 한다는 점에서 모르드개가 처한 상황과 동일하다고 볼 수 있다.

모르드개가 어떤 생각으로 에스더를 왕비 후보자로 들여보냈는지는 알 수가 없다. 하지만 포로가 된 지 4대가 지났기 때문에 이미 외부적으로는 페르시아 백성들 중의 하나로 자리매김하였으며 더구나 페르시아 도성 수산성에 살고 있는 유대계 페르시아인으로 외적인 정체성이 이미 확립되어 있었다는 것을 생각한다면 그 나라에서 무엇인가 할 수 있는 일을 하는 것에 무슨 큰 목적을 둘 수는 없을 것이다. 그러나 그럼에도 불구하고 무엇인가를 할 때의 기본적인 정체성이 바로 우리 그리스도인들이 소유해야 할 정체성인 것이다.

오늘날에도 그리스도인들이 가지고 있는 직업은 너무나도 다양하고 하는 일들도 이 세상 사람들과 다를 것이 없을 것이다. 모르드개가 사촌동생 에스더를 왕비 후보자로 들여보낸 것 자체는 얼마든지 그럴 수 있다고 생각되지만 에스더를 왕비로 만드신 분은 여호와 하나님이라고 말할 수 있을 것이다. 그것은 후에 하나님께서 에스더를 사용하여 유대 민족을 살려내신 과정을 보면 확신을 가질 수 있다. 에스더가 왕비가 되지 않았더라면 유대 민족은 지상에서 사라져버렸을 것이기 때문이다.

한 가지 특이점이라고 할 수 있는 것은 모르드개가 에스더를 왕궁으로 들여보내면서 유대 민족이라는 사실을 밝히지 말라고 명령

했다는 점이다. 정확한 의도는 알 수가 없으나 한 가지 추정해볼 수 있는 것은 당시 페르시아인들은 유일신만을 섬기는 유대 민족들에 대해서 다소 반감을 가지고 있지는 않았을까 하는 생각이다. 이것은 나중에 유대인들을 멸망시키려고 했던 하만의 의도에 대해 다른 반응이 나오지 않았다는 점에서 합당성을 찾을 수 있을 것이다. 오늘날 기독교가 그렇다. 물론 기독교에 호의적인 사람들도 많을 것이다. 대개는 신경 쓰지 않거나 일부는 반감을 가지고 있을 것이다. 교회가 세상에서 빛과 소금이 되지 못하기 때문에 이런 반응은 당연한 일이다. 아무튼 유대인 모르드개가 페르시아에서 살아가는 방식과 그리스도인인 우리가 불신 세계에서 살아가는 방식에는 일정한 원리가 적용되어야 할 것이다.

"에스더가 자기의 민족과 종족을 말하지 아니하니 이는 모르드개가 명령하여 말하지 말라 하였음이라"(에 2:10)

비록 사촌동생이 왕비가 되었지만 그렇다고 특별한 혜택이 주어지거나 더 많은 것을 누리는 것도 아니었던 것 같다. 물론 분명한 것은 아니지만 일단 모르드개가 출세나 성공을 목적으로 그랬던 것 같지는 않다. 그래도 모르드개는 정부의 관리직을 맡았던 것 같다. 아무튼 유대인인 모르드개는 왕에게 충성을 다하기 위하여 매사에 섬김의 도리를 다하고 있었다. 그는 직무를 보는 가운데 두 사람의 내시가 왕을 암살하려는 계획을 알아차린다. 어떤 길을 통하여 알게 되었는지는 모르지만 확실한 증거를 잡았던 것 같다. 아

직 왕에게 직접 고할 만한 위치에는 있지 않아서 왕후 에스더에게
이 사실을 알렸고 에스더를 통하여 왕에게 아뢰게 하고 증거가 확
실하여 그들을 사형에 처하게 되었다. 그리스도인들도 사회적인
일에 관심을 가지고 확실한 태도를 견지해야 한다. 아무튼 모든 일
을 세심하게 살피고 있었던 모르드개를 통하여 나중에 이 사건으
로 인하여 유대 민족은 구원에 이르게 되었던 것이다.

> "모르드개가 대궐 문에 앉았을 때에 문을 지키던 왕의 내시 빅단과 데레스
> 두 사람이 원한을 품고 아하수에로 왕을 암살하려는 음모를 꾸미는 것을
> 모르드개가 알고 왕후 에스더에게 알리니 에스더가 모르드개의 이름으로
> 왕에게 아뢴지라 조사하여 실증을 얻었으므로 두 사람을 나무에 달고 그
> 일을 왕 앞에서 궁중 일기에 기록하니라"(에 2:21~23)

그런데 모르드개와 에스더와 유대 민족에게 뜻하지 않은 큰 위
기가 닥친다. 갑자기 왕에게 중용된 아각 사람 하만 때문이었다.
모르드개는 하만에게 무릎을 꿇지도 않고 절하지도 않았다. 그것
이 왕의 명령이었음에도 불구하고 하만에게 절하지 않은 정확한
이유는 알기 어렵지만 아마도 하만이 자신에게 지나치게 예를 다
하라고 명했기 때문이 아닌가 싶다. 말하자면 신적인 권위를 내세
우지 않았을까 하는 생각이다. 이것은 주변 사람들이 이 점을 지
적했을 때 자신이 유대인이라는 사실을 밝힌 데에서 추정할 수 있
는데, 왜냐하면 유대인들은 여호와 하나님 이외에는 누구에게든지
그렇게 신적인 절을 결코 하지 않기 때문이다.

"대궐 문에 있는 왕의 신하들이 모르드개에게 이르되 너는 어찌하여 왕의 명령을 거역하느냐 하고 날마다 권하되 모르드개가 듣지 아니하고 자기는 유다인임을 알렸더니 그들이 모르드개의 일이 어찌 되나 보고자 하여 하만 에게 전하였더라"(에 3:3~4)

모르드개가 이렇게 행동한 것은 우리들에게도 굉장히 중요한 점을 알려주는데, 우리가 하나님 이외에 다른 어떤 조건이나 사람에게 지나치게 의존하는 경향이 있다면 우리는 모르드개에게서 배워야 할 것이다. 물론 하만처럼 그렇게 하는 사람은 없을 것이다. 그러나 돈이나 권력이나 인기가 높은 사람에게 무엇인가 기대를 하고 그들과 가까이 하려고 한다면 유대인들이 하나님 이외의 다른 어떤 것에 무릎을 꿇고 절을 하는 것과 조금도 다를 바가 없는 것이다. 분명히 모르드개는 페르시아라는 이방나라에서 왕의 신하로 일하고 있지만 유대인으로서의 정체성을 결코 조금도 버리지 않았다. 모든 일 가운데 섬김의 도리를 다하고 있지만 신앙의 정체성을 버린다면 그런 모든 섬김도 하나님과는 아무런 관계도 없는 인간적임 섬김에 불과하게 될 것이다. 우리의 섬김은 누구를 높이기 위한 것인가? 예수 그리스도를 높이기 위한 것이다.

하지만 그렇게 그리스도인으로서의 정체성을 가지고 섬긴다고 해서 모든 일이 잘 되고 복을 받는 것은 아니다. 모르드개의 섬김은 분명히 하나님께서 기뻐하시지만 그렇기 때문에 오히려 대적들의 표적이 될 수가 있는 것이다. 모르드개의 이 행위가 유대 민족 전체의 위기로 바뀔 줄이야 누가 알았겠는가? 하만이 자기에게 결코 꿇고 절하지 않는 모르드개를 대할 때마다 극심한 분노를 느꼈다. 그런데 모르드개가 이미 유대인이라는 사실을 밝혔기 때문에 모르드개뿐만 아니라 평소에도 좋지 않게 보았던 유대인들 모두를 멸하기로 마음을 먹게 되었다. 민족적으로 큰 위기에 닥쳤던 것이다. 하지만 이것은 모르드개의 책임이 결코 아니다. 왜냐하면 모르드개는 하나님께 대한 도리를 다한 것이기 때문이다. 우리가 그리스도인으로서의 섬김의 도리를 다해도 우리를 대적하는 사람들이 생기게 되어 있다. 그렇다고 그것이 무서워서 섬김을 중단할 수는 없다. 우리는 그리스도인로서의 삶의 방식을 버릴 수 없다.

"하만이 모르드개가 무릎을 꿇지도 아니하고 절하지도 아니함을 보고 매우 노하더니 그들이 모르드개의 민족을 하만에게 알리므로 하만이 모르드개만 죽이는 것이 부족하다고 생각하고 아하수에로의 온 나라에 있는 유다인 곧 모르드개의 민족을 다 멸하고자 하더라"(에 3:5~6)

그리하여 하만의 계교는 왕에게 그대로 통하여 페르시아 전 지역에 흩어져 살고 있는 모든 유대인들이 멸망당할 위기에 처하고 말았다. 이 위기는 이스라엘 땅에 살고 있는 유대인들까지 전부 포함된 것이었다. 이 때 만약에 모든 유대인들이 죽었다면 그 이후의 느헤미야나 에스라의 귀환도 없었을 것이고 이스라엘 민족에게 오실 메시아 예수님도 다른 방식을 통하여 오셨을 것이다. 얼마나 큰 위기의 사건인지 모른다. 모르드개의 신앙이 문제를 일으켰지만 이제 그 문제는 모르드개나 에스더나 유대인들의 문제가 아니라 하나님의 문제가 되었던 것이다. 우리의 섬김의 삶은 모든 것이 하나님의 문제라는 인식을 가져야 한다. 우리가 세상에 꿇고 절하는 방식의 삶을 살면 그것은 하나님의 문제가 결코 아니다. 그러나 우리의 정체성을 똑바로 지키면서 살면 모든 것이 하나님의 문제가 되는 것이다.

> "이에 그 조서를 역졸에게 맡겨 왕의 각 지방에 보내니 열두째 달 곧 아달월 십삼일 하루 동안에 모든 유다인을 젊은이 늙은이 어린이 여인들을 막론하고 죽이고 도륙하고 진멸하고 또 그 재산을 탈취하라 하였고"(에 3:13)

모르드개가 할 수 있는 것은 하나님 앞에 무릎을 꿇는 수밖에 없었다. 개인의 문제가 아니라 민족의 문제, 하나님의 선민들의 문제가 되었던 것이다. 비록 전 세계에 흩어져 살고 있지만 그들은 이스라엘 공동체였다. 오늘 우리가 그렇다. 모든 교회는 주님의 몸이다. 기독교인들은 하나의 공동체라야 한다. 모르드개의 섬김은 공동체 신앙에 국한된 것이 아니라 아예 민족의 문제가 되어버렸다.

> "모르드개가 이 모든 일을 알고 자기의 옷을 찢고 굵은 베 옷을 입고 재를 뒤집어쓰고 성중에 나가서 대성통곡하며 대궐 문 앞까지 이르렀으니 굵은 베 옷을 입은 자는 대궐 문에 들어가지 못함이라 왕의 명령과 조서가 각 지방에 이르매 유다인이 크게 애통하여 금식하며 울며 부르짖고 굵은 베 옷을 입고 재에 누운 자가 무수하더라"(에 4:1~3)

그러나 이제 이스라엘의 문제는 하나님의 문제가 되어 하나님께서 개입하기 시작하셨다. 물론 모르드개와 에스더의 믿음을 사용하셨다. 하나님이 아니시면 이것은 결코 풀 수 있는 문제가 아니었다. 하나님은 특별히 모르드개가 아하수에로 왕을 암살하려고 하는 자들을 물리친 사건을 기억하게 하셨다. 길게 설명할 수는 없지만 하필 에스더가 왕께 사정을 아뢰기로 한 전날 밤에 왕으로 하여금 이 기록을 읽게 하시고 모르드개를 높이셨다. 그 결과 하만이 모르드개를 매달려고 높이 세운 장대에 오히려 하만 자신이 매달려 죽고 말았다.

"그 날 밤에 왕이 잠이 오지 아니하므로 명령하여 역대 일기를 가져다가 자기 앞에서 읽히더니 그 속에 기록하기를 문을 지키던 왕의 두 내시 빅다나와 데레스가 아하수에로 왕을 암살하려는 음모를 모르드개가 고발하였다 하였는지라"(에 6:1~2)

그 후에 모르드개는 왕의 신임을 받아 모든 민족들의 존경을 받는 위치에 올랐다. 그리스도인들은 낮춤과 섬김으로 많은 사람들을 기쁘게 하는 사람들이지만 그렇다고 다른 사람들이 낮추어 볼 수 있는 사람들은 아니다. 비록 낮은 자리에서 그들과 함께 살지만 그들로부터 쉽게 범할 수 없는 권위를 가진 사람이어야 한다. 예수님도 세리와 죄인들의 친구였지만 그렇다고 그들이 예수님을 자기들과 동등한 사람으로 볼 수는 없었다. 그리스도인들은 아무리 세상이 험악하고 복잡해도 스스로의 기준을 명확하게 지키는 사람들이다. 생업의 일을 하든 사역을 감당하든 우리는 세상의 기준이 되는 사람들이다. 사회적으로 복잡한 문제를 만났을 때 교회에 상담을 하게 만들어야 한다. 그것은 몇 사람의 섬김으로 되는 일이 아니다. 우리는 교회전체를 생각하고 섬기는 사람들이다. 우리의 섬김 하나하나가 교회공동체를 살리는 일인 것이다.

> "각 지방 모든 지방관과 대신들과 총독들과 왕의 사무를 보는 자들이 모르드개를 두려워하므로 다 유다인을 도우니 모르드개가 왕궁에서 존귀하여 점점 창대하매 이 사람 모르드개의 명성이 각 지방에 퍼지더라"(에 9:3~4)

3. 회복의 섬김 – 에스라와 느헤미야

성경에서 포로시대의 인물들에 관한 이야기는 몇 사람 나오지 않는다. 그 중에서 포로귀환시대의 두 인물을 통하여 어떻게 이스라엘의 회복이 임하게 되는지를 살펴보려고 한다. 포로시대 페르시아의 고레스 왕 원년에 예루살렘에 성전을 건축하라는 영이 내려지고(BC 538년), 유다와 베냐민 후손들 42,360명과 종들 7,537명이 과거에 탈취당했던 성전 기물과 후원물품들을 가지고 예루살렘으로 귀환하여 성전을 짓기 시작한다(스 1~3장). 이방 족속들의 훼방으로 약 16년 정도 성전건축은 중단되지만 4년 후에 마침내 스룹바벨 성전이 완공된다(BC 516년). 그리고 70년 만에 예루살렘 성전에서 유월절을 지키기에 이른다(스 6:19~22). 그 후 아닥사스다(아하수에로의 아들) 7년에 제2차 포로귀환이 허락되어(BC 458년) 에스라가 이들과 함께 예루살렘에 들어옴으로써 본격적인 이야기가 시작된다.

아닥사스다 왕의 명에 의해 약 1,775명의 유다인들이 예루살렘으로 돌아오는데 왕이 조서에서 이스라엘의 율법을 따라 에스라로 하여금 유다 지역을 잘 다스리게 하고 여호와의 성전에 드릴 예물도 제공하고 다른 지방에서도 물자를 아낌없이 도와주라고 명하였다.

> "에스라여 너는 네 손에 있는 네 하나님의 지혜를 따라 네 하나님의 율법을
> 아는 자를 법관과 재판관을 삼아 강 건너편 모든 백성을 재판하게 하고 그
> 중 알지 못하는 자는 너희가 가르치라"(스 7:25)

아닥사스다 왕이 이렇게 결정한 데에는 다른 민족들의 신이라 할지라도 노하게 하여 페르시아에 손해를 끼칠 일은 하지 않기 위해서였다. 아무튼 에스라가 처한 상황은 다니엘이나 모르드개처럼 페르시아 지역에 사는 것은 아니고 또 오늘날처럼 이방나라에서 기독교 신앙을 지켜야 하는 상황과는 다소 다르지만, 여전히 아닥사스다 왕의 지시를 받는 식민지의 상황인 만큼 본질은 변하지 않는다. 왜냐하면 비록 예루살렘에 성전을 건축했고 에스라가 민족을 지도하기 위해 귀국했지만 주변상황은 여전히 이방인들에 의해 침범을 받거나 훼방을 받고 있었기 때문이다.

> "무릇 하늘의 하나님의 전을 위하여 하늘의 하나님이 명령하신 것은 삼가

행하라 어찌하여 진노가 왕과 왕자의 나라에 임하게 하랴"(스 7:23)

    학사 겸 제사장인 에스라는 귀국하기로 결정되었을 때 예루살렘에서 어떤 일을 할 것인가를 하나님 앞에 다짐하는데 그것은 당연하지만 여호와의 율법을 연구하여 준행하고 모든 것을 백성들에게 가르치기로 한 것이었다. 이 율법은 오늘날로 보면 그리스도의 복음이다. 물론 율법과 복음은 본질적으로는 동일하지만 다른 면이 상당히 많다. 율법을 율법 그대로 지키는 것이 구약 시대였다면 복음은 무엇을 지키거나 그대로 따라서 행하는 것이 아니기 때문이다. 복음은 교회중심의 삶을 사는 것은 맞지만 그것이 이방인들과의 삶 가운데에서 펼쳐져야 진짜 복음이 되는 것이다. 곧 신앙생활과 함께 삶 속에서의 섬김이 이루어져야 참된 복음이 되는 것이다. 예수님께서 그렇게 사셨기 때문이다.

> "에스라가 여호와의 율법을 연구하여 준행하며 율례와 규례를 이스라엘에게 가르치기로 결심하였었더라"(스 7:10)

    그런데 에스라는 관리들에 의해 뜻밖의 사실을 알게 된다. 스룹바벨의 성전 건축 때 귀환했던 제사장들과 레위인들과 백성들이 당시 가나안 땅에 거주하던 이방족속들의 여자들을 아내나 며느리로 맞이하는데 고관들에게서 이런 경우가 더 많다는 것이었다. 민음의 순수성을 유지하기 위해서 우상을 섬기는 이방인들과 혼인관계를 맺지 못하도록 율법에 기록되어 있는데 오히려 지도자들이 이런 일에 앞장서고 있다는 것이었다. 스룹바벨의 성전건축 후 불과 57년 정도 되었을 때 이런 일이 일상화될 정도로 유다의 신앙은 타락해 있었다. 이것은 오늘날의 기독교의 형편과 너무나도 똑같은 현상이다.

> "이 일 후에 방백들이 내게 나아와 이르되 이스라엘 백성과 제사장들과 레위 사람들이 이 땅 백성들에게서 떠나지 아니하고 가나안 사람들과 헷 사람들과 브리스 사람들과 여부스 사람들과 암몬 사람들과 모압 사람들과 애굽 사람들과 아모리 사람들의 가증한 일을 행하여 그들의 딸을 맞이하여 아내와 며느리로 삼아 거룩한 자손이 그 지방 사람들과 서로 섞이게 하는데 방백과 고관들이 이 죄에 더욱 으뜸이 되었다 하는지라"(스 9:1~2)

에스라는 기가 막혀 속옷과 겉옷을 찢고 저녁때까지 앉아 있다가 성전 안에서 울면서 하나님께 회개기도를 드린다. 그 때 일부 백성들이 그 소식을 듣고 모였는데 사흘 안에 모두 예루살렘으로 모이라고 공표하고 그 때 모든 백성들은 이방인 아내와 며느리들을 다 내보내기로 결단하고 실행하게 된다. 에스라서 10장에는 이방인과 통혼한 사람들의 명단까지 제시되어 있다. 이것이 에스라의 개혁운동이었다. 이것은 무엇인가? 온갖 세상적인 방식과 풍습들이 교회 안에 판을 치고 있어서 세상과 교회가 구별되지 못한 이 시대의 상황과 너무나도 똑같다. 믿지 않는 가정과 통혼하지 말라는 말이 아니다. 교회조차도 부흥이니 비전이니 하면서 주님과 관계없는 헛된 일들만 추구하고 모두들 그것을 따라가려는 모습으로는 하나님께서 아무 일도 하실 수가 없다. 지금 복음을 회복하려는 섬김이 너무나도 부족하다. 율법을 회복시키는 에스라에게서 모든 것을 배워야 한다.

> "곧 내 주의 교훈을 따르며 우리 하나님의 명령을 떨며 준행하는 자의 가르침을 따라 이 모든 아내와 그들의 소생을 다 내보내기로 우리 하나님과 언약을 세우고 율법대로 행할 것이라"(스 10:3)

그렇게 에스라에 의해 신앙이 회복된 후 13년의 세월이 흐른 아닥사스다 20년에 왕의 최측근이었던 느헤미야가 왕의 명을 받고 예루살렘 성을 재건할 자재들까지 확보하고 예루살렘으로 돌아온다. 이번에도 방해자가 나타나지만 유다 백성들은 파수꾼을 세우고 무기를 들고 성을 쌓아나갔고 착공한 지 52일 만에 성벽 재건을 완공하게 된다. 그리고 느헤미야는 오래 동안 지켜지지 않았던 초막절을 율법에 기록된 대로 지키게 하였고, 에스라는 율법책을 낭독하고 레위인들은 그 율법을 해석해 주었다. 그러자 백성들이 절기를 즐겁게 지키면서도 크게 회개하고 죄를 자복하게 된다. 그리고 모든 백성의 대표들이 언약에 인봉하고 본격적인 개혁에 들어간다.

느헤미야가 일으킨 개혁은 크게 네 가지로 정리할 수 있다. 첫째, 하나님의 총회에 들어올 수 없는 암몬과 모압 자손을 쫓아내 유다 민족을 구별했다(느 13:1~4). 둘째, 성전의 방을 회복시켰다. 대제사장 엘리아십이 암몬 사람 도비야와 혼인을 맺고 성전의 거룩한 방을 내주었는데 그들을 쫓아내었다(느 13:4~9). 셋째, 안식일을 바로 지키도록 개혁했다(느 13:15~22). 넷째, 이방인과의 혼인을 다시 금지시켰다. 얼마 세월이 흐르지도 않았는데 백성들 중에는 여전히 이방족속들과 통혼하고 자녀를 낳은 백성들이 등장했던 것이다.

"그 때에 내가 또 본즉 유다 사람이 아스돗과 암몬과 모압 여인을 맞아 아내로 삼았는데 그들의 자녀가 아스돗 방언을 절반쯤은 하여도 유다 방언은 못하니 그 하는 말이 각 족속의 방언이므로 … 너희가 이방 여인을 아내로 맞아 이 모든 큰 악을 행하여 우리 하나님께 범죄하는 것을 우리가 어찌 용납하겠느냐"(느 13:23~24, 27)

에스라와 느헤미야가 일으킨 신앙개혁의 본질은 무엇인가? 율법을 바로 세우는 것이다. 무너졌던 율법, 망각되었던 율법, 무시당하고 더럽혀지고 땅에 떨어졌던 율법을 다시 회복하는 것이 그들의 신앙개혁이었다. 그 당시 이스라엘에서는 한 마디로 율법은 율법이 아니었다. 그런데 율법이 얼마나 소중한가? 유다 백성들에게 생명은 바로 율법이었다. 그들의 민족성을 지켜주고 유대인을 유대인답게 만드는 것이 바로 율법이다. 오늘날에는 그것이 복음이다. 복음이 우리를 그리스도인으로 만들어준다. 우리들이 세상속에서 이웃들을 섬기는 일은 바로 복음이 복음 되게 하는 일이다. 삶이 없으면 복음을 드러낼 수가 없고 하나님께 영광을 돌려드릴 수가 없다. 에스라와 느헤미야가 일으킨 신앙개혁은 바로 그런 것을 회복시키는 일이었다.

하지만 오늘날에는 모든 그리스도인들이 전부 에스라와 느헤미야가 되어야 한다. 어떤 특출한 지도자가 신앙을 개혁하는 것이 아니다. 우리 모두가 에스라와 느헤미야라면 우리가 복음을 회복하는 사람들이라는 사실을 깨닫고 있어야 한다. 다른 사람들에게 복음을 회복시키려고 하지 말고 우리 자신에게 복음을 회복시켜야 한다. 우리가 꿈꾸는 세상? 아니다. 우리가 꿈꾸는 우리들 자신이어야 한다. 우리 자신이 꿈꾸는 대로 변화되면 세상도 우리들이 꿈꾸는 곳으로 바뀐다. 동시에 그것은 세상을 변화시킬 수 있는 가장 효과적인 섬김이라는 사실을 알아야 한다. 복음에 생명을 걸어야 한다. 그 길만이 우리를 회복하고 세상을 회복하는 유일한 길이다.

4. 신약시대의 섬김

신약시대의 믿음과 구약시대의 믿음에는 상당한 차이가 있다. 예수님께서 모든 것을 이루시기 이전과 이후의 믿음이 같을 수는 없다. 물론 믿음의 본질은 동일하다. 구약에서 제사를 통한 죄 사함의 믿음으로 하나님의 의를 이루었다면 신약에서도 죄 사함의 믿음으로 구원에 이르게 되기 때문이다. 다만 구약에서는 제물의 피로 이루어지는 제사였다면 신약에서는 예수님께서 단 한 번에 완전한 제물이 되셔서 우리의 구원을 이루셨다는 차이가 있을 것이다. 하지만 그 차이는 실로 엄청난 것으로서 신앙인의 삶 자체의 목적과 목표와 방식을 완전히 바꾸는 것일 수밖에 없는 것이었다.

예를 들어 물질에 대한 복에 있어서 구약은 그 물질을 통하여 하나님의 임재와 능력과 은혜를 누릴 수 있는 것이었지만 신약에서는 물질 자체는 아무런 의미도 없어지고 다만 그것은 하나님의 뜻을 이루는 데 필요한 수단 정도가 될 뿐인 것이다. 그런데 여전히 물질이나 성공이나 번영과 같은 복을 추구하면서 산다면 그에게는 그리스도가 아직 오지 않으신 것과 마찬가지인 것이다.

구약과 신약의 차이는 섬김의 목적과 목표와 수단에서도 근본적인 차이가 있다. 그리스도인의 생활 자체가 그리스도를 섬기는 기본적인 마음가짐으로 이루어져야 하는 것이 바로 섬김의 기본자세가 되는 것이다. 섬김의 대상 자체가 구약에서는 단지 이스라엘 민족과 그 공동체에 들어온 이방인에 국한된 것이었지만, 신약에서는 같은 성도들이든 하나님을 믿지 않고 배척하는 세상 사람들이든 동일한 잣대로 섬겨야 하게 된 것이다. 그것은 순전히 그리스도의 이름으로 그리스도를 섬기듯이 사람을 섬겨야 하나님께서 영광을 받으시기 때문이다. 신앙의 목적 자체가 구약에서는 여호와 신앙을 철저하게 수호하는 일이었지만 신약에서는 성도들의 삶의 방식을 통하여 여호와 신앙을 사람들에게 많이 알리는 것으로 변경되었다. 그것이 본래의 하나님의 뜻에 더욱 가까워지는 일인 것이다. 사실 그 목적은 구약시대에도 동일했지만 이스라엘이 그것을 오해하여 자기들만의 율법으로 고착시키고 민족 대 민족의 대결 구도로 만들어버렸던 것이다.

그러면 신약시대 곧 이방나라에서의 여호와 신앙을 지켜야 하는 기독교 시대에 우리가 본받아야 할 모델을 성경에서 찾아보아야 할 것이다. 우선 우리는 브리스길라과 아굴라 부부를 살펴보기로 한다. 이들은 공생애 때의 예수님이나 부활하신 예수님을 직접 본 적이 없는 사람들이다. 오직 영적으로 예수님과 인격적인 만남을 가진 사람들이다. 고린도에서 사도 바울을 만나게 된 이들은 구원의 감격을 잃어버리지 않고 무슨 일에든지 바울과 함께 동역하기를 원했다. 바울은 이들을 가리켜 동역자요 목숨이라도 내어놓을 사람들이라고 말한 바가 있다.

"너희는 그리스도 예수 안에서 나의 동역자들인 브리스가와 아굴라에게 문안하라 그들은 내 목숨을 위하여 자기들의 목까지도 내놓았나니 나뿐 아니라 이방인의 모든 교회도 그들에게 감사하느니라"(롬 16:3~4)

브리스길라와 아굴라는 유대인으로서 로마에서 살던 사람들이었다. 서기 49년에 유대인 추방령을 내렸을 때 로마를 떠나 고린도로 온 사람이었다. 마침 사도 바울이 2차 전도여행을 위해 고린도에 왔을 때 이들 부부와 만나게 되었는데 그것은 바울과 아굴라가 천막 만드는 일을 생업으로 삼고 있었기 때문이었다. 바울은 어느 곳에 가든지 천막 만드는 일을 해서 생활비를 충당하는 자비량 선교를 하고 있었다. 바울은 이들과 함께 안식일마다 유대인 회당을 찾아다니면서 복음 전하는 일을 하고 있었다. 일정한 직업이 있으면서 사도 바울을 도와 함께 선교활동을 한 데에서 오늘날의 상황과의 유사점을 발견할 수 있다. 물론 모든 그리스도인의 삶을 여기에 적용할 수는 없겠지만 원리적으로 선교적인 삶의 방식을 살펴서 세상을 섬겨야 하는 오늘날과 동일하다는 것이다. 그리스도인의 삶은 선교적이어야 하며 섬김은 기본 원리라는 말이다.

> "아굴라라 하는 본도에서 난 유대인 한 사람을 만나니 글라우디오가 모든
> 유대인을 명하여 로마에서 떠나라 한 고로 그가 그 아내 브리스길라와 함
> 께 이달리야로부터 새로 온지라 바울이 그들에게 가매"(행 18:2)

우리가 한 가지 꼭 좋은 모델로 삼아야 하는 것은 브리스길라와 아굴라가 단지 사도 바울을 옆에서 섬기기만 한 것은 아니었다는 점이다. 그들이 에베소에서 아볼로라는 성경에 능통한 사람을 만나게 되었는데, 이 사람이 예수를 전하지만 요한의 세례까지밖에는 알지 못하는 것을 보고 따로 만나 하나님의 도를 더 정확하게 가르쳤던 것이다. 후에 이 아볼로가 아가야라는 곳으로 떠나는데 그곳에서 많은 사람들에게 신앙적으로 유익을 끼치고 예수님은 그리스도라고 설명하여 논쟁을 이겼다고 했다. 브리스길라와 아굴라 부부의 신앙이 큰 제자를 만들어내고 있었던 것이다. 단지 이웃과 세상을 그리스도의 마음으로 섬기는 것만으로는 오늘날 신앙은 많이 부족하다. 구약 시대처럼 제사장이나 율법교사에게 신앙을 의지해야 하는 것이 아니다. 신약시대에는 예수님과의 일대일의 관계를 성숙시켜야 하는 것이다.

> "그가 회당에서 담대히 말하기 시작하거늘 브리스길라와 아굴라가 듣고 데
> 려다가 하나님의 도를 더 정확하게 풀어 이르더라 아볼로가 아가야로 건너

가고자 함으로 형제들이 그를 격려하며 제자들에게 편지를 써 영접하라 하였더니 그가 가매 은혜로 말미암아 믿은 자들에게 많은 유익을 주니 이는 성경으로써 예수는 그리스도라고 증언하여 공중 앞에서 힘 있게 유대인의 말을 이김이러라"(행 18:26~28)

브리스길라와 아굴라 부부에게 있어서 중요한 한 가지 이야기는 이들 부부가 로마와 고린도에서 자기들의 집 혹은 사업장을 교회로 제공하고 있었다는 점이다. 곧 브리스길라와 아굴라 부부는 가정과 생업과 교회와 복음사역이 일체가 된 보기 드문 신앙인임에 틀림이 없다. 더구나 사역자가 아니라 성도로서 이렇게 한다는 것은 복음을 위해 살았다는 증거가 되기에 충분할 것이다. 물론 각 사람이 처한 상황이 너무나도 다양하다. 선교적인 삶을 살기에는 너무 복잡하고 바쁠 수 있다. 그러나 시간적인 섬김을 말하는 것이 아니다. 섬김의 정체성을 가지고 사업을 하고 일을 한다면 얼마든지 선교적으로 살 수 있다. 그리스도인들은 한 사람이 각각의 선교사들이다. 그것이 오늘날 우리에게 요구되는 섬김의 자세이다.

" … 아굴라와 브리스가와 그 집에 있는 교회가 주 안에서 너희에게 간절히 문안하고"(고전 16:19)

"또 저의 집에 있는 교회에도 문안하라 … "(롬 16:5)

자세하게 설명할 수는 없지만 브리스길라와 아굴라 부부는 신약시대의 섬김과 삶의 정형을 보여주고 있다. 물론 성경에는 이들이 어려운 사람들을 구제하고 도와주는 직접적인 장면은 나오지 않는다. 그리고 실제로도 바울과 생업까지도 함께하면서 힘이 되어 주고 동행하면서 할 수 있는 일을 힘을 다해 감당했을 것이다. 하지만 만약에 브리스길라와 아굴라가 현대 한국에서 활동했었다면, 그리고 바울과 같은 위대한 사역자를 협력하는 것이 아니라 단순하게 사업을 운영하면서 그리스도인의 삶을 살고 있다고 가정한다면 그들은 틀림없이 선교적인 섬김의 삶을 살았을 것이다. 사도행전 9장에 나오는 다비다(도루가)나 10장에 소개된 고넬료와 같은 삶을 살았을 것이 틀림이 없을 것이다. 그것이 복음적이고 선교적인 섬김의 삶이기 때문이다.

한편 사도 바울이 빌립보에 가서 만났던 루디아라는 사업가가 있었다. 그녀는 이미 하나님을 섬기는 사람이라고 하였다. 바울의 말을 듣고 참된 복음을 받아들이고 가족들이 전부 세례를 받았다. 알려진 바로는 빌립보교회가 바로 이 루디아의 집에 세워졌다고 한다. 오늘날 현대적인 해석은 그리스도인 한 사람 한 사람이 각각의 교회라고 한다. 우리가 성령님께서 거하시는 하나님의 성전(고전 3:16)이기 때문에 타당한 말이다. 그렇다면 그리스도인 한 사람 한 사람은 각각의 교회의 역할과 사명을 다해야 한다. 루디아 뿐만 아니라 브리스길라와 아굴라 및 또 다른 여러 사람들이 자신의 집을 기꺼이 교회로 내놓았다. 그것이 말로만이 아니라 실천적인 행동으로서의 교회의 기능을 다하는 것이다. 물론 성도들이 전부 다 자기 집을 교회로 내놓으라는 말이 아니다. 각자의 삶 자체가 교회의 역할과 기능을 감당해야 한다는 말이고 그것이 참된 섬김의 삶이라는 것이다. 우리가 꿈꾸는 세상은 우리 자신이 각각의 교회가 되는 것이어야 할 것이다.

> "두아디라 시에 있는 자색 옷감 장사로서 하나님을 섬기는 루디아라 하는 한 여자가 말을 듣고 있을 때 주께서 그 마음을 열어 바울의 말을 따르게 하신지라 그와 그 집이 다 세례를 받고 우리에게 청하여 이르되 만일 나를 주 믿는 자로 알거든 내 집에 들어와 유하라 하고 강권하여 머물게 하니라"(행 16:14~15)

5. 현대적 포로기의 소망

예수님은 세상에 대해서 어떤 꿈을 가지고 계셨을까? 이 꿈을 우리가 분명하게 알 수 있다면 우리가 살아 나아가는 방향과 방식을 보다 쉽게 깨달을 수 있을 것이다. 우리가 흔히 착각하는 것 중의 하나는 예수님은 어떻게 하든지 한 영혼이라도 교회에 초청하여 성도를 만드는 것을 기뻐하실 것이라는 생각이다. 물론 그 영혼들을 전도하여 그리스도인으로 만드는 것은 너무나도 귀중한 일이다. 교회 부흥이니 성장이니 하는 말을 하지 않더라도 한 영혼 한 영혼을 구원하는 일은 가장 고귀한 일이고 하나님의 뜻에 맞는 일이다. 그러나 예수님은 그렇게 전도하여 교회로 인도하는 일 자체를 원하시는 것이 아니라 예수님의 제자다운 삶을 더욱 원하신다. 구원은 믿음으로 이루어진다. 그 믿음은 살아있어야 한다. 믿음이 살아있으려면 그리스도인다운 삶의 방식으로 살아야 하는 것이다. 예수님께서 3년 동안 보여주신 방식은 섬김의 방식이었다. 섬김의 개념을 모르고 있다면 아직 그 구원은 완전한 것이 아니다.

"영혼 없는 몸이 죽은 것 같이 행함이 없는 믿음은 죽은 것이니라"(약 2:26)

먼저 우리는 하나님께서 이 세상에 대하여 어떤 마음을 가지고 계시는가를 살펴보아야 한다. 하나님은 지금도 온 세상을 부르고 계신다. 하나님은 인간이 타락한 이후부터 줄곧 세상을 부르셨다. 물론 부르심의 방식은 시대와 환경에 따라 다양하겠지만 어떤 방식을 통하든지 끊임없이 사람들을 부르신다. 그것은 하나님의 꿈 때문이었다. 비록 모든 사람이 구원을 받지는 못하지만 하나님은 꿈을 이루시기 위해 온 세상을 부르시는 것이다.

"전능하신 이 여호와 하나님께서 말씀하사 해 돋는 데서부터 지는 데까지 세상을 부르셨도다"(시 50:1)

그리하여 그 복음이 온 세상 모든 민족에게 전파된 후에 하나님은 그 꿈을 접으실 것이다. 모든 민족이 예수님을 믿을 때 종말이 오는 것이 아니라 땅 끝까지 복음이 전파될 때 종말이 오는 것이다. 지금은 하나님께서 세상을 부르시는 거의 막바지에 이른 시대이다. 예수님의 재림이 가까웠다는 말이다. 그럴수록 우리는 섬김의 삶을 더욱 열심히 살아야 한다. 종말이 언제 오는가에 대해서는 크게 관심을 가질 필요가 없다. 종말 자체가 문제가 아니라 우리 자신이 종말적인 신앙을 가지고 그리스도의 섬김의 길을 걷고 있는가 하는 점이 훨씬 더 큰 진짜 문제라는 것을 알아야 한다.

"이 천국 복음이 모든 민족에게 증언되기 위하여 온 세상에 전파되리니 그 제야 끝이 오리라"(마 24:14)

너무나도 당연한 말이지만 하나님은 온 세상을 부르시기 위해 예수 그리스도를 이 땅에 보내주셨고 희생 제물로 삼으셨다. 근본 하나님의 본체이신 예수님께서 사람의 몸을 입으시고 종의 형체를 하시고 내려오셔서 십자가에서 세상의 모든 죄를 짊어지고 돌아가 셨다. 자, 그래서 어떻게 하라는 말인가? 예수님을 믿고 구원받았 으니 이제는 복된 삶을 살아가면 되는 것인가? 그것은 결코 아니 다. 하나님의 꿈은 우리 구원받은 그리스도인들을 통하여 온 세상 을 부르시는 것이기 때문이다. 그것이 아니라면 굳이 예수님께서 십자가에서 죽지 않으셔도 되었을 것이다. 그냥 하나님께서 원하 시는 사람들을 불러 모아서 따로 천국으로 인도하시면 되었을 것 이다. 물론 그렇게 구원하신다면 그들은 단지 아무 의지 없이 주인 의 말을 그대로 따르기만 하는 종들의 수준에 머물렀을 것이다.

"하나님이 세상을 이처럼 사랑하사 독생자를 주셨으니 이는 그를 믿는 자 마다 멸망하지 않고 영생을 얻게 하려 하심이라"(요 3:16)

그러면 우리를 위해 가장 낮은 인간의 모습으로 내려오셔서 십자가의 고통과 모욕을 참으신 예수님의 꿈은 무엇이겠는가? 예수님의 꿈도 하나님의 꿈과 본질상 동일하다. 하지만 예수님의 꿈은 보다 더 현실적이고 실천적이다. 예수님께서 직접 꿈을 말씀하신 적은 없다. 그러나 예수님의 모든 말씀 가운데 그 꿈이 고스란히 녹아있다는 사실을 알아야 한다. 우리의 꿈은 예수님의 꿈을 따라가는 것이다. 해 돋는 데서부터 지는 데까지 세상을 부르시는 하나님의 꿈은 예수님의 성육신을 통하여 구체화되었고, 예수님은 특정한 방식으로 그 꿈이 이루어지기를 원하신다.

예수님의 꿈은 크게 두 가지였다. 하나는 모든 제자들이 하나가 되는 꿈이었다. 어느 정도로 하나가 되기를 원하셨는가 하면 하나님과 예수님과 성령님이 하나가 된 것같이 제자들도 하나가 되기를 원하셨던 것이다. 그리스도인들이 공통된 꿈을 소유하고 방향을 맞추고 진전해나가지 못한다면 그리스도께서 꿈꾸시던 세상은 결코 올 수가 없다. 통일된 목표, 똑같은 과정을 말하는 것이 아니다. 오히려 그런 단일화된 과정이 아니라 다양한 방식과 형태의 신앙이 모여야 할 것이다. 그러나 목적과 방향은 같아야 한다. 하나가 되지 못하면 하나님의 계획은 이루어질 수가 없다. 하나가 되지 못한다면 복음은 그 어떤 것도 이루어질 수가 없는 것이다. 그래서 하나님은 말씀으로 하나가 되게 하시고 성령님으로 하나가 되게 하시는 것이다.

"나는 세상에 더 있지 아니하오나 그들은 세상에 있사옵고 나는 아버지께

로 가옵나니 거룩하신 아버지여 내게 주신 아버지의 이름으로 그들을 보전

하사 우리와 같이 그들도 하나가 되게 하옵소서"(요 17:11)

예수님의 두 번째 꿈은 하나님께서 제자들을 사랑하신 것을 세상이 알게 되는 꿈이었다. 그리스도인들의 모든 삶과 섬김은 그리스도 예수님을 드러내고 하나님께 영광을 돌려드리기 위한 일이다. 하지만 마치 우리가 주인공이고 하나님께서 시혜를 받으시는 것과 같은 모양이 되어서는 곤란하다. 우리의 섬김과 행동에 따라 사람들에게 하나님이 어떻게 보이는지가 결정되는 것은 사실이지만 그렇다고 우리가 무엇을 함으로써 하나님께서 영향을 받으시는 것은 결코 아니다. 오히려 우리가 가능한 모든 섬김을 다하는 것은 하나님께서 우리를 얼마나 사랑하시는지를 보이게 하는 것이어야 한다. 예수님께서 제자들이 하나가 되기를 원하시는 목적도 바로 여기에 있는 것이다.

"곧 내가 그들 안에 있고 아버지께서 내 안에 계시어 그들로 온전함을 이루어 하나가 되게 하려 함은 아버지께서 나를 보내신 것과 또 나를 사랑하심 같이 그들도 사랑하신 것을 세상으로 알게 하려 함이로소이다"(요 17:23)

이제 예수님의 꿈을 정리해보자. 앞에서 두 가지 꿈이 있다고 이야기했는데, 그러면 구체적으로 그 꿈은 어떻게 이루어질 수 있겠는가? 그것을 예수님의 세 번째 꿈이라고 한다면 그 꿈은 모든 그리스도인들의 참된 섬김이 온 세상에 넘치는 것이다. 왜냐하면

예수님께서 죽기까지 섬김으로써 온 세상을 부르시는 하나님의 꿈이 구체화되었다면, 그 예수님의 꿈도 역시 그리스도인들의 섬김을 통하여 온 세상을 부르실 수 있기 때문이다. 우리가 꿈꾸는 세상은 우리가 꿈꾸는 우리 자신에 의해 성취될 것이다. 곧 우리가 어떤 섬김의 삶을 사는가에 따라서 그 세상은 결정된다는 말이다. 물론 그 꿈은 완전히 성취되지는 않을 것이다. 하지만 하나님께서 계획하시고 부르시는 모든 사람들에 대한 모든 꿈은 결국 우리 그리스도인들을 통해서 성취될 것이다.

'우리가 꿈꾸는 세상'이라는 주제를 가지고 생각해본 이유는 말할 것도 없이 낮춤과 섬김의 삶을 통하여 복음이 넘쳐흐르기를 기대하기 때문이다. 우리는 섬김의 개념을 다른 각도에서 생각해보고 그리스도인들의 삶 전체로 확대해보았다. 특정한 이웃들에게 도움을 주고 함께 고민하며 문제를 해결해주는 것이 기본적인 이웃사랑이고 섬김의 모습이지만, 그리스도의 섬김을 본받고 따라가려면 좁은 의미로 국한시킬 것이 아니라 아예 그리스도인들의 모든 삶의 영역들이 전부 섬김이라는 의식을 가져야만 할 것이다. 비록 우리들의 꿈은 성령님께서 이루어주셔야 가능한 일이지만 적어도 우리는 후회 없는 섬김의 삶, 할 수 있는 모든 것을 쏟아 붓는 섬김의 인생이 되어야 할 것이다.

제15장
섬김의 실제를 위하여

이제 우리에게는 어떻게 세상을 실제적으로 섬길 것인가에 대한 문제가 남아있다. 우리는 지금까지 낮춤과 섬김의 의미와 개념들에 대해서 오직 성경말씀을 중심으로 살펴보았다. 이제 우리는 섬김의 원리를 따라 세상과 사람들을 섬겨야 한다. 하지만 성경에는 모든 경우가 세세하게 기록되어 있는 것은 아니다. 그리고 예수님과 초대교회 당시의 사회상황과 인식이 오늘날과 너무나도 다르기 때문에 과연 어떻게 적용해야 할지에 대해서도 깊은 분별이 필요할 것이다.

예수님은 과연 어떤 섬김을 원하시겠는가? 성경의 말씀을 종합해볼 때 예수님은 아마도 어떤 특정한 봉사현장으로 가서 도움을 주는 것이 아니라 우리 삶의 현장에서 옆집이나 건넛집에 관심을 가지고 있다가 그들이 어려운 형편에 처할 때 돌보는 섬김을 원하실 것이다. 물론 환경적으로 어려움당하는 이웃들을 찾아서 그들을 돌보는 일은 마땅히 우선적으로 섬겨야 할 일이다. 그러나 예수님은 어떤 일 자체에 관심을 두시는 것이 아니라 과연 어떤 마음으로 이웃을 섬기는가에 훨씬 더 큰 관심을 가지실 것이다. 바리새인들에게 섬김이 부족해서 예수님께서 그들을 비판하지는 않으셨을 것이다. 그들은 모든 일을 사람에게 인정받고 영향력을 지키기 위해 행했기 때문이었다. 따라서 이 책에서 지속적으로 살펴보았듯이 어떤 마음가짐과 자세로 섬기는가에 대해서 구체적으로 살펴볼 때에 우리의 섬김이 실제적으로 연결될 수 있을 것이다.

이번 장에서는 섬김의 다섯 가지 원칙에 대해서 생각해보고자 한다. 어떻게 예수님의 눈길로 모든 사람들을 바라볼 수 있을까 하는 마음가짐으로부터 시작해서 교회 안의 형제들을 어떻게 섬길 것인가, 우리가 삶 속에서 무수하게 만나게 되는 사람들을 구체적으로 어떻게 행동으로 섬길 것인가, 그리고 세상에서 소외되거나 차별받는 사람들을 어떻게 찾아서 섬겨야 할까, 마지막으로 개인 대 개인의 섬김이 아니라 교회공동체에서 어떻게 지역사회를 제대로 섬길 것인가에 대해서 생각해보고자 한다. 깊은 관심을 가지고 있으면 섬길 대상을 찾게 될 것이고 그들을 섬기다가 보면 다른 방향의 섬김에도 눈이 열릴 것이다.

1. 예수님의 눈으로 바라보기

만약에 우리가 꼭 필요로 하는 좋은 조건을 가지고 있고 우리를 도와줄 의향도 있는 어떤 사람이나 단체가 있다고 하자. 아첨을 하거나 사정을 하려고 하지 않는다고 할지라도 우리는 그 사람에게 좀 더 친절해지거나 더 큰 관심을 가질 것이다. 아니면 은근히 자신을 부각시키려고 할 수도 있을 것이다. 누군가 중간에 연결해줄 사람을 찾을 것이다. 태도나 행동을 그렇게 하지 않더라도 적어도 심리적으로 우리는 그 사람을 의존하려고 하는 마음이 생길 것이다. 여기에 해답이 있다. 우리는 우리의 도움을 필요로 하는 사람들을 찾을 때 마치 그렇게 나에게 큰 도움이 될 사람을 찾는 간절한 마음으로 찾아가야 한다. 왜 그렇게 해야 하는가? 소외되고 가난하고 힘들게 사는 사람들을 찾을 때 우리가 간절하게 찾는 그런 사람을 찾듯이 할 수는 있겠는가?

여기에서 우리는 생각의 전환을 가져와야 한다. 우리에게 결정적인 도움을 줄 수 있는 사람이 누구인가? 그분이 바로 예수님이다. 교회에서 뜨겁게 기도할 때 우리는 얼마나 예수님을 의존하는가? 얼마나 절박하게 예수님을 찾는가? 우리에게 누군가의 도움이 절실한 만큼 우리는 예수님을 찾는다. 불 같은 성령님의 임재를 위하여 얼마나 소리를 지르면서 기도하는가? 우리는 그렇게 간절한 마음으로 우리의 도움이 절실하게 필요한 이웃들을 찾아야 한다. 그런 간절한 마음으로 섬겨줄 이웃들을 찾는 것이 섬김의 실천을 위한 첫 번째 단계이다.

예수님이 그렇게 하셨다. 얼마나 절실하셨든지 온갖 고통과 조롱을 참으시면서 죽음까지도 마다하지 않으셨다. 예수님께서 공생애를 사시는 동안 얼마나 많은 사람들을 섬기셨는가? 물론 백성들을 구원하기 위해서였다. 그러나 수천, 수만 명의 사람들을 고치시고 먹이시고 기적을 보여주셨지만 남은 사람들은 열두 제자와 소수의 추종자들이었다. 그 사람들을 찾기 위해 예수님은 3년 동안 이스라엘 모든 지역에서 모든 사람들을 섬기셨던 것이다.

예수님은 비유를 통하여 섬김의 마음가짐을 설명해주셨다. 바로 잃어버린 한 마리의 양에 대한 이야기였다. 양이 아흔아홉 마리나 남아있는데 잃어버린 단 한 마리 양을 찾아서 헤매는 심정이 바로 예수님의 마음이었다. 아흔아홉 마리의 양이 중요하지 않은 것이 아니라 잃어버린 단 한 마리 양을 향한 눈길, 마음가짐을 말씀하신 것이다. 우리가 어떤 눈길로 세상과 이웃을 바라보아야 하는가에 대한 소중한 말씀인 것이다. 우리는 이웃에 대해서 이런 눈길을 가져야 한다. 물론 그런 눈길이 되려면 우선 사람에 대한 깊은 관심이 있어야 하고 우리의 신앙의식이 바뀌어야 한다. 흔히들 영혼구원과 관련하여 이 구절을 인용하지만 예수님의 사랑과 섬김이 우리를 구원하신 것처럼 우리의 사랑과 섬김을 통하여 이웃들에게 그리스도의 사랑과 섬김이 전달되어야 구원이 이루어진다는 사실을 알아야 한다.

> "너희 중에 어떤 사람이 양 백 마리가 있는데 그 중의 하나를 잃으면 아흔
> 아홉 마리를 들에 두고 그 잃은 것을 찾아내기까지 찾아다니지 아니하겠
> 느냐 또 찾아낸즉 즐거워 어깨에 메고 집에 와서 그 벗과 이웃을 불러 모
> 으고 말하되 나와 함께 즐기자 나의 잃은 양을 찾아내었노라 하리라"(눅
> 15:4~6)

우리는 먼저 사람을 보는 눈길을 바꾸어야 한다. 아버지께서 보시는 눈은 종들이 보는 눈과 많이 다르다. 어떤 사람이 잔치를 열

고 많은 사람들을 초청했지만 아무도 오지 않자 하인들을 길거리에 내보내 가난하고 몸이 불편하고 눈이 안 보이고 신체에 장애가 있는 사람들을 모두 초청한 이야기를 말씀하셨다. 물론 유대인들의 교만에 대한 비유의 말씀이지만 아버지는 누구든지 초청에 응하기만 하면 어떤 사람이든 좋다고 하신다. 지금은 누구든지 잔치에 올 사람을 찾아야 한다. 여기에 예수님의 눈길이 달려가는 것이다. 종들은 능력 있고 지식 있고 건강한 부자들만을 초청하려고 했다. 그러나 예수님은 오히려 주인의 도움과 섬김이 절실한 사람들을 향하여 모든 것을 열어놓고 계신다. 우리는 먼저 예수님의 눈으로 사람들을 볼 수 있어야 한다. 여기에서 출발하지 못한다면 참된 섬김은 일어날 수 없다.

"종이 돌아와 주인에게 그대로 고하니 이에 집 주인이 노하여 그 종에게 이르되 빨리 시내의 거리와 골목으로 나가서 가난한 자들과 몸 불편한 자들과 맹인들과 저는 자들을 데려오라 하니라"(눅 14:21)

예수님은 앞선 말씀에서 그 이유를 설명하신다. 섬김의 최우선적 대상은 우리가 그들을 섬길 때에 우리에게 아무것도 대접할 것이 없는 사람들이다. 우리의 섬김을 갚을 길이 없는 사람들은 모두가 절박한 사람들이다. 작은 도움이라도 크게 받을 줄 아는 사람들이다. 물론 어려움이 오래 지속되다가 보면 마음이 닫혀서 오히려 강팍해질 수도 있다. 그러나 기본적인 속마음은 누군가의 도움을 절실하게 필요로 하는 사람들이다. 다소 시간이 더 걸릴지는 모르지만 마음이 열리면 누구보다 순수하다. 진정한 섬김의 핵심 단어는 바로 간절함인 것이다. 간절함을 찾는 간절함이 있어야 예수님의 죽으심의 섬김을 실천할 수 있다. 우리는 누구를 보고 있는가? 정상적으로 잘 살고 있는 사람들에게 눈길이 가는 것이 아니라 어렵고 힘들어하는 사람들에게 우리의 눈길이 먼저 가야 하는 것이다.

> "잔치를 베풀거든 차라리 가난한 자들과 몸 불편한 자들과 저는 자들과 맹인들을 청하라 그리하면 그들이 갚을 것이 없으므로 네게 복이 되리니 이는 의인들의 부활시에 네가 갚음을 받겠음이라 하시더라"(눅 14:13~14)

무조건 외적으로 가난하고 불편한 사람들만이 우리의 섬김의 대상인 것은 아니다. 우리가 흔히 기도응답과 관련하여 자주 인용하는 성경구절을 다른 관점에서 바라보자. 구하고 찾고 두드리라는 예수님의 말씀에서 우리가 과연 무엇을 찾아야 하는지를 다시 생각해보자. 무엇을 그토록 간절하게 구하고 찾고 두드려야 하겠는가? 이 말씀에서의 핵심단어도 바로 간절함이다. 간절하게 찾아야 응답받는 것은 알겠는데 무엇을 그토록 간절하게 찾아야 하는가? 우리의 기도 제목이 아니다. 우리의 소망이나 목표가 아니다. 그것은 바로 예수님의 간절함이어야 한다. 이웃의 영혼 구원을 위한 간절한 기도가 되어야 하지만 또 다른 차원에서 우리의 섬김을 절실하게 필요로 하는 사람들을 우리는 그토록 간절하게 구해야 하는 것이다.

"구하라 그리하면 너희에게 주실 것이요 찾으라 그리하면 찾아낼 것이요

문을 두드리라 그리하면 너희에게 열릴 것이니 구하는 이마다 받을 것이요

찾는 이는 찾아낼 것이요 두드리는 이에게는 열릴 것이니라"(마 7:7~8)

누가는 이 구절을 성령님을 구하라는 결론으로 말하고 있지만 마태는 자기가 대접받고자 하는 대로 남을 대접하라는 말씀과 연결시켜 놓았다. 어느 쪽으로도 다 해석이 가능하지만 성령님에 초점을 맞추는 것은 후대에 이 말씀을 정리하면서 추가한 것 같다. 왜냐하면 이때에는 제자들에게 성령님에 대한 개념이 없었기 때문이다. 아무튼 우리는 간절하게 구하는 일을 남을 대접하는 일과 연결시켜 놓으신 것을 볼 때 단순히 자기 소망을 간절하게 구하는 기도가 아니라 하나님께 믿음을 가지고 기도하되 하나님께서 반드시 책임지신다는 믿음으로 하나님 나라의 의를 구하라는 말씀으로 해석할 수 있는 것이다.

"그러므로 무엇이든지 남에게 대접을 받고자 하는 대로 너희도 남을 대접

하라 이것이 율법이요 선지자니라"(마 7:12)

결론적으로, 아무리 우리 곁에 불쌍하고 특별한 도움이 꼭 필요한 이웃이 있어도 그것을 볼 수 있는 눈이 없으면 우리는 아무 것도 할 수 없다. 다른 사람의 사정에 전혀 관심이 없다면 어떤 일이 벌어진 후에야 비로소 그 사람의 기막힌 사정을 알고는 한탄한다. 세상살이가 원래 그런 것이니까 완전할 수는 없지만 적어도 우리 그리스도인들은 이웃에게 관심을 가지고 살피는 눈을 가져야 한다. 에스겔의 예언이지만 볼 눈이 달려있어도 볼 수 없고 들을 수 있는 귀가 있어도 듣지 못한다면 그는 그리스도인이 맞는가? 그는 반역하는 족속일 뿐이라고 말씀한다. 무엇에 대한 반역인가? 그들을 선택하신 하나님께 대한 반역이다. 우리에게 볼 수 있는 눈을 주셨음에도 볼 수 없다면 우리는 무엇에 대한 반역을 저지르는 것인가? 예수님의 죽음의 섬김에 대한 반역인 것이다. 주 안에서는 그런 시각으로 살아서는 안 된다.

"인자야 네가 반역하는 족속 중에 거주하는도다 그들은 볼 눈이 있어도 보지 아니하고 들을 귀가 있어도 듣지 아니하나니 그들은 반역하는 족속임이라"(겔 12:2)

2. 서로 종노릇하기(형제 섬김)

이미 언급한 바가 있지만, 섬김에 관한 인식이 충분하더라도 그 방식을 배우지 않으면 안 된다. 섬김의 실천은 우선 형제 섬김으로부터 시작되어야 한다. 형제를 사랑하지 못하면서 하나님을 사랑할 수 없는 것과 마찬가지로 형제를 사랑하지 못하면서 이웃을 사랑할 수는 없기 때문이다. 어떤 사람들은 교회와 성도들을 공격하면서 세상의 어려운 이웃들을 사랑한다고 하지만 비록 부족함이 있어도 교회와 성도는 먼저 서로 사랑해야 할 대상이다. 물론 올바른 방향으로 나아가기 위한 논의도 있어야 하고 몸부림치는 결단도 필요하지만 기본적으로는 형제들이다. 교회 안에서 부딪치고 해결해야 할 문제를 교회 밖으로 끌고 나가는 것이 형제를 사랑하는 것인가? 그것은 형제사랑이 될 수 없다. 형제사랑의 섬김이 보이지 않는다면 오히려 교회와 성도를 훼방하게 된다. 형제사랑을 통하여 그리스도를 이웃에게 보여주어야 하는데 주님 안에서 하나 되는 모습을 보이지 못하고는 이웃사랑이 이루어질 수 없는 것이다.

신약성경의 모든 말씀들은 결국 형제사랑의 실천적인 내용들이다. 복음과 진리를 수호하는 내용 외에는 전부 교회 안에서 일어나는 일들에 관한 이야기들이다. 그렇게 형제사랑의 실천을 통하여 예수님의 마음을 깨닫고 본질적이 섬김의 모습을 배우지 못하고는 결코 이웃사랑이 진정으로 일어날 수 없다. 예수님은 우리의 형제들이 누구인가에 대해서 명확하게 밝혀주셨다. 그 형제는 마치 예수님의 가족들처럼 진짜 형제가 되는 것이다. 예수님은 형제란 하나님의 뜻대로 하는 사람들이라고 못 박으셨다. 물론 아직 믿음이 부족하거나 충분하지 못하여 구원에 이르지 못하고 실수를 반복하는 사람들도 있다. 반드시 고쳐야 하지만 형제는 서로 사랑하는 사람이다.

"손을 내밀어 제자들을 가리켜 이르시되 나의 어머니와 나의 동생들을 보라 누구든지 하늘에 계신 내 아버지의 뜻대로 하는 자가 내 형제요 자매요 어머니이니라 하시더라"(마 12:49~50)

이 섬김은 사랑이라는 말을 대체할 수 있는 좋은 실천적 대안이다. 두 구절만 살펴보자. 먼저 사랑은 하나님께 속한 것이라는 사도 요한의 말씀에서 서로 사랑하자, 사랑은 하나님께 속한 것이다, 사랑하는 사람은 하나님을 아는 사람이고, 사랑하지 않는 사람은 하나님을 모르는 사람이라고 말한다.

"사랑하는 자들아 우리가 서로 사랑하자 사랑은 하나님께 속한 것이니 사랑하는 자마다 하나님으로부터 나서 하나님을 알고 사랑하지 아니하는 자는 하나님을 알지 못하나니 이는 하나님은 사랑이심이라"(요일 4:7~8)

그렇다면 이 말씀에서 '사랑'을 '섬김'으로 바꾸어도 전혀 이상하지 않게 된다. 한번 바꾸어서 읽어보자.

"(형제를) 섬기는 자들아 우리가 서로 섬기자 섬김은 하나님께 속한 것이니 섬기는 자마다 하나님으로부터 나서 하나님을 알고 섬기지 아니하는 자는 하나님을 알지 못하나니 이는 하나님은 섬김이심이라"(요일 4:7~8. 실천적 읽음)

이와 같은 시도는 거의 전체 성경말씀에 적용할 수 있을 것이다. 왜냐하면 사랑한다면서 섬기지 않으면 그것은 사랑이 아니기 때문이다. 마찬가지로 섬길 때에 사랑으로 섬기지 않으면 그것은 진정한 섬김이 아니다. 하나님의 사랑이 우리의 사랑을 통하여 우리 안에 온전하게 이루어진다는 다음 성경말씀을 읽어보자. 우리가 사랑하지 않으면 하나님의 사랑은 그 어디에서도 실현될 수가 없다. 이것이 형제사랑의 모든 기초공사를 든든하게 만들어주는 것이다.

> "사랑하는 자들아 하나님이 이같이 우리를 사랑하셨은즉 우리도 서로 사랑
> 하는 것이 마땅하도다 어느 때나 하나님을 본 사람이 없으되 만일 우리가
> 서로 사랑하면 하나님이 우리 안에 거하시고 그의 사랑이 우리 안에 온전
> 히 이루어지느니라"(요일 4:11~12)

그러면 역시 이 말씀에서도 '사랑'을 '섬김'으로 바꾸어서 읽어보자.

> "(형제를) 섬기는 자들아 하나님이 이같이 우리를 섬기셨은즉 우리도 서로
> 섬기는 것이 마땅하도다 어느 때나 하나님을 본 사람이 없으되 만일 우리
> 가 서로 섬기면 하나님이 우리 안에 거하시고 그의 섬김이 우리 안에 온전
> 히 이루어지느니라"(요일 4:11~12. 실천적 읽음)

하나님을 섬기는 것이 곧 사람을 섬기는 것이라는 사실을 잘 이해하고 있어야 한다. 예배에 열심히 참석했다고 하나님을 제대로 섬긴 것인가? 형제를 잘 섬기지 않으면 그 예배도 전혀 쓸모없을 수 있다. 물론 본질은 하나님을 사랑하는 것이다. 그러나 그 본질이 겉으로 드러나서 섬김으로 나아가지 못하면 충분히 숙성된 사랑이 이루어질 수 없다. 예수님의 섬김은 어디에까지 이르렀는가? 당연히 아는 이야기이지만 예수님은 죽기까지 섬기셨다. 그렇다면

사랑이라는 말도 섬김이라는 말도 쉽사리 언급하기 어려울 것이다. 그 누가 죽기까지 형제를 섬길 수 있겠는가? 하지만 초대교회와 같이 긴박한 박해상황이라면 충분히 가능한 이야기이다. 죽음을 늘 앞에 두고 살아가는 그리스도인들에게 형제를 위하여 목숨을 버릴 수 있는 결단도 가능하기 때문이다.

"그가 우리를 위하여 목숨을 버리셨으니 우리가 이로써 사랑을 알고 우리도 형제들을 위하여 목숨을 버리는 것이 마땅하니라"(요일 3:16)

오늘날은 죽음과 별로 관계없는 신앙상황이기 때문에 우리 마음에 선뜻 와 닿지 않겠지만, 그러나 예수님의 십자가 죽으심은 현실이라는 사실을 잊지 말아야 한다. 그래서 사도 요한은 형제를 사랑하지 않으면 그냥 사망 가운데 있는 것이고 형제를 사랑하면 사망에서 옮겨 생명으로 들어간 것이라고 선포하는 것이다.

"우리는 형제를 사랑함으로 사망에서 옮겨 생명으로 들어간 줄을 알거니와 사랑하지 아니하는 자는 사망에 머물러 있느니라"(요일 3:14)

이 말씀에서도 사랑을 섬김으로 바꾸면 더욱 명확하게 뜻이 전달된다. 형제를 섬기지 않으면 아직 생명으로 들어가지 못하고 사망의 상태에 머물러 있는 것이다. 우리는 형제 섬김의 길을 늘 찾아야 한다. 형제를 사랑하고 섬기지 못하는 사람은 아직 그 안에 예수님을 모시지 못한 사람일 가능성이 크다. 형제 섬김은 우리의 생명의 길이며 그 생명을 원활하게 움직이는 힘이 되는 것이다.

이제 어떻게 형제를 섬길 것인가에 대한 이야기를 해야 하지만 사실 교회생활의 현장 가운데에는 형제를 섬길 수 있는 무수한 길이 열려있다. 형제사랑을 '형제 섬김'으로 바꾸어서 이야기하기로 한다. 형제 섬김의 마음가짐과 태도에 대해서는 다양한 내용들로 이야기해 왔기 때문에 몇 가지만 짚어보려고 한다. 우선 형제 섬김은 서로 종노릇하는 것임을 알아야 한다. 종이란 주인의 마음과 뜻을 잘 알고 거기에 맞추어서 주인을 섬기는 사람이다. 같은 교회의 성도들에게 그들의 필요와 요구를 잘 알고 거기에 맞추어서 무엇인가 섬기는 것이 가장 핵심적이고 실천적인 섬김의 원칙이다. 이것만 우리의 인식 가운데 자리 잡게 하면 나머지 섬김은 자연스럽게 실천 가능하게 될 것이다.

"형제들아 너희가 자유를 위하여 부르심을 입었으나 그러나 그 자유로 육체의 기회를 삼지 말고 오직 사랑으로 서로 종노릇 하라"(갈 5:13)

먼저 형제들을 위해서 꾸준히 기도해야 한다. 성도가 많은 교회 같으면 요일을 정해서 성도들을 배분하고 기도하면 된다. 형제를 위하여 기도하는 것은 섬김의 실천에 있어서 가장 뛰어난 방법이 되는데 왜냐하면 기도하는 사람에게 깊은 관심을 가지게 되어 있기 때문이다. 기도를 많이 하면 할수록 그 사람을 더 사랑하게 되어 있고 또 하나님께서 그 사람의 대략적인 상황을 알려주기도 하시므로 형제사랑과 섬김에는 기도가 필수적이다. 기도하지 않고 형제를 사랑하거나 섬긴다고 하면 그 진실성을 담보하기 어려운 것이다.

또한 형제 섬김은 내가 먼저 섬김으로써 가능해진다는 사실을 알아야 한다. 먼저 섬김이 되지 못하고 내가 먼저 섬김을 받기를 바란다면 서로사랑은 불가능해진다. 누가 먼저 사랑하고 섬기겠는가? 대부분은 먼저 믿어서 믿음이 자라있는 성도들이 감당할 수 있을 것이다. 마치 예수님께서 제자들의 발을 씻기시면서 선생이 제자들을 섬기는 본을 보여주셨듯이 누구를 원망하고 누구 탓인가를 따지기 전에 무조건 먼저 섬길 것을 찾아야 비로소 형제 섬김은 제대로 이루어질 수 있다. 그렇게 형제를 섬기지 못한다면 진정한 이웃사랑으로 행해지는 일은 거의 불가능할 것이다.

"내가 주와 또는 선생이 되어 너희 발을 씻었으니 너희도 서로 발을 씻어 주는 것이 옳으니라 내가 너희에게 행한 것 같이 너희도 행하게 하려 하여 본을 보였노라"(요 13:14~15)

3. 대접받고 싶은 대로 대접하기

아브라함이 하나님의 사자를 영접하여 들이고 극진하게 대접한 기사는 너무나도 유명한 이야기이다. 여기에서 한 가지 의문이 들 수도 있는 것은 과연 아브라함이 그들이 천사인 줄 모르고 그렇게 영접하였는가 하는 점이다. 물론 그 당시에는 풍습 자체가 나그네나 이웃을 잘 대접하는 시대였다. 오늘날에도 터키 등 그렇게 손님을 잘 대접하는 나라는 여러 곳에 있다. 하지만 여기에서 하고자 하는 말은 아브라함이 아브라함의 거주 지역에 지나가는 모든 사람들을 그렇게 극진하게 대접했는가에 대해서는 분명하지가 않다는 것이다. 그래서 아브라함이 그들을 하나님의 사자, 천사들로 인식하고 있었겠다는 추측이 가능해지는 것이다. 물론 성경은 아브라함이 천사인 줄 모르고 대접한 것으로 기록되어 있다.

> "손님 대접하기를 잊지 말라 이로써 부지중에 천사들을 대접한 이들이 있었느니라"(히 13:2)

여기에서 하고자 하는 말은 아브라함이 그들을 천사로 알고 대접을 했든 아니면 전혀 알지 못하고 대접을 했든, 그 대접이 오늘날에도 그대로 행해져야 하겠다는 말이다. 곧 우리 그리스도인들은 모든 사람을 천사를 대접하는 것처럼 섬길 수 있어야 하겠다는 말이다. 하지만 어떻게 그렇게 할 수 있을까? 어떻게 모든 사람을 천사를 대접하는 것처럼 대접할 수 있다는 말인가? 여기에서 우리는 예수님의 말씀의 원리를 깊이 깨달을 수 있어야 한다.

> "그러므로 무엇이든지 남에게 대접을 받고자 하는 대로 너희도 남을 대접하라 이것이 율법이요 선지자니라"(마 7:12)

지금까지 특정한 상대가 있는 경우에 대한 섬김의 원리를 살펴보았다. 이제는 그 범위를 넓혀서 모든 인간에 대한 기본적인 마음가짐에 대해서 생각해보아야 하다. 우선 우리는 우리의 삶 자체가 이웃을 위해 사는 것임을 알아야 한다. 어떤 일을 하든지 타인과 연결되지 않는 삶을 사는 사람은 없다. 내가 농부라면 내가 농사를 지어 얻은 농작물은 대부분 다른 사람들이 소비한다. 그러면 나는 왜 농사를 지어야 하는가? 역설적으로 다른 사람들을 위하여 농사를 짓는 것이다. 좀 더 시각을 바꾸어보면 나는 다른 사람들을 사랑하기 위하여, 이웃을 사랑하기 위하여 농사를 짓는 것이 된다. 내가 어떤 일에 종사하든지 다 마찬가지이다. 내가 지은 농작물은 나의 원수나 정치적인 반대파들도 모두가 사용한다. 거꾸로 생각해보면 내가 다른 사람이 만든 제품을 사용하는 것도 똑같은 것이다. 다른 사람이 정성껏 만든 제품을 사용한다는 것은 그 사람을 사랑하는 것과 같은 결과를 낳을 수 있다. 물론 적절한 이윤을 보장하기에 그런 일은 성사될 수 있다.

나와 전혀 관계없는 사람처럼 보여도 절대로 그런 것이 아니다. 그리스도인이 세상과 사람을 보는 방식은 세상을 전체적인 시각으로 보지 않으면 얻어질 수 없다. 내가 가진 편견과 경험에 머문다면 결코 나의 믿음이 펼쳐질 수 없다. 곧 섬김의 성격이 그리스도 예수님의 그것과 일치될 수 없다는 말이다. 내가 원수의 제품과 서비스를 받을 수 있고 원수가 나의 노력과 희생의 결과물로서 혜택을 볼 수 있다는 말이다. 우리가 사랑하지 않아도 알지 못하는 사이에 사랑하는 것이 될 수 있고 우리가 사랑을 받지 않는 것 같아도 부지불식간에 뜨거운 사랑을 받을 수도 있다는 말이다. 우리가 전혀 관계없고 전적으로 도와주어야 할 사람이 보인다고 해도 우리와 전혀 무관한 사람이 아니다. 그 사람이 과거에 했던 일 때문에 내가 사랑을 받은 적이 있을 수 있고 아니면 그 사람의 가족들로 인하여 사랑의 혜택을 입었을 수도 있기 때문이다. 곧 그리스도인의 이웃사랑은 우주적인 시각으로 바라보면 훨씬 쉬워진다는 말이다.

자, 그러면 어떤 사람이 어려운 일을 당했을 때 아주 넓게 생각하면 나와 무관한 것이 아니고 바로 내가 어려움을 당한 것처럼 여길 수 있는 근거가 생기는 것이다. 그 사람으로 인하여 내가 혜택을 입었다면 그 사람에게 갚아주는 것이 바른 도리일 것이다. 내가 그 도리만 다해도 나는 이웃을 사랑하는 사람이고 좀 더 본질적으로 그리스도의 섬김과 연결하여 생각한다면 더 깊은 사랑과 섬김을 제공해야 하는 것이다. 우리는 충분히 다른 사람을 나와 같이 사랑할 수 있는 사람들이다. 하나님 안에서 세상 돌아가는 이치가 그런 것이고 거기에 그리스도의 섬김으로 인하여 구원을 받았다면 당연히 내가 그 사람이 된 것으로 생각하고 그리스도의 사랑으로 진심을 다하여 섬길 수 있게 되는 것이다. 우리의 이웃들도 전부 나와 같은 육신을 가진 존재들이니 그들이 당한 것이 바로 내가 당한 것이라는 마음으로 섬길 수 있어야 하는 것이다.

"자기도 함께 갇힌 것같이 갇힌 자를 생각하고 자기도 몸을 가졌은즉 학대 받는 자를 생각하라"(히 13:3)

내가 대접을 받고 싶은 대로 남을 대접하라는 예수님의 말씀은 우리의 전체 삶 속에서 어떻게 펼쳐져야 하겠는가? 우선 내가 사람들로부터 어떤 대우를 받고 싶은가를 생각해보자. 누구라도 사람들로부터 무시당하고 싶은 사람은 없다. 그런 대접을 받고도 기분 좋은 사람이 있는가? 그렇다면 다른 사람들도 그렇게 대우해 주어야 한다. 누가 나를 존경스러운 눈길로 바라보며 예의를 다하여 무엇인가를 물어보거나 대답한다면 나는 얼마나 기분이 좋겠는가? 사도 바울은 에베소교회에 이것을 권면한다. 우리는 그 어떤 사람을 대하더라도 일단 기쁜 마음으로 바라보아야 한다. 마치 그 사람과 대화하는 것이 기쁨을 준다는 듯이. 그리고 어떤 일과 관련이 되든지 주님을 섬기듯이 섬기라고 권한다. 심지어 가난한 노숙자나 장애인이라고 할지라도 그렇게 주께 하듯이 하는 것이 섬김의 기본자세이다. 모든 사람에게 말이다.

"기쁜 마음으로 섬기기를 주께 하듯 하고 사람들에게 하듯 하지 말라"(엡 6:7)

그리고 비단 이웃에 대해서뿐만 아니라 누가 나에게 원하는 것 이상으로 섬겨주는 것도 남을 잘 대접하는 일이다. 일반상식 이상으로 섬기려는 궁리를 할 수 있어야 한다. 예수님은 산상수훈에서 자기에게 무엇인가를 부탁하는 사람들에게 그 부탁보다 적어도 갑절의 섬김을 행하라고 말씀하신다. 단지 내가 대접을 받고 싶은 만큼만 남을 대접하는 것이 아니다. 상대방이 원하는 것 이상, 갑절보다 더 크게 섬긴다면 사람들은 틀림없이 감동할 것이다. 물론 의

아하게 생각하는 사람도 있을 것이다. 하지만 갑절 이상으로 섬기는 것이 예수님의 십자가 섬김을 조금이라도 닮아가는 것이다. 예수님의 말씀은 단지 상식적인 상태가 아니라 아예 상대방이 나를 고발해서 빼앗으려는 사람들에게도 그렇게 하라는 말씀이다. 우리보다 가난하고 힘이 없는 이웃들에게는 이 말씀이 더더욱 간절하게 필요할 것이다.

> "또 너를 고발하여 속옷을 가지고자 하는 자에게 겉옷까지도 가지게 하며 또 누구든지 너로 억지로 오 리를 가게 하거든 그 사람과 십 리를 동행하고 네게 구하는 자에게 주며 네게 꾸고자 하는 자에게 거절하지 말라"(마 5:40~42)

내가 대접을 받고 싶은 사정이 있다면 우리는 언제까지 대접을 받고 싶겠는가? 우리의 필요가 완전히 채워질 때까지 도움을 받고 싶을 것이다. 예수님은 강도 만나 죽어가던 어떤 사람의 이야기를 통하여 참된 이웃이 누구인가를 잘 설명해주셨다. 피를 흘리며 쓰러져 있는 사람이 있는데 제사장과 레위인은 그냥 지나갔지만 한 사마리아 사람은 그 사람을 치료해주고 주막에 데려다 주고 함께 밤을 지내면서 돌보아 주고 그리고 아침에 돈을 주고 더 돌보아달라고 부탁하고 돌아올 때에 돈이 더 들었으면 다 갚아주겠다고 했다. 그리고 이 사마리아 사람이 진짜 이웃이라고 하셨다. 이 사람은 상처를 깊게 입은 사람이 필요할 때까지 자기 할 도리를 다했다. 이것이 참된 섬김이다. 이웃의 사정을 돌보아 주려면 내가 할 수 있는 데까지가 아니라 그 사람이 필요할 때까지 대접하는 것이 참된 섬김이라는 말이다.

> "그 이튿날 그가 주막 주인에게 데나리온 둘을 내어 주며 이르되 이 사람을 돌보아 주라 비용이 더 들면 내가 돌아올 때에 갚으리라 하였으니 네 생각에는 이 세 사람 중에 누가 강도 만난 자의 이웃이 되겠느냐"(눅 10:35~36)

이런 섬김 의식을 가지게 되면 길거리도 그냥 지나치는 법이 없다. 조금이라도 누군가의 도움이 필요할 것 같은 사람을 발견하면 뭔가를 알아보게 된다. 누군가 관계를 시작하게 되면 어떻게 그 사람의 필요를 채워주고 마치 내 일을 하는 것처럼 그를 섬길 것인가를 고민하게 된다. 세상은 온통 내가 대접받고 싶은 것들로 넘쳐난다. 약속 하나 잘 지키는 것도 내가 대접받고 싶은 대로 대접하는 일이 될 수 있다. 왜냐하면 누군가 나와 약속한 것을 지키지 않기를 원하는 사람은 없기 때문이다. 부정과 부패의 길에 빠지지 않는 이유도 누군가가 나 때문에 손해 보는 것을 원하지 않기 때문이다. 실로 그리스도인은 모든 사람들을 대할 때 예수님께서 그들 한 사람 한 사람을 위해 십자가에 못 박히신 것처럼 나도 그들 한 사람 한 사람을 섬긴다는 마음으로 모든 것을 바칠 수 있어야 하는 것이다. 그것이 예수님의 은혜를 조금이라도 이웃에게 실천하는 방법이다. 그것이 그리스도인의 삶의 방식이다.

4. 지극히 작은 자들 섬기기

지금까지 섬김의 실천을 위한 준비사항으로서의 원칙들을 살펴보았다. 섬김의 본질적인 인식을 가지게 되면 구체적으로 어떻게 하라고 하지 않아도 섬길 대상과 내용이 눈에 띄게 된다. 특수한 섬김이 될 수도 있고 많은 사람들이 자주 접할 수 있는 일반적인 대상이 될 수도 있을 것이다. 중요한 것은 어떻게 예수님의 시각으로 사람들을 볼 수 있는가이다. 어떤 일이 더 중요하고 덜 중요하고의 문제가 아니라 무슨 일이든지 어떤 마음과 의도로 접근하는가의 문제라는 말이다. 물론 그렇다고 하더라도 섬김의 실천을 위해서는 구체적으로 어떤 대상들인가에 관한 연구가 있어야 할 것이다. 우리가 일반적으로 알고 있는 섬김에 대해서도 더 본질적인 의미를 찾고 그리스도의 섬김으로 다가갈 수 있어야 하겠다는 말이다. 성경에서 나눔과 섬김의 대상자들로서 대표적인 사람들이 있다. 구체적으로 살펴보자.

예수님은 섬김의 대상들에 대해서 구체적으로 말씀하신 바가 있다. 굶주린 사람, 목마른 사람, 나그네 된 사람, 헐벗은 사람, 병든 사람, 감옥에 갇힌 사람들이다. 예수님은 이런 사람들을 한 마디로 '지극히 작은 자들'이라고 정의를 내리셨다. 지극히 작은 자들에게 음식을 차려주고 마실 물을 제공하고 나그네를 대접하고 옷을 입혀주고 병들었을 때에나 감옥에 갇혔을 때에 찾아가보는 것이 섬김이라고 말씀하신 것이다. 누구나 할 수 있는 일이다. 예수님을 믿지 않는 사람들 중에서도 이런 일을 하는 사람들은 많이 있으며 타종교인들도 이런 일을 하는 경우는 쉽게 찾아볼 수 있을 것이다. 그러면 무슨 차이인가? 섬김은 물론 일로 표현되지만 그 일에 초점을 맞추면 본질이 사라질 수도 있다. 여기에서 우리는 인식의 차이를 만들어내어야 하는 것이다.

> "이에 의인들이 대답하여 이르되 주여 우리가 어느 때에 주께서 주리신 것을 보고 음식을 대접하였으며 목마르신 것을 보고 마시게 하였나이까 어느 때에 나그네 되신 것을 보고 영접하였으며 헐벗으신 것을 보고 옷 입혔나이까 어느 때에 병드신 것이나 옥에 갇히신 것을 보고 가서 뵈었나이까 하리니"(마 25:37~39)

지극히 작은 자들을 섬기되 어떻게 섬기는 것인가? 예수님은 바로 이 지극히 작은 자들 한 사람 한 사람이 바로 예수님이라고 말씀하신다. 그리고 그 지극히 작은 자들을 섬긴 것이 바로 예수님을 섬긴 것이라고 말씀하신다. 누구를 어떻게 섬길 것인가에 대한 대원칙을 설정하신 것이다. 아무튼 지극히 작은 자 한 사람 한 사람을 예수님을 섬기듯이 그렇게 섬기는 것이 섬김의 본질이라는 것이다. 이제 우리는 우리 주변이나 사회에서 지극히 작은 자들을 찾는 일이 우리의 일이 된다. 그리스도인이란 지극히 작은 자들을 찾아서 섬기는 사람들이다.

> "임금이 대답하여 이르시되 내가 진실로 너희에게 이르노니 너희가 여기 내 형제 중에 지극히 작은 자 하나에게 한 것이 곧 내게 한 것이니라 하시

고"(마 25:40)

한편 예수님은 또 다른 의미의 섬김의 대상들을 말씀하셨다. 그것은 우리에게 갚을 것이 없는 사람들이다. 사람의 마음은 보통 잔치를 베풀더라도 서로 교류가 있거나 세상에서 명망이 있어서 나에게 유익이 될 것 같은 사람들을 초청한다. 그러나 하나님의 인정을 받으려면 그렇게 해서는 어렵고 오히려 세상에서 소외되고 약한 사람들, 곧 가난하고 병들고 앞이 안 보이고 장애가 있는 사람들을 섬겨야 인정하신다는 말씀이다. 그런 사람들의 가장 큰 특징을 바로 '갚을 것이 없는 사람들'이라고 하시는 것이다. 우리에게 갚을 것이 없는 사람들이라는 말은 무슨 뜻인가? 누군가로부터 그들의 부족함을 보충 받아야 할 사람들이라는 뜻이다. 곧 우리 그리스도인들이 그들의 연약함과 부족함과 소외된 것을 채워주어야 한다는 말이다.

"잔치를 베풀거든 차라리 가난한 자들과 몸 불편한 자들과 저는 자들과 맹인들을 청하라 그리하면 그들이 갚을 것이 없으므로 네게 복이 되리니 이는 의인들의 부활시에 네가 갚음을 받겠음이라 하시더라"(눅 14:13~14)

그러면 우리는 왜 그렇게 섬겨야 하겠는가? 물론 지금까지 다양한 방면으로 그 필요성과 이유와 목적을 설명해왔다. 그 중에서도 우리 자신의 연약함이나 허물과 연결시켜 이야기하는 부분도 굉장히 중요하다. 결국 육체를 가진 인간이 겪어야 하는 문제는 누구나 예외가 없기 때문이다. 예를 들어 우리가 나그네를 도와주고 대접해야 하는 이유는 무엇인가? 나그네를 사랑하고 섬겨야 할 이유는 우리도 그들처럼 나그네들이었거나 나그네가 될 수도 있는 존재들이기 때문이다. 물론 이 땅에서의 나그네는 아닐 수도 있다. 그러나 우리는 천국으로 향한 나그네들이다. 이 땅이 종점인 것처럼 살면 오히려 우리의 본향으로는 결코 도달할 수 없다. 우리 모두는 나그네들이다. 영혼의 나그네들인 우리들이 육신의 나그네들인 지극히 작은 자들에게 우리가 받고 싶은 대접을 찾아서 행하는 것이 참 섬김의 길인 것이다.

> "고아와 과부를 위하여 정의를 행하시며 나그네를 사랑하여 그에게 떡과 옷을 주시나니 너희는 나그네를 사랑하라 전에 너희도 애굽 땅에서 나그네 되었음이니라"(신 10:18~19)

그리고 스스로 다른 사람들을 섬길 수 있도록 준비를 해야 한다. 타인을 전혀 섬길 수 없는 사람은 이 세상에 한 사람도 없다. 때로는 말 한 마디의 섬김이 대단한 결과를 가져올 수도 있다. 나눔과 구제의 개념이기도 하지만 우리가 일해야 하는 목적 중의 하나가 바로 갚을 것이 없는 사람들을 섬기기 위한 것이라는 사실을 알아야 한다. 우리가 누리는 소득 중에는 분명히 지극히 작은 자들의 것이 포함되어 있는 것이다. 왜냐하면 하나님은 인간에게 충분히 먹고 쉴 것을 제공하셨기 때문이다. 죄와 욕심이 인간을 지배하게 되고 사회체제상 소외된 계층이 생김으로 말미암아 불평등의 요소가 발생했다면 우리 그리스도인들에게는 그 틈새를 메워줄 책임과 의무가 생기는 것이다.

> "도둑질하는 자는 다시 도둑질하지 말고 돌이켜 가난한 자에게 구제할 수 있도록 자기 손으로 수고하여 선한 일을 하라"(엡 4:28)

우리 그리스도인들은 하나님 앞에서 경건하려고 애를 쓴다. 말씀 앞에 겸허하게 무릎을 꿇으려고 하고 주일 예배를 위하여 미리 경건하게 준비하기도 한다. 물론 교회생활 가운데 그런 것은 대단히 큰 비중을 차지하고 있고 또 마땅히 그렇게 해야만 한다. 그런데 만약에 아무것도 갚을 것이 없는 지극히 작은 자들에게 마음을 쓰지 않고 그들을 쳐다보지도 않는다면 교회 안에서의 경건은 가짜일 수밖에 없다. 지금 그런 인식들을 거의 가지지 못하고 있다. 참된 경건은 교회에서 기도를 열심히 하거나 말씀을 깊이 파는 것이 아니라 고아와 과부와 나그네 등 지극히 작은 사람들, 아무것도 갚을 능력이 없는 사람들을 섬기는 일이다. 하나님 앞에서의 경건을 무시하고 세상 속에서의 역할과 기능만을 강조한다면 그것은 하나님이 보시기에는 가짜 '의'일 수밖에 없지만, 그렇다고 세상에 대한 경건을 무시하고 교회생활에만 전념한다면 그것도 바른 경건이 되지는 못하는 것이다.

> "하나님 아버지 앞에서 정결하고 더러움이 없는 경건은 곧 고아와 과부를 그 환난중에 돌보고 또 자기를 지켜 세속에 물들지 아니하는 그것이니

라"(약 1:27)

이제 그러면 섬김의 대상을 언제 찾아야 할 것인가에 대한 이야기를 해야 한다. 물론 우리가 모든 시간에 그렇게 할 수는 없다. 그리고 삶 속에서 눈에 띄는 사람들을 마음을 다해 섬기면 된다. 다만 우리는 언제라도 긴급성을 띠고 섬김을 행해야 한다. 그렇다면 우리는 부지런히 움직여서 우리가 해야 할 마땅한 도리를 다할 수 있어야 한다. 예수님은 구원의 긴급성을 말씀하신다. 잔치를 벌여서 사람들을 초청하지만 대부분의 사람들은 이모저모로 바빠서 관심도 없고 시간도 없다. 그래서 차라리 지극히 작은 자들과 갚을 것이 없는 사람들을 찾기 위해서 빨리 시내와 거리와 골목으로 돌아다니라고 하신다.

물론 유대인들과 이방인들에 대한 비유의 말씀이다. 그러나 섬김이라는 개념을 대입해도 조금도 이상하지 않다. 그래서 이 말씀은 보다 적극적으로 섬김을 행하라는 말씀으로 해석할 수 있다. 우리들 주변에는 섬김이 필요 없는 사람들이 더 많다. 그들에게는 그 어떤 긴급성도 통하지 않는다. 그러나 지극히 작은 자들은 그렇지 않다. 그들은 한시라도 빨리 누군가의 도움을 필요로 하는 사람들이다. 우리 입장이 아니라 갚을 것이 전혀 없는 사람들의 입장에서 먼저 생각하는 것이 섬김의 실천을 위한 실제적인 원칙이 될 수 있을 것이다.

"종이 돌아와 주인에게 그대로 고하니 이에 집 주인이 노하여 그 종에게 이

르되 빨리 시내의 거리와 골목으로 나가서 가난한 자들과 몸 불편한 자들

과 맹인들과 저는 자들을 데려오라 하니라"(눅 14:21)

※ 우리가 섬겨야 할 구체적인 대상들에 관해서는 저자의 다른 책 『보이는 복음, 이 웃사랑』(2021, 기독교신앙회복연구소 간) 제11장 누구를 어떻게 사랑할 것인가 (pp.305~339)에 소개되어 있다.

5. 공동체로 지역사회 섬기기

이제 섬김의 실천을 위한 교회 차원의 활동에 대해서 생각해보자. 개교회가 할 수 있는 섬김과 지역교회 연합공동체가 할 수 있는 섬김의 일이 다른 것이 아니지만 교회들이 협력하여 지역 전체에 미칠 수 있는 큰일들을 감당한다면 교회는 많은 영향력과 함께 복음을 확대할 수 있는 좋은 기회들을 많이 만날 수 있을 것이다. 물론 개교회가 각각 할 수 있는 일을 감당함으로써 이런 결과는 더욱 확장될 수 있다. 연합하여 섬기는 일은 주기적으로 하는데 개교회가 그런 일들 외에는 전혀 하고 있지 않다면 일회성 행사들에 그칠 가능성이 크기 때문이다. 하지만 개교회이든 지역교회 공동체이든 본질은 똑같다. 개교회가 하기 어려운 일들은 지역교회 연합회에서 진행해야 할 것이다.

교회공동체에 대해서는 여러 가지로 다시 생각해보아야 하겠지만 기본적으로는 교회 안에 머물러있지 말고 교회 문을 열고 밖으로 나아가 지역 속으로 침투해야 한다는 사실을 깨닫지 못하는 교회가 대부분이다. 또는 그렇게 지역 속으로 들어가고 싶지만 그 방

법을 알지 못하여 실천하지 못하는 교회도 상당히 많이 있을 것이다. 성도들이 교회 안에 머물러 있는 이상 그리스도의 참된 복음은 세상 속으로 깊이 스며들어갈 수 없다. 참된 예배는 지역의 더러운 부분을 깨끗하게 만드는 것이고, 참된 기도는 한 사람 곁에 다가가서 그들의 고민과 문제를 함께 들어주는 것이며, 참된 찬양은 하나님께서 영광을 받으실 만큼 동네에 가서 예수님의 이름으로 착한 일을 많이 하는 것이다. 이사야는 참된 금식 곧 하나님께서 진정으로 기뻐하시는 금식에 대해서 아주 명확하게 정의해 주었다.

> "내가 기뻐하는 금식은 흉악의 결박을 풀어 주며 멍에의 줄을 끌러 주며 압제 당하는 자를 자유하게 하며 모든 멍에를 꺾는 것이 아니겠느냐 또 주린 자에게 네 양식을 나누어 주며 유리하는 빈민을 집에 들이며 헐벗은 자를 보면 입히며 또 네 골육을 피하여 스스로 숨지 아니하는 것이 아니겠느냐"
>
> (사 58:6~7)

지금의 교회는 교회 안의 프로그램을 지역사회에 개방하여 교회로 인도하려는 것이 거의 전부인 구조이다. 그러나 교회는 성도들을 위해서만 존재하는 것이 아니다. 교회는 지역사회와 하나님을 모르는 이웃들을 위해서도 존재하는 것이다. 교회 안으로 초청하는 데 모든 초점을 맞추는 것이 아니라 성도들이 지역사회의 여러 기관들이나 공공시설물, 학교, 복지시설 등으로 들어가서 섬기는 것이 더욱 교회의 본질에 가깝다. 오늘날 교회는 이스라엘 공동체와 같은 신정 국가가 아니다. 이스라엘이 멸망하고 세계로 흩어져서 유대 민족으로 살아야 했던 포로시대의 유대인들과 같은 상황이 우리들의 교회의 형편이다. 세상이 교회 안으로 들어오게 하려는 것이 아니라 교회가 세상 속에서 스며들게 해야 하는 것이다. 이미 하나님은 느부갓네살 시대에 바벨론으로 끌려간 포로들에게, 다시 말하면 이방국가에서 신앙을 지켜야 하는 백성들에게 말씀하신 바가 있다.

"만군의 여호와 이스라엘의 하나님께서 예루살렘에서 바벨론으로 사로잡혀 가게 한 모든 포로에게 이와 같이 말씀하시니라 너희는 집을 짓고 거기에 살며 텃밭을 만들고 그 열매를 먹으라 아내를 맞이하여 자녀를 낳으며 너희 아들이 아내를 맞이하며 너희 딸이 남편을 맞아 그들로 자녀를 낳게 하여 너희가 거기에서 번성하고 줄어들지 아니하게 하라 너희는 내가 사로잡혀 가게 한 그 성읍의 평안을 구하고 그를 위하여 여호와께 기도하라 이는 그 성읍이 평안함으로 너희도 평안할 것임이라"(렘 29:4~7)

상세한 내용을 쓸 수는 없지만, 교회가 그리스도의 공동체로서 지역에서 섬겨야 할 일들을 생각하면서 섬김의 실천을 위한 대략적인 참고사항을 이야기하는 것이다. 여기에서 또 한 가지 참고해야 할 사항은 예수님의 포도주 사건이다. 이 사건은 예수님께서 본격적으로 사역을 시작하시기 전에 일어난 일이다. 혼인잔치 집에 포도주가 떨어져 아주 곤란한 상황에서 예수님이 물로 포도주를 만들어주심으로써 그들을 도우신 일이다. 물로 포도주를 만드신 기적은 복음과는 별로 관계가 없어 보인다. 물론 예수님의 신성을 이런 기적을 통하여 제자들에게 보이심으로써 믿음을 가질 수 있게 하셨다. 그렇지만 지역의 곤란한 상황을 해결해주신 것이다. 연회장과 하인들이 반응을 보라. 놀라워하고 고마워하는 반응이다. 교회의 섬김은 이런 반응들을 지역에서 일으키기 위한 것이어야 한다.

> "연회장은 물로 된 포도주를 맛보고도 어디서 났는지 알지 못하되 물 떠온 하인들은 알더라 연회장이 신랑을 불러 말하되 사람마다 먼저 좋은 포도주를 내고 취한 후에 낮은 것을 내거늘 그대는 지금까지 좋은 포도주를 두었도다 하니라"(요 2:9~10)

각각의 개교회가 할 수 있는 일에는 한계가 있다. 더구나 우리 나라의 모든 교회들은 80~90%가 100명 미만의 작은 규모이다. 그 중 또 70~80%의 교회는 50명도 안 된다. 인원수로 지역을 섬기는 것은 아니지만 범위와 지속성에서 약점을 가질 수밖에 없다. 그러나 그렇다고 하여 할 수 있는 일이 작은 것은 결코 아니다. 교회들이 연합하여 행해야 할 요소들이 많이 있다는 이야기이다. 모든 교회들은 목회자와 성도들의 구성에 따라 다양한 섬김의 사역을 행할 수 있다. 교회가 지역사회에 영향력을 끼치기 위해서는 주민들의 삶에 파고들어가서 대화를 나누고 삶을 함께하는 것이 가장 확실한 섬김이 될 것이다. 지역 주민들과 소통하지 않으면서 아무리 큰 섬김을 행하더라도 단지 프로그램에 그쳐버릴 것이다. 초점은 지역에 유익을 끼칠 수 있는 것이어야 할 것이다.

교회들이 지역을 위해 할 수 있는 일은 정기적인 지역골목청소, 자동차 유리창 닦아주기, 더운 날 생수 나누어주기, 푸드 뱅크, 탈북민 또는 외국인 도와주기, 비영리법인을 통한 자선사업, 노숙자 식사제공, 재능을 직접적으로 섬기기, 박스나 유리병 등 재활용품 공간 만들어주기, 건강관련, 노인이나 어린이 돌봄, 실용적인 섬김과 기쁨을 주는 섬김, 건물 화장실 청소하기, 학생들에게 필요한 작은 선물 나누어주기, 교도소, 빈민구제사역, 동성애치료사역, 어린이집, 학교, 장애인 시설, 소방서, 파출소, 경찰서 등 열심히 구하고 찾고 두드리면 길은 열린다. 다만 이런 섬김 의식을 가진 목회자와 교회가 많이 나타나야 한다.

지역에 있는 공공기관들이나 복지단체 등에 교회가 할 수 있는 일을 문의하면 의외의 결과가 나타날 수 있다. "교회가 이런 일도 해요? 너무 좋아요."라는 반응이 나올 정도로 헌신적인 섬김의 장을 찾아야 한다. 골목길을 청소하고 학교에 자원봉사하며 정의를 실현하기 위하여 단체로 행동하는 일 등은 우리가 대접받기 원하는 그대로 대접할 일을 만드는 것이다. 지역에서 원하는 꿈이나 목표가 있다면 교회들이 연합하여 그 일이 이루어지게 할 수 있다. 교회 밖에서 섬기기를 원하는 불신자들에게 지역에서 함께 섬길 수 있는 프로그램에 합류하게 하고, 지역의 지도자들을 교회나 식당으로 초청하여 대접하는 일을 정기적으로 할 수 있다. 교회에 초청하기 위해서가 아니라 그들의 의견을 들어보기 위해서이다.

예수님의 말씀은 섬김의 목표를 명확하게 밝혀주신다. 성도 개인이 그렇게 세상의 빛이 되기에는 너무 힘이 약하다. 물론 구석구석에서 빛을 밝히는 작은 등불은 될 수 있지만 그런 등불들이 무수하게 연합하여 세상을 밝히는 빛이 되는 것이다. 오늘날 교회가 왜 비판을 받게 되었는가? 지역사회와 세상에서 나눔과 섬김의 역할과 기능이 충분하지 못했기 때문이 아닌가? 교회 안으로 모으려고 하면 힘만 들고 노력한 만큼 결과를 보기 어렵지만 교회 밖으로 나아가 빛과 소금의 역할을 감당한다면 그 빛을 보고 사람들이 모여올 것이다. 세상이 어두우면 어두울수록 우리의 빛은 더욱 밝게 비칠 것이다. 결국 교회공동체를 통한 섬김이 복음의 통로가 되어야 한다. 섬김으로 말미암아 복음은 더욱 충분해질 것이다.

> "너희는 세상의 빛이라 산 위에 있는 동네가 숨겨지지 못할 것이요 사람이 등불을 켜서 말 아래에 두지 아니하고 등경 위에 두나니 이러므로 집 안 모든 사람에게 비치느니라 이같이 너희 빛이 사람 앞에 비치게 하여 그들로 너희 착한 행실을 보고 하늘에 계신 너희 아버지께 영광을 돌리게 하라"(마 5:14~16)

※ 교회의 지역 섬김에 대해서는 다른 책 『교회 밖으로 나온 교회』(2008, 릭 루소 · 에릭 스완슨 지음/김용환 옮김, 국제제자훈련원)를 참조하라.

제16장
회복의 섬김에 대하여

예수님은 베드로로 하여금 자기 정체성을 회복할 수 있도록 섬겨주셨다. 우리의 섬김도 여기까지 나아가야 한다. 보통 우리는 섬김이라고 하면 누군가 어려움 당하고 있거나 우리의 필요를 바라는 사람들의 문제를 한시적으로 도와주는 것이라고 생각한다. 하지만 예수님의 섬김을 생각해보라. 예수님은 우리가 죄인일 때부터 우리를 섬기셨고 성령님의 능력으로 구원에 이르게 하신 후에 우리가 원래의 인간을 회복하도록 끝까지 도와주신다. 육체적인 문제이든 정신적인 문제이든 아니면 환경적인 문제이든 그 문제를 해결해주시거나 이겨내게 하시거나 극복하게 만들어주시고 나서 하나님은 정상적인 활동을 잘 할 수 있도록 회복시켜 주신다. 그리고 그렇게 사회적으로 회복하고 나면 진실한 신앙인으로 회복시켜 주시고 그리고 하나님의 일을 감당할 수 있는 참 제자로 회복시켜 주신다. 실로 예수님의 모든 섬김은 회복의 섬김이었던 것이다.

하나님께서 에덴동산에서 아담과 하와와 함께 하시던 때가 인간에게 있어서 최상의 시기였다. 이후로 타락한 인간에게 이 최상의 시기를 회복해주시는 것이 하나님의 일이고 그 일을 이루시기 위하여 예수님을 세상에 내려 보내셨다. 가장 근원적인 회복인 죄를 사하여 주심으로써 진정한 회복의 길을 여셨고, 그 회복으로 나아가는 힘이 바로 믿음이다. 믿음으로 회복된 그리스도인들을 통하여 세상을 회복시키는 것이 하나님의 원래 계획이다. 그런데 그 회복의 일을 하나님은 우리 인간들에게 맡기셨다. 우리 그리스도인들은 그것을 섬김이라고 부른다. 물론 성령님께서 우리가 회복되고 이웃과 세상을 회복시키도록 힘과 능력을 주신다. 그것이 성장이라고 불리든 변화라고 불리든 최종 목적지는 에덴과 아담의 회복인 것이다.

이 회복은 몇 가지 단계로 나눌 수 있을 것이다. 우선 당장 닥친 문제를 해결해주는 단계이다. 아니면 해결하지는 못하더라도 함께 있으면서 같이 고민하고 마음을 함께하는 것이다. 두 번째 단계는 사회구성원으로서의 역할을 할 수 있도록 회복시키는 것이다. 정상적인 활동과 역할을 하도록 이끌어주는 것이다. 세 번째 단계는 참된 그리스도인으로서의 역할과 기능을 할 수 있도록 회복시키는 것이다. 앞의 두 단계에서는 하나님을 만나고 믿게 하는 과정이 포함되어 있지만 세 번째 단계에서는 참된 그리스도인의 삶의 방식을 보여줌으로써 성장하고 변화되고 회복되며 그리스도의 장성한 분량에 이르기까지 회복되도록 돕는 것이다. 그리고 마지막 네 번째 단계에서는 세상을 회복하는 목표를 향하여 달려가는 것이다. 완전한 회복은 천국밖에는 없지만 그 천국이 세상에 보이도록 함으로써 본래의 세상이 어떤 것인가를 가르쳐주는 것이다. 여기까지 회복되도록 목표를 정하고 그 지점을 푯대로 삼고 달려가게 만드는 것이 회복사역의 완성이다. 물론 마지막 회복을 위해서는 우리가 함께 회복되도록 애를 써야 할 것이다.

섬김이라고 하면 어렵고 힘든 고아와 과부나 궁핍하거나 장애를 가졌거나 사회에서 소외된 사람들을 물리적, 육체적, 심리적으로 돕는 것을 먼저 떠올리고 또 그것이 가장 기본적인 섬김이지만, 그리스도의 회복의 섬김을 생각한다면 거기에 그쳐서는 안 된다. 우리가 완전하게 누구인가를 회복시킬 수는 없다. 다만 우리가 할 수 있는 최상의 섬김으로 인하여 성령님께서 일하심으로써 사람을 변화시키기를 기대하는 것이다. 우리가 섬겨야 할 일을 감당하지 않고 성령님께서 어떤 사람을 회복시키기만을 기대한다면 그것은 그릇된 생각이다. 성령님은 우리의 섬김을 통하여 사람들 속에서 일하신다.

1. 물리적, 심리적 회복을 위한 섬김

우리의 섬김의 대부분은 물질적이든 관심이든 봉사이든 어떤 현상을 해결해주는 것에 집중되어 있다. 사실 그런 것조차도 별로 이루어지지 않고 있는 형편이다. 성경에 표면적으로 나오는 이야기들은 거의 1차적인 회복으로 보인다. 그것은 시작일 뿐이다. 예수님은 공생애 동안 수많은 사람들을 고치시고 배불리시고 귀신을 쫓아내주시고 문제를 해결해주시는 섬김을 감당해 주셨다. 물론 오늘날 우리 그리스도인들이 예수님의 사역을 그대로 따라할 수는 없다. 지금도 여전히 질병을 고치고 귀신을 내쫓고 문제를 해결해 주는 섬김이 세계 곳곳에서 진행되고 있지만 그 모든 섬김들이 합해져서 예수님의 섬김을 뒤따라가게 되는 것이다. 우리의 거의 모든 섬김은 예수님의 섬김을 대신하는 것이다. 예수님은 이런 섬김을 통하여 복음을 전파하셨다. 우리도 마찬가지로 보이는 복음으로 전파하는 것이 목적이다.

하지만 그렇다고 하여 이웃들과 지역을 섬기면서 무조건 교회 출석과 연결해서는 안 된다. 왜냐하면 사람들은 교회의 그런 의도를 너무나도 잘 알고 있기 때문이다. 그렇게 되면 모든 섬김이 결국 교회출석과 부흥이 목적인 것으로 오해하게 만들기 때문이다. 교회에서 열심히 지역을 위해 나누고 봉사하는데 사람들은 "저거 다 교회 전도하려고 그러는 거야."라고 인식해 버리면 거기에 예수님은 계실 수가 없다. 영혼들을 생각하면서 섬기는 것은 당연한 일이지만 자기 교회보다는 예수님께서 드러나시도록 목표를 바꾸어야 한다는 말이다. 우리들의 섬김이 일차적으로 사람들을 회복시키는 것이 목적이지만 그것을 위해서는 교회도 본래의 교회로 회복되어야 한다는 것이다.

성경에 보면 죽었던 사람을 살리신 기적을 베푸신 일이 기록되어 있다. 물론 생명이 주인이신 예수님만이 하실 수 있는 일이지만, 그렇게 다시 살아난 사람도 언젠가는 다시 죽게 되어 있다. 결국 아무리 큰 기적도 인생 전체로 보면 일시적인 회복에 그칠 수밖에 없다는 말이다. 영원한 회복으로 이끌어주는 일차 관문이 우리의 섬김이라는 말이다. 떡 일곱 개로 사천 명을 먹이신 사건에서도 멀리까지 예수님을 따라온 사람들에게 일시적인 배고픔을 해결해 주셨다. 자식이 귀신들려서 찾아온 수로보니게 여인의 소원도 이루어주셨고, 아들이 죽어 장사지내러 가는 슬픈 나인성 과부에게 그 아들의 생명을 다시 돌려주기도 하셨고, 베데스다 못가에서 물의 움직임을 기다리던 38년 된 소망 없는 환자의 질병도 고쳐주셨다. 우리가 예수님과 똑같이 병 고침의 기적을 일으킬 수는 없지만 전혀 소망 없는 병자들, 기가 막힌 슬픔을 당한 사람들, 자식 문제로 고통당하는 사람들과 함께 하면서 조금이라도 도움을 줄 수는 있다.

"만일 내가 그들을 굶겨 집으로 보내면 길에서 기진하리라 그 중에는 멀리서 온 사람들도 있느니라"(막 8:3)

그뿐만 아니라 예수님은 그 문제해결을 통하여 더욱 근원적인 회복을 가져오기도 하신다. 어려움이나 고난의 원인이 죄인 경우에는 그 문제를 고치심으로써 문제의 근원을 제거하고 원래로 회복하게 하셨다. 예수님께서 사람들이 죄를 다시 짓지 않게 하심으로써 근원적으로 회복시키셨다면 우리는 죄 사함을 가져올 수는 없지만 본질적인 뿌리를 드러낼 수는 있다. 그것도 우리 마음대로 되는 것은 아니지만 우리는 어떤 문제를 볼 때 본질부터 보려고 해야 한다. 그래야 물리적, 육체적으로라도 회복이 가능하게 되는 것이다.

"그 후에 예수께서 성전에서 그 사람을 만나 이르시되 보라 네가 나았으니 더 심한 것이 생기지 않게 다시는 죄를 범하지 말라 하시니"(요 5:14)

인간의 고통이나 문제는 자기 자신의 죄에 기인하는 경우가 참 많다. 모두가 그렇다고 할 수는 없지만 그리스도인들의 실수나 허물, 그리고 거기에서부터 비롯되는 어려움이나 고난 등도 버리지 못한 죄 때문인 경우가 대부분이다. 예수님께서 사람들의 어려움을 섬기신 목적도 바로 근원적인 해결을 위한 경우가 많다는 이야기이고 우리도 누군가를 섬길 때에 근원을 먼저 생각함으로써 원인을 제거해주는 방향으로 가야 회복이 가능하다는 이야기이다.

"우리가 알거니와 우리의 옛 사람이 예수와 함께 십자가에 못 박힌 것은 죄의 몸이 죽어 다시는 우리가 죄에게 종 노릇 하지 아니하려 함이니"(롬 6:6)

네 사람이 중풍병자를 침상을 태워 고쳐달라고 왔을 때 예수님께서 고쳐주심으로써 무리들이 하나님께 영광을 돌려드렸다. 우리가 하는 모든 섬김을 통하여 하나님께 영광을 돌리도록 만들어야 한다. 내가 선한 사람이라거나 교회가 착한 일을 많이 하는 것으로 비쳐지도록 하는 것이 일반적이지만 원래는 모든 섬김을 통하여 하나님께 영광이 돌려져야 한다. 모든 사람이 다 놀라서 하나님께 영광을 돌릴 정도로 우리는 더 깊은 섬김을 찾아야 한다. 사람들의 마음을 깊이 울리는 그런 섬김이 우리가 할 일이다. 예수님의 십자가 섬김은 모든 인간이 전혀 상상하지 못한 방식이었다. 심지어 마귀조차도 생각하지 못했던 그런 섬김이었다. 본질과 근원을 생각하는 섬김이 필요한 이유이다. 하나님의 창조성을 그리스도인 모두에게 부여해 주셨다. 우리는 창조적인 섬김으로 나아가야 한다.

"그가 일어나 곧 상을 가지고 모든 사람 앞에서 나가거늘 그들이 다 놀라 하나님께 영광을 돌리며 이르되 우리가 이런 일을 도무지 보지 못하였다 하더라"(막 2:12)

물론 우리가 아무리 열심히 섬겨도 하나님께 영광을 돌리지 않고 그 의미를 모르는 사람들이 대부분이다. 나병환자 열 명을 고쳐주셨어도 그 중에 한 사람만 돌아와서 하나님께 영광을 돌려드렸다. 우리가 섬겨야 할 사람들은 많은 경우에 우리에게 갚을 것이 없는 사람들이지만 그렇지 않다고 해도 우리가 어디에서 보상을 구할 생각이 있다면 바른 섬김이 될 수 없다. 그렇지만 많은 경우에 또 배신감이나 무력감을 느끼게 할 만한 일도 자주 일어난다. 하지만 실망하면 안 된다. 원래 그런 것이기 때문이다. 열 사람을 고쳐주셨어도 그 중 극히 일부인 단 한 사람만이 하나님께 영광을 돌리고 돌아와 감사를 드렸을 뿐이다.

"예수께서 대답하여 이르시되 열 사람이 다 깨끗함을 받지 아니하였느냐 그 아홉은 어디 있느냐 이 이방인 외에는 하나님께 영광을 돌리러 돌아온 자가 없느냐 하시고 그에게 이르시되 일어나 가라 네 믿음이 너를 구원하

였느니라 하시더라"(눅 17:17~19)

그러나 아무리 큰 섬김을 행해도 자기 영광을 구한다면 그의 섬김은 무용지물이 될 것이다. 심지어 믿음조차도 없는 것이라는 것이 예수님의 말씀이다. 자기들끼리 서로 영광을 돌리는 일이 지금 기독교 안에서 난무하고 있다. 자기들끼리 돌아가면서 서로 찬양하고 표창하고 칭찬하는 일이 느끼지 못하는 사이에 횡행하고 있는 것이다. 섬김을 홍보의 수단으로 삼거나 치적이나 성과로 자랑하거나 공로로 인식한다면 거기에서 어떻게 하나님의 영광이 드러나겠는가? 섬김을 받는 사람이나 섬기는 사람에게서 어떤 회복도 기대하기 힘들 것이다. 참된 섬김을 행하는 사람은 자기 자신도 회복되어갈 것이다.

"너희가 서로 영광을 취하고 유일하신 하나님께로부터 오는 영광은 구하지
아니하니 어찌 나를 믿을 수 있느냐"(요 5:44)

어떤 사람의 질병이나 가난이나 고통은 오히려 하나님께 영광을 드리기 위한 가장 적정한 기회일 수 있다. 그리스도인이 만나는 모든 상황은 회복의 가장 적절한 기회이다. 대개의 신앙인들은 어려운 문제를 만났을 때 비로소 하나님을 만난다. 육체적이든 정신적이든 환경적이든 극심한 한계에 부딪쳤을 때 비로소 자기를 포기하고 하나님을 향하여 마음의 문을 열게 되는 것이다. 거꾸로 생각해서 우리가 섬기는 사람들도 어려움을 만난 사람들인데 그들에

게 우리의 섬김이 큰 기회가 된다는 마음으로 섬겨야 한다. 만약에 우리가 섬겨야 할 사람을 섬기지 않는다면 하나님께서 영광 받으실 통로를 차단하는 것이다. 우리의 목표는 섬김의 대상자들의 회복이다.

"예수께서 들으시고 이르시되 이 병은 죽을 병이 아니라 하나님의 영광을 위함이요 하나님의 아들이 이로 말미암아 영광을 받게 하려 함이라 하시더라"(요 11:4)

끝으로 우리의 모든 섬김이 어려움을 당하거나 인내가 필요할 때가 많지만 오히려 그럴 때 실패가 아니라 우리의 회복이 이루어질 수 있다. 왜냐하면 그것이 하나님의 뜻이기 때문이다. 가룻 유다가 예수님을 팔려고 문을 나가자 예수님은 그로 말미암아 스스로 영광을 받으셨고 하나님도 예수님으로 말미암아 영광을 받으셨다고 하셨다. 가룻 유다로 인하여 오히려 하나님의 뜻이 이루어졌기 때문이다. 매우 역설적인 말씀이지만 우리의 섬김이 이와 같을 수 있다. 섬기다가 고난을 당하거나 아무리 섬겨도 아무런 증거도 찾을 수 없다면 어쩌면 하나님은 그것으로 말미암아 영광을 받으셨는지도 모른다. 그것이 우리의 회복이다. 우리의 섬김의 목표는 이웃들의 회복이지만 그 회복의 과정을 통하여 우리가 회복되어야 정상적인 섬김이 된다는 말이다.

"그가 나간 후에 예수께서 이르시되 지금 인자가 영광을 받았고 하나님도

인자로 말미암아 영광을 받으셨도다"(요 13:31)

2. 사회적 회복을 위한 섬김

사회적 회복은 꼭 기독교만의 전유물이 아니다. 오히려 사회적
으로 더 넓은 의미의 개념이다. 복지의 목적 중의 하나가 사회적
적응이 아니겠는가? 국가는 제도와 예산을 가지고 넓은 의미의 복
지를 광범위하게 펼칠 수 있고 또 그래야 한다. 그것이 국가경제에
도 도움이 되고 또 국민들을 향한 국가의 의무와 책임이기도 하다.
국민들이 차별받지 않고 소외를 최소화하며 단순 복지를 넘어서
회복의 복지를 펼쳐야 바른 국가라고 할 수 있을 것이다. 과거에는
기독교가 복지의 상당부분을 감당했지만 지금은 그런 시대가 아니
다. 오히려 국가의 제도와 예산 안에서 교회가 위임을 받아 복지
를 대행하는 경우가 많을 것이다. 하지만 우리의 섬김의 목적은 그
리스도의 복음이다. 복음이 전달되지 않는 섬김은 본질적인 의미
의 기독교 섬김이 아니다. 교회는 국가복지의 틈새를 찾아야 한다.
의료복지, 인권복지, 장애인복지 등 제도적인 복지가 미처 챙길 수
없는 개인 개인의 돌봄이 우리가 찾아야 할 섬김의 틈새이다. 그것
은 물론 당연히 사회적인 회복을 목표로 하는 섬김이어야 한다.

회복에 관한 가장 적합한 비유는 집 나간 둘째 아들 이야기일
것이다. 물론 이 말씀은 유대인과 이방인의 구원에 관한 비유이다.
하지만 둘째아들 개인에게 초점을 맞춘다면 진정한 회복이 무엇인
가를 잘 설명할 수 있을 것이다. 아버지를 꼭 하나님 아버지라고

생각하지 않아도 우리는 사회적으로 완전히 실패한 이 아들을 사회적으로 다시 회복시키기 위한 아버지의 마음을 생각해야 한다. 왜냐하면 우리가 바로 그 아버지의 마음이어야 하기 때문이다. 모든 섬김을 집 나간 둘째아들을 기다리는 아버지의 심정으로 행한다면 그것은 주님께서 보시기에 훨씬 더 바람직한 일이며 또 성령님께서 함께 하실 수 있는 근거가 될 것이다.

> "지금부터는 아버지의 아들이라 일컬음을 감당하지 못하겠나이다 나를 품꾼의 하나로 보소서 하리라 하고 이에 일어나서 아버지께로 돌아가니라 아직도 거리가 먼데 아버지가 그를 보고 측은히 여겨 달려가 목을 안고 입을 맞추니"(눅 15:19~20)

아버지는 돌아온 둘째아들에 대해 '죽었다가 다시 살았다'고 이야기한다. 아버지 스스로도 잃어버렸다가 다시 얻었던 것이다. 소외되고 가난하고 병들고 나그네 된 사람들은 사회적으로 죽은 사람들이다. 이런 사람들이 다시 살아날 수 있도록 돕는 것이 우리의 섬김의 진정한 목적이다. 그것이 회복의 섬김이다. 우리의 섬김을 통하여 가정과 사회로 돌아온다면 인간적으로 생각해도 얼마나 행복하겠는가? 하물며 하나님 안에서는 그의 영원한 인생의 회복이 될 수 있으니 그것이야말로 진정한 회복이 아니겠는가? 일단 세상에서 제 몫을 다하도록 돕는 것이 우리의 섬김의 목표이지만 그것을 통하여 그들은 틀림없이 하나님을 만날 수 있게 될 것이다.

"아버지는 종들에게 이르되 제일 좋은 옷을 내어다가 입히고 손에 가락지를 끼우고 발에 신을 신기라 그리고 살진 송아지를 끌어다가 잡으라 우리가 먹고 즐기자 이 내 아들은 죽었다가 다시 살아났으며 내가 잃었다가 다시 얻었노라 하니 그들이 즐거워하더라"(눅 15:22~24)

예수님은 친구 네 사람 덕분에 중풍병을 고침 받은 사람에게 집으로 가라고 하셨다. 그냥 가라고 하신 것이 아니라 "네 침상을 가지고 집으로 가라."고 하셨다. 무엇인가를 할 수 있게 된 것이다. 그것은 사회적, 가정적 회복이다. 꼭 직장을 가지고 세상에서 무엇인가를 할 수 있기 때문에 회복인 것은 아니다. 사람으로서 기본적인 활동을 할 수 있게 만들면 그것은 아주 좋은 회복인 것이다. 단순한 기능적인 섬김을 넘어서 한 인간으로서의 역할과 기능을 할 수 있도록 돕는 것이 참된 섬김인 것이다.

"그러나 인자가 세상에서 죄를 사하는 권능이 있는 줄을 너희로 알게 하려 하노라 하시고 중풍병자에게 말씀하시되 일어나 네 침상을 가지고 집으로 가라 하시니"(마 9:6)

거라사 지방의 군대귀신 들린 사람에게서 귀신을 돼지 떼에게로 가라 명하신 예수님께서 귀신이 나간 사람이 함께하기를 청했지만 그것을 거절하시고 집으로 돌아가서 할 일을 말씀하셨다. 회복에도 단계가 있다. 아이들도 자라야 어른의 일을 할 수 있듯이 사회적인 회복에도 시간이 필요하고 적응이 필요한 것이다. 이 귀신들렸던 사람에게는 단지 집으로 돌아가서 하나님께서 일으키신 큰일을 많은 사람들에게 알리는 일이 주어졌다. 그는 자기의 세상 속에 적응해가면서 온전한 회복을 경험하게 될 것이다.

> "귀신 나간 사람이 함께 있기를 구하였으나 예수께서 그를 보내시며 이르
> 시되 집으로 돌아가 하나님이 네게 어떻게 큰일을 행하셨는지를 말하라 하
> 시니 그가 가서 예수께서 자기에게 어떻게 큰일을 행하셨는지를 온 성내에
> 전파하니라"(눅 8:38~39)

예수님은 한 나병환자에게서 질병을 쫓아주시고 나서 율법에 정해진 대로 제사장에게 가서 깨끗해진 몸을 보이고 정해진 대로 예물을 드려 정상적인 백성으로 인정을 받으라고 하셨다. 무슨 말씀인가? 사회복귀를 명하신 것이다. 우리의 섬김이 사회복귀를 위한 것이어야 한다. 제도적으로나 환경적으로 우리 개인의 힘으로 어떤 사람을 사회적으로 복귀시키는 일은 결코 쉽지 않다. 물론 각 사람이 자기가 할 수 있는 방식으로 섬겨야 한다. 교회가 협력하여 그 길을 찾아야 한다. 우리가 회복의 책임을 지는 것은 아니다. 그러나 성령님께서 개입하실 정도로까지는 노력하고 애를 써야 한다. 우리의 마음은 그 이웃을 그리스도의 사랑으로 가득 넘치게 하는 것이어야 한다. 그것이 우리 자신의 회복인 것이다. 신앙의식이 바뀌고 큰 믿음으로 성장한다고 해도 그것으로 모든 것을 할 수 있는 것은 아니지만 적어도 그리스도의 마음으로 섬김을 행한다면 하나님께서 반드시 함께하실 것이다. 우리는 회복시키는 사람들이다.

"이르시되 삼가 아무에게 아무 말도 하지 말고 가서 네 몸을 제사장에게 보

이고 네가 깨끗하게 되었으니 모세가 명한 것을 드려 그들에게 입증하라

하셨더라"(막 1:44)

　물론 사회적인 회복이 불가능한 사람들도 많이 있다. 끝까지 도움을 받아야만 살 수 있는 대상들이 얼마나 많은가? 하지만 그런 사람들도 회복이 가능하다. 심리적인 회복을 통하여 건강한 마음으로 나머지 생을 살 수 있을 것이기 때문이다. 그리고 그렇게 회복된 사람들은 또 다른 사람들을 마음과 태도로 섬길 수 있게 될 것이다. 말 한 마디가 얼마나 큰 힘이 될 수 있는가? 사랑의 마음을 깊이 느끼도록 한다면 그것은 어떤 면에서는 몸으로 섬기는 것보다 더 큰 힘을 발휘할 수도 있다. 극도로 힘들어하는 사람들이 왜 극단적인 선택을 하는가? 친구가 없기 때문이다. 자기 마음을 하소연할 수 있는 대상이 없기 때문이다. 마음으로 친구가 되어 준다면 회복하는 데 큰 힘이 될 것이다. 이 일을 심리적 회복을 얻은 사람들이 할 수 있게 해야 한다는 말이다.

　또 다른 차원에서 사회적인 회복은 사람들이 보이기 시작하는 것이다. 사회적으로 죽은 사람의 눈에는 다른 사람이 보이지 않는다. 오로지 자기 문제, 자기 생각, 자기 입장만 생각하게 될 것이다. 그러나 사회적인 회복을 얻은 사람들의 눈에는 다른 사람이 보이기 시작한다. 마치 아이가 자라면서 인간관계를 배우는 것과 마찬가지이다. 예수님께서 시각장애인의 눈을 고치실 때 처음에는 사람들이 그냥 나무처럼 보였다. 회복되기 시작하는 것이다. 그러

나 다시 안수하실 때 사물의 모습이 또렷하게 보였다. 의식하는 만큼 보이고 보는 만큼 행하게 되어있다. 보이면 행하게 되어있다. 섬길 사람이 보이기 시작하면 진정한 섬김의 사람이 되어가는 것이다.

> "예수께서 맹인의 손을 붙잡으시고 마을 밖으로 데리고 나가사 눈에 침을 뱉으시며 그에게 안수하시고 무엇이 보이느냐 물으시니 쳐다보며 이르되 사람들이 보이나이다 나무 같은 것들이 걸어가는 것을 보나이다 하거늘"
> (막 8:23~24)

마지막으로 우리가 모든 사람을 섬길 수는 없지만 우리 눈에 보이는 사람만큼은 놓치면 안 된다는 말을 해야 한다. 만약에 자식이 위험이나 곤란에 처했는데 자식을 그냥 내버려둔다면 그 사람은 정상적인 사람이 아닐 것이다. 마찬가지로 우리의 섬김은 그리스도인으로서 마땅히 해야 할 일이다. 그런 기회를 외면한다면 온전한 그리스도인이 될 수는 없다. 예수님은 그렇게 섬김을 받아야 할 사람들이 우리가 돌보지 않음으로써 회복의 기회조차 놓쳐버리게 한다면 차라리 그 사람을 바다 속에 밀어 빠뜨리는 것이 낫다고 강하게 말씀하셨다. 그것도 그 목에 연자 맷돌을 달고 던지라고 하셨다. 우리가 섬김을 외면하여 회복될 기회를 빼앗아 버린다면 그 사람을 바다 속에 던져버리는 것이 더 낫다는 뜻이다. 그만큼 그리스도인들은 약자들이나 소외된 사람들에 대한 의무와 책임을 느껴야 한다는 뜻이다. 우리는 사람들을 섬김으로써 그들을 사회적으로 회복시키는 일을 전문적으로 하는 사람들이다.

> "또 누구든지 나를 믿는 이 작은 자들 중 하나라도 실족하게 하면 차라리
> 연자맷돌이 그 목에 매여 바다에 던져지는 것이 나으리라"(막 9:42)

3. 그리스도인으로 회복시키는 섬김

우리의 섬김의 궁극적인 목적은 우리를 통하여 이웃들을 그리스도인으로 세우는 데 있다. 의식하든 그렇지 않든, 또는 직접적이든 간접적이든 그리스도인으로 세우기 위한 분명한 목표지점을 가지고 있지 못하다면 그냥 자기자랑에 그칠 우려가 크다. 그리스도인이 어떤 사람이나 상황을 섬긴다면 그 목적은 무엇인가? 타 종교에서처럼 그 공로로 인하여 천국에 가기 위함인가? 사람이 어떤 공로를 세우더라도 그것 때문에 천국에 갈 수는 없다. 섬김 자체는 우리의 구원이나 하늘의 상이 될 수 없다. 하지만 섬김을 통해서 일어나는 결과로 인해서는 우리가 하늘의 상을 받을 수 있다. 그것을 받을 수 있는 섬김의 결과는 무엇인가? 그 섬김으로 말미암아 한 사람이 죄 사함을 받고 구원에 이르는 것이다. 그것은 섬김을 통하여 아버지 하나님과 예수 그리스도를 보여줄 때 가능해질 것이다.

예수님의 섬김을 생각해보자. 그 어떤 사람이라도 먼저 믿고 예수님의 섬김을 받는 사람은 없다. 우리가 죄가 무엇인지 알지도 못할 때에 예수님은 우리를 섬기셨다. 일반적으로 이야기하더라도

섬김이 먼저 일어나지 않으면 복음은 받아들여질 수 없다. 물론 그 섬김은 꼭 사람을 돌보거나 도와주는 것만을 뜻하는 것은 아니다. 전도도 귀중한 섬김이다. 언어로 직접 복음을 전달하는 것이기 때문이다. 단지 교회에 많이 출석시켜 부흥을 일으키자는 목적이 먼저라면 오히려 부작용이 일어날 수 있다. 복음전파라도 그리스도를 보여주는 다른 섬김과 함께 일어나야 이제 믿음을 가진 사람에게도 바른 복음이 전달될 수 있다는 말이다. 모든 근거를 우리는 목숨까지도 아끼지 않으신 그리스도의 섬김에서 찾아야 한다.

> "인자가 온 것은 섬김을 받으려 함이 아니라 도리어 섬기려 하고 자기 목숨을 많은 사람의 대속물로 주려 함이니라"(마 20:28)

회복의 섬김이라는 주제를 살펴보고 있는데, 우리가 알아야 할 것은 모든 인간에게 있어서 그리스도를 영접하게 만드는 것이 아주 중요한 회복이라는 사실이다. 사람들은 예수님을 믿게 한다는 단순한 사실만을 생각하지만 하나님의 의도는 에덴에서의 아담을 회복시키시는 일이다. 물론 태초의 아담과 같은 상태로 회복되는 것은 아니다. 그렇게 될 수도 없고 또 그렇게 되어서도 안 된다. 왜냐하면 이미 그것은 지나간 일이 되었기 때문이고 또 죄를 지을 가능성이 큰 아담의 상태가 아니라 이제는 죄를 짓지 않을 능력이 있는 존재로 다시 만드셔야 하기 때문이다. 그렇게 하나님께서 보내주신 분이 그리스도 예수님이시다. 그래서 그리스도를 마지막 아담이라고 하는 것이다. 우리의 섬김을 통하여 원래의 아담에서 살려주는 아담으로 만드는 것이 회복의 정의인 것이다.

> "기록된 바 첫 사람 아담은 생령이 되었다 함과 같이 마지막 아담은 살려
> 주는 영이 되었나니"(고전 15:45)

일단 아담은 죄를 지음으로써 영생이 사라졌다. 우리 모두는 그래서 아담 안에서 죽은 사람들이다. 그러나 그리스도로 말미암아 그 안에서 모든 사람이 새로운 삶을 얻을 수 있게 된다. 그것이 구원이고 우리의 섬김의 목적은 바로 그 구원을 얻게 하는 데 있다. 전도를 포함하여 모든 섬김은 모든 사람을 회복시키는 일이다. 그렇기 때문에 한 사람을 구원하기 위하여 섬김과 나눔과 복음전파와 같은 여러 단계를 거쳐 믿음을 가지게 만드는 것이어야 하는 것이다. 단지 교회에 출석시키는 일과 같은 일차적인 목적이 아니라 하나님께서 재창조하신 아담(그리스도)을 회복시키는 종합적인 섬김이어야 하는 것이다. 교회출석만 지상목표인 것처럼 전도를 많이 행하지만 그렇게 교회에 출석을 시작해도 중간에 포기하는 사람들이 훨씬 더 많다. 회복을 향한 온전한 구원에 초점을 맞추어야 섬김의 의미가 제대로 살아나는 것이다.

> "아담 안에서 모든 사람이 죽은 것 같이 그리스도 안에서 모든 사람이 삶을
> 얻으리라"(고전 15:??)

그렇게 해서 우리는 흙에 속한 자의 형상이 아니라 하늘에 속한

이의 형상을 입게 되는 것이다. 이것이 회복이 아니면 무엇인가? 섬김의 목표는 어떤 한 사람의 문제를 도와주고 사회적인 적응을 도우며 그런 섬김을 통하여 그리스도의 모습을 보여주고 보이는 복음의 기능을 감당함으로써 진정한 회복 곧 둘째 아담(그리스도)으로의 회복을 추구하는 것이다. 물론 항상 우리의 뜻대로 되는 것은 아니다. 그러나 전반적인 회복이라는 목적을 가지고 이웃들을 섬겨야 비로소 온전한 복음이 성취되는 것이다. 그것이 하늘에 속한 이의 형상을 입는 것이다.

"우리가 흙에 속한 자의 형상을 입은 것 같이 또한 하늘에 속한 이의 형상을 입으리라"(고전 15:49)

섬김은 섬김을 받는 사람을 그리스도인으로 만드는 것과 섬기는 사람의 믿음이 성장하여 예수님의 마음을 품은 제자를 만드는 목적을 이룰 수 있게 만든다. 형제 섬김에 대해서 살펴본 바 있지만 그것도 이 회복에 목표지점을 두어야 한다. 서로 그렇게 섬기는 것이다. 물론 그리스도인은 섬김 자체를 통해서도 정체성과 신앙의식이 성장한다. 사실상 섬김이라는 인간과의 부딪침이 없다면 성장과 변화가 거의 불가능하다. 섬김이 그리스도인에게 필수적인 삶의 방식이라는 말이 그래서 맞는 말인 것이다. 그리고 서로 섬김을 통해서 변화와 성장은 더더욱 충실해질 것이다. 사도 바울은 이런 점을 잘 깨달아서 가르치고 섬기는 일의 목적을 그리스도 안에서 완전한 자로 세우기 위함이라고 말한 바 있다. 그것을 위하여 성령님의 능력을 의지하면서 힘을 다하여 수고한다고 강조하였다.

> "우리가 그를 전파하여 각 사람을 권하고 모든 지혜로 각 사람을 가르침은 각 사람을 그리스도 안에서 완전한 자로 세우려 함이니 이를 위하여 나도 내 속에서 능력으로 역사하시는 이의 역사를 따라 힘을 다하여 수고하노라"(골 1:28~29)

그 결과가 무엇인가? 형제 섬김을 통하여 완전한 그리스도인으로의 회복을 목표로 행하다가 보면 각 사람에 맞는 은사와 직분이 주어지게 되고 더욱 온전한 성도로 회복되고 섬김을 일으키게 만들어서 그리스도의 몸을 세우게 된다는 것이다. 그것은 한 사람으로서 완전한 회복을 이루는 것을 말하는 것이다. 완전한 회복이라고 하여 각 사람이 그리스도가 되는 것은 물론 아니다. 높은 수준의 회복을 이루었다고 해도 인간은 여전히 부족하고 연약할 수밖에 없다. 다만 그 회복은 천국에 올라가면 비로소 완전해진다. 인간의 회복이란 거기까지 가는 길이 목적이 되고 목표지점이 되며 수단과 방법이 되는 것이다.

> "그가 어떤 사람은 사도로, 어떤 사람은 선지자로, 어떤 사람은 복음 전하는 자로, 어떤 사람은 목사와 교사로 삼으셨으니 이는 성도를 온전하게 하여 봉사의 일을 하게 하며 그리스도의 몸을 세우려 하심이라"(엡 4:11~12)

인간회복에 관한 사도 바울의 섬김을 마지막으로 이야기하려고 한다. 오네시모는 빌레몬의 종이었으나 주인의 돈을 훔쳐서 달아난 사람이었다. 그런데 바울이 로마에서 재판을 받기 위해 기다리던 1차 연금 상태일 때 오네시모를 만났다. 오네시모는 바울을 지성으로 섬겼다. 그래서 바울은 심지어 오네시모를 가리켜 자기 심복(심장)이라고까지 소개했다. 누가 누구를 섬긴 것인가? 오네시모가 바울을 섬긴 것인가? 아니면 바울이 오네시모를 섬긴 것인가? 아무튼 바울은 오네시모가 온전한 그리스도인으로 회복될 수 있도록 모든 섬김을 아끼지 않았다.

"갇힌 중에서 낳은 아들 오네시모를 위하여 네게 간구하노라 그가 전에는 네게 무익하였으나 이제는 나와 네게 유익하므로 네게 그를 돌려보내노니 그는 내 심복이라"(몬 1:10~12)

심지어 바울은 원래 오네시모의 주인이었던 빌레몬에게 오네시모가 자기를 도와서 주님을 섬길 수 있도록 해달라고 편지를 보낸다. 온전한 회복까지 바울이 오네시모를 섬겼던 것이다. 후에 오네시모는 골로새교회를 세우고 감독이 되었던 빌레몬이 순교하자 그 뒤를 이어 골로새교회의 감독이 되어 섬기다가 그도 역시 순교 당했다. 지극히 사적인 편지인 빌레몬서가 성경에 포함된 것도 종이었던 오네시모가 그 편지를 공개함으로써 이루어진 일이었다. 자신이 노예였던 사실과 주인의 돈을 훔쳐 달아났던 부끄러운 과거의 이야기이지만 그리스도의 종으로서의 바른 의미를 새길 수 있게 해 주기 때문이었다.

"그를 내게 머물러 있게 하여 내 복음을 위하여 갇힌 중에서 네 대신 나를 섬기게 하고자 하나 다만 네 승낙이 없이는 내가 아무 것도 하기를 원하지 아니하노니 이는 너의 선한 일이 억지 같이 되지 아니하고 자의로 되게 하려 함이라"(몬 1:13~14)

우리는 교회 안의 형제들을 섬기고 도와야 한다. 서로가 하나님의 형상으로 회복되어야 할 존재들이기 때문이다. 섬김의 개념은 단지 교회 밖의 어려움 당한 사람들을 돕는 데 그치는 것이 결코 아니다. 그들이 그런 섬김을 통하여 교회에 출석하는 데에 목적이 있는 것도 아니다. 섬김은 전체적으로 회복의 틀 속에서 진행되어야 한다. 그런 개념을 가진다면 우리의 섬김은 주 안에서 더욱 빛날 것이다. 회복의 섬김을 행한다면 우리가 공로를 자랑할 일도 없을 것이고 힘들다고 중간에 포기하는 일도 없을 것이다. 섬김이란 단회적이 아니라 점진적으로 끝까지 이루어져야 할 일이기 때문이다. 사람들을 회복시키기 위하여 진실한 섬김을 행하자.

4. 세상을 회복시키는 섬김

결국 우리가 회복시켜야 할 대상은 세상이다. 세상은 곧 인간이기 때문이다. 세상을 회복하려면 인간이 회복되어야 하고 인간을 회복하려면 그리스도인이 회복되어야 한다. 마찬가지로 교회가 개혁되려면 인간이 개혁되어야 한다. 그러는 우리는 회복되었는가? 결코 그렇지 못하다. 그럼에도 세상을 회복하려는 것은 우리를 회복하시는 성령님께서 함께하시기 때문이다. 그러면 하나님께서 회복하기를 원하시는 세상은 어떤 모습인가? 아이러니하게도 하나님께서 원하시는 세상은 이미 와 있다. 아니, 뭐라고? 이 세상이이미 회복되었다고? 회복되었다는 말이 아니라 하나님의 회복이이미 완성되었다는 말이다. 아니, 이 세상이 얼마나 혼란스럽고 불의가 만연한지 전쟁이 끊이지 않고 지진과 기근과 오염이 극심한데 어떻게 하나님의 회복이 완성되었다는 말인가?

그러나 여호와 하나님께서는 다윗의 후손 중에서 왕이 나오는데 세상을 지혜롭게 다스릴 것이며 정의와 공의를 행할 것이라고 말씀하신 바가 있다. 그리고 유다는 구원을 받겠고 이스라엘은 평안히 살 것이라고 하셨다. 물론 그것은 단지 성경에 쓰여 있는 이야기라고 할지도 모른다. 왜냐하면 그런 세상은 결코 오지 않을 것이기 때문이다. 그런 세상이 온다고 해도 일시적일 것이다. 하지만 하나님의 말씀은 그대로 이루어졌다. 지금 그리스도께서 세상에 오셔서 세상을 다스리고 계시기 때문이다. 그가 어떻게 세상을 다스리시는가? 그리스도 예수님은 공의라 일컬음을 받으시는 분이다. 공의가 누구에게 통하는가? 우리 그리스도인들에게 그 공의가 통한다. 그리스도인이란 하나님의 공의로 다스리심을 받는 사람들이다.

"여호와의 말씀이니라 보라 때가 이르리니 내가 다윗에게 한 의로운 가지를 일으킬 것이라 그가 왕이 되어 지혜롭게 다스리며 세상에서 정의와 공의를 행할 것이며 그의 날에 유다는 구원을 받겠고 이스라엘은 평안

히 살 것이며 그의 이름은 여호와 우리의 공의라 일컬음을 받으리라"(렘
23:5~6)

하나님께서 이루고자 하시는 세상은 정의와 공의가 넘치는 세
상이다. 정의와 공의라고 하니까 무슨 법조문이나 군대의 통치 같
은 것을 떠올릴지 모르지만 정의와 공의는 하나님의 사랑과 뜻이
차별 없이 누구에게나 공평하게 성취되는 것이다. 그것이 하나님
의 사랑이요 법이다. 공의와 정의는 무엇을 통해 오는가? 그리스
도께서 세상을 다스리신다고 하니까 가장 먼저 교회를 떠올리기
쉽고 교회예배와 말씀으로 무장하는 것을 생각하기 쉽겠지만 공의
와 정의는 종교형식을 통해 이루어지는 것이 아니다. 하나님도 형
식이나 관념에 그치는 예배의식을 원하시는 것이 아니다. 그래서
하나님은 아모스를 통하여 제사나 예배나 찬양을 받지 않으실 것
이라고 하시고 세상에는 오직 정의가 물 같이, 공의가 마르지 않는
강 같이 흐르게 하실 것이라고 말씀하셨던 것이다.

"너희가 내게 번제나 소제를 드릴지라도 내가 받지 아니할 것이요 너희의
살진 희생의 화목제도 내가 돌아보지 아니하리라 네 노랫소리를 내 앞에서
그칠지어다 네 비파 소리도 내가 듣지 아니하리라 오직 정의를 물 같이, 공
의를 마르지 않는 강 같이 흐르게 할지어다"(암 5:22~24)

하나님은 예배와 찬양소리가 가득 넘치는 세상을 원하시는 것
이 아니라 정의와 공의가 풍성하게 넘쳐흐르는 세상을 원하신다.

그런 세상이 언제 오는가? 하나님은 이미 와 있다고 하신다. 그리스도를 통해서 세상에는 정의와 공의가 넘쳐흐르고 있다. 다만 세상에서 하나님의 정의와 공의를 받아들일 사람들은 하나님의 백성들 밖에는 없다. 하나님께서 그리스도를 통하여 우리들에게 정의와 공의가 넘치게 하신다면 그리스도께서는 우리 그리스도인들을 통하여 세상에 정의와 공의가 흐르게 하실 것이다. 만약에 하나님의 백성들에게 정의와 공의가 통하지 않는다면 이 세상에는 하나님의 정의와 공의가 드러날 방도가 없다. 사람들은 보이지 않으시는 하나님을 보고 믿음을 가지는 것이 아니라 연약한 사람들의 미련한 전도와 쓸모없어 보이는 섬김을 통하여 믿음을 가지는 것이다.

"사도들의 손을 통하여 민간에 표적과 기사가 많이 일어나매 믿는 사람이 다 마음을 같이하여 솔로몬 행각에 모이고 "(행 5:12)

하나님의 정의와 공의는 그리스도인들의 섬김을 통하여 세상에 드러나며 다양한 섬김 활동을 통하여 복음이 편만하게 퍼져나가는 것이다. 교회에 출석해서 등록하고 열심히 예배에 출석해서 집사, 권사, 장로로 직분이 올라가는 것이 복음의 전부가 아니다. 낮춤과 섬김으로 세상에 정의와 공의를 회복한다는 믿음으로 그리스도인의 삶의 방식을 따라 살아가는 것이 복음이다. 그것이 충분한 복음이다. 충분한 복음이 충만한 데 이르기까지 그리스도의 십자가 섬김을 따라 사는 사람이 참 그리스도인이고 제자이고 하나님의 동역자이며 끝까지 이기는 자가 되는 것이다. 이것이 사람들에게 보여야 한다.

> "그리스도께서 이방인들을 순종하게 하기 위하여 나를 통하여 역사하신 것 외에는 내가 감히 말하지 아니하노라 그 일은 말과 행위로 표적과 기사의 능력으로 성령의 능력으로 이루어졌으며 그리하여 내가 예루살렘으로부터 두루 행하여 일루리곤까지 그리스도의 복음을 편만하게 전하였노라"(롬 15:18~19)

하지만 하나님의 정의와 공의가 완성되었다고 해서 온 세상이 그대로 완전히 회복되는 것은 아니다. 마침내 최후의 심판이 이루어지고 새로운 세상이 오기 전까지는 아직 맛보기에 불과하다. 우리의 섬김은 그 때까지 나아가야 한다. 그 때가 되면 비로소 완전한 회복이 성취되는 것이다. 우리는 하나님의 정의와 공의가 세상에 펼쳐지도록 세상을 섬겨야 한다. 비록 우리들만의 천국일 수 있지만 그 천국을 우리 주변의 이웃들에게 실현하는 것이다. 사람들에게 천국을 보여주지 못하면서 천국을 이야기해도 그냥 종교적인 천국밖에는 전달할 수 없다. 우리가 누리는 천국을 섬김을 통하여 보여주어야 한다. 그것이 회복의 섬김이다.

> "보좌에 앉으신 이가 이르시되 보라 내가 만물을 새롭게 하노라 하시고 또 이르시되 이 말은 신실하고 참되니 기록하라 하시고"(계 21:5)

정의와 공의가 우리를 통해 세상에 드러나기 위해서는 우리가 천국을 누려야 하는데, 그것은 곧 정의와 공의를 위해 힘쓰는 섬김을 보여주는 것을 뜻한다. 거기에는 주님께서 주시는 평안이 우리를 지배하는데 그 평안은 천국에서와 같은 환경에서 누리는 것이 아니다. 그런 환경에서라면 그 어떤 것도 누릴 수 없는 것이 없다. 그러나 주님께서 주시는 평안은 전쟁과 다툼과 오염과 부정과 욕심이 지배하는 이 세상에서 누리는 것이다. 우리 그리스도인들의 섬김이 고귀한 이유이다. 예수님께서 세상을 이기시고 정의와 공의를 행하시기 때문에 우리가 거기에 힘입어 참된 섬김을 행할 수 있는 것이다.

"이것을 너희에게 이르는 것은 너희로 내 안에서 평안을 누리게 하려 함이라 세상에서는 너희가 환난을 당하나 담대하라 내가 세상을 이기었노라" (요 16:33)

그리스도의 사랑이 가감 없이 세상에 알려지는 것이 정의이고 그 사랑이 어떤 사람에게든지 차별 없이 혜택을 입히는 것이 공의이다. 사회적 정의나 헌법정의가 정의가 아니라 하나님의 사랑이 편만하게 펼쳐지는 것이 정의이다. 물론 세상적인 정의와 하나님의 정의가 일치되는 부분이 많지만 반드시 그런 것은 아니다. 자기 편향적인 시각에서 정의라고 주장하기 쉽기 때문이다. 우리에게 왜 성경이 필요한가? 무엇이 정의인지 분별하기 위해서이다. 그 하나님의 정의는 오직 그리스도인들의 나눔과 섬김을 통하여 성취될 수 있는 것이다. 그것이 회복을 위한 섬김이다. 우리가 세상을 회복할 수 있는 것은 절대 아니지만 우리 그리스도인들의 섬김이 유일한 길인 것만은 사실이다. 왜 우리 그리스도인들의 삶의 방식이 섬김이어야 하는가? 하나님께서 정의와 공의로 세상을 다스리실 때 오직 그리스도인의 섬김을 사용하시기 때문이다. 결코 중단되지 않을 그리스도의 섬김을 그리스도를 대신하여 세상을 회복시키기 위해 우리의 삶 자체를 섬김의 삶으로 만들어야 하는 것이다.

"그는 쇠하지 아니하며 낙담하지 아니하고 세상에 정의를 세우기에 이르리니 섬들이 그 교훈을 앙망하리라"(사 42:4)

맺는 말

우리는 마치 실탄 없는 총을 가지고 있는 사람과 같다. 실탄 없는 총은 장식용이거나 위협용이거나 또는 못을 박을 때 망치 대신 사용할 수는 있겠지만 총탄을 발사할 수는 없다. 멋있게 보이거나 또는 더 고급스럽게 디자인된 총으로 바꿀 수 있겠지만 총탄이 발사되는 일은 결코 없다. 자랑할 수는 있겠지만 보관용이나 수집용 이외에 아무짝에도 쓸데없는 것이 실탄 없는 총이다. 교회가 이와 같다. 교회는 총이다. 총은 실탄을 발사하기 위해 제작되었다. 실탄은 복음이다. 복음 없는 교회가 바로 실탄 없는 총이다. 교회는 모든 것이 잘 갖추어져 있다. 총구에서부터 방아쇠는 물론 화약을 터뜨릴 수 있는 공이와 잠금장치까지 다 갖추고 있다. 다만 실탄이 없을 뿐이다.

그런데 사실 교회에는 실탄이 충분히 있다. 창고에 차곡차곡 쌓아두고 있을 뿐이다. 복음이 충분하다는 말이다. 그런데 그 복음을 장전하여 세상을 향하여 발사하지 못한다. 하도 오래 동안 사용해보지 않아서 어떻게 장전하고 쏘는지도 모르고 있다. 복음이 실탄인 것은 맞지만 그 실탄을 장전하여 발사하는 방식을 모른다. 실탄이 복음이라면 그 실탄을 쏘는 것은 바로 섬김이다. 섬김을 통하지 않고 발사하면 그것은 공포탄이 된다. 소리만 컸지 별 능력이 없다. 모든 교회와 성도들이 전도에 집중하고 있지만 공포탄이 되는 경우가 많다. 공포탄이란 능력을 잃어버린 복음을 의미한다. 그 공포탄마저도 오늘날에는 급격하게 줄어들어버렸다. 전도 자체를 평가 절하하는 것이 아니라 충분한 복음이 되도록 해야 한다는 말이다.

말이나 글로만 전하는 복음, 그것은 충분한 복음의 출발점은 될 수 있지만 그것 자체로서는 별 능력이 없다. 삶이 따라주는 복음, 행동으로 보이는 복음이 아니면 불신자들의 심령 속에 꽂히기 힘들다. 열심히 모든 악조건을 무릅쓰고 교회에 초청했어도, 그들 중에 믿음을 가지게 만들고 직분을 가지게 했어도 다만 그들이 품고 있는 복음이 반쪽짜리밖에 안 된다면 얼마나 슬프겠는가? 삶이 빠진 복음, 행위를 잃어버린 복음이 오늘날 교회가 품고 있는 복음이다. 복음이 삶이라는 사실을 우리는 너무나도 모르고 있다. 삶의 방식 자체가 복음이어야 한다. 그것이 보이는 복음이다. 보이는 복음은 어떤 통로를 통하여 흘러가겠는가? 그리스도인의 나눔을 통하여 흘러간다. 나눔의 삶이 보이는 복음의 통로인 것이다. 나눔이라는 통로를 통하여 흘러간 복음은 어떻게 넘칠 수 있겠는가? 그것이 바로 낮춤과 섬김이다. 그래서 섬김은 넘치는 복음인 것이다.

복음은 그림이나 문장이 아니다. 사진이나 동영상도 아니다. 삶으로 보이지 않으면 복음이 아니다. 예수님은 복음을 삶으로 보여주셨다. 우리에게 삶으로 복음을 보여주라는 의미이다. '복음 따로 삶 따로'라고 생각하기 쉽지만 결코 그렇지 않다. 삶이 복음이다. 그래서 복음을 삶으로 드러내지 못하면 살아있는 믿음이 될 수 없다. 우리의 말 한 마디, 웃고 울고 떠드는 대화들, 복잡한 인간관계에서 나타내는 반응들, 어려운 사람들이나 고난을 만난 사람들에 대한 마음가짐들, 반대자나 박해자를 대하는 태도들, 감정적으로 상하게 하는 상대에 대한 반응들, 세상의 문제를 대하는 방식들, 우리의 소유 중 얼마를 누군가를 위해 나눌 때의 자세들, 모든 일을 그리스도의 이름으로 하고 자신이 얼마나 숨을 수 있는가에 대한 의식들, 세상의 불의와 부정을 대하는 우리의 결정들, 사람들의 심령을 생각하는 깊이들, 그들의 영혼을 위한 기도들, 모든 사람들을 기본적으로 예수님을 대하듯이 섬길 수 있겠는가에 대한 여부들, 위기나 갈등을 만났을 때 우리의 머릿속에 떠오르는 생각이나 반응들, 이런 모든 것들이 복음적인 삶을 결정하게 된다. 아니 이런 고민들이 전부 복음이다.

섬김은 이런 복음을 포괄적으로 품을 수 있는 삶의 방식이다. 섬김은 의무나 책임이 아니라 본질이다. 섬김은 선택이 아니라 필수요 핵심이다. 그리스도인 하면 그들의 섬김이 떠올라야 한다. 물론 섬김의 개념을 새롭게 세워야 한다. 섬김은 무엇을 하는 것만이 아니라 무엇을 하지 않는 것까지도 포함한다. 섬김은 세상에 가장 고귀한 삶의 모델이 되어주는 것이다. 섬김은 어려워 보이고 힘들어 보이지만 그리스도인들이 성장하면서 충분히 감당할 수 있다. 어릴 때는 도저히 할 수 없는 일도 어른이 되면 다 할 수 있는 것과 같은 이치이다. 이 책을 통하여 섬김의 개념을 다시 새롭게 세우고 보이는 복음의 통로로서의 기능과 그 복음을 넘치게 만드는 일에 귀하게 쓰임 받을 수 있기를 바란다. 잊지 말자. 우리가 곧 복음이라는 사실을.